汪桂平　主编

中国本土宗教研究

STUDIES ON
CHINESE
INDIGENOUS RELIGIONS

二〇二二年 第一辑
【总第五辑】

社会科学文献出版社
SOCIAL SCIENCES ACADEMIC PRESS (CHINA)

《中国本土宗教研究》 编辑委员会

目　录

田野调查

区域聚焦：云南道教与民间信仰

理论前沿

图文互证：道教元皇派的三圣及其神系研究[*]

李黎鹤　李远国

摘要： 明清时期存在着一个道教派别，长期以来鲜为人知，这个派别就是正一元皇派，也叫正一玄皇派。元皇派供奉川主、土主和药王为"三圣"，拥有一个相当庞杂的神仙谱系，主要分布于湖南、四川、云南、贵州。时至今天，这些地区的一些地方仍有元皇派的传承。

关键词： 元皇派　湖南　神系　图文互证

作者简介： 李黎鹤，四川传媒学院副教授；李远国，四川省社会科学院研究员。

明清时期的南方，存在着一个道教派别，长期以来鲜为人知，这个派别就是正一元皇派。元皇派尊奉川主、土主和药王为"三圣"。刘盛玲指出，历史上关于"三圣"的说法有多种版本，西南地区阳戏坛尊奉川主、土主和药王为"三圣"。道光《遵义府志》载："歌舞祀三圣，曰阳戏。三圣，川主、土主、药王也。""川主"，指四川之主，川蜀大地的地域保护神，如李冰、李二郎、赵昱等，皆被称为"川主"。历史上，他们对巴蜀地区的社会、经济、文化发展做出重大贡献。赵昱谓"川主"，又称"赵姓二郎"，他既是阳戏坛中川主灌口二郎神，也是庆坛中"赵侯坛"的坛神。^① 然而"三圣"究竟是谁？因为文献记载的差异，学界自然而然存在着分歧。

一　川主即赵昱的考辨

川主、土主与药王是为元皇派三圣，三圣之中川主为创教祖师，是为赵昱。其生

---

* 本文系国家社科基金冷门绝学和国别史等研究专项"道教符法的历史研究"（项目编号：19VJX134）的阶段性研究成果。

① 刘盛玲：《论析阳戏三圣之神性职能》，《原生态民族文化学刊》2001年第4期。

平的最早记述见题作唐柳宗元所撰《龙城录》①，其曰："赵昱，字仲明，与兄冕俱隐青城山，后事道士李珏。隋末，炀帝知其贤征召不起，督让益州太守臧剩强起。昱至京师，炀帝縻以上爵不就，独乞为蜀太守，帝从之拜嘉州太守。时犍为泽中有老蛟，为害日久，截没舟船，蜀江人患之。昱莅政五月，有小吏告，昱会使人往青城山置药，渡江溺，使者没，舟航七百艘。昱大怒，率甲士千人，及州属男子万人，夹江岸鼓噪，声振天地。昱乃持刀没水，顷江水尽赤，石崖半崩，吼声如雷。昱左手执蛟首，右手持刀奋波而出，州人顶戴事为神明。隋末大乱，潜亦隐去，不知所终。时嘉陵涨溢，水势汹然，蜀人思昱，顷之见昱青雾中，骑白马，从数猎者，见于波面，扬鞭而过。州人争呼之遂吞怒。眉山太守荐章，太宗文皇帝赐封神勇大将军，庙食灌江口，岁时民疾病，祷之无不应。上皇幸蜀，加封赤城王，又封显应侯。昱斩蛟时年二十六，珏传仙去，亦封佑应保慈先生。"② 所记赵昱事迹，汇集了五代以降流传于民间的内容。

图 1　赵昱　明代　木刻板画
采自《三教搜神大全》

---

① 宋人陈振孙《直斋书录解题》列为小说家类，但新旧《唐书》之《艺文志》均未著录，或云宋人伪托，学术界对此书真伪有很多讨论，有的认为的确是柳宗元所作，有的认为是宋代王铚伪作。陶敏《柳宗元〈龙城录〉真伪新考》（《文学遗产》2005 年第 4 期）论证了《龙城录》乃宋人伪作，大概时间为北宋中后期。

② （唐）柳宗元撰《龙城录》，《续修四库全书·子部》第 1264 册，上海古籍出版社，2002，第 427 页。

后来，又经元版《三教搜神大全》加以发挥，遂使赵昱的神迹和形象显得更为丰满。赵昱"从事道士李珏"的记述，说明他是道教的门徒，增添出"时有佐昱入水者七人，即七圣"的新内容。① 明版《出像增补搜神记》言二郎神赵昱事迹多与之相同，亦称"佐昱入水者七人，即七圣是也"。这是首次指明"入水者七人，即七圣"，从而为梅山"七圣"之说打开了途径。"蜀人感其德，立庙于灌江口奉祀焉。唐太宗封为神勇大将军，明皇加封赤城王，宋真宗封清源妙道真君。"② 黄仲昭修纂《八闽通志》亦曰，宋真宗赵恒时又"加封清源妙道真君"③，加入了道教神谱。杨振藻、钱陆灿等纂《康熙常熟县志》曰："清源神庙，在镇海门内，离县治二里。"④ "开禧中和州寇警，守臣梦白袍神，谓曰吾蜀人赵昱也，默为子助，子当益奋。屡战见神光烛寨前，跃白马空中，如梦状。因获破石矻垯，寇大创引去，和州始安，而江淮无恙。守臣以状闻封为王，和州防御使周虎记。今本邑以神平水患，凡遇水旱，请祷轧应，神司水而炳灵司火。"⑤

赵昱的崇拜最初由道教所提倡，且局限在蜀地民间流传。宋祝穆《方舆胜览》："赵昱，尝隐青城山。隋炀帝起为嘉州太守，时犍为潭中，有老蛟为害，昱率甲士千人，夹江鼓噪，昱持刀入水，有顷江水尽赤，昱左手执蛟首，右手持刀，奋波而出。隋大乱，隐去不知所终。后嘉陵水涨，蜀人见昱青雾中骑白马，从数猎者于波面过。太宗赐封神勇大将军，庙食灌江口。"⑥ 清张晋生等纂《四川通志》："灌县赵公山，在县南九里。""隋嘉州太守赵昱居此，有道术，斩蛟治水。唐太宗封神勇大将军，明皇时进封赤城王，宋张泳平蜀，得神助，奏闻封川主清源妙道真君。其上每有云起，山顶辄雨。"⑦ 清顾祖禹《读史方舆纪要》："广元县。二郎关，在县南五里。相传昔有赵昱二郎者屯兵于此。"⑧

张唐英《蜀梼杌》述及五代前后蜀之两后主，俱喜作灌口二郎之像：孟昶明德

① 《三教搜神大全》卷三，《藏外道书》第31册，巴蜀书社，1992~1994，第765页。
② 《出像增补搜神记》卷三，《续修四库全书·子部》第1262册，第334页。
③ （明）黄仲昭修纂《八闽通志》，福建人民出版社，2005，第574页。
④ （清）杨振藻、钱陆灿等纂《康熙常熟县志》，《中国地方志集成·江苏府县志辑》第21册，江苏古籍出版社、上海古籍出版社、巴蜀书社，1991，第65页。
⑤ （清）杨振藻、钱陆灿等纂《康熙常熟县志》，《中国地方志集成·江苏府县志辑》第21册，第292页。
⑥ （南宋）祝穆撰《方舆胜览》卷五二，《文渊阁四库全书》第471册，台湾商务印书馆，1983，第954页。
⑦ （清）黄廷桂等修，（清）张晋生等纂《四川通志》卷四五，《文渊阁四库全书》第560册，第332页。
⑧ （清）顾祖禹撰《读史方舆纪要》卷六八，贺次君、施和君点校，中华书局，2018，第322页。

二年（935）八月，"衍北巡，以宰相王铠判六军诸卫事。旌旗戈甲，百里不绝。衍戎装披金甲，珠帽锦袖，执弓挟矢。百姓望之，谓如灌口神"①。"七月，阆州大雨雹如鸡子，鸟雀皆死，暴风飘船上民屋。女巫云：灌口神与阆州神交战之所致"②。广政十五年（952）六月，"宴，教坊俳优作《灌口神队》二龙战斗之像。须臾，天地昏暗，大雨雹。明日，灌口奏岷山大涨，锁塞龙处铁柱频撼。其夕，大水漂城，坏延秋门深丈余，溺数千家。权司天监及太庙令宰相范仁恕祷请寺观，又遣使往灌州，下诏罪己"③。则知川民祭祀灌口二郎规模可观，盛装戎饰，有"战斗之像"，且灌口二郎常挟风雨而至，气势不凡。

图 2　张远霄　清代纸本彩绘　李黎鹤藏

图 2 中从左至右，共四位护法将军。第一位为邓伯温，第二位为张远霄，第三位为赵公明，第四位待考。

元皇派神系中，有一位张仙，名远霄。清张晋生等纂《四川通志》卷四五："宋苏洵尝于天圣中，至玉局观无碍子肆中，见一画像笔法清奇，乃云张仙也。无子者祈之辄应。洵尚无子，因解玉环易之，每旦露香以告。乃得轼，又得辙，性嗜书，皆成大儒。"④ 清褚人获《坚瓠三集》："世所传张仙像，乃蜀王孟昶挟弹图也。昶美丰

---

① 王文才等校《蜀梼杌校笺》，巴蜀书社，1999，第 164 页。
② 王文才等校《蜀梼杌校笺》，第 335 页。
③ 王文才等校《蜀梼杌校笺》，第 388 页。
④ （清）黄廷桂等修，（清）张晋生等纂《四川通志》卷四五，《文渊阁四库全书》第 561 册，第 569 页。

姿，喜猎善弹。""祀之令人有子。历言其成仙后之神异，故宫中多奉以求子。传于民间。郎仁宝云：张仙名远霄，五代时游青城山得道者。苏老泉曾梦之挟二弹，以为诞子之兆。老泉奉之，果得轼、辙。"① 《贤奕》："二郎神衣黄，弹射，拥猎犬，实蜀之王孟昶象也。艺祖平蜀，得花蕊夫人，奉昶小像于宫中。艺祖怪问，对曰：此灌口二郎神也。乞灵者辄应。因命传于京师，令供奉。盖不忘昶，以报之也。"②

有关赵昱的神迹，五代时已有流传，孟昶宫廷宴饮所赏戏剧《灌口神队》当是斩蛟故事的戏剧化。元代杂剧《二郎神醉射锁魔镜》、《二郎神锁齐天大圣》和《灌口二郎斩健蛟》等，皆以民间流传的赵昱神迹为材料。尽管这些内容未得官方与上层承认，但却为民众所认可和接受。

历史文献中涉及二郎赵昱的，还有宋洪迈《夷坚丙志·二郎庙》："政和七年，京师市中一小儿，骑猎犬，扬言于众曰：哥哥遣我来，昨日申时，灌口庙为火所焚，欲于此地建立。儿方七岁。问其乡里及姓名，皆不答。至晚，神降于都门，凭人以言，如儿所欲者。有司以闻，遂为修神保观。都人素畏事之，自春及夏，倾城男女，负土助役，名曰献土。至饰为鬼使巡门，催纳土者，往来憧憧。或榜于通衢曰：某人献土。识者以为不祥，旋有旨禁绝。既而蜀中奏永康神庙火，其日正同。"③

图 3 赵昱 清代 木雕造像
四川原道博物馆藏

孟元老《东京梦华录》卷八载："六月二十四日，二郎神生日，最为繁盛。庙在万胜门外一里许，敕赐神保观。二十三日御前献送，后苑作与书艺局等处，制造戏玩，如球杖、弹弓、弋射之具，鞍辔、衔勒、樊笼之类，悉皆精巧，作乐迎引至庙，于殿前露台上设乐棚，教坊钩容直作乐，更互杂剧舞旋。太官局供食，连夜二十四盏，各有节次。至二十四日，夜五更争烧头炉香，有在庙止宿，夜半起以争先者。天晓，诸司及诸行百姓献送甚多。其社火呈于露台之上，所献之物，动以万数。自早呈拽百戏，如上竿、趯弄、跳索、相扑、鼓

---

① 《笔记小说大观》第 15 册，江苏广陵古籍刻印社，1983，第 102～103 页。
② （清）陈梦雷等编《古今图书集成》第 49 册，中华书局、巴蜀书社，1985，第 60329 页。
③ （南宋）洪迈撰《夷坚志》第 2 册卷九，中华书局，1981，第 439 页。

板、小唱、斗鸡、说诨话、杂扮、商谜、合笙、乔筋骨、乔相扑、浪子、杂剧、叫果子、学像生、倬刀、装鬼、砑鼓、牌棒、道术之类，色色有之，至暮呈拽不尽。殿前两幡竿，高数十丈，左则京城所，右则修内司，搭材分占，上竿呈艺解。或竿尖立横木列于其上，装神鬼，吐烟火，甚危险骇人。至夕而罢。"① 因宫观系道教祭神场所，这里说的二郎神自当为赵昱无疑。

此后，随着"官封"地位的确立，二郎赵昱的信仰突破蜀地而向外扩展，到元才有"六月中夏庆清源之圣，诞降九霄，易地欢呼，与天长久，共惟清源真君，秀储仙洞，威震灵关，破浪兴妖，随显致龙之手；含沙射影，特彰斩蜃之功。佐泰山生死之司，护秽迹慈悲之教，其恩蒙波润，且遇河清，五十四州咸仰西川之主，亿千万岁永绥东土之民"② 的盛况出现。

话本小说《醒世恒言》第十三卷《勘皮靴单证二郎神》说北宋汴京已有"清源真君二郎神"庙宇，南宋时仅在临安，已至少有清源真君庙。吴自牧《梦粱录》："二郎祠，在官巷。绍兴元年立。旧志云：东京有祠，即清元真君。"③ 又有"东都随朝祠"曰："清元真君、义勇武安王庙，在西溪法华山。绍兴二十七年建。一在半道红。"④ 说明北宋东京开封就有二郎神祠，南渡后于绍兴年间又随着朝廷迁至杭州。

赵昱因其有兄，故称赵二郎；又因其"庙食灌江口"，又与李二郎、杨二郎纠缠不断，颇难分判，从而成为学界讨论的一个热点，出现了一批论文。⑤

---

① （南宋）孟元老撰《东京梦华录》卷八，《文渊阁四库全书》第589册，第162页。

② （元）刘应李辑《新编事文类聚翰墨全书》癸集卷十一，《续修四库全书》第1220册，上海古籍出版社，2002，第431页。

③ （南宋）吴自牧：《梦粱录》卷十四，浙江人民出版社，1980，第129页。

④ （南宋）吴自牧：《梦粱录》卷十四，第130页。

⑤ 邓运佳：《隋唐五代的四川戏剧初探》，《四川大学学报》（哲学社会科学版）1982年第1期；毛礼镁：《江西傩神续考》，《江西社会科学》1993年第3期；于一：《二郎神崇拜和二郎戏》，《文史杂志》1993年第5期；姚桂梅：《黔南阳戏杂识》，《民族艺术》1995年第6期；干树德：《二郎神信仰的嬗变》，《文史知识》1995年第6期；马少侨、王扬修：《梅山神初探》，《邵阳师专学报》（社会科学版）1996年第2期；干树德：《也谈二郎神信仰的嬗变》，《宗教学研究》1996年第6期；吴金夫：《戏曲祖师"老郎神""二郎神"辨析》，《汕头大学学报》（人文社会科学版）1986年第7期；李耀仙：《二郎神考》，《四川师范学院学报》（哲学社会科学版）1998年第1期；焦杰：《灌口二郎神的演变》，《四川大学学报》（哲学社会科学版）1998年第9期；干树德：《漫议杨二郎神话的演变》，《乐山师专学报》（社会科学版）1998年第12期；康保成：《二郎神信仰及其周边考察》，《文艺研究》1999年第1期；郭武智：《元杂剧〈二郎神醉射锁魔镜〉与古代魔镜传说略考》，《戏曲研究》2004年第11期；黎国韬：《二郎神之祆教来源——兼论二郎神何以成为戏神》，《宗教学研究》2004年第6期；贾伟、李臣玲：《安多藏区的二郎神信仰》，《民族研究》2005年第1期；彭维斌：《四川二郎神信仰在（转下页注）

文献中记载的二郎，是否都是指赵昱，看来还需认真辩证，因为还有李二郎、杨二郎。杨二郎，即杨戬，其事迹始见于明代小说《封神封义》与《西游记》，历史过短，无法充当五代宋元已闻名于世的二郎。可以与赵二郎并肩的是李二郎，其传闻北宋已见于世。《宋会要·礼二〇》说："宋太祖乾德三年（965）平蜀，诏增饰导江县应圣灵感王李冰庙。开宝五年（972）庙成，七年（974）改号，岁一祀。庙旁有显灵王庙，盖丹景山神。诏去其伪号。真宗大中祥符三年（1010），诏本军判官专掌施物，庙宇隳坏，即以修饰。冰，秦孝王时为蜀郡守，自汶山壅江作坍，穿郫江下流，以行舟舡，又灌溉三郡，广开稻田。作石犀、石人，以厌水怪。历代以来，蜀人德

(接上页注⑤)闽台及东南亚地区的传播与嬗变》，《南方文物》2005年第6期；窦沙高：《二郎神杨戬的身份来历》，《科学大观园》2006年第4期；李计筹：《戏神华光考》，《艺术百家》2006年第3期；王汉民：《二郎神戏曲及其文化意蕴》，《中国俗文化研究》2007年第8期；杜靖：《二郎神与古蜀地四川的关系》，《创新》2007年第8期；刘群：《浅探二郎神形象在历代戏剧中的演变》，《戏剧文学》2007年第5期；李加才让：《安多热贡地区的民间宗教活动——对年都乎"於菟"节及其二郎神信仰的考察》，《西南民族大学学报》（人文社会科学版）2009年第5期；侯会：《华光、王灵官与二郎神》，《民俗研究》2009年第6期；曹靖：《土族对二郎神崇拜的原因分析》，《新余高专学报》2009年第8期；赵旭：《〈西游记〉中的二郎神形象刍议》，《沈阳教育学院学报》2010年第6期；陈志勇：《论民间戏神信仰的源起与发展》，《文化遗产》2010年第10期；碧莲：《李冰治水与二郎神》，《文史杂志》2011年第1期；陈志勇：《近百年中国戏神信仰之研究》，《民族艺术》2011年第8期；侯会：《二郎神源自祆教雨神考》，《宗教学研究》2011年第9期；李远国、田苗苗：《论巴蜀地区的川主、二郎信仰》，《中华文化论坛》2012年第11期；杨雯：《浅谈道教与中国传统祭祀宗教的关系——以宋代二郎神崇拜为引》，《群文天地》2013年第1期；董少堃：《〈封神演义〉〈西游记〉杨戬形象比较分析》，《金田》2013年第1期；张瑞芳：《劈山救母与中国古代神话寻母意识初探》，《渭南师范学院学报》（综合版）2013年第5期；陈志勇：《戏曲行业"二郎神"信仰的生成与消歇》，《民族艺术》2013年第5期；杜靖：《二郎：一个重建宇宙和社会秩序的神明》，《地方文化研究》2013年第6期；胡小伟：《宋代的"二郎神"崇拜》，《世界宗教研究》2003年第6期；郑国耀：《关于赵昱是否为嘉州太守的考证》，《中共乐山市委党校学报》2014年第3期；马清虎：《安多热贡地区二郎神信仰的人类学研究》，《宗教学研究》2015年第6期；吴电雷：《阳戏"二郎神"戏本事考源》，《戏剧文学》2015年第8期；魏平远：《从宋末元初本〈搜山图〉看〈西游记〉中二郎神形象的塑造》，《大众文艺》2015年第9期；周永健：《福泉阳戏中的川主神》，《原生态民族文化学刊》2015年第12期；何民：《二郎与灌口》，《中国地名》2016年第6期；刘目斌：《地方认同与族际关系的仪式表达——青海三川地区二郎神祭祀仪式的考察》，《北方民族大学学报》（哲学社会科学版）2016年第9期；仁增拉青旺姆：《安多藏区二郎神信仰源流考》，《宗教学研究》2016年第12期；朱靖江：《二郎神崇拜与祆教"七圣刀"遗存比较研究——对福建宁化夏坊村"七圣祖师"源流的再思考》，《西南民族大学学报》（人文社会科学版）2017年第10期；曾传辉：《青海省贵德县文昌神和二郎神信仰考察报告》，《世界宗教研究》2018年第2期；邢鹏：《二郎神形象探源——用文物解读〈西游记〉系列》，《收藏家》2018年第6期；李阳洋、蔡鑫：《赵昱信仰杂考》，《北方文学》2018年第7期；叶知秋：《二郎神的真身究竟是哪位》，《意林文汇》2018年第8期；李飞：《唐至元二郎神信仰的传播与演变》，《中国俗文化研究》2018年第12期；杜庆明：《〈西游记〉中二郎神劈山救母背景地探源》，《淮海工学院学报》（人文社会科学版）2018年第12期；仁增拉青旺姆：《青海地区二郎神信仰流布及祭祀仪式考察》，《西北民族大学学报》（哲学社会科学版）2019年第1期；闫子琪：《刻划神灵：二郎神在安多藏区的形象变迁》，《甘肃广播电视大学学报》2020年第6期；宋希芝：《戏曲行业的清源神产生》，《东方论坛》2020年第8期。

之，向祀不绝。伪蜀封大安王，孟昶又号应圣灵感王。仁宗嘉祐八年（1063），封灵应侯。神即李冰次子，川人号护国灵应王。哲宗元祐二年（1087）七月封应感公。一在隆兴府。徽宗崇宁二年（1103）加封昭惠灵显王，大观二年（1108）封灵应公，政和元年（1111）十月赐庙额崇德，三年（1113）二月封英惠王，九月封其配为章淑夫人。政和八年（1118）八月改封昭惠灵显真人。宣和三年（1121）九月又封其配为章顺夫人，庙中郭舍人封威济侯。绍兴二十七年（1157）九月英惠王加封广祐英惠王。一在汉州。孝宗乾道四年（1168）五月加封昭应灵公。"① "仁宗嘉祐八年（1063）八月，（诏）永康军广济王庙郎君神，特封惠灵侯，差官祭告。神即李冰次子，川人号护国灵应王，开宝七年（974）命去王号，至是军民上言，神尝赞助其父除水患，故有是命。"② 可知北宋中叶，李冰子之庙祀已经越出川界，渐次成为国家之神。

李二郎在汴京受到崇奉，最初是因为祈水疗病，显灵京师，因而进侯为公的。《永康军崇德庙郭舍人封威济侯制》："惟尔有神，英惠灵显，父子擒水怪，以成茂功，故能记兹庙食，介福于民。时之水旱，人之疾苦，祈祷辄应。申锡侯封，用昭殊效，其克歆承，永垂灵祐，可特封成济侯。"③ 宋高承《事物纪原》："元丰时，国城之西民，立灌口二郎神祠。云神永康导江县广济王子，王即秦李冰也。《会要》所谓冰次子郎君神也。今上即位，敕封灵惠侯。"④ 明冯汝弼、邓韨纂修《常熟县志》卷四："清源妙道真君庙，在介福门内。神蜀郡太守李冰之子，尝除蜀都江之蛟孽，有水功。宋汴京为筑神保观，邑人以为江之下流，故有庙，后请于朝以祀焉。"⑤ 是外邑亦有供奉。

宋室南迁后，二郎神崇拜发展亦快，朱熹关注此事："论鬼神之事，谓蜀中灌口二郎庙，当初是李冰因开离堆有功，立庙。今来现许多灵怪，乃是他第二儿子出来。初间封为王，后来徽宗好道，谓他是甚么真君，遂改封为真君。向张魏公用兵祷于其庙，夜梦神语云：我向来封为王，有血食之奉，故威福用得行。今号为真君，虽尊，凡祭我以素食，无血食之养，故无威福之灵。今须复我封为王，当有威灵。魏公遂乞复其封。不知魏公是有此梦，还复一时用兵，托为此说。今逐年人户赛祭，杀数万来头羊，庙前积骨如山，州府亦得此一项税钱。利路又有梓潼神，极灵。今二个神似乎

---

① 刘琳等校点《宋会要辑稿》第 2 册，上海古籍出版社，2014，第 1000 页。
② 刘琳等校点《宋会要辑稿》第 2 册，第 1062 页。
③ 《宋大诏令集》卷一三七，《续修四库全书·史部》第 456 册，第 457 页。
④ （南宋）高承撰《事物纪原》卷七《灵惠侯》，《文渊阁四库全书》第 920 册，第 195 页。
⑤ （明）冯汝弼、邓韨纂修《常熟县志》卷四，嘉庆己亥刻本。

图4　李二郎　清代纸本彩绘　李黎鹤藏

割据了两川。"①

　　有关李二郎的事迹主要见于以上几条，说明宋代已将李冰的儿子称为二郎，从而导致李二郎与赵二郎混合难辨的局面，但李二郎封号为"惠灵侯""昭惠显灵真人"，赵二郎封号为"清源妙道真君"，这是区别两位二郎的一个特征。

　　戏曲业多奉赵昱为祖师。明戏曲家汤显祖在《宜黄县戏神清源祖师庙记》中指出，西川灌口二郎神为戏伶崇奉的祖师神："予闻清源，西川灌口神也。为人美好，以游戏而得道，流此教于人间。讫无祠者。子弟开呵时一醮之，唱罗哩连而已。予每为恨。诸生诵法孔子，所在有祠；佛老氏弟子各有其祠。清源师号为得道，弟子盈天下，不减二氏，而无祠者。岂非非乐之徒，以其道为戏相诟病耶。"② 清初李渔在《比目鱼》传奇中谈到戏曲行业尊崇二郎神为戏神的情况："凡有一教，就有一教的宗主。二郎神是我做戏的祖宗，就象儒家的孔夫子，佛教的如来佛，道教的李老君。""护法金汤，俯首虔诚拜二郎。""同班兄弟似天伦，男女何尝隔不亲。须识戏房无内外，关防自有二郎神。"③ 李渔在小说《连城璧》第一回也说道："有个做戏

———————————

① （南宋）黎靖德辑《朱子语类》卷三，《文渊阁四库全书》第700册，第60页。
② 徐朔方笺校《汤显祖全集》第2册，北京古籍出版社，1999，第1188页。
③ （清）李渔撰《李渔全集》第五卷，浙江古籍出版社，1991，第126~127页。

图5　那咤　清代纸本彩绘　李黎鹤藏

的鼻祖，叫做二郎神。"① 道光年间的杨掌生在《梦华琐簿》中说："伶人所祀之神，笠翁十种曲《比目鱼》传奇但称为二郎神，而不知其名。"② 齐如山《戏班·信仰·二郎神》云："戏界对于二郎神，亦极崇拜，平常亦呼之为二郎爷，亦曰妙道真君。崇拜之原故，大致因戏中凡遇降妖伏魔等戏，皆借重此公，故平常亦以为其能降伏妖怪，特别尊敬之。"③

《全元曲·二郎神醉射锁魔镜》中详细地讲述了赵昱的神迹，谓他与那咤三太子为兄弟。"我是那五十四州都土地，三千里外总城隍。吾神姓赵名昱，字从道，幼年曾为嘉州太守。嘉州有冷、源二河，河内有一健蛟，兴风作浪，损害人民。嘉州父老，报知吾神。我亲身仗剑入水，斩其健蛟，左手提健蛟首级，右手仗剑出水，见七人拜降在地，此乃是眉山七圣。吾神自斩了健蛟，收了眉山七圣，骑白马白日飞升。灌江人民，就与吾神立庙。奉天符牒玉帝敕，加吾神为灌江口二郎之位清源妙道真君。玉帝敕令，着吾神镇守西川。因打这玉结连环寨过，有那咤三太子镇守此处。吾神就探望兄弟，走一遭去，然后回西川也未迟哩。吾神统领本部下神兵，直至玉结连环寨，相访那咤三太子，走一遭去。""小圣乃那咤神是也。为因小圣降十大魔君、八角师陀鬼、铁头蓝天鬼、独角逆鳞龙、天边大刀鬼，更有四魔女：天魔女、地魔女、运魔女、色魔女。为降众多妖魔，加小圣八百八十一万天兵降妖大元帅。手下有副元帅野马贯支茄，首将是药师大圣。统领天兵，镇玉结连环寨，非小圣之能也。""则为这玉皇选用，封我做都天大帅总元戎。我将这九天魔女，觑的似三岁孩童。则我这断怪降妖施计策，除魔灭祟建奇功。摆列着长枪阔剑，各执着短箭轻弓。周遭有黄幡豹尾，乘骑着玉辔银骢。前后列朱雀玄武，左右列白虎青龙。遵差命黄巾力士，听当直黑煞天蓬。分胜败山泽水火，辨输赢天地雷风。映晓日愁云霭霭，遮青霄惨雾蒙蒙。兽带飘征旗飐飐，鱼鳞砌铠甲重重。凤翅盔斜兜护顶，狮蛮带紧扣当胸。绣球落似千条火滚，火轮举如万道霞红。人人慷慨，个个英雄。我摇一摇疏喇喇外道鬼神惊，撼一撼赤力力地

① （清）李渔撰《李渔全集》第八卷，第259页。
② 张次溪编纂《清代燕都梨园史料》上册，中国戏剧出版社，1988，第373页。
③ 齐如山：《齐如山全集》第1册，台湾：联经出版事业公司，1979，第200页。

户天关动。腾云驾雾，唤雨呼风。"

图6　那咤　清代纸本彩绘　李黎鹤藏

后兄弟饮酒，二郎射破锁魔宝镜，走了金睛百眼鬼、九首牛魔罗王，驱邪院主云：今有那咤神与二郎饮酒，比试武艺，二郎神一箭射破锁魔宝镜，走了两洞妖魔，金睛百眼鬼、九首牛魔罗王。驱邪院主差韩元帅，背缚法旨，直至西川，与二郎说知，令他与那咤三太子，擒拿两洞妖魔去。若拿住，将功折罪；拿不住，二罪俱发。那咤擒拿两洞妖魔，"那咤出马，三头贴胞，六臂辉辉。三头胞胞显神通，六臂辉辉降妖怪"。"二郎神出马，他神通广大，变化多般，身长万余丈，腰阔数千围，面青发赤，巨口獠牙。二郎变化显神通，掣电轰雷缥缈中。领将驱兵活灌口，杀败那法力低微牛魔神。"有大鬼和小鬼能抢大斧，有雷声和霹雳乱散顽兵，杀的那金睛百眼难逃命，鬼怪山精遍地亡，将妖魔押入酆都，众神将复还本位。①

《洞玄度人宝忏诸天无上真经》曰："清源妙道赵真君，历代斩邪护国神，历代大忠义之神，历代大孝节之神，济生上化药王孙真君，济生普化药王许真君，历代一切济生真君。"②

根据以上的资料，结合四川发现的水陆画，分析水陆画中川主的形象，当为二郎神赵昱。画面中正坐中央者为川主赵昱，左侧为土主张飞，右侧为药王孙思邈，赵昱下侧似童子貌者为张仙。

---

① 王季思主编《全元戏曲》第7卷，人民文学出版社，1999，第99～112页。
② 《张三丰先生全集》，《藏外道书》第5册，巴蜀书社，1992～1994，第544页。

图7 元皇派神谱图 清代纸本彩绘 李黎鹤藏

在地方戏剧福泉阳戏中，凸显了以川主为代表的"三圣"的地位，赵二郎则是川主神之唯一代表。贵州省福泉市的阳戏坛班举行的还愿祭祀活动中，均需在信士家的堂屋中悬挂神案。据杨光华田野调查资料显示，不管哪一个坛班，也不管是何种类型的法事活动，"主要的那几幅如总尊图、三清图、三圣图、天门土地图、三伯公婆图、左鬼右判图等，所有坛门都必须绘制，否则，不能举行正常的祭祀活动"①。并在调查中发现，阳戏还愿法事中，"设坛悬挂案子的多少，因各坛门不同和还愿大小而异，少者四五轴，多者二十余幅。但还阳戏的法事，三圣神像和总尊神像是必须悬挂的"②。在具体的福泉阳戏坛班之法事活动中，亦可以看到，川主神案的悬挂位置特殊，居于中心位置。一般在事主家中堂屋布置神案，香火正中布置一个"观音洞"，"洞的当中挂川主、土主、药王三圣图"③。布置神案时，"五个面具摆放在观音洞的桌面上，中二郎，右灵官、韩信，左关公、霸王"，"观音洞里悬挂川主、土

---

① 杨光华：《且兰傩魂》，人民文学出版社，2008，第71页。
② 杨光华：《且兰傩魂》，第205页。
③ 杨光华：《且兰傩魂》，第72页。

主、药王三圣的案子"①。

福泉阳戏坛门在还愿祭仪中，有"开坛礼请"仪节。仪式开头的神辞表述即约请川主神："敕封万天川主清源妙道二郎贤圣真君崇应慧明大帝，敕封盖天土主清明合同帝君紫微大帝，敕封药王戏主显化仁慈大帝福德真神。此叩大伯公婆、二伯公婆、三伯公婆六位公婆，金花小姐、梅花小娘、金氏师祖、柳氏师娘、黄龙仙姐、白鹤仙娘、平凤小姐、凤官小娘、柳青娘子、杨大口老汉之神。"②

二　土主即张飞的考辨

土主，是指镇守地方之土神，他们多是由所在地的官员死后而神。土主原称社神，即土地之神。殷墟卜辞中有"土"字，应与地神崇拜有关。王国维指出，殷卜辞中的"土"应即"社"。③《说文解字》曰："土，地之吐生物者也。二象地之下、地之中；丨，物出形也。凡土之属皆从土。"社神，即土地神。《孝经》说："社者，土地之主，土地广博，不可遍敬，故封土以为社而祀之，报功也。"《周礼》说："二十五家置一社，但为田祖报求。"《白虎通·社稷篇》："王者所以有社稷何？为天下求福报功。人非土不立，非谷不食，土地广博，不可遍敬也，五谷众多，不可一一而祭也，故封土立社，示有土也。稷，五谷之长，故立稷而祭之也。稷者，得阴阳中和之气，而用尤多，故为长也。"④

画面中正坐中央者为川主赵昱，左侧为药王孙思邈，右侧为土主张飞，川主赵昱下方为雷万春。

东汉时称社神为社公或土地。社神初无姓名。东晋以后，民间以生前行善或廉正之官吏为土地神，遂有人格及姓氏。《老子天地鬼神目录》称："京师社神，天之正臣，左阴右阳，姓黄名崇，本扬州九江历阳人也，秩万石，主天下名山大神，社皆臣从之。河南社神，天帝三光也，左青右白，姓戴名高，本冀州渤海人也，秩万石，主阴阳相运，咒诅取人及人命，故终也，诸社神天封之，各自主督，天下血食鬼邪，无大无小，莫有不伏者。"《三皇经》云："豫州社姓范名礼，雍州社姓修名理，梁州社姓黄名

---

① 杨光华：《且兰傩魂》，第204页。
② 杨光华：《且兰傩魂》，第115页。
③ 王国维：《殷卜辞中所见先公先王考》，王国维：《王国维考古学文辑》，凤凰出版社，2008，第33页。
④ （东汉）应劭撰《风俗通义校释》卷八，吴树平校释，天津人民出版社，1980，第295、296页。

图8　元皇派三圣图　清代纸本
彩绘　李黎鹤藏

宗，刻州社姓张名豫，扬州社姓邹名混，徐州社姓韩名季，青州社姓殷名育，兖州社姓费名明，冀州社姓冯名迁，稷姓戴名高。右九州上应天九星之根，九宫所在，领九州为。常人能忆九州之社，一天之稷呼其姓名，问其是非，皆白兆吉凶，可使之赏善罚恶，救济苍生也。"①《太上老君说天妃救苦灵验经》："莆田土主，圣化竹林。北斗大圣，驱逐邪精。消灾散祸，家国安宁。"②

巴蜀地区的土主信仰起源较早，"土主"称号的出现至迟在宋代。王象之《舆地纪胜》记载："蜀张飞为巴西太守，有庙在今州衙东，主今为郡土主，诏封忠显英烈王耳。"③ 三国时期蜀国张飞曾担任过巴西郡太守（郡治阆中），为护佑该地立下功劳，乡人后建庙祭祀，今四川省阆中市仍有张飞庙。

四川江安县有安济庙，俗名土主庙，创建于宋端拱年间。端平初（1234）县令张文省率民兵御蛮，祷于神有功，宋理宗赐额"安济庙"，宝祐元年（1253）加封并赐文，其文曰："敕泸州江安县安济庙土主五龙神，嘉泽侯等，汝号五龙神，岂其兄弟耶？泸江在天西南隅万里外，比苦掳扰，朕念其民，顾而忧之，故乐得忠义之家，相与保护，此土神也。"④

明清时期，巴蜀土主信仰非常普遍。《四川通志》载：彭县铁峰有土主庙，"在县北五十里，祀姚苌，今废"，"蒙阳土主庙，在县东四十里，祀唐韦皋"。⑤ 明正德八年（1513），合川民众"以神有灵感，能御大患"，乃建土主庙于城北纯阳山上，祀赵延之。"在府内，祀唐安抚史赵延之，永川、彭水皆有惠政，故并祀之。"⑥ 铜梁县有"土主庙，在县南，唐土寇猖獗犯邑，知县赵延（之）集兵于六赢山灭之，后遇黄冠道人，

---

① 《道要灵祇神鬼品经》，《道藏》第28册，文物出版社、上海书店、天津古籍出版社，第385～386页。
② 《太上老君说天妃救苦灵验经》，《道藏》第11册，第410页。
③ （南宋）王象之编《舆地纪胜》卷一八五，《续修四库全书·史部》第585册，第422页。
④ 龙显昭、黄海德等编《巴蜀道教碑文集成》，四川大学出版社，1997，第170页。
⑤ （清）黄廷桂等修，张晋生等纂《四川通志》卷二八上，《文渊阁四库全书》第560册，第528页。
⑥ （清）黄廷桂等修，张晋生等纂《四川通志》卷二八上，《文渊阁四库全书》第560册，第528页。

于茅莲洞仙去，奏封土主，至今邑人祀之"①。通江县，有李土主祠，"在通江县西，祀洋州刺史李继贤"②。巫山县，有土主庙，"在巫山县台山下，祀县令李镇修"③。平武县，张桓侯庙，在府北。④ 雅安，有壁山庙，"在府北，祀唐赵延之，名山县亦有之"⑤。眉州，张桓侯庙，在州南金流场。⑥ 资州，有土主庙，"在资阳县西宣化街，相传唐陈子昂殁为资阳土神，有祷辄应"⑦。茂州，岷山土主庙，在州西。⑧ 阆中县，桓侯庙，在府东，侯尝镇阆中，各州县多祀之。⑨ 明曹学佺《蜀中广记》："《后汉书》曰：岑彭至武阳，蜀刺客诈为亡奴降，夜刺杀彭，蜀人怜之，为立庙，岁时祠焉。《眉州志》云：五月二十三，州人赛土主祠，祀岑彭，其日盖岑死事也，必有霖雨之应。"⑩

图 9　雷万春　清代纸本彩绘　李黎鹤藏

① （清）黄廷桂等修，张晋生等纂《四川通志》卷二八上，《文渊阁四库全书》第 560 册，第 529 页。
② （清）黄廷桂等修，张晋生等纂《四川通志》卷二八上，《文渊阁四库全书》第 560 册，第 530 页。
③ （清）黄廷桂等修，张晋生等纂《四川通志》卷二八上，《文渊阁四库全书》第 560 册，第 533 页。
④ （清）黄廷桂等修，张晋生等纂《四川通志》卷二八上，《文渊阁四库全书》第 560 册，第 533 页。
⑤ （清）黄廷桂等修，张晋生等纂《四川通志》卷二八上，《文渊阁四库全书》第 560 册，第 535 页。
⑥ （清）黄廷桂等修，张晋生等纂《四川通志》卷二八上，《文渊阁四库全书》第 560 册，第 536 页。
⑦ （清）黄廷桂等修，张晋生等纂《四川通志》卷二八上，《文渊阁四库全书》第 560 册，第 538 页。
⑧ （清）黄廷桂等修，张晋生等纂《四川通志》卷二八上，《文渊阁四库全书》第 560 册，第 539 页。
⑨ （清）黄廷桂等修，张晋生等纂《四川通志》卷二八上，《文渊阁四库全书》第 560 册，第 530 页。
⑩ （明）曹学佺撰《蜀中广记》卷五六，《文渊阁四库全书》第 591 册，台湾商务印书馆，1983，第 753 页。

画面中央者为雷万春，其上为川主赵昱、药王孙思邈、土主张飞。雷万春青面狰狞，身披黄衫，手持三尖刃刀，其下为太尉、金花小娘、社婆、社公、马二郎等，场面热闹喜庆，似为社火演戏之态。

雷万春，亦为元皇派的护法将军。宋王谠《唐语林》："张巡将雷万春，于城上与巡语次，被贼伏弩射之，中万春面，不动。令狐潮疑是木人，谍问之，知是万春，乃言曰：向见雷万春，方知足下军令矣。"① 清梁章钜《浪迹续谈》："兼资见雷万春面止一疤，因拜问曰：史言将军面着六箭，而一疤何也，雷曰：当时六箭五着兜鍪，人人相传谓吾面着六箭，不动，吾亦当之，庶扬声以威之耳。"②

雷万春又被奉为南戏系统的戏神，且与傩戏关系密切。明顾景星《白茅堂集》记载："楚俗尚鬼，而傩尤甚。蕲有七十二家，有清潭保、中潭保、张王、万春等名。神架雕镂，金腾制如橇，刻木为神首，被以彩缯，两袖散乖，项系杂色衯帨。或三神，或五六七八至十余，为一架焉。黄袍、远游冠，曰唐明皇。左右赤面，涂金粉，金银兜鍪者三，曰太尉。高髻步摇，粉黛而丽者二，曰金花小娘、社婆。髯而翁者，曰社公。左骑细马，白面，黄窄衫，如侠少者，曰马二郎。行则一人，肩架前导大纛，雉尾云竿，□橐格泽等，祺曲盖鼓，次如王公迎神之家，男女罗拜，蚕桑疾病，皆祈问焉。其从数十列幛歌舞，非诗非词，长短成句，一唱众和，鸣咽哀惋。随设百戏，奉太尉，歌跃幛上，主人献斗，三神酢主人，主人再拜。须臾二蛮奴持继盘，辟有大狮，首尾奋迅而出。奴问狮何来？答曰：凉州来。则相与西望而涕泣，沾衣而别……按假狮即唐天宝西凉舞，亡国之音，胡为乎来。张王者，张巡也。万春者，雷万春也。以为傩神不知原起，或者因巡厉鬼杀贼一语。故以驱厉，而以玄宗为厉主耶？"③《蕲州志》卷三十对张巡、雷万春被民间奉为傩神记之甚详："张王，唐张睢阳，像旁塑许远、雷万春以从祀……蕲俗于五月中旬迎其神，导卫甚盛，乡村各为社，或相值争道以殴，谓之撞张王，又作纸船扬旗幡于其上，送之江，谓之送瘟。""太尉庙在治东北百六十里王裕冲。田太尉相传即雷万春也。"④ 可见，在明末雷万春已经在民间广泛被崇奉为傩神。

---

① （南宋）王谠撰《唐语林》卷五《补遗》，《文渊阁四库全书》第 1038 册，第 126 页。
② （清）梁章钜撰《浪迹续谈》卷六《双忠传》，《续修四库全书·子部》第 1179 册，第 306 页。
③ （清）顾景星撰《白茅堂集》卷三一，《四库全书存目丛书·集部》第 206 册，齐鲁书社，1995，第 233 页。
④ （清）封蔚祁修，陈廷扬撰《蕲州志》，光绪八年（1882）刻本。

雷万春因忠烈封侯，继而为民间祀为俗神，又被请入傩戏成傩神，最终进入伶业成为戏神。

明曹学佺《蜀中广记》："巫山县阳台山下，有土主庙，其神即唐张巡将雷万春，县之跳石人也。史载令狐潮益兵围雍丘，巡使郎将雷万春于城上，与潮相问，语未绝，贼弩射之，面中六矢，而不动，潮疑其木人，使谍问之，乃惊。"① 宋曾巩《阆州张侯庙记》："阆州于蜀，为巴西郡。蜀车骑将军领司隶校尉西乡张侯名飞，字翼德，尝守是州，州之东有张侯之冢，至今千有余年，而庙祀不废。每岁大旱，祷雨辄应。嘉祐中比数岁连熟，阆人以谓张侯之赐也，乃相与率钱治其庙舍，大而新之。"② 今四川省阆中市仍有张飞庙，四川元皇派所奉土主正是张飞。

明清时期，民间土主信仰非常盛行，其图像至今还保存在一些石刻造像之中，如今重庆大足石刻，其中的眠牛石石刻第6号，即为川主、土主、药王，中间主尊为川主，左为土主，右为药王。该龛营造时间为清代，谭氏信士"发心修塑川主、土主、药王三圣金容"。其后，在清乾隆五十八年（1793），信众又"发心修塑川主、土主、药王三圣金身"，即对上次修塑妆金，今天仍可看出当时妆金的痕迹。因此，该处三圣造像的时间，应至迟在清乾隆五十八年（1793）之前。③

三　药王即孙思邈的考辨

药王，最早是指佛教中的药王菩萨，其名见于苻秦三藏鸠摩罗什翻译的《妙法莲华经》。经中言药王菩萨原为识药草的星宿光长者，日藏比丘在讲法的过程中开启了星宿光长者的智慧，且有感于众生被病痛所苦，誓愿不仅以草药还要以种种法药，来灭除众生身心两种病苦，星宿光长者发愿而成为"药王菩萨"，并将在未来世作佛，其称号为"净眼如来"，开出"常安乐光"净土。

自南宋韩元吉《桐阴旧话》称韦善俊"世俗谓为药王"始，人对"药王"名号大感兴趣，经元明清三代的士大夫文人、医士、官员，以及佛教、道教、民间宗教共同的造神运动，造出大大小小一众药王，多以尊称医德高尚者为药王，因此历代不同

① （明）曹学佺撰《蜀中广记》卷二二，《文渊阁四库全书》第591册，第271页。
② （南宋）曾巩撰《元丰类稿》卷一八，《文渊阁四库全书》第1098册，第526~527页。
③ 重庆大足石刻艺术博物馆、重庆市社会科学院大足石刻艺术研究所编《大足石刻铭文录》，重庆出版社，1999，第412~421页。

地方所尊的药王并非一人。如黄帝①、扁鹊②、吴猛③、韦善俊④、韦慈藏⑤、韦古⑥、汤阴医生张氏⑦、赵铨⑧都曾被尊为药王。明刘侗《帝京景物略》卷三《药王庙》："天坛之北药王庙，武清侯李诚铭立也。庙祀伏羲、神农、黄帝，而秦汉来名医侍。伏羲尝草治砭，以制民疾，手玉图，文八卦。神农察色，嗅尝草木而正名之，病正四百，药正三百六十有五，爰著《本草》，手药草。黄帝咨于岐雷而《内经》作，著之玉版。左次：孙思邈，曾医龙子，出千金方于龙藏者。右次，韦慈藏，左将一丸，右蹲黑犬，人称药王也。侧十名医：三皇时之岐伯、雷公，秦之扁鹊，汉之淳于意、张仲景、魏之华陀、晋之王叔和、皇甫谧、葛洪，唐之李景和，盖儒道服不一矣。"⑨

扁鹊，中国历史中最著名的医学家。司马迁《史记》专列《扁鹊仓公列传》，可见其历史地位之高。扁鹊至北宋始建庙封侯。《宋史·许希传》载，景祐元年（1034）许希治愈宋仁宗的病，称得其师扁鹊之助，经其所请，"帝为筑庙于城西隅，封灵应

---

① （清）高晋编《钦定南巡盛典》卷八三载："下洛城东南六十里有涿鹿城，城东一里有阪泉，泉上有黄帝祠。今州城南庙祀黄帝为药王。"《文渊阁四库全书》第659册，第308~309页。

② 穆彰阿、潘锡恩等纂修《大清一统志》卷十六："长桑君庙，在任邱县郑州城东北三里。药王庙在长桑君庙西，祀扁鹊。"《文渊阁四库全书》第474册，第302页。

③ 雷次宗撰《豫章古今记》："药王山在新吴西北五十里，晋吴猛骑虎入山处。"（明）陶宗仪编《说郛》卷六七，《文渊阁四库全书》第879册，第599页。

④ （南宋）韩元吉撰《桐阴旧话》："按《列仙传》，韦善俊，唐武后朝京兆人。长斋奉道法，尝携黑犬名乌龙，世俗谓为药王云。"（明）陶宗仪编《说郛》卷四五下，《文渊阁四库全书》第878册，第481页。

⑤ （清）孙承泽撰《春明梦余录》卷二二："三皇庙，在太医院之北，名景惠殿。永乐中建。前为景咸门，门东为神库，西为神厨，中奉安伏羲、神农、黄帝，皆南向。以勾芒、祝融、风后、力牧氏配；以僦贷季、鬼臾区、天师岐伯、俞跗、白高、少俞、少师、桐君、太乙、雷公、马师皇、伊尹、神应王扁鹊、仓公、淳于意、张机、东虎；王叔和、华陀、皇甫谧、巢元方、抱朴子葛洪真人、孙思邈药王、韦慈藏、启元子王冰、钱乙、朱肱、刘元素、张元素、李杲、朱彦修，西虎从祀。"《文渊阁四库全书》第868册，第253页。

⑥ （明）陈耀文撰《天中记》卷四〇："医王子姓韦，名古，字老师，元是疏勒国得道人也。身被毳袍，腰悬数百葫芦，顶戴纱巾，手持藜杖，常以一黑犬同行，寿年五百余岁。泊开元中孟夏之月，有人疾患，稍多疼困，师发愿心存目想，遂普施药饵，无不痊平，睹之者便愈。后乃图形供养，皇帝敬礼为药王菩萨神仙。"《文渊阁四库全书》第966册，第855页。

⑦ （清）梁诗正等撰《西湖志纂》卷九："惠应庙在至德观右，俗呼药王庙。《西湖游览志》：神张姓，相州汤阴人。素谨奉神农氏，没而为神，凡疹疾疮疡有祷辄应。宋时祀于汴州，南渡后建庙于吴山看江亭，额曰惠应。咸淳、德祐累封王爵，两庑祀二十四仙医，相传佐神农采药者也。"《文渊阁四库全书》第586册，第511页。

⑧ （清）谢旻等修《江西通志》卷一六〇："赵铨，字仲衡，庐陵高唐里人。精岐黄术，制业仍未废，以诸生贡于朝，仕灵寿霍山两邑。夏贵溪大拜入京，夜泊吴城。静中忽传呼声，杂以丝竹金革，市驿交喧，月下隐隐有宣言药王到者。贵溪询药王何人，曰姓赵。已而寂然。"《文渊阁四库全书》第516册，第516页。

⑨ （明）刘侗撰《帝京景物略》卷三，《续修四库全书·史部》第729册，第294页。

侯"①，庙在开封城西。南宋王栐《燕翼诒谋录》作"神应侯"，"仁宗景祐元年（1034）九月，诏封扁鹊为神应侯"②。李焘《续资治通鉴长编》也载仁宗嘉祐八年（1063）三月"封神应侯扁鹊为神应公"③。

扁鹊升为神应王，最早记载在《宋会要》，曰："神应王祠，绍兴十七年（1147）别建太医局于临安府，依在京旧制修建神应王殿宇。十八年毕工，奉神像于殿，并奉善济公于东庑。元在东京崇化坊。"④ 南宋潜说友《咸淳临安志》："太医局在通江桥北，创始于绍兴二十六年至绍定间。重建殿曰神应，奉医师神应王，以岐伯善济公配。"⑤ 南宋吴自牧《梦粱录》载："医学，在通江桥北，又名太医局，建殿扁曰神应，奉医师神应王，以岐伯善济公配祀。"⑥ 从上述引文可知，北宋在东京崇化坊、南宋在杭州通江桥北，都曾建过太医局，内有神应王殿，正殿奉祀扁鹊，东庑配祀岐伯。万历二十一年（1593）《敕重修郑州药王庙碑》云："郑之有药王庙，独祀春秋扁鹊。扁鹊郑人也，一名秦越人。世传其受术长桑，治病神应，故前代因封为神应王，而土人亦遂以药王称之，即其地祀焉。"⑦ 综上所述，扁鹊自北宋始，一路封侯、封公、封王，但名号俱作"神应"，取其"治病神应"之义，至明万历年间御制碑文中始称"药王"，大约是顺应民间俗称的意思。

称孙思邈为药王，最早出现于明代。《明史·吉礼四》"三皇"条记载，明初对于医师的祭祀沿袭元制，即在祭祀三皇时从祀上古时期的"俞跗、桐君、僦贷季、少师、雷公、鬼臾区、伯高、岐伯、少俞、高阳十大名医"，"嘉靖间，建三皇庙于太医院北，名景惠殿。中奉三皇及四配。其从祀，东庑则僦贷季、岐伯、伯高、鬼臾区、俞跗、少俞、少师、桐君、雷公、马师皇、伊尹、扁鹊、淳于意、张机十四人，西庑则华佗、王叔和、皇甫谧、葛洪、巢元方、孙思邈、韦慈藏、王冰、钱乙、朱肱、李杲、张元素、朱彦修十四人。岁仲春、秋上甲日，礼部堂上官行礼，太医院堂上官二员分献，用少牢。复建圣济殿于内，祀先医，以太医官主之"⑧。到清代，在

① （元）脱脱等编《宋史》，中华书局，1975，第13520页。
② （南宋）王栐撰《燕翼诒谋录》，孔一、丁如明校点，上海古籍出版社，2012，第43页。
③ （南宋）李焘撰，黄以周等辑补《续资治通鉴长编》，上海古籍出版社，1986，第1830页。
④ 刘琳等校点《宋会要辑稿》第2册，第1057页。
⑤ （南宋）潜说友撰《咸淳临安志》，浙江古籍出版社，2012，第513页。
⑥ （南宋）吴自牧撰《梦粱录》，浙江人民出版社，1980，第134页。
⑦ 吕超如：《药王考与郑州药王庙》，《民国时期社会调查丛编·宗教民俗卷》，福建教育出版社，2014，第113页。
⑧ （清）张廷玉等撰《明史》，中华书局，1974，第1294~1295页。

太医院内建先医庙，用以祭祀历代医师，而"先医庙外北向者，为药王庙"①。

孙思邈，京兆华原（今陕西省铜川市耀州区）人，两《唐书》均有传。《旧唐书》本传载，孙思邈"七岁就学，日诵千余言。弱冠，善谈庄、老及百家之说，兼好释典。洛州总管独孤信见而叹曰：此圣童也。但恨其器大，难为用也"。"周宣帝时，思邈以王室多故，隐居太白山。隋文帝辅政，征为国子博士，称疾不起。""及太宗即位，召诣京师……将授以爵位，固辞不受。显庆四年，高宗召见，拜谏议大夫，又固辞不受。上元元年，辞疾请归，特赐良马，及鄱阳公主邑司以居焉。""话周、齐间事，历历如眼见。""魏征等受诏修齐、梁、陈、周、隋五代史，恐有遗漏，屡访之，思邈口以传授，有如目睹。""永淳元年卒。遗令薄葬，不藏冥器，祭祀无牲牢。经月余，颜貌不改，举尸就木，犹若空衣，时人异之。"②

孙思邈一生未担任过任何官职，故有唐一代自始至终都称孙思邈为处士。唐人李冗《独异志》载："唐天后朝，处士孙思邈居于嵩。"他不仅对于道家经典了然于心，而且时常从事炼丹，且善于养生。而在他死后月余，竟然有"颜貌不改，举尸就木，犹若空衣"的异象。③ 种种行迹，让时人感觉神奇。因此，在他死后，与之有关的神异故事就渐次产生。唐人段成式《酉阳杂俎》中，就有孙思邈拯救昆明池龙王，最终得到龙宫秘方，以及玄宗幸蜀时梦孙思邈向玄宗求武都雄黄的传说。④ 五代南唐沈汾撰《续仙传》卷中专门收录孙思邈，并将孙氏归为隐化一类。⑤

李昉《太平广记》卷二一曰："孙思邈，雍州华原人。七岁就学，日诵千余言。弱冠，善谈庄、老及百家之说，亦好释典。洛阳总管独孤信，见而叹曰：'此圣童也，但恨其器大识小，难为用也。'后周宣帝时，思逊以王室多故，遂隐居太白山。隋文帝辅政，征为国子博士，称疾不起。常谓所亲曰：'过是五十年，当有圣人出，吾方助之以济人。'及唐太宗即位，召诣京师，嗟其容色甚少。谓曰：'故知有道者诚可尊重，羡门、广成，岂虚言哉。'将授以爵位，固辞不受。唐显庆四年，高宗召见，拜谏议大夫，又固辞不受。上元元年，辞疾请归，特赐良马及鄱阳公主邑司以居焉。当时名士，如宋之问、孟诜、卢照邻等，皆执师弟之礼以事焉。时人评价曰：

① （清）于敏中等编《钦定日下旧闻考》，北京古籍出版社，1983，第1178页。
② （北宋）刘昫撰《旧唐书》，中华书局，1975，第5094～5096页。
③ （唐）李冗撰《独异志》卷上，《续修四库全书·子部》第1264册，第434页。
④ （唐）段成式撰《酉阳杂俎》，中华书局，1981，第19～20页。
⑤ 《道藏》第5册，第85～86页。

图 10　元皇派神谱图　清代纸本彩绘　李黎鹤藏

'道洽古今，学殚数术，高谈正一，则古之蒙庄子。深入不二，则今之维摩诘。至于推步甲乙，度量乾坤，则洛下闳、安期先生之俦也。'初魏征等受诏修齐梁周隋等五代史，恐有遗漏，屡访于思邈，口以传授，有如目睹。永淳元年（682）卒，遗令薄葬，不藏冥器，不奠生牢，经月余，颜貌不改。举尸就木，空衣而已，时人异之。自注《老子》《庄子》，撰《千金方》三十卷，《福禄论》三十卷，《摄生真箓》《枕中素书》《会三教论》各一卷。尝有神仙降，谓思邈曰：'尔所著《千金方》，济人之功，亦已广矣。而以物命为药，害物亦多。必为尸解之仙，不得白日轻举矣。昔真人桓闾谓陶贞白，事亦如之，固吾子所知也。'其后思邈取草木之药，以代虻虫水蛭之命，作《千金方翼》三十篇。每篇有龙宫仙方一首，行之于世。及玄宗避羯胡之乱，西幸蜀。既至蜀，梦一叟须鬓尽白，衣黄襦，再拜于前，已而奏曰：'臣孙思邈也，庐于峨眉山有年矣。今闻銮驾幸成都，臣故候谒。'玄宗曰：'我熟识先生名久矣。今先生不远而至，亦将有所求乎？'思邈对曰：'臣隐居云泉，好饵金石药，闻此地出雄黄，愿以八十两为赐。脱遂臣请，幸降使赍至峨眉山。'玄宗诺之，悸然而寤。即诏寺臣陈忠盛挈雄黄八十两，往峨眉宣赐思邈。忠盛既奉诏，入峨眉，至屏风岭，见一叟貌甚俊古，衣黄襦，立于岭下。谓忠盛曰：'汝非天子使乎？我即孙思邈也。'忠盛曰：'上命以雄黄赐先生。'其叟偻而受。既而曰：'吾蒙天子赐雄黄，今有表谢，属山居无翰墨，天使命笔札传写以进也。'忠盛即召吏执牍染翰。叟指一石曰：'表本在石上，君可录焉。'忠盛目其石，果有朱字百余，实表本也。遂誊写其字，写毕。视其叟与石，俱亡见矣。于是具以其事闻于玄宗，玄宗因问忠盛，叟之貌与梦者果同，由是益奇之。自是或隐或见。咸通末，山下民家，有几十余岁，不食荤血，父母以其好善，使于白水僧院为童子。忽有游客称孙处士，周游院中讫，袖中出汤末以授童子，曰：'为我如茶法煎来。'处士呷少许，以余汤与之，觉汤极美，愿赐一碗。处士曰：'此汤为汝来耳。'即以末方寸匕，更令煎吃，因与同侣话之，出门，处士已去矣。童子亦乘空而飞，众方惊异。顾视煎汤铫子，已成金矣。"[1]

南宋刘克庄《慈济签》："世传孙思邈至今为地仙真人，平生探丸起人死多矣。蝉蜕之后，人有感奇疾危证，命在顷刻者，办荸扶舆，博颡祈哀，或立愈，或经昔，或数日，皆弃杖步归。始惟闽人奉事，今香火遍江浙，岂非与峨嵋山中黄襦叟，皆以活人之功度世乎？"[2] 所谓的"世传"为"地仙真人"云云，表明了人们在观念认知中，将孙思邈视作神仙。

从晚唐五代至宋，孙思邈逐渐被神仙化，因此在崇宁间耀州大旱，州人便自然而然地奔赴其祠去求雨了。段成式《酉阳杂俎》载："孙思邈尝隐终南山，与宣律和尚相接。时大旱，西域僧请于昆明池结坛祈雨。诏有司备香灯，凡七日，缩水数尺。忽有老人夜诣宣律和尚求救，曰：'弟子，昆明池龙也。无雨久，匪由弟子。胡僧利弟子脑将为药，欺天子言祈雨，命在旦夕，乞和尚法力加护。'宣公辞曰：'贫道持律而已，可求孙先生。'老人因至思邈石室求救。孙谓曰：'我知昆明龙宫有仙方三千首，尔传与予，予将救汝。'老人曰：'此方上帝不许妄传，今急矣，固无所吝。'有顷，捧方而至。孙曰：'尔第还，无虑胡僧也。'自是池水忽涨，数日溢岸，胡僧羞患而死。孙复著《千金方》三千卷，每卷入一方，人不得晓。及卒后，时有人见之。玄宗幸蜀，梦思邈乞武都雄黄，乃命中使斋十斤，送于峨眉顶上。中使上山未半，见

---

① （北宋）李昉等编《太平广记》第1册，中华书局，1961，第140~143页。
② （南宋）刘克庄：《刘克庄集笺校》第10册，辛更儒校注，中华书局，2011，第4570~4571页。

一人幅巾被褐，须鬓皓白，二童青衣丸髻，夹侍立屏风侧，手指大盘石曰：可致药于此。上有表录上皇帝。使视石上朱书百余字，遂录之。随写随灭，写毕，上无复字矣。须臾，白气漫起，因忽不见。"①

现存铜川耀州区药王山南庵的《耀州华原五台山孙真人祠记》，此碑原刻于北宋元丰四年（1081），后在金代大定九年（1169）重刻。碑文中记载：华原城东"沮水之东二三里，有山曰五台，峰回环相望者有五，因以名焉。其间翘楚卓立，最出诸峰至绝顶者有庙，曰崇福观。尝闻耆老传之曰，今之观，在昔孙真人旧隐之地"。②

图11　元皇派神谱图　清代纸本彩绘　李黎鹤藏

称孙思邈为药王，是在明万历前后。雍正《陕西通志》卷二九《同州》载："孙真人洞，在县西北四十里双泉镇。先是，居人久议建祠未果，至嘉靖三十四年地震后，镰山云起异常，昼夜恒见，忽崩裂一洞，下有涌泉，洞中自然成像，仿佛真人，

---

① （唐）段成式撰《酉阳杂俎》卷二《玉格》，第19页。
② 曹永斌：《药王山碑刻》，三秦出版社，2013，第290~291页。

因以建楼殿云。又药王洞，亦祀真人，在县西郭。万历三十年建。"①

稍后的鄜州（州治今陕西富县）有药王洞，雍正《陕西通志》卷二九《鄜州》："孙真人祠，祀唐谏议大夫孙思邈，一名药王洞。一在北关啸虎崖，康熙三十年修。一在州西六十五里张邨。"② 清代陕西兴安州（州治汉阴县，今安康市汉滨区）还有药王山。雍正《陕西通志》卷一二《兴安州》："有药王山，以祠祀孙真人而名。"③ 乾隆《同官县志·建置志·祠祀》："孙真人祠，在县南三里。明万历六年知县李一本建。清康熙二十五年重修，今名药王洞。"④ 同官县治在今铜川市印台区。宜君县雷原木瓜城道光二年（1822）《木瓜城创修药王庙碑记》中也记载药王"引线诊脉""针龙刺虎"，所指也是孙思邈。进入清代民国时期，许多道观都要设置药王殿，举行仪式，以供民众祈福求药、解除病患，药王孙思邈成为影响最大的神灵之一，其画像塑像大量出现，正是证明了此点。

元皇派的正规典籍资料比较稀少，目前除了四川成都二仙庵版的《川主妙经》《川主正朝》《天坛玉格》《东岳法忏》《道法会元》这些道教典籍以外，还没有发现其他正式经典记录。民间手抄本的元皇派法本不计其数，其中包括元皇派文坛的科仪经典、治病驱邪的法术秘典、招兵收兵的法术、庆坛傩戏的唱本等，真是包罗万象。如《元皇法箓》，里面收录三百六十道符箓，以及奏职用的职牒范本，招兵牒、收兵牒、发兵牒、关猖牒、安坛牒、还愿疏、求子疏、净宅疏等，内容异常丰富。

《上清三洞玉皇门下玉清王宝》曰：

> 行坛弟子郑明典法灵，原命生于丁未年七月初四日子时，注生命犯三刑六害，投在刘君坛下，习学元皇正教，助国救民。今则法世周隆，抛牌过印，法世西天，传经演教，历代宗师师祖、师爷主案王法通李法真、陈法真、谢法灵、龙法资、龙法清，把坛郎公肖法炉，座坛师公肖加监，起祖师公李玉合，太祖师公李三春，太公李四季、李法灵、李法清、李法真、赵法清、马飞见、马飞通、伏亦、伏亦海、固法应、固法通、刘金斗、雷康师仙娘、毛师仙娘、周师仙娘、李师仙娘、艾师仙娘、黑师仙娘，师秦法灵、张法明、刘法典、蒋法显。

① 转引自（明）刘侗、于奕正撰《帝京景物略》，北京古籍出版社，1980，第100~101页。
② （清）刘于义等修《陕西通志》，台北华文书局股份有限公司，1969，第852页。
③ （清）刘于义等修《陕西通志》，第870页。
④ （清）袁文观修《同官县志·建置志》，台北成文出版社有限公司据乾隆三十年抄本影印，1969，第119页。

阴传会上伏道清张法通、越通明、郑道玄、尧临出、马显应，罡头主案刘法通、沈法泰、马法显、黄道玄、岳道玄、岳法海、黄法应、黄法云、何法通，阴布堂中，方吉评善于亭赵金，容杨于山许金，臣哭常大爷，喜神娘娘，齐家度救师张师娘、张法清，九龙会上业师祖、王师爷，安禅会上赵中令，君坛上师太祖杨法典、法灵，力元会上岳皇大帝、郎龙太子，水法会上杨先明、陈通明、吕法全，座桥会上马法应。

民国壬申年冬月廿八日吉之辰，先于廿日登坛开启良因，廿八日登坛传法、抛牌、过印，行罡度法信州龙虎山前，拜法之时得金牌一面，外有三桥王母，外有三卷鬼名经，在此管北七十二庙，管了朝南五十四庙，管了四川一百单八庙，尽付弟子牌内所管，依教奉行法事，上叩东方青帝、南方赤帝、西方白帝、北方黑帝、中央黄帝，五方五帝位下，准此奉行。

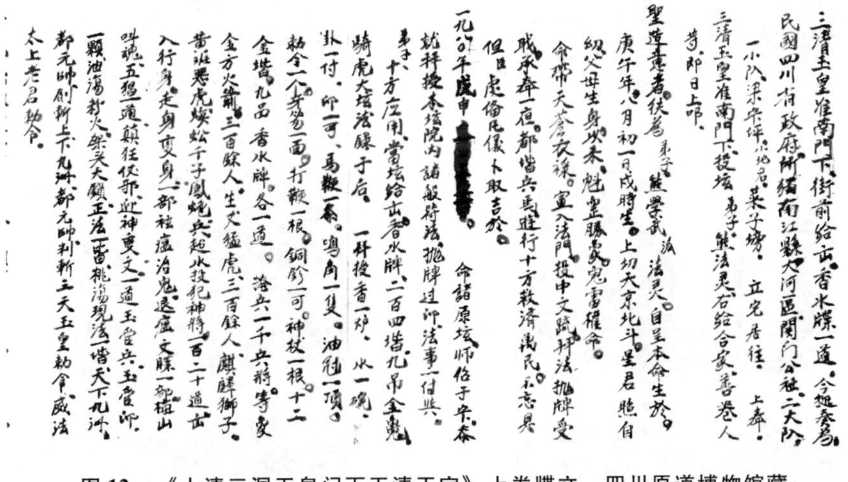

图 12　《上清三洞玉皇门下玉清王宝》上卷牒文　四川原道博物馆藏

元皇派的神系非常庞杂，除佛教的佛菩萨、道教的神灵外，大量的是来自民间信仰的鬼神。据《上清三洞玉皇门下玉清王宝》记载，佛教的佛菩萨有：燃灯佛、药师琉璃光王佛、释迦牟尼佛、过去未来现在佛、昆卢尸佛、宝幢王佛、弥勒尊佛、阿弥陀佛、无量寿佛、金刚不坏佛、接归王佛、宝光王佛、龙树王佛、精进迦佛、宝月广佛、现无思佛、婆宝宁那佛、罗处佛、功德佛、才功德佛、善达通佛、才光明佛、智惠胜佛、世静光佛、日月光佛、幢胜王佛、沙音声佛、贤善首佛、广庄严佛、索光幢佛、观世灯佛、法圣王佛、须称光佛、大力王佛、金海光佛、大通光佛、才光寿佛、施坛功德佛、斗战胜佛、观音菩萨、文殊、普贤菩萨、清静大海、象连池海会、两天诸佛、三千揭地神、比丘、罗汉、夷塞、无边无量金刚、大古净坛使者、金声罗汉、八部天龙，十方三界，一切佛祖。

道教的神灵有：太上三清三境三宝天尊、昊天至尊金阙玉皇大帝、南极长生大帝、北极紫微大帝、九天应元雷神普化大天尊、三十三天上帝、五方五老天君、大魁五金木水火土、太上混元启教万法老君上帝、太上开圣神君盘古大帝、太上开皇玉祖、东岳泰山天齐仁圣帝、南岳衡山司天昭圣帝、西岳华山金天顺圣帝、北岳恒山安天元圣帝、中岳嵩山中天明圣帝、五盟皇后夫人、东极宫中太乙救苦天尊、东方青帝、南方赤帝、西方白帝、北方黑帝、中央黄帝、东王公、西王母、三天教主、玄天法师、汉朝门下历代有名天尊、上元张天师、中元李天师、下元梁天师、浑净仙人、左坛真武、右坛龙树、玄天上帝、中坛九兵、那咤太子、不动尊王、提缚拘抟、四员天尊、三十六员天将、七十二员副将、八万四千兵马。

图 13　元皇派神谱图　清代纸本　　　　　图 14　元皇派神谱图　清代纸本
彩绘　李黎鹤藏　　　　　　　　　　彩绘　李黎鹤藏

民间信仰的鬼神有：上路天兵，中路地兵，下路水兵，张、赵二郎部下，左右前后车战兵马，五朝天子，赵侯圣主，王郎统兵，五部兵马，飞天乌鸦兵，大肚南蛇兵，千千乱蛇蜈蚣兵，毒蛇兵，春雷，夏雷，秋雷，冬雷，四季之雷，西天毒雷兵，二十四阵，三十六阵，七十二阵，枷栲杨将军，驱瘟打邪大将军，典付令中，茅山法主金七郎、金十郎，龙宫大郎，龙宫小郎，三百黄班兵，三百麒麟兵，四百恶虎兵，狮子兵，潭乌兵，四百白鹤兵，茅山法主兵，庐山九郎，蒙山十二部，太山一部，横山二部，六十五郎，法瘟打鬼大将，药王会上一十三代明医真人，抚州出法一派宗师，三元打瘟方七郎，绝瘟廖八郎，注瘟仙人刘十五郎，李十七郎，雪山祖师唐肖十四郎，大罗天宫七千祖师，小罗天宫八万祖师，五瘟百鬼，春夏秋冬四季行瘟，十二年王，十二月将，天瘟二十四炁，地瘟七十二喉，张元伯父子，一十六口，百千万人，余君大郎，番君大郎，余君三郎，北斗第十一位星君宫，三十六员斩鬼将，流东

图15 元皇派神谱图 清代纸本彩绘 李黎鹤藏

千兵，扶左万马，扶右万将，降龙伏虎、祈天祷雨、淋风走浪、治病推生、治颠乱语神将，九天魔王，上元栲鬼张天师，中天栲鬼梁天师，斩鬼仙柳将军，青鸟白鹤仙人，至圣文宣王，周易王，鬼谷仙师，刘出华洞渊天尊，董仲仙师，世张赵二郎，太极万灵仙神翁尊，上元法主三郎黄岳，中元法主李三郎，下元法主李三郎，打瘟张赵二郎，高皇三郎，赵侯圣主三郎，元皇天尊，玄天圣尊，三元唐葛周三将军，庐山九郎，横山七郎，蒙山十郎，十代都天元帅，混元盘古仙师，佛道无量天尊，太上正一慈君，金阙姑，金七姑，邪五姑，刘元达母子，赵公明父子，仲仕贵父子，吏文叶父子，周赵魏郑楚吴秦宋齐鲁越刘十二大王，行瘟公瘟母，圣主一郎，千千兵马，万万神将，降兵关元帅，管兵赵元帅，番坛张五郎，青帝九夷兵，南方赤帝八蛮兵，西方北帝六雄兵，北方黑帝五帝兵，中央黄战鼓兵，日宫打瘟张赵二郎，高皇圣主三郎，六九七八十郎，三十三郎，天伤五郎，东海越夜郎，三百六十坛兵马、七十万人。

元皇派法术的核心是役使五猖兵马。兵马可分上中下三坛，上坛为法师箓中所佩神将官吏，此类天仙兵理皆属上乘，调兵之权有严格的控制，不学该阶道法不授法箓则无权调用。中坛为山川社令五岳兵马，如附属岱岳的东岳兵马，附属南岳的圣帝兵马，隶属唐葛周三将军的三元兵马，茅山三洞吏兵亦属此类，地方社令兵马受命于帝君、祖师、当地城隍、庙王，听法师调遣。下坛属阴兵，由伤亡青壮男组成，可分五路五猖兵马、舞袖草坛兵马、五百草头神、金枪银刀兵马、青苗地主吏兵等，依照五方旗号，安置于法坛之下，授以戒律，听令于法师。

概而言之，明清时期的元皇派影响颇大，它分布于南方，并且与闾山派、淮南派等法教关系密切，互为补益，至今仍在民间流传。

（责任编辑　汪桂平）

中古人口迁徙与买地券信仰[*]

韩吉绍

摘要： 东汉时期，在土地私有制和家族墓地盛行的背景下，伴随着人口的频繁流动，受墓葬风俗和争地冢讼信仰的共同影响，买地券产生于中原地区。魏晋南北朝时期，买地券在六朝区域广泛传播，随着移民大潮的涌荡直达两广，承载了那个悲惨时代的精神印记。唐代时买地券使用减少，但至五代宋元，成为一种相当普遍的习俗。买地券伴随着土地私有制和人口流动而产生，又因人口流徙而广为传播，此小小方物，实为风云变幻的中古社会在冥世的一个缩影。中古人口迁徙与信仰变迁相互交融，此历史大势有诸多生动表现，买地券不过其中微小一例。今天所有对买地券某方面特征的认识，皆不应忽视人口流动因素的重要作用。

关键词： 中古 人口迁徙 人口流动 买地券 道教 镇墓文

作者简介： 韩吉绍，历史学博士，山东大学历史文化学院教授。

引 言

买地券，并非顾名思义的普通土地买卖契约，而是一种用于墓葬的明器，约产生于东汉早期，并一直使用至今，有近两千年的历史。"买地券"之名现在虽然被学术界广泛使用，但是根据张传玺先生的研究可知，其历史称呼多种多样，如约、券、券约、券书、契、牒、地券、买地券等，并不固定。[①] 现今普遍使用的称谓，不过是最近四十年来学术界取宋元之际周密《癸辛杂识》的记载约定俗成："今人造墓，必用买地券，以梓木为之，朱书云：'用钱九万九千九百九十九文，买到某地'云云。"[②]

---

[*] 本文为国家社科基金项目"道教与汉魏两晋南北朝史研究"（项目编号：18BZS047）的阶段性研究成果。

[①] 张传玺：《契约史买地券研究》第十二章"买地券用名的历史考察"，中华书局，2008，第230~241页。

[②] （宋）周密撰《癸辛杂识·别集下》，吴企明点校，中华书局，1988，第277页。

买地券是一种内容丰富的历史资料，迄今为止，学界对其的研究除文献整理的基础性工作以外，主要集中在三个方向。首先是在土地制度史视角下，讨论买地券的性质、功用、起源、演变过程、真伪等问题，其中买地券作为土地买卖契约是关键话题。① 这类研究持续了几乎整个 20 世纪，因与古代土地、经济、法律等制度密切相关，故在历史学界受到广泛关注与响应。其次是在 20 世纪下半叶，买地券的宗教属性受到较多关注，在宗教史视角下出现不少新探索。② 最后是最近十多年来，买地券的经济属性被进一步淡化，出现几种综合性研究成果，涉及历史学、宗教学、考古学、语言学等多个领域。③

买地券信仰自东汉以来绵延两千年，至今在全国不少地区仍为常见习俗。它虽然是一种墓葬契约，但包含多方面的信息，对历史研究而言具有重要价值。不过，关于买地券内容性质的认识虽然国内外学者已经过一个世纪的探索，然而至今仍有明显分歧。其实，买地券虽小，但它并非某单一历史因素的产物，这种情况下我们特别需要从多维度来推进认识，其中最关键的几个因素包括人口流动、土地制度和冥界信仰，以往的关注基本都在后两个方面，而忽视人口流动的视角，此即本文重点讨论的问题。

---

① 相关研究譬如罗振玉《蒿里遗珍》，1914，石印本；〔日〕仁井田陞：《中国法制史研究·土地法·取引法》，东京大学出版会，1960；方诗铭：《从徐胜买地券论汉代"地券"的鉴别》，《文物》1973 年第 5 期；李寿冈：《也谈"地券"的鉴别》，《文物》1978 年第 7 期；方诗铭：《再论"地券"的鉴别——答李寿冈先生》，《文物》1979 年第 8 期；吴天颖：《汉代买地券考》，《考古学报》1982 年第 1 期；〔日〕池田温：《中国历代墓券略考》，《东洋文化研究所纪要》第 86 号，东京大学东洋文化研究所，1981；蒋廷瑜：《从广西出土的南朝地券看当时的社会经济状况》，《广西民族学院学报》（哲学社会科学版）1985 年第 3 期；李裕群：《宋元买地券研究》，《文物季刊》1989 年第 2 期；张传玺主编《中国历代契约会编考释》，北京大学出版社，1995；张传玺：《契约史买地券研究》，中华书局，2008；等等。

② 譬如〔日〕原田正己「民族资料としての墓券——上代中国人ての死灵观の一面」『フィロソフィア』45，1963 页 1～26；原田正己「墓券文に见られる冥界の神とその祭祀」『东方宗教』第 29 号，1967；R. A. Stein, "Religious Taoism and popular religion from the second to seventh centuries," Holmes Welch and Anna Seidel eds., *Facets of Taoism: Essays in Chinese Religion*, New Haven and London: Yale University Press, 1979；吴荣曾：《镇墓文中所见到的东汉道巫关系》，《文物》1981 年第 3 期；王德刚：《汉代道教与"买地券"、"镇墓瓶"》，《文献》1991 年第 2 期；〔美〕韩森著，鲁西奇译《传统中国日常生活中的协商：中古契约研究》，江苏人民出版社，2008（英文版 1995 年出版）；等等。

③ 如刘屹《敬天与崇道——中古经教道教形成的思想史背景》，中华书局，2005；张勋燎、白彬：《中国道教考古》，线装书局，2006；高朋：《人神之契：宋代买地券研究》，中国社会科学出版社，2011；鲁西奇：《中国古代买地券研究》，厦门大学出版社，2014；李明晓：《两汉魏晋南北朝石刻法律文献整理与研究》，人民出版社，2016；黄景春：《中国宗教性随葬文书研究——以买地券、镇墓文、衣物疏为主》，上海人民出版社，2018；李明晓：《新见魏晋至元买地券整理与研究》，人民出版社，2020；等等。

一 关于买地券内容性质的研究史

近代学术界对买地券的研究肇始于罗振玉。民国初年，罗振玉在《蒿里遗珍》一书中搜集著录买地券 4 种，根据内容分为两类，一为世间土地买卖合同，二为冥界人鬼契约。其"吴浩宗买地券"条考释云："至地券之制，前籍未详，以传世诸刻考之，殆有二种。一为买之于人，如建初、建宁二券是也。一为买之于鬼神，则术家假托之词。如此券及晋杨绍、南汉马氏二十四娘、宋朱近等券是也。"[①] 1930 年，罗氏《贞松堂集古遗文》卷十五《铅券》著录买地券增至 7 种，并根据此前分类原则，将世间土地买卖合同称为"买地铅券"，冥界人鬼契约称为"镇墓券"。

日本学术界对中国买地券的研究较早。1938 年，日本中国法制史研究的开拓者仁井田陞发表「汉魏六朝の土地买卖文书」一文，将汉魏六朝买地券全部视为现实生活中的土地买卖文书，进而研究相关法律制度。[②] 1952 年，仁井田陞又发表「中国买卖法の沿革」一文，继续将买地券作为土地契约使用。[③] 这两篇文章后来收入仁井田氏的代表作四卷本《中国法制史研究》之《土地法·取引法》卷（东京大学东洋文化研究所，1960）。仁井田陞的观点主要在日本学界有较大影响，国内亦屡见有学者援引或利用。[④]

罗振玉关于买地券性质的二分法对 20 世纪下半叶的国内学术界产生广泛影响。1956 年，史树青关于买地券的分类观点即直接继承自罗振玉："我国各地出土过不少的汉代以来的'地券'，其内容可分二种：一种是实在用的地券，多铸铅为之，上面刻上某人向某人买地，钱地两清的券文，例如洛阳出土的房桃枝买地券（见《贞松堂集古遗文》卷十五）。一种是迷信用物，俗称'买山地券'，或称'地莂'，最初是把券文用朱砂写在陶罐上或砖上，后来渐渐地刻在砖上或石板上，例如会稽出土的

---

① 《蒿里遗珍》1914 年初版，此据罗继祖主编《罗振玉学术论著集》第三集《雪堂所藏古器物图说（外九种）》，上海古籍出版社，2013，第 421 页。

② 〔日〕仁井田陞「汉魏六朝の土地买卖文书」『东方学报』东京第 8 册。

③ 〔日〕仁井田陞「中国买卖法の沿革」『法制史研究』第 1 号。中译本见《日本学者中国法制史论著选·先秦秦汉卷》，中华书局，2016。

④ 例如贺昌群《汉唐间封建的国有土地制与均田制》，上海人民出版社，1958；李振宏：《两汉地价初探》，《中国史研究》1981 年第 2 期；赵云旗：《唐代土地买卖研究》，中国财政经济出版社，2002；郑显文：《中国古代关于商品买卖的法律文书研究》，《中国经济史研究》2003 年第 2 期；等等。

杨绍买地莂（杨绍买地莂系会稽出土，见……及罗振玉《蒿里遗珍》……）。"①
1973 年，方诗铭撰文《从徐胜买地券论汉代"地券"的鉴别》，开篇即言"属于土
地买卖契约的两汉'地券'，是研究封建土地所有制的一项重要史料"②。1979 年，
他进一步从时间上发展了罗氏的分类标准，认为汉代的地券属于土地买卖文书，其后
的则属于镇墓券："东汉以后，真正属于土地买卖的'地券'几乎绝迹，所谓'地
券'，都是属于'镇墓券'性质。"③

　　直到 1978 年，李寿冈提出一种新观点，认为包括汉代在内所有的买地券都不是
真正的土地买卖文书，而是明器："一般土地买卖契约绝不会埋在土里，也不一定是
铅制的。原来这种地券并不是活人社会的土地买卖契约，而是出于迷信，埋入墓葬，
供死者'执掌'的契约模式。""一、这种'地券'并不是人间的土地买卖契约；
二、是用于墓葬，以瓦石或金属作成，价值和证人都是出于虚拟；三、这种风俗从汉
代到明代都沿袭不改。"④ 1981 年，陈柏泉在讨论宋代买地券时也有类似的看法：
"地券既是专门用作墓葬的一种幽契，因而它就不可能是现实社会的土地买卖的契
约，而仅是一种所谓由权势大神发给死者执掌而供冥府公验的凭证。"⑤

　　然而，自此以后更为普遍的看法是明器说与罗振玉观点的折中，既肯定买地券全
为明器，又强调部分买地券（主要是汉代买地券）的土地契约属性。例如 1981 年，
俞伟超讨论墓地土地所有制时说，"正因墓地的自由买卖，东汉就出现了随葬买卖墓
田契约那种明器的习俗。这种明器习称为'买地券'，其实叫'买墓地券'才准确。
现知最早的一件是传出山西忻县的《建初六年武穉婴买墓田玉券》。以后就愈来愈普
遍。不过从《延熹四年钟仲游妻买墓地券》起，已经开始同道教内容的《解除文》
结合在一起，离真正的契约形式愈来愈远了；但'买墓地券'的存在，总是反映了
墓地买卖这个简单的事实正在继续进行下去"⑥。1982 年，吴天颖一面肯定所有买地
券都是明器，一面又认为早期券与真正的土地买卖文书很接近，故而将买地券分为
甲、乙两型："早期买地券一般是铅券；券文内容基本上是摹仿实在的土地买卖文
书，真实性较强，史料价值较高，为行文方便，以下简称甲型买地券。晚期买地券，

―――――――――

①　史树青：《晋周芳命妻潘氏衣物券考释》，《考古通讯》1956 年第 2 期。
②　方诗铭：《从徐胜买地券论汉代"地券"的鉴别》，《文物》1973 年第 5 期。
③　方诗铭：《再论"地券"的鉴别——答李寿冈先生》，《文物》1979 年第 8 期。
④　李寿冈：《也谈"地券"的鉴别》，《文物》1978 年第 7 期。
⑤　陈柏泉：《江西出土〈地券〉综述》，《江西历史文物》1981 年第 3 期。
⑥　俞伟超：《古史分期问题的考古学观察（二）》，《文物》1981 年第 6 期。

券文千篇一律，带有浓厚的迷信色彩，解放前甚至有以木刻纸印而焚化者，无多大史料价值，为行文方便，以下简称乙型买地券。""买地券的发展演变过程，大致经历了土地实物（薄土）或模型（陶田）——摹仿真正土地契约的甲型买地券（以建初玉券为典型）——纯迷信用品的乙型买地券（以王当、钟仲游妻券为代表）等阶段。"① 1990 年，林甘泉利用买地券讨论汉代的土地买卖和土地价格，认为六件东汉铅券"虽是随葬明器而非真实的土地契约，但它们的内容显然是按照当时买地券通行的程式书写的"，"这种买地券虽属明器，但它们的内容对于研究汉代的土地买卖却是非常重要的资料"。② 再如 1995 年，张传玺亦承认"买地券是随葬品，是葬家为死者虚构的一种置买墓地的契约"，但又认为"东汉时的买地券刚刚行用，所写内容与人间契约几乎完全相同，史料价值很高。东汉末及魏晋以后，买地券内容的迷信化程度日益加深，其史料价值也相应地降低了"。③ 甚至宋元时期的买地券，李裕群也主张分为模仿真正土地契约的甲型、纯迷信的乙型和介于二者的中间型。④

2006 年，鲁西奇《汉代买地券的实质、渊源与意义》一文对汉代买地券的性质进行了综合研究，提出三条意见：（1）今见东汉买地券均为随葬明器，并非实在的土地买卖文书，而是"实在的冥世土地买卖契约"；（2）今见东汉镇墓文在功用、性质方面与买地券并无本质区别，都是向地下鬼神通告人之殁亡，并祈求得到地下鬼神的接纳与保佑，只不过镇墓文以铅人、金玉奉献给地下土神以解除丧葬动土对地下神的冒犯，而买地券通过向地下鬼神购买葬地以得到地下鬼神的保佑；（3）买地券与镇墓文之源头，至少可上溯至西汉前期墓葬所出之告地策。⑤ 该文实际上发展了李寿冈的主张，主要特点是否定二分法，将买地券与镇墓券在性质和功能上等同，认为所有买地券包括东汉买地券都不具备世间土地买卖文书的属性，券中所涉及的买卖双方、见证人均为亡人，买卖的对象——墓地所有权是冥世所有权，田亩面积、价格、所用钱数等只有冥世意义。

2018 年，黄景春对将买地券的内容完全冥世化解读的倾向提出批评，认为这与将买地券视为世间土地买卖契约一样极端："罗振玉对买地券'买之于人'的说法，

① 吴天颖：《汉代买地券考》，《考古学报》1982 年第 1 期。
② 林甘泉主编《中国封建土地制度史》第一卷，中国社会科学出版社，1990，第 326、324 页。
③ 张传玺主编《中国历代契约会编考释》导言，北京大学出版社，1995，第 24～25 页。
④ 李裕群：《宋元买地券研究》，《文物季刊》1989 年第 2 期。
⑤ 鲁西奇：《汉代买地券的实质、渊源与意义》，《中国史研究》2006 年第 1 期。后收入鲁氏《中国古代买地券研究》，第 45～66 页。

让一些学者产生误解，以为部分买地券如实记录了当时的土地交易，并以此为依据研究古代土地价格，至今仍有人把买地券中的地价当作真实交易价格来利用。与此相反，近年有人对汉魏时期买地券的解读走向了另一个极端，认为'买地券所涉及的买卖双方、见证人均为亡人'，'所买卖之对象——墓地所有权是冥世所有权'。""对汉代买地券做完全冥世化解读恐难成立。理解买地券的关键是，券文所描述墓地是一种现实墓地与地下阴宅的双重存在……完全虚拟化的解读也是不可靠的。"他提出一种折中解释，实际是此前学界观点的延续，认为"买地券中有写实成分，也有虚拟成分，所占比例大小不一"，"买地券的内容，总的来说包括买地、镇墓两个方面。买地内容所占比例越大，仿真程度越高；反之，镇墓内容越多，'迷信'成分也就越多，仿真程度越低。所谓'仿真'，就是书写格式模拟现实地契的写法"。[①]

综上所述，自20世纪以来国内外学术界对买地券内容性质的认识主要有四类观点，即认为买地券：（1）为世间土地买卖契约；（2）部分为世间土地买卖契约，部分为镇墓券；（3）为冥界人鬼契约，但部分与世间土地买卖契约很接近；（4）为完全虚拟化的冥界人鬼契约。对买地券内容的认识，从完全真实到虚实相间，再到完全虚拟，一个世纪的研究不仅没有形成共识，反而从一端走向另一端。那么，在这种情况下，我们究竟如何去看待买地券呢？

二 人口流动与东汉买地券的滥觞

目前所知，买地券最早出现在东汉初期，传世的几件西汉券普遍被视为赝品。因此要探寻买地券的性质，东汉买地券是最直接的材料，不过迄今发现的数量并不多，如鲁西奇《中国古代买地券研究》著录13种，黄景春《中国宗教性随葬文书研究》著录16种，李明晓《两汉魏晋南北朝石刻法律文献整理与研究》著录19种。以下讨论以鲁西奇的整理以及另外两种著作补充的姚孝经券、龙桃杖券、□孟叔券和李叔雅券[②]共17种买地券作为依据。为了避免分歧，讨论的切入点选择诸家共同肯定的真实内容，主要为墓主籍贯、葬地、冢田来源等，以下首先按照时间顺序将诸券有关

---

① 黄景春：《中国宗教性随葬文书研究——以买地券、镇墓文、衣物疏为主》，第68~70页。
② 其中姚孝经券据涂白奎《〈姚孝经砖文〉性质简说》（《华夏考古》2005年第1期），龙桃杖券据《南京市东汉建安二十四年龙桃杖墓》（《考古》2009年第1期），□孟叔券据张传玺《契约史买地券研究》（第305~306页），李叔雅券据李明晓《两汉魏晋南北朝石刻法律文献整理与研究》（第23页）。

信息做梳理分析。

例1 姚孝经买地券，券文云："永平十六年四月廿二日，姚孝经买桥伟冢地约亩。出地有名者以券书从事。"不言墓主籍贯或居地、葬地，出土于河南偃师县城关镇北窑村，墓周围未见其他姚姓墓葬。

例2 武孟子男靡婴买地券，券文云："武孟子男靡婴买马熙宜、朱大弟少卿冢田……东陈田比介，北、西、南朱少比介。""武孟"或释为地名，但大多认为是人名，当是。券文不言具体葬地，出土于山西忻州。从墓葬比界推测，墓主并非葬于家族墓地。

例3 钟仲游妻买地券，券文云："平阴偃人乡苌富里钟仲游妻薄命早死，今来下葬。自买万世冢田……"不言卖地人，墓主为平阴偃人乡苌富里（今河南孟津县）人，具体埋葬地址不明，出土于河南孟津县。

例4 王末卿买地券，券文云："河内怀男子王末卿从河南河南街邮部男子袁叔威买皋门亭部什三陌西袁田三亩。"墓主本河内郡怀县人，死后买河南郡河南县冢地安葬，显然生前客居于河南县。

例5 孙成买地券，券文云："左骏厩官大奴孙成从雒阳男子张伯始卖所名有广德部罗陌田一町，贾钱万五千，钱即日毕。田东比张长卿，南比许仲异，西尽大道，北比张伯始。"墓主生前为左骏厩官大奴，身份低贱，虽居雒阳城中，但籍贯很可能在外地。从墓地四周比邻可知，其孑然一身，显非葬于祖茔。

例6 刘元台买地券，券文云："广［陵都］乡乐成里刘元台从同县刘文平妻［买得］代夷里冢地一处，贾钱二万，即日钱毕。［南］至官道，西尽坟溪，东与房亲，北与刘景□为冢。时临知者刘元泥、枕安居，共为卷书，平执。"墓主生前居乐成里，死后买代夷里冢地安葬。其墓地虽然东邻"房亲"（家族近支宗亲），但明显非其自家祖茔地。

例7 曹仲成买地券，券文云："平阴都乡市南里曹仲成从同县男子陈胡奴买长谷亭部马领佰北冢田六亩……田东比胡奴，北比胡奴，西比胡奴，南尽松道。"墓主居于市南里，买长谷亭部冢地安葬，周围别无其他曹氏墓。

例8 李叔雅买地券，券文云："成睪（皋）男子李叔雅，从巩男子左叔陵、子男苌生买所名有□亭部北勇上一佰（陌）北田南头西畔田十四亩，买（价）钱……钱毕。田中根生伏财，上至仓（苍）天，下到皇（黄）泉，悉行。田西比左卅贤，东比左卅贤，北卅贤，南至佰（陌）。钱千无五十。时旁人……"墓主为成皋县人，买临近巩县地安葬，周边均为他姓，显为客葬。

例9 王当等买地券，券文云："青骨死人王当，弟［伎］、偷及父元兴［等］，从河南□□［左仲敬］子孙等，买谷郏亭部北佰西袁田十亩，以为宅……田本曹奉祖田，卖于左仲敬等；仲敬转卖□王当，当弟伎、偷，父元兴。"券文虽不言墓主籍贯或居地，但系王当父子一家同买，可以说是初创家族墓地，故疑当等为外来移民。按此墓田本曹奉祖田，先卖于左仲敬一家，仲敬又转卖给王当一家，林甘泉认为，"这附加的券文当是抄自真实的买地券。土地买卖文书中要注明产权变动的情况，这是为了防止他人冒认田业或原来的业主另生枝节。后来的上手契，当即滥觞于此"①。

例10 刘公买地券，券文云："太原太守中山蒲阴县所博成里刘公……早死，今日合墓……青骨死人刘公，则自以家田三梁……"墓主籍贯为中山蒲阴县所博成里，但生前既为太原太守，当居治所晋阳县。券文称葬地为"自以家田三梁［亭］"，不在所博成里，但在自家田内，至于是否其祖茔所在地，无法断定。鲁西奇猜测刘公即刘质，"盖刘质或籍平原，而居里则在刘氏祖居之地蒲阴县，故死后葬于蒲阴县境内"②。若果真如此，则其葬地与籍贯不同。

例11 戴子起买地券，券文云："都乡戴子起自有父世一丘一顷田，南至海，北至陆，东自陌，西至千，上半天，下入渊。子起□知之。子起薄命，早来归土，十月卅日葬。为子起买冢田，万三百……"券文虽不言具体葬地，但系墓主父亲之田。鲁西奇认为，这段话说明"券文所云之买田，与实际上墓地是否属于亡人所有并无关系"③。此言并不确切，问题的关键是该田地是否为戴氏祖茔所在。从券文"子起薄命，早来归土"及"墓主魂神，无责子起妻子、兄弟、父母。欲责生人，待乌白头、马生角"来看，戴子起系早逝，当时其父母兄弟妻子俱在。又据墓地四邻，可以确定此田并非戴子起祖茔所在。

例12 樊利家买地券，券文云："平阴男子樊利家从雒阳男子杜歌子、子弟□买石梁亭部桓千东比是陌北田五亩……田南尽陌，北、东自比歌子，西比羽林孟□。"墓主籍贯为平阴县，死后买雒阳冢地安葬，墓地四邻亦证明其为孤葬移民。

例13 房桃枝买地券，券文云："雒阳大女房桃枝，从同县大女赵敬买广德亭部

---

① 林甘泉主编《中国封建土地制度史》第一卷，第329页。
② 鲁西奇：《中国古代买地券研究》，第39页。
③ 鲁西奇：《中国古代买地券研究》，第40页。

罗西造步兵道东冢下余地一亩……田东、西、南比旧冢,北比樊汉昌。"墓主当居于雒阳城,买郊区冢地安葬,与四周比邻无亲属关系。

例14 □□卿买地券,券文云:"雒阳男子□□□,从同县男子申阿、仲节、季节、元节所名有当利亭部大阳仟北高垆佰西垣冢田一町……田东比沐君谦、沐君高、沐□□,南比章延年、章仲千、章阿□,西比申阿、申仲节、季节、元节,北比申阿、申仲节、季节、元节。时旁人泠阿车、王伯玉、刘唐、许伯雁、王元□、师□金,皆知券约。"墓主当居于雒阳城,买郊区冢地安葬,墓四周皆为外姓冢宅。

例15 龙桃杖买地券,券文云"建安廿四年十月六日,龙桃杖从余根买□上冢地",不言墓主籍贯、居地及具体葬地,出土于南京市。

例16 甄谦买地券,券文云"……东……西……里故茂陵令甄谦,字孝恭……命……买……"明显是关于籍贯和葬地的内容,但残缺严重不可辨识。墓主生前为茂陵令,当居长安,墓葬则位于今河北无极县。根据北宋乐史《太平寰宇记》的记载和今人的考古调查可知,无极(汉代为中山毋极县)为甄氏一支家族的墓地所在。[①] 不过,该家族墓地究竟始于何时,甄谦的原籍和葬地到底什么关系,这些问题目前还有很多疑点和盲点。

例17 □孟叔买地券,券文云:"河南男子□孟叔从雒阳男子王孟山、山子男元显、显子男富年买所名有……田□亩……"可知墓主为河南县人,生前客居雒阳县,死后在当地买冢地安葬。

表1 东汉买地券墓主籍贯与葬地

序号	下葬时间	墓主	籍贯	葬地(出土地)/冢田来源	备注
1	永平十六年/73	姚孝经	不明	不明(河南偃师)/买桥伟冢地	非祖茔
2	建初六年/81	武孟子男靡婴	不明	不明(山西忻州)/买马熙宜等冢田	非祖茔
3	延熹四年/161	钟仲游妻	平阴偃人乡苌富里	不明(河南孟津)/自买万世冢田	
4	建宁二年/169	王末卿	河内郡怀县	河南郡河南县皋门亭部/买河南县街邮部袁叔威袁田	客葬

---

① 孟昭林:《无极甄氏诸墓的发现及其有关问题》,《文物》1959 年第 1 期。

续表

序号	下葬时间	墓主	籍贯	葬地（出土地）/冢田来源	备注
5	建宁四年/171	孙成	雒阳城中	雒阳广德部/买同县张伯始罗陌田	非祖茔
6	熹平五年/176	刘元台	广陵都乡乐成里	同县代夷里/买同县刘文平妻冢地	非祖茔
7	光和元年/178	曹仲成	平阴都乡市南里	同县长谷亭部/买同县陈胡奴冢田	非祖茔
8	光和元年/178	李叔雅	成皋县	巩县/买男子左叔陵、子男丧生买所名有□亭部田	客葬
9	光和二年/179	王当等	不明	河南县谷郏亭部/本曹奉祖田，卖于左仲敬等，仲敬转卖王当等	非祖茔
10	光和五年/182	刘公	中山蒲阴县所博成里，生前居晋阳县	不明（河北望都）/自以家田三梁……	
11	光和六年/183	戴子起	都乡，未注明郡县	不明（安徽亳县）/自有父世田	非祖茔
12	光和七年/184	樊利家	平阴	雒阳石梁亭部/买雒阳杜歌子等田	客葬
13	中平五年/188	房桃枝	雒阳	雒阳广德亭部/买同县赵敬冢下余地	非祖茔
14	中平五年/188	□□卿	雒阳	雒阳当利亭部/买同县申阿等冢田	非祖茔
15	建安二十四年/219	龙桃杖	不明	不明（江苏南京）/买余根冢地	
16	年代不明	甄谦	……里，生前居长安	不明（河北无极）	
17	年代不明	□孟叔	河南县	雒阳县/买雒阳王孟山等田	客葬

　　迄今为止全国发掘的汉墓数量十分庞大，[①] 而发现的买地券不过区区十余件，于墓葬数量而言如九牛一毛，故其非汉代普遍信仰无可疑也。不过样本虽少，但统计数据仍能透露出一些关键信息。其一，信仰地域。17 种券中出自江苏 2、安徽 1、河南 11、山西 1、河北 2，而河南 11 种均在洛阳（"雒阳"）及其附近，表明买地券当时

---

① 据最近的粗略估计，"迄今已经发现的秦汉墓葬数以万计乃至十万计"（中国社会科学院考古研究所编著《中国考古学·秦汉卷》，中国社会科学出版社，2010，第 26 页），其中占大头的无疑是汉墓。

主要流行于以洛阳为中心的中原核心地带。其二，信仰阶层。有学者将汉代墓葬按等级规模分为皇帝陵（特大型墓）、诸侯王墓、列侯墓、二千石官吏墓（大型墓）、中下级官吏墓和庶民墓（中小型墓）等几类。[①] 若以此标准观之，17 种券所在墓葬只有 1 座（例 10）属于二千石官吏墓，其余均为中小型墓，表明当时买地券的使用者主要为社会中下阶层民众。[②] 其三，出现时代。17 种券集中出现在东汉后期，尤其是灵帝时期，这是东汉政权土崩瓦解的大动荡时期。其四，土地买卖。17 种券有 14 种记载了明确的买地信息（例 3、10、11 除外），共涉及 15 桩土地买卖（例 9 包含两次），全系私人间行为。无论卖地人是否为亡人，[③] 都应重视这种现象与现实土地买卖的关系。其五，17 种券中墓主葬于非祖茔地的至少有 13 人，比例高达 76%。其中异县客葬 4 人（例 4、8、12、17），同县异乡里葬 5 人（例 5、6、7、13、14）。鉴于买地券密集出现在社会剧烈动荡的东汉后期，这些人是否移民需要特别注意。以买地券集中的洛阳为例，据葛剑雄介绍，东汉任职洛阳的官员户籍仍在故乡，退职或死后都应返回。但这项制度实际执行并不严格，一些人死后葬于当地，由于大多是大家族，附庸人口如门生、故吏、奴仆很多，因此实际产生的移民相当可观。[④] 买地券中孙成即为奴仆，当是此类移民。

以上所举东汉买地券的诸多特点，此前多被学界关注，如地域、阶层、时代、土地买卖等，但客葬与非祖茔葬问题未见讨论，大多数买地券见于此类墓葬，会是偶然的吗？买地券的产生是否与东汉社会中下阶层民众异地购买墓地安葬有关呢？我认为这个问题值得思考。以下从两条线索来试做分析。

---

① 刘振东：《冥界的秩序——中国古代墓葬制度概论》，文物出版社，2015，第 71 页。
② 关于买地券的流行范围和信仰阶层，有人推测或与楚地信仰有关，但鲁西奇认为："今见东汉买地券与镇墓文大都出自关洛，而同时期的南方墓葬中却甚少见到，则是这一揣测难以逾越的逻辑与史实障碍。但我们相信，认为此种习俗起源于某一地域、其信仰流行于其一地域群体的思路在方向上应当是正确的。"鲁西奇：《中国古代买地券研究》，第 66 页。
③ 鲁西奇认为，买地券中不仅买地人，卖地人和见证人也都是早已亡故之人，很可能就是与买地人墓葬相邻的墓主。其中卖地人的墓地当与买地人所买墓地最近，很可能也是买地人墓地附近较大的墓地。殁亡人之所以要向卖地人购买墓地，目的乃是向卖地人求得冥间的承认与保护。鲁西奇：《中国古代买地券研究》，第 49~51 页。相反的意见如黄景春则认为："汉代部分买地券仿真程度很高……券文中的'四至'应是冢墓所在地块界止的真实描述，没有任何证据显示'四至'是以其他亡人的墓地为界。以曹仲成券为例……孝子有可能真的向胡奴买下了这块地方，作为曹仲成的墓地。"黄景春：《中国宗教性随葬文书研究——以买地券、镇墓文、衣物疏为主》，第 76 页。按，认为卖地人和见证人均为亡人确有难以解释的例子，例如例 6 刘元台从刘文平妻买冢地，但墓地四邻并无刘文平妻；例 8 王当等冢田系二次转卖等，此问题或不可一概而论。
④ 葛剑雄：《中国移民史》第二卷，福建人民出版社，1997，第 137~138 页。

第一条线索是墓葬风俗。汉代时，客死他乡者归葬故里的风俗很盛，杨树达《汉代婚丧礼俗考》对此有详细考证，其"丧葬·归葬"节云："死于他乡，率归葬。"其下列举很多例证，有父母待其子丧之返者，有国家赐冢地而亲属仍乞归者，有已葬赐地数年又改归者，有由亲属往丧所迎归者，有由朋友、故吏、部民、国家使者或地方遣使送归者，等等。① 而归葬故里的实质是回归祖茔。同章"祔葬"一节云："子孙从其父祖葬为祔葬，所谓归旧茔，是也。"下引数例，如《汉书·韦玄成传》："玄成病且死，因使者自白曰：'不胜父子恩，愿乞骸骨归葬父墓。'上许焉。"② 此观念在中国至今仍根深蒂固，实际上主要形成于汉代。为何如此重视返故里归旧茔？东汉《太平经》卷五十《葬宅诀》有一个很好的解释："葬者，本先人之丘陵居处也，名为初置根种。宅，地也，魂神复当得还，养其子孙，善地则魂神还养也，恶地则魂神还为害也。五祖气终，复反为人。天道法气，周复反其始也。"③

"葬"的要义在当时是"本先人之丘陵居处"，这一点亦可从考古学上得到证明。俞伟超先生早先指出，从商周到汉代，墓地制度发生了从公社所有制到私有制的变化；商代的氏族墓经过周代的祖坟墓，到汉武帝以后发展成个体家庭或嫡长制家族的私有茔地。④ 后来韩国河进一步论证了秦汉家族墓的发展轨迹及特点，认为"家族墓和族坟墓的最大区别，在于以家系为中心的独立墓地存在，不再受宗法观念的限制，转以私人权力或财产关系而选定墓穴"。他还特别关注到中小型家族墓的情况，如山东临沂金雀山周氏家族墓，安徽芜湖贺家园曹姓家族墓，洛阳烧沟墓群中的郭氏、赵氏、商氏、吴氏、肖氏等家族墓，河南陕县刘家渠东汉墓群中的羊氏、唐氏、刘氏家族墓，以及洛阳金谷园西汉中期以后的左氏、唐氏、樊氏、郑氏、郭氏、王氏、闾氏等家族墓。⑤ 不难发现，这类家族墓地在中原地区尤其洛阳一带很盛行，这一区域恰恰是早期买地券集中出现的地区。

当然，当时也有不归葬的情况。譬如崔瑗，"临终，顾命子寔曰：'夫人禀天地之气以生，及其终也，归精于天，还骨于地。何地不可藏形骸，勿归乡里。其赗赠之物，羊豕之奠，一不得受。'寔奉遗令，遂留葬洛阳"⑥。不过，具备"埋骨何须桑梓

① 杨树达：《汉代婚丧礼俗考》，吉林出版集团股份有限公司，2017，第145~152页。
② 杨树达：《汉代婚丧礼俗考》，161~162页。
③ 王明编《太平经合校》，中华书局，1960，第182页。
④ 俞伟超：《古史分期问题的考古学观察（二）》，《文物》1981年第6期。
⑤ 韩国河：《论秦汉魏晋时期的家族墓地制度》，《考古与文物》1999年第2期。
⑥ （宋）范晔撰《后汉书》卷五十二，中华书局，1965，第1724页。

地，人生何处不青山"觉悟和精神的人毕竟只是少数，不归葬者大多有客观原因制约，或者因为贫困，或者因为道远，等等。①

客居他乡者死后葬于居地附近，首先要解决的就是墓地问题——倘若不是极少数获朝廷赐予冢地，或者自身拥有土地，那么只有自行购买，这便涉及第二条线索——土地制度。林甘泉先生曾指出，从先秦到秦汉，土地制度发生了巨大变化，商周的共同体土地所有制到春秋战国时期趋于瓦解，土地私有制逐渐形成。"汉代的土地所有制存在着三种基本形式：封建国家土地所有制、封建地主土地所有制和自耕农小土地所有制。除此之外，还有奴隶主土地所有制和共同体土地所有制的残余。"在这些所有制形式中，国有土地主要包括山林川泽、苑囿园池、牧苑、垦田和荒地，面积虽然很大，不过处于支配地位的却是私有制。② 关于墓地在私人间的买卖，早在买地券出现前的西汉武帝时期便已蔚然成风。据《汉书·李广传》记载，李广从弟李蔡位至丞相，获赐冢地，却多占取并倒卖获利："广死明年，李蔡以丞相坐诏赐冢地阳陵当得二十亩，蔡盗取三顷，颇卖得四十余万，又盗取神道外壖地一亩葬其中，当下狱，自杀。"③ 而到了东汉时期，有证据表明即便是朝廷名臣，葬于他乡也需要购买冢地。《后汉书·马援传》记载，马援死后因谗言受到皇帝刘秀猜忌，"援妻孥惶惧，不敢以丧还旧茔，裁买城西数亩地槁葬而已"④。

以上两个方面是理解东汉为何产生买地券的重要线索。概而言之，笔者认为买地券的出现主要是在东汉土地私有制和家族墓地盛行的背景下，伴随着人口流动而出现的宗教信仰现象。在外为官或者有其他原因亡于他乡，而不能归葬原籍祖茔，这是滋生买地券产生的重要客观条件。以往在探讨买地券产生的原因时，人口流动因素没有被纳入考虑范畴，现应予以纠正。——可以想见，无论买地券上的土地买卖内容是否虚拟，其背后大多存在真实的土地买卖行为。

三 人口流徙与六朝买地券的传播

汉代的人口流动大多属于正常社会现象。然而汉末以降至南北朝近四百年间，地

① 不归葬现象详见杨树达《汉代婚丧礼俗考》，第 152~155 页。
② 林甘泉主编《中国封建土地制度史》第一卷，第 186~236 页。
③ （汉）班固撰《汉书》卷五十四，中华书局，1962，第 2449 页。
④ （宋）范晔撰《后汉书》卷二十四，第 846 页。

覆天翻的动荡一波未平一波又起，导致人口持续大规模迁徙，其间充满了悲痛与血泪。在此流徙大潮之下，买地券信仰随波逐流，渐次涌向南方，直达两广之地。通过对不同阶段的买地券进行分析，既可观察人口迁徙与信仰变迁相互交融的历史大势，又能更深刻地理解买地券的本质，以下分别从孙吴、两晋、南朝、北魏四个时期来讨论。

1. 孙吴时期。今见三国时期买地券 14 种，全部出自孙吴地区，其中鲁西奇《中国古代买地券研究》著录 12 种，李明晓《新见魏晋至元买地券整理与研究》补录 2 种（颜黄买地券与公孙新徒买地券），以下根据二书予以分析。

例 1　浩宗买地券，券文云：“九江男子浩宗以□月客死豫章。从东王公、西王母买南昌东郭一丘，贾□□五千。”墓主为九江郡人，客死豫章郡后葬于当地南昌。鲁西奇猜测，浩宗或在汉末淮水中游地区人们向豫章移民期间由九江迁徙来豫章，应当是第一代移民。

例 2　郑丑买地券，券文云：“吴郡男子郑丑，年七十五，以六年六月□□□江夏沙羡县物故。今从主县买地立冢。”墓主籍贯为吴郡，葬于江夏郡沙羡县（今武昌）。鲁西奇认为“主县”非阳间沙羡县令，而是阴间主县，可从。

例 3　颜黄买地券，券文云：“女子广陵江都都乡里颜黄从土公买地一丘，直钱二万，其界东西南北，广长自极，以为冢椁。”该买地券出土于江西南昌，但墓主为广陵江都（今扬州）人，显为客葬。

例 4　公孙新徒买地券，券文云：“忌告下邳女子公孙新徒薨□。崔小买土宏（安）葬，三顷五十亩，直（值）钱三百五十万，即日毕讫……”该买地券出土于湖北鄂州，但墓主为下邳县（今江苏睢宁）人，显为客葬。

例 5　萧整买地券，券文云：“郎中萧整从无湖西乡土主叶敦买地三顷五十亩，贾钱三百五十万，即日交毕。”券文只记墓主葬地为无湖西乡（安徽芜湖南陵县），不言籍贯。不过萧整墓与另外三座墓并列，出土报告认为墓葬所在地“系萧氏家族的茔地”[①]。其中三号墓墓主萧礼为丹杨宣城人，故萧整之籍贯亦应为丹杨宣城。需要注意的是，萧氏虽然家族多人聚葬在一起，但并非原籍祖茔，仍属客葬他乡。

例 6　黄甫买地券券文云：“大男九江黄甫，年八十。今于莫府山后南边起冢宅，从天买地，从地买宅，雇钱三百。”墓主籍贯为九江郡，葬于建业莫府山（今南京）。

例 7　张□买地券，券文云：“大男江夏竟陵张□，□九十，将□□□□起立冢

---

①　安徽省文物工作队：《安徽南陵县麻桥东吴墓》，《考古》1984 年第 11 期。

宅，从天买地，从地买宅，雇钱□□。"墓主籍贯为江夏郡竟陵县。葬地信息残缺，出土于南京。

例8 陈重买地券，券文云："立武都尉吴郡陈重，今于莫府山下立起冢宅，从天买地，从地买宅，雇钱五百。"墓主生前为吴国立武都尉，吴郡人，葬于建业莫府山。

例9 宋□买地券，券文云："大女宋□□□，今□□兼东北白石莫府山前，茹立冢宅。从天买地，从地买宅，雇钱三百。"券文不言墓主籍贯，墓主葬于建业莫府山。

例10 彭卢买地券，券文云："丹杨石城都乡□□校尉彭卢，年五十九，寄居沙羡县界。……物故……今造百世□冢，□□丘父土主买地。"墓主生前为某校尉，丹杨石城都乡人，寄居于沙羡县并葬于当地。

例11 缪承买地券，券文云："相府吏缪承，今还丹阳建业□乡梅府里，卜安冢宅，从地主古糸买地三顷五十亩，直钱三百五十万。"墓主生前任职于相府，从"今还丹阳建业"之语来看，似乎为当地人，但根据发掘简报可知此墓并非家族墓形式，况且券文称"卜安冢宅"，可以断定缪承并非葬于原籍祖茔，当系寄居建业。

例12 处士□□买地券，券文云："处士徐州广陵堂邑□□，买丹杨江乘□□□地三顷，直钱三百万。"墓主为徐州广陵堂邑（江苏六合区）人，葬于丹杨江乘（南京）。鲁西奇据《资治通鉴》胡三省注推测，墓主当为因魏吴战争而南徙江南者。

例13 孟赟买地券，券文云："吴故夷道督、奋威将军、诸暨都乡侯、会稽孟赟，息男壹，为赟买男子周寿所有丹杨无湖马头山冢地一丘，东出大道，西极山，南北左右各广五十丈，直钱五十万，即日交毕。"墓主为会稽人，生前仕吴，葬于丹杨无湖马头山（安徽当涂县）。此券买地写法类似于东汉，从墓地四邻来看，买周寿地当为人间事实。

例14 诸□买地券，券文云："扬州丹杨郡□南卿诸□□□□北极居左……今作冢廓，从天买土，从地买宅，直钱一千万。"墓主籍贯详址与葬地都不可辨识，出土于南京江宁区。

表2 孙吴买地券墓主籍贯与葬地

序号	下葬时间	墓主	籍贯	葬地（出土地）/冢田来源	备注
1	黄武四年/225	浩宗	九江	豫章南昌/从东王公、西王母买	客葬
2	黄武六年/227	郑丑	吴郡	江夏沙羡县/从主县买地	客葬
3	赤乌四年/241	颜黄	广陵江都都乡里	（南昌）/从土公买地一丘	客葬

序号	下葬时间	墓主	籍贯	葬地（出土地）/冢田来源	备注
4	赤乌八年/245	公孙新徒	下邳	（鄂州）/崔小买土宏（安）葬	客葬
5	赤乌八年/245	萧整	丹阳宣城	无湖西乡/从土主叶敦买地	客葬
6	五凤元年/254	黄甫	九江	建业莫府山/从天买地，从地买宅	客葬
7	太平二年/257	张□	江夏竟陵	不明（南京）/从天买地，从地买宅	客葬
8	永安二年/259	陈重	吴郡	建业莫府山/从天买地，从地买宅	客葬
9	永安四年/261	宋□	不明	建业莫府山/从天买地，从地买宅	
10	永安五年/262	彭卢	丹杨石城都乡	沙羡县/丘父土主买地	客葬
11	建衡元年/269	缪承	不明	丹阳建业□乡梅府里/从地主古系买地	客葬
12	建衡二年/270	处士□□	徐州广陵堂邑	丹杨江乘/买□□□地三顷	客葬
13	凤凰三年/274	孟赟	会稽	丹杨无湖马头山/买周寿冢地	客葬
14	天册元年/275	诸□	不明	丹杨郡/从天买土，从地买宅	

以上 14 种孙吴买地券中墓主相关信息完整的有 12 种，其籍贯与葬地全都不同，或因在外为官，或因流徙他乡，而客葬于寄居之地。这个现象并非偶然，而是买地券本质的体现。这一时期买地券普遍重视记载墓主的籍贯与葬地，而且两次出现"客死""寄居"之语，实乃社会动荡时期人口流徙在精神世界留下的痛苦印记。尤可注意者，像萧整这样家族多人聚葬在一起，但由于客葬他乡，仍然使用了买地券。与东汉买地券相比，孙吴诸券还有一个重要变化，即买地对象发生了变化，多种券不言具体某人，而云"从天买地，从地买宅"，或云从东王公、西王母买地。以往多认为这是买地券向迷信化方向发展的结果，其实这很可能恰恰反映了真实的历史变化。东汉时期，中原地区人口稠密①而土地私有制度发达，故墓地经常需要通过私人途径购买。而三国时期孙吴地广人稀，② 即便是耕地普通人也很容易拥有，"由于长期战乱，人口锐减，地广人稀，只要有劳动力，就不难有土地"③。在这种情况下，于荒山野岭中寻得一块墓地，或不需实际购买，于是便有了买地券内容的上述变化。

---

① 据统计，东汉永和五年（140）时，洛阳所在的河南尹人口密度为每平方公里 89.9 人，而江东丹阳郡仅为 11.1 人，吴郡 18.1 人。参见梁方仲《中国历代户口、土地、田赋统计》，上海人民出版社，1980，第 26 页。

② 孙吴政权曾采取强力措施解决劳动力不足的问题，主要途径有两条：一是通过战争及其他手段掠夺与吸引北方的劳动人口，二是通过讨伐宗部迫迁山民。参见林甘泉主编《中国封建土地制度史》第一卷，第 429～431 页。

③ 朱绍侯：《魏晋南北朝土地制度与阶级关系》，中州古籍出版社，1988，第 75 页。

2. 两晋时期。两晋买地券鲁西奇著录7种，其中4种出于南京及其附近，3种出于浙江绍兴、平阳与江苏镇江。李明晓《两汉魏晋南北朝石刻法律文献整理与研究》著录16种，但除去有争议和未公布的9种外并无新增者。下面根据鲁西奇著录做介绍。

例1　杨绍买地券，砖券，正面题"晋都乡杨绍买冢地券"。券文云："大男杨绍从土公买冢地一丘，东极阘泽，西极黄腾，南极山背，北极于湖。"明朝出土于山阴（今浙江绍兴）。按鲁西奇引杜春生《越中金石记》跋语，认为券文中阘泽、黄腾皆指其墓地。虽然墓主杨绍很可能就是山阴都乡人，并葬于当地，不过从墓地四极来看，显然非杨氏祖茔所在。

例2　曹翌买地券，券文云："吴故左郎中、立节校尉、丹阳江宁曹翌，字永翔，年卅三亡，买石子岗坑虎牙之田，地方十里，直钱百万，以葬，不得有侵抵之者。"此券出土于南京江宁，墓主即丹阳江宁人，但不能确定冢田是否在曹氏祖茔处。

例3　王母买地券，此券残缺严重，墓主籍贯或居地、葬地都无法辨别，出土于南京柳塘村。

例4　李达买地券，券文云："鄱阳葛阳李达，年六十七，今从天买地，从地买宅，东极甲乙，南极丙丁，西极庚辛，北极壬癸，中央戊己。"此券出土于江苏句容，可知李达客葬在此。

例5　侯□买地券，券文云："杨州庐江郡枞阳县大中大夫、汝阴太守□□，□丹阳郡［江］宁县赖乡漺湖里地，方员五顷八十亩，直钱二百万，即日交毕。西方庚辛，北方壬癸，中央戊己。"同墓砖铭有"太中大夫高平太守侯府君年七十三甍""大中大夫高平太守侯七十三甍""居丹杨江宁赖乡齐平里"等内容。墓主生前为较高级官员，杨州庐江郡枞阳县人，客居丹杨江宁赖乡齐平里，葬于赖乡漺湖里。

例6　朱曼妻薛氏买地券，券文云："吴故舍人、立节都尉晋陵丹徒朱曼故妻薛，从天买地，从地买宅"，故朱曼原籍为晋陵丹徒县。据鲁西奇介绍，该券发现于浙江平阳县南乡鲸头村（现属苍南县），东晋时地属临海郡横阳县，可知薛氏系客葬，或云其为孙皓废后朱氏之戚属，流放或逃亡至此。

例7　冯庆买地券，券文云："□治□里司马冯庆，从天买地，从地买宅。"墓主籍贯残缺不清，出土于江苏镇江。

表3　两晋买地券墓主籍贯与葬地

序号	下葬时间	墓主	籍贯或居地	葬地（出土地）/来源	备注
1	太康五年/284	杨绍	山阴都乡	山阴/从土公买冢地	非祖茔
2	太康六年/285	曹翌	丹阳江宁	江宁/买石子岗坑虎牙之田	
3	太康六年/285	王母	不明	不明（南京）/不明	
4	永康元年/300	李达	鄱阳葛阳	江苏句容/从天买地，从地买宅	客葬
5	永宁二年/302	侯□	原籍扬州庐江郡枞阳县，居丹阳郡江宁县赖乡齐平里	丹阳郡江宁县赖乡漻湖里/不明	客葬
6	咸康四年/338	朱曼妻薛氏	晋陵丹徒	临海横阳/从天买地，从地买宅	客葬
7	太和元年/366	冯庆	不明	不明（镇江）/从天买地，从地买宅	

关于两晋买地券与孙吴券的关系，黄景春曾根据券文写法风格将二者归为一类，称之为"江浙型"买地券。① 而据本文分析，其5种信息完整的有4种确定并非葬于墓主祖茔，其中3种身份属移民，这一特征与孙吴时期亦基本相同，表现出明显的延续性。两晋墓葬的发掘不知具体规模如何，但有学者如此概括东晋的墓葬特征："东晋是家族制度的鼎盛时期，同时也是家族墓葬的鼎盛时期。很少有能游离于家族组织之外的社会成员，也就很少有能游离于家族墓群之外的墓葬。"② 以此背景观察两晋买地券，其本质特征更加明显。

3. 南朝时期。南朝买地券鲁西奇著录17种，其中出自江苏1种、湖北2种、湖南2种、广西9种、广东3种。李明晓《两汉魏晋南北朝石刻法律文献整理与研究》补充数种，但有疑伪者。以下分别介绍（鲁著以外的买地券注明资料来源）。

例1　王佛女买地券，券文云："□□□□郡□□□都乡仁义里王佛女，薄命□□，□□□□，下归黄泉。今为佛女占买彭城郡［彭城县］北乡［垞］城里村南龟山为墓田百亩，东至青龙，西至白虎，南至朱雀，北至玄武，雇钱卅九□□□。"墓主籍贯残缺，鲁西奇认为是彭城郡彭城县都乡仁义里，不知何所据。葬地在彭城郡彭城县北乡垞城里村南龟山，乡里与居所地明显不同，又据"占买"二字，综合判断葬

---

① 黄景春：《中国宗教性随葬文书研究——以买地券、镇墓文、衣物疏为主》，第364页。
② 韦正：《六朝墓葬的考古学研究》，北京大学出版社，2011，第283页。

地至少非其家族墓地所在。

例 2　徐副买地券，券文云："宋元嘉十年太岁癸酉十一月丙申朔廿七日……荆州长沙郡临湘县北乡白石里界官祭酒代元治黄书契令徐副，年五十九岁，以去壬申年十二月廿六日，醉酒寿终，神归三天，身归三泉，长安蒿里。副先人丘者旧墓乃在三河之中，地宅侠窄，新创立此。本郡县乡里立作丘冢，在此山堲中。"鲁西奇言徐副为临湘县北乡白石里人，实为误解。券文明确交代，徐副祖茔在"三河之中"，此为新立墓地。《史记·货殖列传》云："昔唐人都河东，殷人都河内，周人都河南。夫三河在天下之中，若鼎足，王者所更居也。"① 可见徐副原籍中原，生前在临湘县北乡白石里传道。副亡于宋元嘉九年（432）十二月，翌年十一月方下葬，停葬几乎 1年，其中原因不得而知。

例 3　萠谦买地券，相关券文有数段，如："武昌郡［武］昌县东乡新平里男□萠谦，年六十五岁，以今己卯岁二月九日巳时，醉酒命［终］，□［归］三泉，长安蒿里……下地宅［狭］迮，自从祖父母来葬在此石龟环里。""武昌郡武昌县都乡石龟环里地下先人，蒿里父母……共买此地，从□□亩，与武昌郡武昌县东乡新平里前罗江□□邑县令萠谦，直钱［万万］九千九百九十九文，即日毕了。承玄都鬼律、地下女青诏书：从军乱以来，普天下之死人，听得随□□□在郡县乡里亭邑买地葬埋。"据此可知萠谦生前曾担任罗江（今浙江省内）及某邑县令，常居地为武昌郡武昌县东乡新平里，葬地为其祖墓所在地武昌县都乡石龟环里。这里的关键问题是萠谦的籍贯，不能简单地认为是武昌县东乡新平里人。这个问题的线索是"从军乱以来"一句，还见于下面多种买地券，完整的说法是"从军乱以来，普天下之死人，皆得听随生人所在郡县乡里亭邑买地葬埋"。刘昭瑞在讨论另一种妳女买地券（例 4）时认为，这句话说明妳女及其家人是从内地迁入者。② 而鲁西奇在讨论熊薇买地券（例14）时则认为，该表述"虽不能断定亡人即为北方之移民，然可推断诸券所引之《玄都鬼律》，当成于东晋以后，盖唯于'永嘉之乱'后北方人口大规模移入南方、卒后无法归葬故里的背景之下，方能形成此条'鬼律'"③。实际上，这句话为道教在特定时期对特定对象的宗教安慰，不可能随意言之。有此内容，可大胆断定墓主为移民客葬。于萠谦而言，自其祖父母时便流徙至武昌县，石龟环里可以视为其家族墓所

---

① （汉）司马迁撰《史记》卷一百二十九，中华书局，1982，第 3262～3263 页。
② 刘昭瑞：《考古发现与早期道教研究》，文物出版社，2007，第 328 页。
③ 鲁西奇：《中国古代买地券研究》，第 128 页。

在地，但与原籍祖茔不可同日而语。类似的情况已见孙吴萧整之例，无需多言。

例4 妳女买地券，券文云："［元嘉十九年］大岁壬午十一月癸卯［朔］廿四日丙寅，始兴郡始兴县［东乡新城里］□□，□□□五岁，以十一甲戌岁四月廿七日戌时没故。玄都鬼律、地下□□□、□□□□，从军乱以来，普天下死人，皆得听随生人所在郡县葬埋。妳女，［始兴］郡始兴县东乡新城里夕口村前掘土冢作丘墓。"墓主情况类似例3萧谦，生前客居始兴郡始兴县东乡新城里，亡于元嘉十一年（434），葬于元嘉十九年（442），停葬8年。

例5 田和买地券，券文云："元嘉廿一年太岁甲申九月癸巳……始兴郡曲江县□乡太平里田□□□，以去元嘉廿年十一月廿六日，平，醉命终，神归三天，身归三泉，长安蒿里。亡田□先人丘墓乃在三河之中，地宅夹小，□□□立此社。本郡县乡里立作丘冢，□□□□下，□土老塔□上□□，新立作丘冢在此坑中。""亡田□先人丘墓乃在三河之中"，说明墓主原籍在中原，流徙在曲江县，故须"新立作丘冢"。其亡在元嘉廿年（443）十一月，葬在翌年九月，停葬近1年。

例6 罗健夫妇买地券。此券李明晓著录，但释文多有误，现据最新考释摘录："宋元嘉廿二年太岁乙酉八月丁亥朔十日丙申朔（时），堂邑郡高山县都乡治下里兰陵太守、刘阳县开国男罗健年八十岁，妻旳年八十岁，醉酒命终，当归蒿里。（承）玄都鬼律、地下女青诏书科律：从军乱以来，普天下死人，皆得随生人所在葬埋。今葬丹杨郡湖孰县都乡西乡里中，（从）地下先人……买此冢地，纵广五顷……"[①] 墓主署籍为堂邑郡高山县（释文指出，此地系都城建康的侨置郡县），曾任兰陵太守，受封刘阳县开国男，死后葬于丹杨郡湖孰县，显属客葬。

例7 罗道训买地券。墓主罗道训为罗健夫妇之子，故放在一起介绍。券文云："宋元嘉卅年太岁癸巳七月辛丑朔廿一日辛酉子（时），南徐州彭城郡彭城县都乡安上里，地下先人……共卖此地，纵广一顷余地，与彭城都乡安上里罗道训。以义熙五年六月三日庚申，诏书除袭父封刘阳县开国男，食邑五百户，地方卅五里。到十二年四月十七日甲子，诏书除武原令。元嘉四年七月一日癸酉，诏书除魏郡广川令。到六年六月廿一日辛巳，诏书除南广平太守。到其年十月十九日丙申，诏书除龙骧将军。到十七年十月七日壬戌，诏书除左卫殿中将军。到廿二年十二月十八日壬寅，诏书除

---

① 此买地券实有两件，文字略有区别。此据王志高、许长生《南京淳化新见南朝罗氏地券考释》所录标本 M1：26 正面文字，《文物》2019 年第 10 期。

南平昌太守。到廿七年十二月卅日乙酉，诏书除行参征北将军事。……承玄都鬼律、地下女青诏书科律：从军乱以来，普天下死人，听随生人所在郡县乡里亭邑买地葬埋。今皆于此地中掘土作冢藏埋尸丧……"① 墓主曾在多地为官，与父母葬于同地，但其籍贯与葬地却改为南徐州彭城郡彭城县。关于释文作者已有说明，认为是当时土断改籍所致。所以罗道训虽然与父母同葬，但仍属移民客葬。

例8 龚韬买地券，券文云："南海郡番禺县都乡宜贵里地下死人……武夷王等，共卖此地，纵广五亩，与南海郡番禺县都乡宜贵里、州从事史、男死人龚韬，得钱九万九千九百九十九枚，即日毕了。承玄都鬼律、地下女青诏书：从军乱以来，普天下死人听随生人所居郡县乡里亭邑买地墓埋，于此地中掘土作冢藏埋。"墓主龚韬生前担任州从事史，系外来移民，客居于南海郡番禺县都乡宜贵里，并葬于当地。

例9 欧阳景熙买地券，券文云："始安郡始安县都乡都唐里没故道民欧阳景熙，今归蒿里。亡人以钱万万九千九百九文，买此冢地。"券出土于广西桂林，与例11、12、13、14出土地邻近，书写风格相同。且墓主多为道民，从例14熊薇券墓主为移民来看，其他几位墓主不宜随便判定为当地土著，此例从疑。

例10 刘觊买地券，券文云："齐永明三年太岁乙丑十一月甲子……南阳郡涅阳县都乡上支里、宋武陵王前军参事、□□□□□参军事刘觊，年卅五，以齐永明二年□□四月十五日□命□，□归三天，身归三泉，长安蒿里。父元山，宋衡阳王安西府主簿、天门太守，宋南谯王车骑参军事、尚书都官郎；祖肃，将军参军事、给事中。旧墓乃在荆州照心里。中府君今更新其丘宅兆，在此江夏郡汝南县孟城山塈。"鲁西奇认为，刘觊墓所在是刘氏家族墓地，其父、祖原葬荆州，觊生前即将其移葬至江夏郡汝南县孟城山，觊死后亦葬此地。此说似有误。据券文介绍，刘觊一家原籍为北方南阳郡，后南迁至荆州，其父、祖亡葬于当地。而后刘觊来到江夏郡汝南县，齐永明二年四月亡，永明三年十一月葬于孟城山塈，停葬一年有余，无论其父、祖是否移葬，刘觊都属于客葬。

例11 □餃买地券，券文云："始安都乡牛马里□〔餃〕，薄命终，没归蒿里。今买得文坑圃上，纵广五亩地，立冢一丘自葬，雇钱万万九千九百九十文。""立冢一丘自葬"，窃以为这是一种固定表述（参见例14熊薇买地券），暗示墓主孑然一身，葬地自然非其祖茔所在，至于是否移民从疑。

---

① 王志高、许长生：《南京淳化新见南朝罗氏地券考释》，《文物》2019年第10期。

例12　黄道丘买地券，券文云："始安郡始安县牛马覃乩里男民黄道丘，［薄］命终没归［豪］里。今买得本郡县乡里覃坍圃上，纵广五茔地，立冢一丘自葬，雇钱万万九千九百九十文。"此例亦有"立冢一丘自葬"的表述。

例13　秦僧猛买地券，券文云："湘州始安郡始安县都乡都唐里男民秦僧猛，薄命终没，归豪里。今买得本郡县乡里福乐坑□□，纵广五亩，立冢一丘，雇钱万万九千九百九十文。""立冢一丘"当为"立冢一丘自葬"的省略说法。

例14　熊薇买地券，券文云："梁天监十五年太岁丙申十二月癸巳朔四日丙申，始安郡始安县都乡牛马王历里女民熊薇，以癸巳年闰月五日醉酒命终，当归蒿里。玄都鬼律、地下女青诏书科律：自军乱以来，普天下死人皆听随生人所在郡县停邑葬埋。薇今从此始安县都乡牛马九乩里域，地下先人……买此冢地，纵广五十步，立冢自葬丧尸，雇钱万万九千九百九十九文，即日毕了。"墓主熊薇当为外来移民，居地为始安县都乡牛马王历里，葬于牛马九乩里。鲁西奇注意到一个事实，熊薇亡于癸巳年（天监十二年，513）闰三月，葬于天监十五年（516）十二月，停葬近4年，而券文使用"自军乱以来"的无奈表述，莫非墓主此前有归葬旧茔之意图耶？

例15　覃华买地券，券文云："齐熙郡覃中县都乡治下里覃华，薄命终没归蒿里。今买宅在本［乡］骑店里，纵广五亩地，立冢一丘自葬，雇钱万万九千九百九十九文。"墓主居于齐熙郡覃中县都乡治下里，葬于同乡骑店里，且云"立冢一丘自葬"，疑非其祖茔地。

例16　何靖买地券，券文云："桂阳郡晋宁县都乡宜阳里女民何靖，年二十九，先已□□运墓，旧名曰毛□□堤中。"墓主为道民。"先已□□运墓"一句不可解，鲁西奇结合考古报告内容推测指其地为墓主先人或先亡之夫的墓地，不知是否属实。

例17　熊悦买地券，券文云："始安郡始安县都乡牛马杨田里没故女民熊悦，归豪里。玄都鬼［律］、地下女青诏书科律：从军乱以来，普天下死人皆听随生人所在始安郡始安县都乡覃乩里停邑，地下先人……置此冢地，纵横五亩，于中掘土作［墓，葬］悦尸丧，倾钱万九千。"墓主熊悦为移民，出土地与例14熊薇在同一村庄，二人可能有亲属关系。

例18　周当易买地券，券文云："象郡新安县都乡治下里没故女民周当易，醉酒命终，今归里豪，置宅在本郡县乡里来会乩上。"

例19　佚名买地券，此券据称出土于广西灵川县，但残缺严重，墓主相关信息无法辨识。

表 4　南朝买地券墓主籍贯与葬地

序号	下葬时间	墓主	籍贯或居地	葬地	备注
1	元嘉九年/432	王佛女	□□□□郡□□□都乡仁义里	彭城郡彭城县北乡坨城里村	非祖茔
2	元嘉十年/433	徐副	原籍中原，居荆州长沙郡临湘县北乡白石里	居地	客葬
3	元嘉十六年/439	萧谦	居武昌郡武昌县东乡新平里	武昌县都乡石龟环里	客葬
4	元嘉十九年/442	妳女	居始兴郡始兴县东乡新城里	居地夕口村	客葬
5	元嘉廿一年/444	田和	原籍中原，居始兴郡曲江县□乡太平里	居地	客葬
6	元嘉廿二年/445	罗健夫妇	堂邑郡高山县都乡治下里	丹杨郡湖孰县都乡西乡里	客葬
7	元嘉卅年/453	罗道训	堂邑郡高山县都乡治下里	丹杨郡湖孰县都乡西乡里	客葬
8	元嘉廿七年/450	龚韬	居南海郡番禺县都乡宜贵里	居地	客葬
9	泰始六年/470	欧阳景熙	始安郡始安县都乡都唐里	居地	
10	永明三年/485	刘觊	原籍南阳郡涅阳县都乡上支里，生前居江夏郡汝南县	居地孟城山	客葬
11	永明四年/486	□餃	居始安郡始安县都乡牛马里	居地	非祖茔
12	永明五年/487	黄道丘	居始安郡始安县都乡牛马覃乩里	居地	非祖茔
13	永明五年/487	秦僧猛	居始安郡始安县都乡都唐里	居地	非祖茔
14	天监十五年/516	熊薇	居始安郡始安县都乡牛马王历里	同乡牛马九乩里	客葬
15	天监十八年/519	覃华	居齐熙郡覃中县都乡治下里	同乡骑店里	非祖茔
16	普通元年/520	何靖	居居桂阳郡晋宁县都乡宜阳里	居地	
17	普通四年/523	熊悦	居始安郡始安县都乡牛马杨田里	同乡覃乩里	客葬
18	中大通五年/533	周当易	居象郡新安县都乡治下里	居地	
19	不明	佚名	不明	不明	

以上19种买地券，分布于宋、齐、梁三朝，与以往情况相比，有以下几个特点需要强调。第一，更加凸显墓主的移民身份。相较于孙吴买地券中的"客死""寄居"等简单词汇，南朝买地券流行三种新的书写模式。其一是"先人丘墓旧墓乃在三河之中，地宅侠窄，新创立此"，用以委婉说明墓主本为中原人士，何以不归葬原籍祖茔而在客居地新立坟墓。其二是"从军乱以来，普天下死人皆得听随生人所在郡县亭邑葬埋"，更是道出墓主葬于他乡的无奈心情。① 其中"军乱"一词不知何所

---

① 文本写作时，正值新冠病毒肆虐、全国人民居家隔离、全球交通受阻的严酷时期，我更加能体会"从军乱以来"所表达的时人痛苦。

指，很容易令人联想到西晋末期导致北人大规模南迁的永嘉之乱，不过刘昭瑞认为它应该指东晋孙恩、卢循起义之事。[①] 19 种券中共有 7 种使用该表述（例 3、4、6、7、8、14、17），出土地按时间排列为湖北鄂州、江苏南京、广东始兴、广东广州、广西灵川，显示出由北向南的传播趋势。第三种相对比较弱化，为"立冢一丘自葬"，但意蕴与前两种相似。第二，多见停葬现象。19 种券中有 5 位墓主停葬（例 2、4、5、10、14），时间从 1 年、4 年到 8 年不等，且全部为客葬者。第三，受道教影响强烈。19 种券中至少 14 种券文明显与道教有关（例 11、12、13、15、19 除外），比例高达 74%，出土地从北到南包括江苏徐州，湖北鄂州、武昌，湖南长沙、资兴，广东始兴、仁化、广州，广西桂林及灵川、鹿寨等；墓主身份包括道教祭酒、道民、普通民众、朝廷官员等，而且绝大多数是移民，表明南朝买地券的传播与人口迁徙和道教的推波助澜都有密切关系。

4. 北魏时期。买地券本起源于中原地区，然而东汉以后在北方几乎绝迹，直到二百多年后方才在北魏地区零星冒出。据鲁西奇介绍，今见北朝买地券共有 7 种。数量虽然不多，但情况比较复杂，认为是实用或明器、真或伪等意见不一，这里仅据鲁西奇的整理介绍其中两种。[②]

例 1　申洪之买地券，券文云："君姓申，讳洪之，魏郡魏县人也。……年五十有七，以魏延兴二年十月五日，丧于京师。以旧坟悬远，归窆理难。且嬴博之葬，盖随时矣。考谋龟筮，皆称云吉。遂筑堂于平城桑干河南……先地主文忸于吴提、贺赖吐伏延、贺赖吐根、高梨高郁突四人边买地廿顷，官绢百匹，从来廿一年。"据券文可知，申氏一族原籍魏郡魏县，后颠沛流离，墓主洪之亡葬于北魏当时的京师平城（今山西大同）。

例 2　孙抚夫妇买地券，券文云："魏延昌元年太岁壬辰十二月丁巳朔八日甲子，吉，土下女清诏二千石：并州故民孙抚、孙抚妻赵丑女用银钱一万，买墓地四方十顷，上下诸官，莫横使侵夺。时人张坚顾、李定度。急急如律令。"只笼统言墓主籍贯属并州（治晋阳，时领太原、上党、乡郡等多郡），具体葬地与出土地均不明。

以上两券中申洪之属典型客葬，他尤其强调"以旧坟悬远，归窆理难。且嬴博之葬，盖随时矣"。而孙抚夫妇券中则有道教影响因素（"土下女清诏二千石""急急

---

① 刘昭瑞：《考古发现与早期道教研究》，第 328 页。
② 关于鲁西奇著录的第三种王皓买地券，黄景春认为是赝品（《中国宗教性随葬文书研究》，第 322～323 页）。因为疑点确实较多，这里暂且不讨论。

如律令")。另据鲁西奇推测，这些券的出现都有可能是受南朝文化影响。[①] 若果真如此，则说明北魏买地券的出现本身就是人口迁徙的结果。

5. 总结。魏晋南北朝三百余年间，买地券在其发源的中原地区难觅踪迹，却在六朝区域广泛传播，涵盖今江苏、安徽、湖北、浙江、江西、湖南、广西、广东等数省。关于其在魏晋北方地区的销声匿迹，当与两个原因有关。其一是魏晋的薄葬制度。考古学者指出，魏晋南北朝时期埋葬习俗发生过三次大的变化。第一次是曹魏的薄葬制度，一扫秦汉厚葬奢靡之风，以往墓葬石碑、神道石刻石祠、大型多室砖墓、墓室壁画或画像石以及大量放置贵重随葬品等现象，都从曹魏统治中心的中原地区消失。第二次是西晋在继承曹魏薄葬制度的同时出现新的厚葬趋势，在墓室形制、墓志以及随葬品方面均有新发展。[②] 其二是魏晋对道教及民间宗教的严格限制。曹魏西晋时期，道教及民间宗教受到严厉打压，其发展受到严重影响。反观六朝地区，以上两种不利因素完全不存在，故而买地券能够随着人口流徙持续不断地传往南方，直达边陲之地。买地券因东汉人口流动而产生，又因魏晋南北朝人口流徙而广为传播，此不可不审知也。

魏晋南北朝人口流徙的背后是无数悲惨的命运，我们无法得知每个人流过多少血泪，但买地券的本质契合了时代浪潮，在畸形的土壤里恣意生长的过程中，自然留下了那个时代的精神印记，像孙吴券中的"客死""寄居"，南朝券中的"旧墓乃在三河之中，地宅侠窄，新创立此""从军乱以来，普天下之死人皆得听随生人所在郡县乡里亭邑买地葬埋"，北魏券中的"以旧坟悬远，归窆理难"等，无不在悲怆地向地下神灵诉说。与此同时，道教不失时机地参与了这一历史进程，一面慰藉无法告乡的亡灵，一面与继续在外飘荡的生人交融在一起。

四　买地券在唐宋元的承续与流变

如果说魏晋南北朝的人口流徙大潮为买地券的广泛传播提供了关键条件，那么社会比较稳定的唐代按理应该不利于买地券的发展。现今公布的唐代买地券有15种，若加隋1种，共16种，从数量分布来看确实与此前的流行趋势不合。事实究竟如何，

① 鲁西奇：《中国古代买地券研究》，第160~161页。
② 详见中国社会科学院考古研究所编著《中国考古学·三国两晋南北朝卷》，中国社会科学出版社，2018，第20~24页。

以下参照鲁西奇的整理并黄景春补录张锋妻史氏券、李明晓《新见魏晋至元买地券整理与研究》补录罗清券与谢某券（王公券信息不详，暂不引用），将隋唐买地券的情况略做分析。

例1 陶智洪买地券，这是仅见的一种隋代买地券，券文云："没故道民陶智洪，今居长沙郡临湘县都乡吉阳里，今寄巴陵郡湘阴县治下里中东堰太阳山买地百亩，东至甲乙，南至丙丁，西至庚辛，北至壬癸，中央戊己，东南西北界域……今用雇钱万九千九百九十九文，买东阳山堰，卜其宅兆，而安厝之。"该墓主为道民，生前居长沙郡临湘县都乡吉阳里，客葬于巴陵郡湘阴县治下里。

例2 伍松超买地券，券文云："润州丹徒县丰［乐乡］丰乐里居住新安坊、故人伍松［超］，身谢天地，今葬金山乡界□西丙向地，地下先人……买此冢地，纵广五十亩，于中掘土，葬埋松超［尸］。"墓主为丹徒县丰乐乡人，居于城内，死后葬于郊区金山乡一座山上。

例3 陈聪愨夫妇买地券①，券文云："南潘郡南巴县曲谭乡进墨里、故大首领前南巴县令陈聪愨，载八十有三；妻向，载八十有二，薄福身化，葬此地山宅。于土府将军、土公将军买此山宅，直钱五佰贯……今龟蔡协从，以为安厝。谨用五色彩帛，诸杂倍奠，买此宅地二亩。"墓主陈聪愨为南潘郡南巴县曲谭乡进墨里大首领，据出土地点判断，其葬于籍贯所在地。

例4 张公买地券，券文云："南阳张公谨以清酌之奠，谨因今日今时良功吉日，用钱五十千贯文，帛练五十匹，谨于五土将军买宅地一段，东西南北各廿步。"此券出土于新疆吐鲁番乌尔塘（高昌故城东北）。鲁西奇认为墓主及下券张无价可能系虚托"南阳"郡望，但根据张无价券"异域安宅兆"之语来看，这种猜测没有足够依据，故均应以客葬对待。

例5 张无价买地券，券文云："西州天山县南阳张府君张无价，异域安宅兆。以今年岁月隐便，今龟筮协从，相地袭吉。宜于州城前庭县界西北之原，安厝宅兆。谨用五彩杂信，买地一亩。"墓主生前居西州天山县，葬于州城前庭县，券文所言"异域安宅兆"当是针对原籍南阳而言。

例6 乔进臣买地券，券文云："元和九年九月廿七日，乔进臣买德地一段。东至东海，西至山，南至釖谷，北至长城。用钱九十九千九百九文……涿州范阳县向阳

---

① 黄景春怀疑该券为赝品，但未给出理由，这里仍列入讨论。

乡永乐村敦义□理南二里人乔进臣碟。"此券由叶昌炽购得，出土地不明。

例7 罗清买地券，券文云："越州余姚县凤亭乡新义里罗清还归宅兆，□□□乡祯阳湖西山下，向□□□□□之□□西南□□北□高□□□得安厝。东南西北四邱……"据券文介绍，墓主为余姚人，葬于当地，是否为祖茔不得而知。

例8 姚仲然买地券，券文云："唐故将仕郎试洪州建昌县丞姚府君墓地券一所。信州弋阳县新政军如里姚仲然，年七十七，开成二年九月廿日，因往南山采药，遇仙不回，遂即致死。今买当乡地作墓，东至甲乙青龙，南至丙丁五岳，西至庚辛白虎，北至壬癸奔牛。当地价金银钱九万九千九百九十九文。"根据同墓材料得知墓主原籍吴兴长城，先仕洪州建昌县丞，后至信州弋阳县，并亡葬当地。

例9 刘元简父买地券，券文云："刘元简为亡考押□刘□□□墓于定州安喜县□虞乡晖同村，于百姓乔元静边，用钱伍拾伍贯文，买地壹段，壹拾亩，充永业墓地。"此券墓主刘元简之父为官员，原籍未交代，但言于百姓乔元静旁边买墓地，可以断定此地非刘氏祖茔。鲁西奇根据其他材料推测此券近似实用契约。又据《通典·食货》关于永业田的记载（诸永业田皆传子孙，不在收受之限。即子孙犯除名者，所承之地亦不追），释"永业墓地"为可传诸子孙之墓地。由此推测，刘元简之父应是客葬，于当地首创刘氏墓地。

例10 张锋妻史氏买地券，券文云："故史氏太夫人□□年正月廿七日身化，□□龟筮协从，相地袭吉，生□城邑，死□宅兆，宜于定州西北卅里唐县唐城乡原，谨用金钱物买地五亩，东至青龙……主人内外安□，急急如律令。女青苻（符）。"根据《张锋妻史氏墓志》与《张锋墓志》可知，[1] 史氏为泾源节度使史论之女，其夫张锋上谷人氏，生前居定州宁国坊私第。史氏先其夫两年而亡，葬于"定州西北卅里唐县唐城乡原"。而《张锋墓志》云史氏系"权厝北郊"，张锋逝后与其合葬，具体地址为"唐县唐城乡东张村古原之礼"。综合推断，张锋夫妇应属客葬。另券文有道教因素，不知是否与史氏信仰有关。

例11 王楚中买地券，券文云："漳州龙溪县永泰乡唐化里没琅琊府君、押衙兼南界游奕将［知］（和）孔目官王楚中，行年五十三。咸通二年六月五日身亡故，十一月十五日移就祖宗。今用白银钱九千九百九十九贯文，就土下卅六神买得信义里箭

---

① 两种墓志均据周绍良主编《唐代墓志汇编》（上海古籍出版社，1992），分别见下册第 2255～2256、2270～2271 页。其中《张锋墓志》将史氏亡地"定州"误识成"延州"。

竹洋村祖墓西北边乾山岗华盖之前圹地一所，长九尺九寸九分，阔三尺三寸三分。"墓主生前居漳州龙溪县永泰乡唐化里，券文强调其"移就祖宗""买得……祖墓西北边乾山岗华盖之前圹地"，可知葬于祖茔附近。然而，券文又言"没琅琊府君"，表明墓主原籍或郡望在琅琊，鲁西奇猜测其家族或早移入漳州，或本为当地土豪而攀附汉人大姓。按移民家族墓地使用买地券已有孙吴萧整、刘宋蒯谦先例。

例 12 熊氏十七娘买地券，券文云："洪州南昌县敬德坊殁故亡人熊氏十七娘，□□□□，寿命已终，别无余犯。今用铜钱玖万玖阡玖百玖拾贯，□□□□百匹，就蒿里父母……买得此地。"墓主生前居南昌县城内，于郊区安葬。

例 13 秦温买地券，券文云："成都府华阳县灵关坊大道弟子秦温，就当县界普安乡沙坎里，将信钱九万九千九百九十九贯文买地，敬造千年之宅，万岁石城。"墓主秦温为道士，原籍不明，葬于居地附近。

例 14 谢府君买地券，券文云："维天祐十五年岁次戊寅四月癸卯朔十九日辛酉。没故亡人陈留郡谢府君天命寿终时，用金银钱九千（万）九千九百九十九贯文，买得杨（扬）州江都县同轨地界墓地一所。"此券用天祐年号，且归于唐。墓主谢某为陈留郡人，死后葬于扬州，属客葬。

例 15 陈氏买地券，券文云："□诃世界南赡部洲大唐国福建道管内漳浦县嘉岭乡□〔惠〕里□□保〔没故〕□□陈氏林，宅兆□□□月□□□除向阳，当归〔呵〕里。"此券出土于今漳浦县城东部，也即墓主居地附近。

表 5 隋唐买地券墓主籍贯与葬地

序号	下葬时间	墓主	籍贯	葬地	备注
1	大业六年/610	陶智洪	长沙郡临湘县都乡吉阳里	巴陵郡湘阴县治下里	客葬
2	武周延载元年/694	伍松超	润州丹徒县丰乐乡丰乐里	同县金山乡	
3	天宝六年/747	陈聪憨夫妇	南潘郡南巴县曲谭乡进墨里	居地（出土于今广东吴川县浅水区双唐仪村）	
4	至德二年/757	张公	南阳	高昌城东北	客葬
5	大历四年/769	张无价	原籍南阳，居地西州天山县	州城前庭县	客葬
6	元和九年/814	乔进臣	涿州范阳县向阳乡永乐村	不明	
7	长庆二年/822	罗清	越州余姚县	越州余姚县凤亭乡新义里	
8	开成二年/837	姚仲然	原籍吴兴长城，居信州弋阳县新政军如里	居地	客葬

续表

序号	下葬时间	墓主	籍贯	葬地	备注
9	大中元年/847	刘元简父	不明	定州安喜县□虞乡晖同村	客葬
10	大中元年/847	张锋妻史氏	居定州宁国坊	居地唐县唐城乡东张村	客葬
11	咸通二年/861	王楚中	原籍琅琊，居漳州龙溪县永泰乡唐化里	同乡信义里箭竹洋村	客葬
12	大顺元年/890	熊氏十七娘	洪州南昌县敬德坊	居地附近	
13	天复元年/901	秦温	成都府华阳县灵关坊	同县普安乡沙坎里	
14	天祐十五年/918	谢府君	陈留郡	扬州江都县同轨	客葬
15	不明	陈氏	漳浦县嘉岭乡□惠里	同县	

隋唐买地券数量不多，但地理分布较广，涉及今湖南、江苏、江西、福建、广东、四川、河北、新疆等地，不过从墓主原籍来看，范围与唐以前情况基本相当。15种券中至少8例墓主属于客葬，超过半数，其中例5张无价券使用了"异域安宅兆"的措辞，不过非强烈情绪表达。又买地亦不言具体对象，这些特征表明，隋唐买地券的性质与魏晋南北朝时期基本一致，只是使用偏少，不知是否与人口流动减少有关。

然而，这种趋势从10世纪开始突然发生变化，直至宋元时期，买地券成为一种相当普遍的墓葬风俗，其表现有三。

其一，买地券出土数量成倍增加。根据黄景春《中国宗教性随葬文书研究》统计，五代50年间买地券见有28种，宋元券粗略估计不少于500种，是历代最多的。当然，这种增加也与地域有关，据说四川的宋元墓葬几乎都有买地券，而山西则很少见。[①]

其二，文献记载买地券在当时蔚然成风。宋元之际周密所著《癸辛杂识》云："今人造墓，必用买地券，以梓木为之，朱书云：'用钱九万九千九百九十九文，买到某地'云云。此村巫风俗如此，殊为可笑。及观元遗山《续夷坚志》，载曲阳燕川青阳坝有人起墓，得铁券刻金字，云：'敕葬忠臣王处存，赐钱九万九千九百九十九贯九百九十九文。'此唐哀宗之时，然则此事由来久矣。"[②] 周氏所记为"村巫风

---

① 〔美〕韩森著，鲁西奇译《传统中国日常生活中的协商：中古契约研究》，江苏人民出版社，2009，第142页。

② （宋）周密撰《癸辛杂识·别集下》，第277页。

俗"，又鲁西奇根据《宋史》卷一百二十四"凶礼·诸臣丧葬等仪"的记载推断，"宋代士大夫官宦之家营葬，亦或使用买地券"。[①]

其三，出现官方性买地券模板。鲁西奇注意到宋代堪舆地理著作的两种买地券模板，现节略转录如下。

> 《地理新书》：某年月日，具官封姓名，以某年月日殁故。龟筮协从，相地袭吉，宜于某州某县某乡某原，安厝宅兆。谨用钱万九千九百九十九贯文，兼五彩信币，买地一段。东西若干步，南北若干步。东至青龙，西至白虎，南至朱雀，北至玄武。内方勾陈，分掌四域。……急急如五帝使者女青律令！

> 《茔原总录》：维年月朔日某州某县某坊住人某甲，伏缘父母奄逝，未卜茔坟，夙夜忧思，不□所厝。遂令日者择此高原，来去朝迎，地占袭吉。地属本州本县某村之原，堪为宅兆。梯己妪将钱彩买到墓地一方，南北长若干步，东西阔若干步。东至青龙，西至白虎，南至朱雀，北至玄武。内方勾陈，管分掌四域。……急急如五帝使者女青律令……[②]

根据以上情况可知，宋元买地券的使用与中古时期大有不同，尽管移民用券现象仍然多见，但此特征已弱化，至于具体原因限于篇幅不再赘述。

五　争地冢讼与买地券何以入墓

人口迁徙为买地券的产生和早期传播提供了重要条件，但买地券被埋入坟墓，尚有信仰层面的关键需求。不过这种需求是什么，古人从未明确解释，直到当代学术界才开始探索。

最初时，受封建土地制度研究影响，学者普遍认为买地券是现实土地私有制度的反映。以吴天颖提出的土地占有说为例，认为"封建土地私有制以及土地私有观念的高度发展，必然或迟或早地反映到存在于人们头脑里的茫茫冥世中来，人们不仅渴望在现实生活中获得土地，而且期待死后继续占有土地，于是，汉代买地券便应运而生"[③]。也有从精神信仰方面解释的，如陈柏泉提出一种镇墓慰藉说，认为买地券"仅

---

① 鲁西奇：《中国古代买地券研究》，第 261 页。
② 鲁西奇：《中国古代买地券研究》，第 261、262 页。
③ 吴天颖：《汉代买地券考》，《考古学报》1982 年第 1 期。

只是一种所谓由权势大神发给死者执掌而供冥府公验的凭证。因此，它是被当作一种神的权力的象征，在墓中是起着震慑邪魔，保卫墓主灵魂的作用的。同时，券文中常见有既为死者祈祷，又为生者求福的内容，因而它又具有一种精神慰藉的作用"[①]。美国学者韩森（Valerie Hansen）则提出一种冥界买地说，认为"它们的用处很清楚：死者家属要为死者向地神买墓地。当时人们有一种信仰：挖地修墓等于侵犯地神的领土"，"这个想法有些类似一田两主的制度：田底属于神，田面属于人。假如人要用神所有的土地，就得向神买地"[②]。鲁西奇肯定这一思路，并补充认为，向地下鬼神禀告殁亡、祈求接纳与保佑也是买地券的应有之义，汉代土神只是管理土地，三国时才演变成为地下土地所有者[③]。其实韩森的观点还有另外一半被忽略，即认为买地券"也用于预防阴间无休止的漫长诉讼"，"用来预防因墓地买卖不合法而引起的诉讼，但在冥府还可能提出其他类型的诉讼"[④]。此视角后来由高朋进一步阐释，不过他认为冢讼是一种道教理念，在墓葬中的表现主要是镇墓券和柏人俑，与买地券的关系不大[⑤]。黄景春则认为，"买地的目的是建造冢墓——亡人的阴间住宅，而不是为了占有耕地进行阴间生产和维持阴间的经济生活，所以买地券既是土地证，也是房产证"[⑥]。

以上解释横看成岭侧成峰。实际上，买地券经过长期发展，其特点并非一成不变。但是，买地券为何入墓终究有一个最根本的原因，由于它涉及一系列相关问题的正确认识，故不可不察，而答案其实就在买地券自身的叙事中。

表6总结了六朝隋唐买地券中有关功用内容的描述。其中孙吴券和两晋券目的完全一致，均为防止冥间争地争宅。南朝券有三种类型：其一，道教形式者强调坟墓范畴的同时更重视镇墓；其二，专门声明"四域之内，生根之物，尽属死人"；其三，告诫勿争其地。唐代券的主要目的是防止冥间争地，少部分有镇墓内容。这些叙述清晰地揭示出，六朝隋唐买地券埋入坟墓最主要的用途是不能归葬祖茔时防止冥间争地争宅。实际上早在北宋陶谷就注意到这一关键信息，他很疑惑地发问争地者是谁？其

---

① 陈柏泉：《江西出土〈地券〉综述》，《江西历史文物》1981年第3期。
② 〔美〕韩森：《宋代的买地券》，载邓广铭、漆侠主编《国际宋史研讨会论文选集》，河北大学出版社，1992，第133~149页。该思路又见其代表作《传统中国日常生活中的协商：中古契约研究》，以及《为什么将契约埋在坟墓里》（朱雷主编《唐代的历史与社会——中国唐史学会第六届年会暨国际唐史学会研讨会论文选集》，武汉大学出版社，1997，第540~546页）。
③ 鲁西奇：《中国古代买地券研究》，第64页。
④ 〔美〕韩森：《传统中国日常生活中的协商：中古契约研究》，第141、182页。
⑤ 高朋：《人神之契：宋代买地券研究》，第89~106页。
⑥ 黄景春：《中国宗教性随葬文书研究——以买地券、镇墓文、衣物疏为例》，第72页。

《清异录》卷下"丧葬门·土筵席"云："葬家听术士说，例用朱书铁券，若人家契帖，标四界及主名，意谓亡者居室之执守，不知争地者谁耶。"① 答案其实就在买地券文中，那就是"左右比居""他姓人神""故气邪精""先有恶居者""先有居者"之类的地下亡灵。

表6　六朝隋唐买地券功用描述

朝代	墓主	功用描述	备注
孙吴	郑丑	若后有安□□者，盘□所勒田记□埋穴□□□。	客葬
	黄甫	若有争地，当诣天帝；若有争宅，当诣土伯。	客葬
	张□	若有□□，当诣天帝；若有争宅，当诣土伯。	客葬
	陈重	若有争地，当诣天帝；若有争宅，当诣土伯。	客葬
	宋□	如有争地，当诣天帝；若有争宅，当诣丘伯。	
	彭卢	诸神不得抵道。如□□地，当得□豆□，当桃卷□尧……神示……□春得。	客葬
	诸□	若有争宅……	
两晋	曹翌	不得有侵抵之者。	
	李达	若后志宅，当诣东王公、西王母是了。	客葬
	朱曼妻薛氏	有志薛地，当诣天帝；有志薛宅，当诣土伯。	客葬
	冯庆	若欲问地，当问天帝；若欲问宅，当问土伯。	
南朝	徐副	东西南北地皆属副……板到之日，丘墓之神，地下禁忌，不得禁呵志讶。坟墓宅兆，营域冢郭，闭系亡者魂魄，使道理开通，丘墓诸神，咸当奉板，开示亡人地道，安其尸形，沐浴冠带。亡者开通道理，使无忧患，利护生人。至三会吉日，当为丘丞诸神言功举迁，各加其秩禄，如天曹科比。若干禁呵，不承天法，志讶冢宅，不安亡人，依玄都鬼律治罪。	客葬
	萧谦	东西南北，皆属谦……板到之日，丘丞墓伯之神，地下禁忌，不得禁呵志认。坟墓宅兆，营域冢椁，闭系亡者魂神，使道理不通，丘墓诸神咸当奉板，开示亡人地道，□其尸刑，沐浴冠带。亡者谦□通道理，永无忧患，利宥生人。三会吉日，当为丘墓诸□言……若□禁呵，不承天法，志讶冢宅，不安……罪。	客葬
	妳女	……并皆与听妳女于此地中掘土作冢葬埋，不得使左右妄志此冢地分界。	客葬

---

① （北宋）陶谷：《清异录》，此据朱易安、傅璇琮等主编《全宋笔记》第一编第二册，大象出版社，2003，第112页。

朝代	墓主	功用描述	备注
南朝	田和	东西南北□属和……板到之日，丘墓之神，地下禁忌，不得禁呵志讶。坟墓宅兆，营域冢郭，闭系亡者魂魄，使道理开通，丘墓诸神，咸当奉板，开示亡人道地，安其尸形，沐浴冠带。亡者开通道理，使无忧患，利护生人。至三会吉日，当为丘丞诸神言功举迁，各加其秩禄，如天曹科比。若有禁呵，不承天法，志讶冢宅，不安亡人，依玄都鬼律治罪。	客葬
	罗健夫妇	不得使左右比居妄志此地，侵犯分界。	客葬
	罗道训	上下往来，不得留难，有所呵问，左右比居他人妄仍夺取道训地。	客葬
	龚韬	韬尸丧魂魄自得还此冢庐，随地下死人之俗，五腊吉日月晦十五日休假，上下往来，不得留难，有所呵问，左右比居他人妄仍夺取韬地。	客葬
	欧阳景熙	四域之物，悉属死人。	
	刘觊	丘墓之神、地下禁忌，不得禁呵，志讶坟墓。千秋万岁，不得复注生人。	客葬
	□骰	四域之内，生根之物，尽属死人有。	非祖茔
	黄道丘	四域之内，生根之物，尽属死人。	非祖茔
	秦僧猛	四域之内，生根之物，尽属死人。	非祖茔
	熊薇	丘墓地下诸神皆听薇于此立窆坟葬埋，不得使左右比居，他姓人神妄志此地，辄使侵犯。	客葬
	覃华	四域之内，生根之物，尽属死人。	非祖茔
	何靖	丘墓之神，地下禁忌，不可禁呵志讶。丘墓诸神，咸当奉板，开示亡人地道，安其尸刑，沐浴冠带。亡者开通道理，无忧患，利护生人。三会吉日，当为丘丞诸神言功举迁，各加其秩禄，如天曹科比。若有禁呵，不承天法，志讶冢宅，不安亡人，依玄都鬼律治罪。	
	熊悦	……皆听悦于此地葬埋，不得使左右比居，妄志地。	客葬
	周当易	部吏营卫皆令如法，敢有志讶，有犯者先诛后奏，当安隧迁者，使千年万岁，不得干犯生人。	
	佚名	……根之物，尽属……	
北魏	申洪之	今洪之丧灵，永安于此，故记之。	客葬
	孙抚夫妇	上下诸官，莫横使侵夺。	
隋	陶智洪	生属皇天，死属地泉。生死异域，勿使山神土地、五道游□，葬送之日，不得更相障碍。……券成之后，勿使里域真官诃问。亡人祀瘥毕事之后，千年不惊，万年不动。亡人安乐，子孙安隐。四时□□。□□生人饮食，不得复连生人。	客葬

续表

朝代	墓主	功用描述	备注
唐	伍松超	皆先语人立契，不得使左右侵犯分界。	
	陈聪憨夫妇	千秋万岁，合门大小良贱，延年保寿。如有干犯诃禁者，将军亭长，收付河伯……安奠已后，永保休吉。谨直□故气邪精，不得干扰。此地先有恶居者，远避万里。内外存亡大小良贱安吉。	
	张公	其宅上至黄天，下至黄泉。一卖已后，不得更相忤扰。	客葬
	张无价	千秋万岁，永无咎殃。若辄忤犯诃禁者，将军庭帐，收付河伯。……安厝已后，永保休吉……故气邪精不得忤扰。先来居，永避万里。若违此约，地府主吏自当其祸。主人内外存亡安吉。	客葬
	乔进臣	其钱交付讫。其后更不得忤吝。如有忤吝，打你九千，使你作奴婢。	
	罗清	买地已（以）后，其地并属亡人罗清之灵。	
	姚仲然	上至黄天，下至黄泉，所有金玉宝并是亡人自收管。男来认为奴，女来认以为婢。	客葬
	刘元简父	东至青龙……上至青天，下至黄泉，并属刘氏。先有居者，远□万里。	客葬
	张锋妻史氏	千秋万岁，永无殃咎。……故气耶精，伏逃万里，为此约者，地府自当其祸。主人内外安□。	客葬
	王楚中	上至青天，下至黄泉。以将□□亡人黄金，从今已后，他鬼异神不得□有倡集。如有此□，并□地下卅六神能了事，不涉亡人。如不能了，任亡人执此契券诣天帝，择论讼□，和□□□倍钱者见亡人。	客葬
	熊氏十七娘	熊氏十七娘埋葬，谁敢□□，立有四□□□注，墓舍四甬。道路将军，主持步度。此地若□□□□□，退去千里，不得停留……若有金银铜铁宝贝，悉属后人拪有……主人□人□□□万岁，不得相关。	
	秦温	温长生万岁，富贵长久。石人石契，不得慢临。若人吉宅，自有期契。天翻地倒，方始相会。今日吉良，告诸封闭。主人□□富贵高迁，子子孙孙，永保万岁。	
	谢府君	山神土地不得止障。	
	陈氏	……为界。亡人收领，永为冢宅。	

冥间争地争宅现象关涉冢讼信仰。六朝道教认为，生人衰祸厄病多由"冢讼"引起。[①] 而冢讼的种类十分繁杂，据南北朝道经《赤松子章历》卷五《又大冢讼章》

---

① 参见姜守诚《"冢讼"考》，《东方论坛》2010 年第 5 期；高朋：《"冢讼"的内涵及其流变———一种影响到丧葬习俗的道教观念》，《文化遗产》2008 年第 4 期等。

所述，"大略虽合八十一讼"，其中即包括"客死之讼"与"寄死之讼"。

> 恐某家七祖已来，过去既往，今于三官九府之中，或有溺死之讼，烧死之讼，伤死之讼，绞死之讼，囚死之讼，……寡死之讼，客死之讼，寄死之讼，裸死之讼，……寡死之讼，诉无夫对。客死之讼，诉其非旧乡。寄死之讼，诉其非本宅。裸死之讼……①

按此说，客死指葬于他乡，寄死则非移民亦可能发生，无论葬于他乡或者他宅（指阴宅），都会导致冢讼而致家人衰祸厄病。可见，这两类冢讼原本即与人口迁徙有密切关系。流民不易，生前亡后都需为立足之地而奋斗不止！

《太平广记》卷三百八十九"塚墓一"中有两则故事，是葬于他人冢宅而导致争地冢讼的生动案例。其一为王伯阳，出自东晋干宝所撰《搜神记》。

> 王伯阳家在京口，宅东有一冢，传云是鲁肃墓。伯阳妇，郗鉴兄女也，丧，王平墓以葬。后数日，伯阳昼坐厅上，见一贵人乘肩舆，侍人数百，人马络绎，遥来谓曰："身是鲁子敬，君何故毁吾冢？"因目左右迁下床，以刀镮击之数百而去。绝而复苏，被击处皆发疽溃，数日而死。一说，伯阳亡，其子营墓，得二漆棺，移置南冈。夜梦肃怒云："当杀汝父。"寻复梦见伯阳云："鲁肃与吾争墓，吾日夜不得安。"后于灵座褥上见数升血，疑鲁肃之故也。

其二为闾丘南阳，出自南朝宋盛宏之所撰《荆州记》。

> 范阳粉水口有一墓，石虎石柱，号文将军冢。晋安帝隆安中，闾丘南阳将葬妇于墓侧，是夕从者数十人，皆梦云："何故危人以自安？"觉说之，人皆梦同。虽心恶之，耻为梦回。及葬，但鸣鼓角为声势。闻墓上亦有鼓角及铠甲声，转近，及至墓，死于墓门者三人。既葬之后，闾丘为杨佺期所诛族。人皆为以文将军之祟。②

明了六朝道教的争地冢讼信仰，彼时买地券何以大多见于流民墓葬，何以与道教密切关联，何以惶惶于他者争地争宅等，皆可释然于心。不过，我们需要探索一个更根本的问题，汉代买地券埋入坟墓的原因是否与六朝时期相同？

---

① 《道藏》第11册，文物出版社、上海书店、天津古籍出版社，1988，第219~220页。
② 以上两则故事据（宋）李昉等编《太平广记》，中华书局，1961，第3105~3106页。

表7　汉代买地券功用描述

墓主	功用描述	备注
姚孝经	出地有名者以券书从事。	非祖茔
钟仲游妻	自今以后，不得干□主人。	
孙成	根生土著毛物，皆属孙成。田中若有尸死，男即当为奴，女即当为婢，皆当为孙成趋走给使。	非祖茔
刘元台	不当卖而卖，辛为左右所禁，同平□为是。	非祖茔
曹仲成	四比之内，根生伏财物一钱以上，皆属仲成。田中若有伏尸□骨，男当作奴，女当作婢，皆当为仲成给使。	非祖茔
李叔雅	田中根生伏财，上至仓（苍）天，下到皇（黄）泉，悉行。	非祖茔
王当等	死人归蒿里，地下不得何止，他姓不得名佑。富贵利子孙。王当……来入臧，无得劳苦、苛止，易勿蠡使。无责生人父母、兄弟、妻子、家室。生人无央咎。令死者无適负。即欲有所为，待焦大豆生、钱券华荣、鸡子之鸣，乃与诸神相听。	非祖茔
刘公	天帝谨为刘氏之家，解除咎殃。五残六贼，女□□猎，七十二不殃，天□夜光；八尸九煞，或有……□□不□。生死异路，不得相妨。死人归蒿里戊己，地上地下，不得苛止。他时不……无適，有富，利生人子孙，□□□无敢劳苦，无呼蠡□，无得苛止，无责……令死人无適。□即□□，得待焦大豆生叶，段鸡子雏鸣，钱券华荣……诸神□□。	
戴子起	无得□留止。子起食地下米，随地下裡；子起食地下□，随地下俗。墓主魂神，无责子起妻子、兄弟、父母。欲责生人，待乌白头、马生角，乃与神相听。	非祖茔
樊利家	田中根土著，上至天，下至黄，皆□□并……若一旦田为吏民秦胡所名有，歌子自当解之。	客葬
房桃枝	田中有伏尸，男为奴，女为婢。	非祖茔
□□卿	约田中根生土著伏财物，上至苍天，下入黄泉，悉□□冥有。当□□□讼名有地者，时诣者，营冢长丞，当不得甫卿。卿无適甫。卿子男胡节、网得、元平及阿、仲节、元节、季节，当□□□田决□不能如平。平如故。	非祖茔
龙桃杖	石越时知要，不得争容。桃仗要自当得所居地，□相然可恃，无相□龙桃仗□□。	
甄谦	为……家解除殃咎。五……不□天……八尺九□或有死日不……复，不吉……不得相妨。死人归蒿里……地下瓦下，不得……子孙。孝恭夹一岁……苦，无呼蠡，无……苛山无主……孝恭绝草。上绝天文，下绝地理，永宜子孙。	

　　表7总结了东汉买地券中有关功用的叙述文字，总体上可以分为两类，其中绝大多数属于声明地下所有权形式，少数属于镇墓祈福形式，个别二者兼具。声明地下所有权形式，其说辞如"出地有名""根生土著毛物，皆属孙成""四比之内，根生伏财物一钱以上，皆属仲成""他姓不得名佑""田中有伏尸，男为奴，女为婢""约

田中根生土著伏财物，上至苍天，下入黄泉，悉□□冥有"等。据此推断，六朝买地券防止冥间争地争宅的功能完全继承自东汉。向者多以为争地冢讼是六朝道教的发明，实际上其渊源甚早，东汉中平五年□□卿买地券中"当□□□讼名有地者，时诣者，营冢长丞，当不得甫卿"之语，即是最明确的证据。尤应注意者，汉代买地券中此类形式基本全为客葬或非祖茔葬，而少数镇墓祈福形式中包括葬于自家田地的刘公和戴子起，这绝非偶然。

汉代墓葬中有专门一类文书，学术界称之为镇墓文，或解除文。按鲁西奇总结，镇墓文的主旨有二：一是向地下鬼神通告殁亡，二是通过对鬼神祭祀而解适去灾。他认为，镇墓文"其功用与性质即与买地券并无本质区别：二者都是向地下鬼神通告亡人之殁亡，并祈求得到地下鬼神的接纳与保佑，只不过镇墓文以铅人、金玉奉献给地下土神以解除丧葬动土对地下神祇的冒犯，而买地券通过向地下鬼神购买葬地以得到地下鬼神的保佑。显然，二者的区别主要表现在形式上，其实质却是基本相同的"①。黄景春也认为，"镇墓文与买地券在文本性质上是完全一致的，差异主要显现在文本格式上"②。这种思路实际上混淆了镇墓文与买地券的区别。与买地券用于非祖茔葬不同，镇墓文相当部分明确用于归葬祖茔时，这里只略举三例东汉晚期者。

> 天帝白止，告天上使者：凶之吏，今有小杜里成氏后死子贝，二十一美建颂泉为距，□瓶十八物□神药，绝钩注、重复……③
>
> 建宁三年九月□日，黄帝青鸟□□曾孙赵□□□造新冢，恐犯先□，岁月破煞，□□□葬者得适，□□□以曾青□木之精置中人，厌除四方土害气消也，祐利死者，丘丞墓伯……④
>
> 初平四年十二月己卯朔十八日丙申直危，天帝使者谨为王氏之家后死黄母当归旧阅，慈告丘丞、墓伯……王氏冢中先人，无惊无恐，安稳如故，令后增财益口，千秋万岁，无有央咎。谨奉黄金千斤两，用镇塚门，地下死籍削除……⑤

要而言之，声明地下所有权以防止争地冢讼，是汉代买地券最重要的功能，一方

---

① 鲁西奇：《中国古代买地券研究》，第 56~57 页。
② 黄景春：《中国宗教性随葬文书研究——以买地券、镇墓文、衣物疏为例》，第 341 页。
③ 洛阳市文物工作队：《洛阳唐寺门两座汉墓发掘简报》，《中原文物》1984 年第 3 期。
④ 洛阳区考古发掘队：《洛阳烧沟汉墓》，科学出版社，1959，第 154 页。
⑤ 唐金裕：《汉初平四年王氏朱书陶瓶》，《文物》1980 年第 1 期。

面这固然是人间土地私有观念在冥间的反映，但另一方面人口流动因素起到的重要推动作用不应被忽视。汉代买地券埋入坟墓，争地冢讼信仰是最重要的主观因素，不应因部分券文有镇墓内容，而忽视其根本特征。

结　论

东汉时期，在土地私有制和家族墓地盛行的背景下，伴随着人口的频繁流动，部分在外为官或者因为其他原因亡于他乡者，无法归葬原籍祖茔，他们既需要在世间购买墓地，又须提防阴间亡灵觊觎其冢宅，在多重因素的推动下，买地券在人口密集的中原一带应运而生。

魏晋南北朝时，买地券在中原地区销声匿迹，却在遥远的六朝区域广泛传播，自孙吴、两晋至南朝，随着移民大潮的涌荡直达两广。这一时期的人口迁徙影响深远，冥间亦屡见回响。半个世纪前，陈寅恪先生在评论东晋王导时曾援引新出土的晋墓砖铭："永嘉世，天下灾。但江南，皆康平。永嘉世，九州空。余吴土，盛且丰。永嘉世，九州荒。余广州，平且康。"[1] 此乱世中表现一隅快乐的"永嘉砖铭"早已为学界所熟知。其实，买地券中的"客死""寄居""旧墓乃在三河之中""从军乱以来"等表达，才是那个时代更为普遍的情绪。

唐代社会稳定，买地券使用减少，但基本特点与此前并无二致。五代宋元时期，由于多种原因的推动，买地券成为一种相当普遍的习俗，人口迁徙因素在其中的作用逐渐弱化。

总之，买地券伴随着土地私有制和人口流动而产生，又因人口流徙而广为传播。此小小方物，实为风云变幻的中古社会在冥世的一个缩影，它虽处身地下，寂静无声，但无声胜有声，于历史认识同样能起到振聋发聩的作用。中古人口迁徙与信仰变迁相互交融，此历史大势有诸多生动表现，买地券不过其中微小一例。今天所有对买地券某方面特征的认识，皆不应忽视人口流动因素的重要作用。

（责任编辑　林巧薇）

---

[1]　陈寅恪：《述东晋王导之功业》，据氏著《金明馆丛稿初编》，生活·读书·新知三联书店，2001，第77页。

全真教汇流道教、融合三家的表现及历史影响[*]

宋学立

摘要： 创教以来，全真教从神仙谱系、宫观建设、宗教地理、心性修炼等多层次逐渐汇流道教大传统，并对之产生了广泛而深刻的影响。全真教倡导"三教合一"，从教理教义、修行实践、教规戒律等维度融摄三家，为其理论建设、传承发展铺垫了较为稳固的思想基础、行动空间。汇流道教、融摄三家的理论和实践是促成全真教成功发迹并长足发展的重要基石。

关键词： 全真教 汇流道教 融合三家

作者简介： 宋学立，哲学博士，中国社会科学院古代史研究所副研究员。

作为道教的一支，全真教成功发迹以来，就开始逐步融入传统道教并对之产生广泛而深刻的影响，实际上这是小传统归宗、重塑大传统的过程。同时，唐宋以降，儒释道融合互摄成为三教关系的总体趋势。全真教顺历史潮流而动，融通儒释成为其传承发展的重要特征之一。

一 汇流道教

1159 年，相传王嚞在甘河遇仙，全真教始兴。作为一个新兴的宗教组织，创教初期，社会特别是世俗精英对其宗教属性的认识尚不够明晰。女几野人辛愿撰于兴定三年（1219）的《大金陕州修灵虚观记》云："窃尝论之，今所谓全真氏，虽为近出，大能备该黄帝老聃之蕴，然则涉世制行，殊有可喜者。其逊让似儒，其勤苦似

---

* 本文系作者主持的国家社科基金青年项目"金元全真教宗教认同的建构研究"（项目编号：14CZJ023）的阶段性研究成果。国家"十三五"规划文化重大工程《中华续道藏》（批准号：中央统战部"统办函"〔2018〕576 号）的专项研究成果。

墨，其慈爱似佛，至于块守质朴，澹无营为，则又类夫修混沌者。异于畔岸以为高，黠滑以为通，诡诞以为了，惊聋眩瞽，盗取声利，抗颜自得，而不知愧耻者远甚。"① 元好问不仅在《太古观记》中借"小功兄寂然"之口，重述了辛愿的说法，而且还在《紫虚大师于公墓碑》表达了类似的认识："予闻之今之人，全真道有取于佛老之间，故其憔悴寒饿痛自黥劓若枯寂头陀然。及其有得也，树林水鸟竹木瓦石之所感触，则能事颖脱，缚律自解，心光烨然，普照六合，亦与头陀得道者无异。"② 辛愿、元好问作为金末的文化精英，对全真教宗教身份的认识尚停留在"出入百家、介于佛老"的水平上，更何况文化水平比较低的社会大众呢。诚然，这与全真教高扬"三教合一"的旗帜不无关系。我们知道，王嚞在教导后学时，曾开出《道德经》《孝经》《般若心经》等三教书目。伴随着全真教的发展，教团内部通过宗祖谱系构建、教史书写等多种方式，逐步实现向传统道教的回归和身份认同。③ 教外精英对全真教道教身份的认识也呈现不断明晰的趋势。例如，至元二十三年（1286）徐琰撰《广宁通玄太古真人郝宗师道行碑》，其中明确谈到全真之学继承了以老庄为代表的道家传统。④

> 噫，道家者流，其源出于老（原文误作"若"）庄，后之人失其本旨，派而为方术，为符箓，为烧炼，为章醮，派愈分而迷愈远，其来久矣。迨乎金季，重阳真君不阶师友，一悟绝人，殆若天授。起于终南，达于昆嵛，招其同类而开导之、锻炼之，创立一家之教曰全真。其修持大略以识心见性、除情去欲、忍耻含垢、苦己利人为之宗。老氏所谓"知其雄守其雌，知其白守其黑，知其荣守其辱，为道日损，损之又损以至无为"。庄生所谓"游心于淡，合炁于漠，纯纯常常，乃比于狂，外天地，遗万物，探根宁极，才全而德不形者"，全真有之，老庄之道于是乎始合。重阳唱之，马谭刘丘王郝六子和之，天下之道流祖之，是谓七真。⑤

---

① （金）辛愿：《大金陕州修灵虚观记》，陈垣编纂《道家金石略》，陈智超、曾庆瑛校补，文物出版社，1988，第 443 页。

② （金）元好问：《紫虚大师于公墓碑》，陈垣编纂《道家金石略》，第 464 页。

③ 例如，披云真人宋德方《全真列祖赋》、秦志安《金莲正宗记》、李道谦《甘水仙源录》、赵道一《历世真仙体道通鉴》、刘天素与谢西蟾《金莲正宗仙源像传》等均从不同视角、层次书写了全真教接续传统道教道统的历史。

④ 古人一般不会像现代人一样做出"道家""道教"的区分，多用"道家"一语代指我们现在所称的"道教"。如元人柳贯说："道家者流，以清净为宗，檜禳祭醮其末也。太祖初，有全真丘处机者，亦劝上以好生止杀之事，中原之人至今称道之，此道之一门也。其他如正一、大道之类，皆有所因起，其事有关于朝廷者则录之。"李修生主编《全元文》卷八〇三，凤凰出版社，1998，第 454 页。

⑤ （元）徐琰：《广宁通玄太古真人郝宗师道行碑》，（元）李道谦：《甘水仙源录》卷二，《道藏》第 19 册，第 740 页上。

徐琰的认识与全真教的身份及其教旨思想、修行门径等基本是吻合的。那么，全真教融入传统道教主要表现在哪些方面，是简单的融入回归还是回归中有所创新呢？我们拟从三方面阐释全真教融入与重塑传统道教的表现。

一是充实重塑了道教神仙谱系。道教认为，道教的最高神是由道衍化而成的三清。早在六朝时期，陶弘景撰《真灵位业图》，建立了等级分明的神仙谱系。不过，道教神谱是一个开放的体系，不同历史时期，各道派对之不断有所增损。伴随着全真教的兴起，特别是宗祖认同的成功确立，"五祖七真"成为元代以来道教神仙谱系的重要组成部分。至元代中后期，陈致虚撰《上阳子金丹大要列仙志》，在"五祖七真"基础上，增加宋德方、李钰、张模、赵友钦、陈致虚的传承，旨在以北宗为基础整合内丹南北二宗。一方面，体现了北宗在心性理论、教团发展势头方面的强大影响力。另一方面，经上阳子整合后的这一全真神仙谱系对明清内丹道神仙谱系影响甚大。众多史志、仙传均沿着这一脉络，阐述全真教的传承发展。需要强调的一点是，和汉唐神仙谱系不同，全真神仙谱系是以内丹的炼养和传承为核心特色的，这一谱系从祖真信仰维度讲，贯通汉唐宋元。这也是全真教归宗传统道教之后，道教神仙谱系嬗变的一个突出特点。

二是极大地推动了道教宫观建设。学界一般将全真教大兴宫观之举归功于丘处机。的确，丘处机掌教时曾在多种场合劝导弟子建宫立观，真行辅真功。如商挺《大都清逸观碑》称，丘处机西行南归至盖里泊，夜间宣教："今大兵之后，人民涂炭，居无室、行无食者，皆是也。立观度人，时不可失。此修行之先务，人人当铭诸心。"① 李道谦《终南山楼观宗圣宫同尘真人李尊师道行碑》记载，元太祖十八年（1223），李志柔前往宣德朝元观谒见东归途中的长春真人，丘处机"赐号同尘子，教以立观度人，将迎往来道众为务"②。李志柔遵法旨，带领弟子在今天河北、河南、陕西等地建立大小庵观二百余所。李道谦《长春大宗师玄风庆会图序》盛赞丘处机"观其振教祖庭、构观滨都也，则知道成德著，必当建宫立观，济物度人，以衍真教之无穷也"③。诸此种种，均很好地诠释了尹志平对丘处机的评价："至长春师父，有为十之九，无为虽有其一，尤存而勿用焉。"④ 需要更正的一点是，全真教的立观度

---

① （元）李道谦：《甘水仙源录》卷十，《道藏》第19册，第809页中。
② （元）李道谦：《甘水仙源录》卷七，《道藏》第19册，第781页中。
③ 王卡、汪桂平主编《三洞拾遗》第16册，黄山书社，2005，第392页下。
④ （元）尹志平述，段志坚编《清和真人北游语录》卷三，《道藏》第33册，第166页下。

人活动在王嘉仙逝不久就已陆续开展。《终南山祖庭仙真内传》记载，默然子刘通微和"四子"共同完成王嘉的庐墓生活后，"北游岚管，内全道妙，外应世缘，抠衣请教者日不虚席。于是立观度人，玄风大振于西山矣"①。又《七真年谱》记载，承安三年（1198），金章宗召见刘处玄，并赐五道观额，"令立观度人"。同年，王处一为祖庵请得"灵虚"观额，并请吕道安主持观事。至于元代中后期，全真宫观林立，不胜枚举。像祖庭重阳宫、大都长春宫之类的十方丛林，还拥有很多下院。有些宫观群的核心宫观和下院之间甚至是跨地域的，下院并不一定分布于总院周边。据乃马真后四年（1245）颁发的《北极观懿旨碑》，汲县（位于今河南新乡境内）城隍庙北极观、刘村岱岳观、山彪村长春观，就是隶属于燕京大长春宫的下院。② 代州神岗观、孟州王屋县灵都宫，也是属于大都长春宫李志常所管领的下院。③ 按照是否新建的标准区分，全真宫观可以分为以下几种情况。第一种是重修唐宋道观，例如，山西永乐宫、甘肃崆峒山大十方问道宫等。第二种是在金元及以前其他建筑遗存基础上改建道宫。如永乐《顺天府志》记载，丘处机西行归来以后，栖云真人王志谨命弟子李志方在孝靖宫（金世宗嫔御老而无子者之所居）基础上建成真元观。④ 第三种是新建宫观。这样的例子很多，最典型的当属祖庭重阳宫。这些全真宫观实际上是对传统道教宫观的继承与发展。从殿内奉祀的神像来看，三清、太上、五祖、七真，主辅错落，相得益彰。从建筑布局和神灵信仰双重维度，搭建了新道派与道教大传统融会贯通的桥梁。

三是重构了道教宗教地理格局。以全真教兴起前的北中国为例，终南山楼观台、王屋山天坛、嵩山中岳庙、亳州太清宫等道教圣地一直是定格传统道教宗教地理的重要坐标。以楼观为例，相传老子曾在此为关令尹喜传经讲道，汉唐以来备受道俗两界尊崇，宫观殿堂代有兴替，钟鼓香烟鲜有间断。虚舟道人李鼎《大元重修古楼观宗圣宫记》对终南山在中国道教历史、地理上的地位评价颇高："终南山者，中国之巨镇也，稽之古典，《书·大禹》《诗·小雅》，皆所称美焉。亦曰中南，以其在天之中，居都之南也。至若盘地纪，承天维，奔走群仙，包涵玄泽，灵气浮动，草木光怪，则又为天下洞天之冠。故古之闳衍博大真人，以游以处，谓之仙都焉。古楼观者，真人尹氏之故宅，终南名胜之尤者也。按《史记》，真人当姬周之世，结楼以

① （元）李道谦：《终南山祖庭仙真内传》卷上，《道藏》第19册，第518页中。
② 《北极观懿旨碑》，陈垣编纂《道家金石略》，第486页。
③ 《灵都宫懿旨碑》，陈垣编纂《道家金石略》，第508页。
④ 《真元观记》，王宗昱编《金元全真教石刻新编》，北京大学出版社，2005，第113页。

草，望气俟真，已而果遇太上老君，延之斯第，执弟子礼，斋熏问道，遂受《道》《德》二篇五千言焉。真经既传，大教于是乎起矣。"① 元顺帝至元元年（1335）井道泉撰《大元重修聚仙观》，记述刘处玄一系弟子重建河内（位于河南省）宋寨村聚仙观的事迹。碑记开篇高度肯定了王屋山在道教洞天福地中首屈一指的地位："名山之在天下多矣。是皆有以宅仙真、府神明，佐阴阳而时风雨，赞景运以福生民者也。道书列其尤者，品而叙之。故三十六其洞天，七十二其福地。而洞天大者有十焉，王屋为之冠。"②《重修天坛灵都万寿宫碑》云："天坛福地，亚于蓬莱，四望佳趣，□言可纪。凡为一游者，如士子之登龙虎榜，实天下人向慕之所也，岂山野鄙儒得以称道哉！"③ 张琬《重修天坛上皇殿记》亦有类似认识："天下名山为岳镇者十。道经载大洞天数，称王屋即其一也，故号天坛，乃历代列仙修真之所。其形势视诸山耸拔不群，若王者车盖，故名王屋，乃有影随日月运移。"④

全真教兴起之后，伴随着王嚞创教、七真弘教的深入开展，道教圣地的地理格局因新鲜血液的加入而悄然发生改变。以陕西祖庭重阳万寿宫、大都长春宫、开封朝元宫、山东牟平玄都宫、莱州武官灵虚观、滨都太虚观、圣水玉虚观为首的一大批全真宫观，不仅有机融入了传统道教宫观地理，而且更为重要的是成为当时全国或者某一地区具有领导权的核心宫观，传统道教宫观甚至成为它们的附属宫观、下院。最显著的例子就是祖庭重阳宫，金末元初，从最初的三间草屋一跃成为全真祖庭，昔日的楼观亦成为其辅翼。诚如郭时中在《筠溪道院记》中所云："关中以山水甲天下，终南以明秀甲关中，重阳宫之胜绝，尤终南之冠也。"⑤ 大都长春宫，仅在祖庭面前谦称"堂下"，实则是蒙元时期历任全真掌教驻跸和处理教务之所，其在当时道教宫观地理中的突出位置自不待言。开封朝元宫乃是王嚞升霞之地，丘处机主教时，曾命王志瑾主领兴建近三十载，"构筑规制之大，甲江北诸宫观"⑥。除了新建宫观之外，蒙元时期，全真教还通过重修楼观宗圣宫、骊山华清宫、天坛紫微宫、山西永乐宫、亳州太清宫、嵩山崇福宫等传统道教宫观的方式，成功接管了这些传统道教圣地，并将之纳入"祖庭—堂下"这一准政治化的新的宗教管领生态之下。

① （元）李鼎：《大元重修古楼观宗圣宫记》，陈垣编纂《道家金石略》，第549页。
② （元）井道泉：《大元重修聚仙观》，王宗昱编《金元全真教石刻新编》，第201页。
③ 《重修天坛灵都万寿宫碑》，陈垣编纂《道家金石略》，第585页。
④ （元）张琬：《重修天坛上皇殿记》，王宗昱编《金元全真教石刻新编》，第208~209页。
⑤ （元）郭时中：《筠溪道院记》，陈垣编纂《道家金石略》，第610页。
⑥ （元）许有壬：《龙德宫记》，陈垣编纂《道家金石略》，第780页。

此外，全真教的兴起，在很大程度上推动了丹道心性之学的传承发展、南北融通，传承了道教斋醮、符箓等科仪活动以及推动了内炼外法的进一步深度融合。对此，学界已有不少研究，不再胪列。① 质言之，全真教与传统道教之间的影响是相互的，全真教认同了传统道教，传统道教也认同了全真教作为新道派的兴起与创新性发展。

二　融摄三家

从王嚞创教开始，全真教就倡导"三教一家"、三教融合。② 融通三教、性命双修，成为全真教开宗立派的一大特色。全真教融摄三家思想与实践主要体现在以下几个层面。

其一是教义教理层面。全真文集中充满了关于三教一家、三教平等的论说。举例言之。孙公曾向王重阳求问三教关系。王嚞说，三教互通，本为一家："儒门释户道相通，三教从来一祖风。"③ 弟子请教"何谓三乘之法"，王嚞以小儿成长过程喻之："下乘者如新生孩儿，中乘者如小儿坐地，上乘者如小儿行走。"并且谈到能通此三乘者，就可以超越欲界、色界、无色界。关于"三界"的说法，明显是借用或者说受到了佛教的影响。在此基础上，王嚞提出，三教如鼎之三足、一棵树生出的三根枝条。④ 七真及其后学继承祖师高唱三教融合的理论，大谈三教同源、三教一家。例如，谭处端曾专门以"三教"为名赋诗："三教由来总一家，道禅清静不相差。仲尼百行通幽理，悟者人人跨彩霞。"⑤ 刘处玄在《仙乐集》中谈到"三教归一，弗论道禅"。丘处机亦有"儒释道源三教祖，由来千圣古今同"⑥ 之论。姬志真以"三教"

---

① 例如张广保《金元全真道内丹心性学》，生活·读书·新知三联书店，1995；刘仲宇《早期全真教仪式初探》、张泽洪《金元全真道斋醮科仪初探》，陈鼓应主编《道家文化研究》第二十三辑，生活·读书·新知三联书店，2008，第144～166、167～191页。

② 关于全真教"三教合一"思想的研究，任继愈、卿希泰两位先生分别主编的《中国道教史》已有论说。近年来又有一些学者对这个问题展开申论，如董雪《尹志平的三教合一思想述略》，《濮阳职业技术学院学报》2018年第2期；李玉用《略论早期全真诸子对儒佛思想的吸收与融会——以王重阳、马钰和丘处机为中心》，《齐鲁文化研究》2012，第95～103页；韩星《全真道三教合一的理论特征》，《兰州大学学报》（社会科学版）2011年第5期；范玉秋《三教合一与全真道》，《管子学刊》2007年第3期等。

③ （金）王嚞：《重阳全真集》卷一，《道藏》第25册，第693页中。

④ （金）王嚞：《重阳真人金关玉锁诀》，《道藏》第25册，第802页中、下。

⑤ （金）谭处端：《水云集》卷上，《道藏》第25册，第849页上。

⑥ （金）丘处机：《磻溪集》卷一，《道藏》第25册，第815页下。

为名作诗："为道为儒为释，水月镜中三影。皆从此处传来，选甚黄冠圆顶。"① "黄冠""圆顶"分别代指道士和僧人。知常真人化用"月映万川"之说，阐释三教同源、僧道无别之理。元代中后期，内丹道南北合宗。其时的代表人物李道纯提出"中道"思想是三教之根本，试图以《中庸》"执两用中"思想贯通儒、道、禅三教："中是儒宗，中为道本，中是禅机。这三教家风，中为捷径，五常百行，中立根基。"② 他甚至提出佛家的涅槃和道教的脱胎无甚差别，借此阐释"三教一理"的思想。应该予以肯定的是，历代全真道士关于三教合一思想的论述和宣传，在很大程度上丰富拓展了全真教的理论视域，为作为后起的新道派的发展提供了理论和实践上的生存空间。虽然以上诸家均倡导"三教一家"，但从王嚞时代起三教在"一家"中的地位即有高下之分："太上为祖，释迦为宗，夫子为科牌。"③ 这是出于不同的宗教立场的本位性思考，其他两家亦有类似的突出本家的认识，无可厚非。

其二是弘道修行实践层面。首先表现在对三教经典的重视和研习。上文谈到，王嚞教育弟子读经时，除了道经，他还推荐了《孝经》《心经》等儒释二家的典籍。刘处玄认为，三教经书对于提高修道者的精神境界至关重要。尹志平谈到，长生真人曾为三教经作注。④ 秦志安《长生真人刘宗师道行碑》称刘长生曾"注道德，演阴符，述黄庭"，未提及其对三教经书的注释。不过，尹志平所言并非无源之水。在《仙乐集》中，长生真人多次劝导弟子，闲暇之余要读三教经书。例如"闲看三教书""三教经书为伴""闲看三教，造化明《周易》"。另外，范圆曦《太古集序》、徐琰《广宁通玄太古真人郝宗师道行碑》，均谈到郝大通著有《三教入易论》《心经解》《救苦经解》《周易参同契简要释义》等出入三教的著述。⑤ 对三教经书的注释研习，在很大程度上提升了全真家的思想境界，为他们的修行弘道活动提供了丰厚的理论储备。其次是在修道理论上对三教思想的借用。王嚞《暮山溪》诗云："玉堂三老，唯识王三操。复许辨三台，更能润、三田倚靠。自然三耀，攒聚气精神，运三车，依三

① （元）姬志真：《云山集》卷四，《道藏》第25册，第394页中。
② （元）李道纯：《中和集》卷六，《道藏》第4册，第516页下、第517页上。
③ （金）王嚞：《重阳真人金关玉锁诀》，《道藏》第25册，第803页上。
④ "长生师父虽不读书，其所作文辞自肺腑中流出，如《瑞鹧鸪》一百二十首，《风入松》六十首，皆口占而成。又注三教经，笔不停缀，文不足而理有余。"（元）尹志平述，段志和编《清和真人北游语录》卷二，《道藏》第33册，第161页下、第162页上。
⑤ （元）范圆曦：《太古集·序》，《道藏》第25册，第867页上。（元）李道谦：《甘水仙源录》卷二，《道藏》第19册，第739页下、第740页上。

教，永没沉三道。须通三宝，方见三清好。真性照三峰，陡免了、三焦做造。休论三世，诸佛现前来，得三乘，游三昧，莹莹归三岛。"又如"悟理莫忘三教语，全真修取四时春""稍能悟三教秘诀，也无生无灭"等类似的论说还很多，兹不赘言。① 刘处玄的"三教无分别，修真第一功"②，从丹道修炼理论与目标的角度对三教关系做出了精炼的概括总结。全真教内丹修炼理论在很大程度上受到了佛教特别是禅宗的影响。学界对此关注较多，兹不赘言。③ 最后是在弘道活动中体现的对三教一家思想的践行。王嚞在山东弘道期间，创立"三州五会"，"五会"均冠以"三教"之名，体现了王嚞对其倡导的三教一家思想的贯彻。此举有利于"五会"吸收容纳三教信众，征得教俗两界的认可。在平日的弘道活动中，全真道士与三教信众有着广泛的接触。例如，马钰曾"与僧烛律师、殿试范寿卿，于郡城之北三教堂"焚香宴坐。王大师鼓琴，马钰因作《归山操》，寓归真之意。关于此事发生的时间，《金莲正宗仙源像传》记作"（大定）二十四年癸卯"④。按诸家碑记所载，马丹阳于大定二十三年十二月证道，刘天素、谢西蟾所记有误。又如，金章宗明昌初年，刘通微奉敕在京城天长观讲道，"三教九流请益问话者户外屡满"⑤。全真道士与三教人士的接触和相处，说明全真教并非"唯我独尊"的排他性宗教，而是积极倡导与释道二教融合相处。多家碑记谈到全真道士为先师庐墓守丧、附葬先师墓侧的情况，这亦是全真教吸收利用儒家孝道思想的体现。

其三是教规戒律层面。《洞玄金玉集》卷八收马钰《劝僧道和同》诗云："道毁僧，僧毁道。奉劝僧道，各休返倒。出家儿、本合何如，了性命事早。好参同，搜秘奥。炼气精神，结为三宝。真如上、兜率天宫，灵明赴蓬岛。"⑥ 可见，马钰对当时僧道龃龉不合的情况颇为关注，专门作诗倡导僧道和同相处。他论三教关系并非停留在不发生矛盾的低级层面，而是提出了三教平等、以三教门人为师的思想。其《自戒》诗云："一切女男同父母。三教门人，尽是予师父。"⑦ 刘处玄沿袭其说，提出"三教高真，便是师父"⑧。

---

① （金）王嚞：《重阳全真集》卷五、卷十、卷十三，《道藏》第 25 册，第 720 页中、741 页中、766 页中。
② （金）刘处玄：《仙乐集》卷五，《道藏》第 25 册，第 453 页下。
③ 例如，张广保教授曾专门探讨全真教与理学、禅宗在心性论上的异同。参见氏著《金元全真道内丹心性学》。
④ （元）刘天素、谢西蟾：《金莲正宗仙源像传》，《道藏》第 3 册，第 374 页上。
⑤ （元）李道谦：《终南山祖庭仙真内传》卷上，《道藏》第 3 册，第 518 页下。
⑥ （金）马钰：《洞玄金玉集》卷八，《道藏》第 25 册，第 607 页下。
⑦ （金）马钰：《渐悟集》卷下，《道藏》第 25 册，第 473 页下。
⑧ （金）刘处玄：《仙乐集》卷三，《道藏》第 25 册，第 438 页上。

王处一更是提出了"敬三教""遵三教"①的说法。陆道和《全真清规·长春真人清规榜》规定，"见三教门人，须当平待，不得怠慢心"②。可以看出，元末明初，全真教已经从戒律清规的高度对如何处理三教关系，做出了制度化的安排和规定。

三　结语

唐宋以来，三教合流成为中国传统思想文化传承发展的一大突出特色。全真教在金末蒙初肇兴，恰逢其时。也正是因为全真教高扬三教合一的旗帜，致使其创立之初，时人对其宗教身份的认知出现仁智之别。全真教汇流道教大传统是一个历史过程，在神仙谱系、宫观建设、宗教地理格局、心性思想等方面接续并在很大程度上重塑了道教大传统。全真教是金元以降中国道教新的发展形态，其传承发展呈现既向传统道教回归又在回归中对之做出创新性塑造的双重特征。

全真教作为道教之一宗，汇流道教理所必然，此外还在教理教义、修行弘道实践、教规戒律等层面，表现出融摄儒释的特征。其对二家经典的研习注释、思想的借重，丰富了自身的理论视域和修行认知。三教平等思想的倡导和实践，在很大程度上为这个"新道教"的发展拓宽了行动空间。诚如蒙元时期全真教与佛教关系的发展实际所示，释道二教之间亦存在着矛盾和争执，元宪宗、世祖朝的几次惊动朝野的佛道论争就是最为集中的体现。客观地讲，佛道门户利益之争与理论实践上的融合互摄都符合蒙元时期佛道关系发展的实际。作为新兴道派，全真教在大蒙古国早期深得统治者护持。它之所以能够在很短的时间内取得长足的发展，与当局的支持是分不开的。换言之，佛道之争和以元太祖成吉思汗为代表的最高统治者的政策导向不无关系。当然，更不可否认全真教利用政府支持圈占地盘的因素。然从全真教与儒释关系角度讲，三家之间的融合发展是主流。元明以来直到今天，全真教成为与正一派并驾齐驱的两大道派之一，与儒释二教大体能够和谐相处，再未发生如蒙元时期的大规模冲突。这与全真教成功汇流道教大传统、积极融摄三家的理论与实践是分不开的。

（责任编辑　汪桂平）

---

① 王处一《敬三教》诗云："三教同兴仗众缘，真空无语笑声连。放开法眼全玄理，莲叶重重作渡船。"又有"更望参玄众友，遵三教、千古同欣。齐回向，吾皇万寿，永永御枫宸"的诗作。参见王处一《云光集》卷一、卷四，《道藏》第25册，第657页下、第681页上。
② （明）陆道和编《全真清规》，《道藏》第32册，第160页中。

经典解读

基于传授谱系的古灵宝经再分类[*]

王皓月

摘要： 迄今的研究之中，一般习惯将古灵宝经划分为元始旧经和新经两大类，或者是依照主要神灵的不同划分为两类。而本文首次明确提出，通常所说的元始旧经其实有紫微宫元始旧经和元始旧经出世经的区别，不仅元始系灵宝经，仙公系灵宝经只要收录元始旧经的内容且与旧目中的经典对应，也可以是元始旧经出世经。而一般所谓新经也有记录葛仙公所得教戒的经典与记录葛仙公行业的经典这两种。基于经典所载传授谱系，我们可以对元始旧经出世经和非元始旧经出世经进行再分类。元始旧经出世经分为以下四类：第一，元始天尊传太上道君的经典；第二，元始天尊传其他神灵的经典；第三，太上道君传授的经典；第四，太极真人传葛仙公的经典。非元始旧经出世经中记录葛仙公所得教戒的经典分为三类：第一，太上道君传太极真人；第二，太极真人传葛仙公；第三，葛仙公自己所得。这样，我们基于传授谱系就将灵宝经进行了更为细致准确的再分类。

关键词： 灵宝经　传授谱系　陆修静　灵宝经目

作者简介： 王皓月，中国社会科学院世界宗教研究所副编审。

一　序言

在刘宋天师道道士陆修静编撰整理的《灵宝经目》之中，记录了当时存在的并且被陆修静认为是真经的古灵宝经，包括"葛仙公所受教戒诀要及说行业新经，都合前元始新旧经见出者，三十二卷真正之文，今为三十五卷，或为三十六卷"[①]。为了解明这批经典的特点，有必要对其进行分类。而如何将这批灵宝经进行分类，是灵

---

* 本文系国家社科基金青年项目"六朝道教变革史考"（项目编号：17CZJ016）的阶段性研究成果。
① 《灵宝经义疏（拟）》，《中华道藏》第5册，华夏出版社，2004，第511页。

宝经的研究之中一个基础的问题，对于进一步解明灵宝经神学体系的构建方式及经典的成书等问题有重要意义。

对于陆修静《灵宝经目》所见灵宝经最基本的分类，一般认为可按照该经目上下两个部分，分为前半部分旧经和后半部分新经。这个旧经和新经的概念表面上看并不难理解，但实际上不同学者对此的解释存在不小的分歧。所谓的旧经，基本特点是在陆修静《灵宝经目》之中处于旧目部分，一般神灵以元始天尊、太上道君等为常见，而新经则是排在旧目之后的一些经典，很多经典都与葛仙公有关。然而，这仅仅是粗略的解释，如果我们深入分析就会发现旧经和新经的划分远比这复杂。原因是，所谓旧目部分其实由两个经目组成，一个是天上的三十六卷元始旧经的经目，另一个是出现于人间的与天上元始旧经对应的经典的目录。那么问题就是，旧经究竟是仅指天上的元始旧经，还是人间实际出现的经典也是旧经？因为有些人间实际出现的经典，如《太上无极大道自然真一五称符上经》虽然与元始旧经目录对应，但出现的神灵是老君、仙公、太极真人等，这部经典相比旧经显然更符合其他新经的特征。所以，我们有必要区分天上的元始旧经和人间实际存在的经典，不能简单用元始旧经或者旧经称呼人间实际存在的经典，即使这部经典在《灵宝经目》旧目部分对应天上的元始旧经。

理解这点的关键在于理解灵宝经的叙事结构。因为灵宝经采取了镶嵌式结构，"大经"之中包含有"小经"，人间的经典记录的是传授天上经典的经过和内容，属于"大经"，传授的内容属于"小经"，二者不能混淆。可以说，准确理解灵宝经分类的第一步就是明确所谓"元始旧经"的真正含义和所指。迄今灵宝经研究之中关于所谓旧经和新经孰先孰后的问题引发了不小的争论，而如果从灵宝经的叙事结构视角来看，就会跳出"旧先新后"或"新先旧后"的局限，意识到经典是"新中有旧"。因为人间看到的经典，无论记载的是元始天尊向太上道君传授经教的故事，还是记载太极真人向左仙公传授经教的故事，都说传授的内容是源自更具有神圣性的天上的经典，这些才是真正的元始旧经。如作为灵宝经注疏的《诸天灵书度命妙经义疏》写道："上皇，是道君行化为教主，对太极诸真说。元始天尊为化主，对道君出法。"① 据此，上皇之时，太上道君作为教主，向太极诸真说教，而元始天尊作为地位更高的化主，向太上道君出示灵宝之法。换而言之，作为化主的元始天尊向太上道

① 《道藏》第2册，文物出版社、上海书店、天津古籍出版社，1988，第566页。

君宣教，其宣教的内容应该是紫微宫元始旧经，而作为教主的太上道君又向太极诸真宣教元始天尊传授给他的元始旧经。之前人们往往认为新经是解释元始旧经的，但这种观点是错误的，因为他们所认为的元始旧经是可以直接存在于人间的经典，或者说将我们现在看到的道藏本灵宝经也称为元始旧经或旧经，但事实上元始旧经不可能直接存在于人间，只要是人间存在的经典，记录的就是传授天上的元始旧经的过程和内容，无论传授者是元始天尊还是太极真人。

元始旧经的概念比较难以被正确理解，但其分类比较清晰明确。正如梁代宋文明的《通门论（拟）》〔又称《灵宝经义疏（拟）》〕中"总括体用，分别条贯"所说，根据文体和功用，三十六卷的元始旧经又被陆修静分为本文、神符、玉诀、灵图、谱录、戒律、威仪、方诀、众术、记传、玄章、表奏等十二类。① 这个十二类的分类，后来不仅限于灵宝经，而且成为三洞部经典的分类标准。十二类的分类，在梁代宋文明《通门论（拟）》之前，看不到有经典记录其具体分类的名称，但因为《通门论（拟）》"陆先生就此十部灵宝经，总括体用，分别条贯，合有十二种"②，说十二类的分类是陆修静确立的，所以有可能刘宋的中后期就已经出现了十二类的分类。

而第二个分类是，将元始旧经分为十部。根据《通门论（拟）》中的注解，第一部明应化之本源，第二部明运会始终，第三部明天功之广被，第四部明圣德之威风，第五部明戒律之差品，第六部明人行业之由从，第七部明济物之弘远，第八部明因果之途迹，第九部明修行之方（法），第十部明治身之体用。这个分类的标准，应该是基于经典的价值或意义，三十六卷的旧目就是按照这十部的顺序排列的。元始旧经分为十部的做法，形成时期更早，因为数部灵宝经之中已经可以看到"十部妙经"的说法，所以在陆修静之前应该就已经有了十部的分类。③

第三个分类，也是由陆修静所决定。他将元始旧经分为"已出"和"未出"两大类。被标注为"已出"的经典，是经典的内容已经出现在人间的元始旧经，而标注为"未出"的经典，是尚保存在天上玄都紫微宫的元始旧经，在《通门论（拟）》所载的《灵宝经目》之中，有二十一部"已出"的元始旧经，十五部"未出"的元

---

① 《灵宝经义疏（拟）》，《中华道藏》第5册，第511页。

② 《灵宝经义疏（拟）》，《中华道藏》第5册，第511页。

③ 元始系灵宝经之中能见到"十部妙经"之说的经典，有《元始五老赤书玉篇真文天书经》《太上洞玄灵宝赤书玉诀妙经》《洞玄灵宝长夜之府九幽玉匮明真科》《太上洞玄灵宝诸天灵书度命妙经》。〔日〕小林正美：《六朝道教史研究》，李庆译，四川人民出版社，2001，第143页。

始旧经。

以上，都是东晋末至南朝时期形成的灵宝经的分类，而现在的学者在研究灵宝经的过程之中，发现了陆修静《灵宝经目》的旧经和新经的分类与经典的内容不符合的问题。因为已出的元始旧经之中，有的完全见不到元始天尊，而新经之中，也有的完全见不到葛仙公，所以有必要按照经典的传授，用元始系灵宝经和仙公系灵宝经称呼人间实际存在的经典。元始系灵宝经和仙公系灵宝经的划分，打破了陆修静的《灵宝经目》的限制，将《灵宝经目》属于元始旧经部分的《洞玄灵宝玉京山步虚经》《太上无极大道自然真一五称符上经》《太上洞玄灵宝真一劝诫法轮经》这三部出现太极真人和葛仙公的元始旧经定为仙公系灵宝经，将《灵宝经目》中属于新经的《太上洞玄灵宝真文要解上经》分为元始系灵宝经。① 这个分类标准，由于比较符合经典的内容特征，所以在部分学者之间得到了使用。

因为，十部、"已出"和"未出"的分类都仅仅是元始旧经的分类，而十二类之后成为三洞部经典通用的分类，所以一般对于《灵宝经目》所载灵宝经，依然主要使用元始旧经和新经的分类，或者元始系灵宝经和仙公系灵宝经的分类。

虽然将灵宝经全体分为两类的做法比较通行，似乎已经成为灵宝经研究的常识，但随着研究的深入，这种分为两类的做法就不够具体，存在一些矛盾之处。② 特别是，同样为元始旧经或者元始系灵宝经，其具体的传授谱系还是不尽相同。而新经或者仙公系灵宝经之中，关于经典成书过程和传授的说法更是复杂。尤其是新经部分位于第一位的《太上灵宝五符序》，往往被视为不同于其他新经或仙公系灵宝经的经典。

因此，近年还出现了一种观点，主张继续使用旧经和新经的分类称呼，并以此划分所有灵宝经，但是新制定了界定标准。其所言的"旧经"，是指"奉元始天尊为主神"的诸经，"新经"是指"不奉元始天尊为主神"的诸经。这个分类与"元始系灵宝经"和"仙公系灵宝经"的分类有类似之处，都以实际经典出现的神灵为判断标准，但是在《太上灵宝五符序》《太上洞玄灵宝真文要解经》等具体经典的判定上有所不同。③ 这种做法尽量照顾了使用旧经和新经划分灵宝经的传统习惯，但是由于其标准又不同于文献所见新旧经原意和其他学者理解的新旧经，所以容易造成混淆，

---

① 〔日〕小林正美：《六朝道教史研究》，第160~161页。
② 〔日〕小林正美认为《太上灵宝五符序》在仙公系灵宝经之中比较特殊，但是因为属于被葛仙公得到的经典而被列为仙公系灵宝经。〔日〕小林正美：《六朝道教史研究》，第161页。
③ 刘屹：《六朝道教古灵宝经的历史学研究》，上海古籍出版社，2018，第260~263页。

依然存在缺陷。

如上所见，灵宝经的分类还存在不具体和矛盾的地方，无论是旧经和新经，或者元始系和仙公系，都有必要进行更深入的分类，甚至重新进行分类。[①] 所以，以下首先想分析陆修静的灵宝经的分类，然后指出人间流传的经典应该被新命名为"元始旧经出世经"，这个概念不同于紫微宫元始旧经，而且这些元始旧经出世经不仅有元始系灵宝经，也有仙公系灵宝经。然后，我们需要按照每一部灵宝经的成书过程和传授谱系进行再分类，从整体上解明灵宝经的成书过程和传授谱系。这里需要说明的是，本文是从教理的角度来考察灵宝经的成书过程和传授谱系，而不是以历史事实为标准。因为，陆修静《灵宝经目》的分类本身就是基于教理的分类，而不是基于历史事实。并且，灵宝经之中关于经典的成书过程和传授谱系的记载，都属于教理，而不是历史事实。所以，之后会说明，即便是在历史事实上，《灵宝五符序》的成书明显早于其他灵宝经的情况，在讨论灵宝经的教理之时，也不会因此将其特殊化。教理和历史事实作为两个独立的方面，应该区分讨论。需要强调的是，下面的分类不是基于所谓不同"主神"的分类，因为主神的概念很模糊单一，无法作为灵宝经详细分类的基础，而传授谱系则具体而详细，应该以此为灵宝经细分的依据。接下来就从教理的角度基于传授谱系讨论灵宝经的再分类。

二　陆修静对灵宝经的分类及旧目部分解读

关于陆修静的灵宝经的分类，即灵宝经分为元始旧经和新经，似乎已经众所周知。然而，实际上，迄今的理解还有不充分的地方，陆修静对灵宝经的分类要比元始旧经和新经的两类更为详细，所以想考察一下陆修静对灵宝经分类的具体内容。

陆修静在《灵宝经目序》的最后，说：

> 今条旧目已出，并仙公所授事，注解意疑者，略云尔。[②]

据此，陆修静在《灵宝经目》之中，首先是列出"已出"的元始旧经，然后是

---

① 刘屹在使用旧经和新经的分类之时，同时提出应该重视"灵宝经内部明显的差异性"，不能简单地进行二分法。刘屹：《六朝道教古灵宝经的历史学研究》，第263页。
② 《道藏》第22册，20页。

列出仙公所传授的经典，并对二者可能存在疑问的地方进行简单的注解。

再看《通门论（拟）》中的《灵宝经目》，可以发现其内容完全符合陆修静在《灵宝经目序》之中对《灵宝经目》的描述。《通门论（拟）》的《灵宝经目》首先是列举了三十六卷的元始旧经的经目，在经目每一条之后都说明其是否出世，并且说明人间经卷的名称，如：

> 九天生神章一卷。已出。卷目云：太上洞玄灵宝自然至真九天生神章。①

在列举完所有三十六部元始旧经的经目之后，陆修静又注解说明道：

> 右元始旧经紫微金格目三十六卷，二十一卷已出。今分成二十三卷。十五卷未出。十部妙经三十六卷，皆克金为字，书于玉简之上，题其篇目于紫微宫南轩，太玄都玉京山亦具记其文。诸天大圣众依格，斋月日上诣玉京，烧香、旋行、诵经、礼天文也。②

说以上的三十六卷的元始旧经紫微金格目之中的经典，有二十一卷已出，十五卷未出。十部妙经的三十六卷的元始旧经，藏于天上的紫微宫，以及玄都玉京山。诸天圣众，在斋月和斋日拜访玉京山，朝礼元始旧经。

同样，在元始旧经部分之后，陆修静列举了一组新经的经目，并在最后注解道：

> 右十一卷，葛仙公所受教戒诀要及说行业新经。都合前元始新旧经见已出者，三十二卷真正之文，今为三十五卷，或为三十六卷。③

可以看出，《灵宝经目》似乎将灵宝经分为了"元始旧经紫微金格目"与"葛仙公所受教戒诀要及说行业新经"，并且用旧经和新经来区分二者。

还有，陆修静《太上洞玄灵宝授度仪表》也写道：

> 然即今见出元始旧经，并仙公所禀，臣据信者合三十五卷。④

其中也出现了"元始旧经"和"仙公所禀"的区别。因此，迄今的学者根据

① 《灵宝经义疏（拟）》，《中华道藏》第5册，第509页。
② 《灵宝经义疏（拟）》，《中华道藏》第5册，第510页。
③ 《灵宝经义疏（拟）》，《中华道藏》第5册，第510~511页。
④ 《道藏》第9册，839页。

《灵宝经目序》、《灵宝经目》和《太上洞玄灵宝授度仪表》，认为灵宝经一类是旧经，即"元始旧经"，另一类是新经，即"仙公所授事"，或者"葛仙公所受教戒诀要及说行业新经"，或者"仙公所禀"。

然而，如果仔细分析陆修静的《灵宝经目》，就会发现陆修静其实将我们通常所说元始旧经分类两类，并且将新经也分为两类。

一般认为，《灵宝经目》前半部的关于元始旧经的经目是一个经目，但其实应该分为两个经目，一个是"旧"的经目，这里将其称为"紫微宫元始旧经目"，而另一个是"今"的经目，这里将其称为"元始旧经出世经目"。就是说，紫微宫元始旧经的经目为三十六卷的经目，而元始旧经出世经目是二十三卷的"已出"的经典经目。这两个经目及对应关系如下。

表 1 紫微宫元始旧经目与元始旧经出世经目对照表

紫微宫元始旧经目	元始旧经出世经目
真文赤书二卷	〔太上洞玄灵宝五篇真文赤书经二卷〕
赤书玉诀一卷	〔太上洞玄灵宝赤书玉诀妙经二卷〕
大小劫二卷	无
天地运度一卷	无
空洞灵章一卷	太上洞玄灵宝空洞灵章一卷
升玄步虚章一卷	太上说太上玄都〔玉〕京山经一卷
九天生神章一卷	太上洞玄灵宝自然至真九天生神章一卷
自然五称文一卷	太上洞玄灵宝大道无极自然真一五称符上经一卷
诸天内音玉字一卷	太上洞玄灵宝诸天内音自然玉字二卷
八威召龙经一卷	无
智慧上品大戒三卷	太上洞玄灵宝智慧罪根上品二卷
（经名缺，一卷）	太上洞玄灵宝智慧上品大戒一卷
威仪自然二卷	太上洞玄灵宝金箓简文三元威仪自然真经一卷 太上〔洞玄〕灵宝长夜九幽府玉匮明真科一卷
智慧定志通微一卷	太上洞玄灵宝智慧定志通微经一卷
本业上品一卷	太上洞〔玄〕灵宝真文度人本行妙经一卷
法轮罪福一卷	太上洞玄灵宝真一劝诫法轮妙经一卷
无量度人上品一卷	太上洞玄灵宝无量度人上品妙经一卷
诸天灵书度命一卷	太上洞玄灵宝诸天灵书度命妙经一卷

紫微宫元始旧经目	元始旧经出世经目
灭度五炼生尸一卷	太上洞玄灵宝灭度五炼生尸妙经一卷
三元戒品一卷	太上洞玄灵宝三元品诫一卷
宿命因缘一卷	无
众圣难三卷	无
导引三光〔日月〕星一卷	无
二十四生图一卷	太上洞玄灵宝二十四生图三部八景自然神真录仪一卷
飞行三界通微内思二卷	无
药品一卷	无
芝品一卷	无
变化空洞一卷	无

为何之前没有人指出"紫微宫元始旧经目"和"元始旧经出世经目"是两个独立经目呢？因为迄今的解释之中，一般认为紫微宫元始旧经目与元始旧经出世经目是一个经目，前者是玄都紫微宫的元始旧经的简称，后者为经典的正式的名称。[①] 还有另一种理解是，前面的是元始旧经的经目，后面是该经的"新名"。如《通门论（拟）》写道："十部旧目及新名记录如前。"[②] 其中说十部旧目，是指代紫微宫元始旧经的经目，而新名是指现在该经的经名，二者被区分。当然，这可能是宋文明的理解，并不代表其说法一定准确。

不论是简称—完整的经名，还是旧名—新名，都局限于经典名字的范畴，没有提出二者并非内容完全相同的经典。这种不区分紫微宫元始旧经目与元始旧经出世经目的观点，其出发点是，紫微宫元始旧经与元始旧经出世经的内容一样，出现于人间的元始旧经即保管于天上紫微宫的元始旧经。但事实上，紫微宫元始旧经与元始旧经出

---

① 大渊忍尔认为，《灵宝经目》最初记载的是简略的经名，而"卷目云"记载的是正式的经名。十部旧目是葛巢甫所作，而"卷目云"以下所见的"今"是陆修静所作。这里，大渊的错误是没有区分教理和历史事实，将二者混淆讨论。在教理上，十部旧目是指藏于天上玄都紫微宫的三十六卷的元始旧经的经目，不能将"旧"与葛巢甫联系、将"今"与陆修静联系。从历史事实角度来看，没有足够的证据证明陆修静沿用了葛巢甫所做的元始旧经的经目，甚至没有证据表明葛巢甫编造过三十六卷的元始旧经的经目。大渊忍尔『道教とその経典』东京创文社、1997、页80。刘屹整理灵宝经目之时，用"紫微金格目"指代"元始旧经紫微金格目"载录的藏于天宫的原始目录，即所谓"旧目"，用以对应"经目"的是"卷目"。"卷目"所载的经名一般要比"紫微金格目"所载的要正式和完整，是已经实际行世的、经过刻意整理规划后的经名。刘屹：《六朝道教古灵宝经的历史学研究》，第186、200页。
② 《灵宝经义疏（拟）》，《中华道藏》第5册，第511页。

世经之间的不同，不仅是经名，二者在内容、经典成书时间、卷数上也有区别，不能将二者混同。①

《灵宝经目》之中元始旧经与之后对应的出世经典的关系，不是说出世经典就等同于元始旧经，而是说该元始旧经被收录于与之对应的出世经典之中。换而言之，元始旧经并没有独立出世，而只是作为元始旧经出世经的部分内容而出世，这在叙事结构上属于镶嵌式结构。所以，《太上洞玄灵宝真一劝诫法轮妙经》记录的是太上玄一三真人向葛仙公进行宣教的经过和内容，其无疑是一部典型的仙公系灵宝经。神灵体系更高更古的元始系灵宝经叙事中不应该出现葛仙公的名字，成书于龙汉的元始旧经更不会有葛仙公的名字，陆修静当然应该清楚这点，但该经在《灵宝经目》之中依然与元始旧经的《法轮妙经》对应，其原因就是陆修静认为该经典太上玄一三真人宣教的内容就是源自元始旧经的《法轮妙经》。

在历史上，陆修静把仙公系灵宝经与元始旧经对应，是因为元始系灵宝经数量不足，为了让更多的元始旧经出世，就承认了部分仙公系灵宝经之中收录的也是元始旧经的内容。② 当然，该做法之所以被接受，原因就是《灵宝经目》之中元始旧经与之后对应的出世经典的关系，不是说出世经典就等同于元始旧经，而是说该元始旧经被收录于与之对应的出世经典之中。

以下，将基于陆修静的《灵宝经目》，根据经典授受谱系的不同，对元始旧经的出世经进行详细再分类。

三 元始旧经出世经的再分类

陆修静时期人间存在的元始旧经，是存在于元始旧经出世经之中的，而不是紫微宫元始旧经本身，这些元始旧经出世经就是在《灵宝经目》之中对应"已出"的元始旧经的经典。因为通过元始天尊的传教，藏于紫微宫的元始旧经才得以出世度人。而出世的元始旧经的序分，记载了元始天尊传教的过程，这也就是元始旧经出世经的成书过程，因为记载了元始天尊向不同神灵传授经典，所以该书成书过程的核心内容就是灵宝经传授谱系。通过关于元始旧经出世经所载的传授谱系可以发现，二十三卷

---

① 王皓月：《再论〈灵宝经〉之中"元始旧经"的含义》，《世界宗教研究》2014年第2期。
② 小林正美指出存在仙公系灵宝经被移入"旧目"部分的情况，参〔日〕小林正美《六朝道教史研究》，第158~161页。

的元始旧经出世经之中，不仅仅有元始天尊传授太上道君的类型，也有部分元始旧经被传授给其他的神灵。所以，有必要对每一部元始旧经出世经的传授谱系进行具体的探讨。

根据传授谱系的不同，可以认为元始旧经出世经应该进一步分为四类：第一，元始天尊传太上道君的经典；第二，元始天尊传其他神灵的经典；第三，太上道君传授的经典；第四，太极真人传葛仙公的经典。按照此四类整理的元始旧经出世经的经目如下。

表2　元始旧经出世经分类

元始天尊传太上道君

《元始五老赤书玉篇真文天书经》《太上洞玄灵宝空洞灵章》《太上洞玄灵宝智慧罪根上品大戒经》《太上洞玄灵宝智慧上品大戒经》《太上洞玄灵宝元始无量度人上品妙经》《太上洞玄灵宝诸天灵书度命妙经》《太上洞玄灵宝三元品戒经》《洞玄灵宝二十四生图经》

元始天尊传其他神灵

《洞玄灵宝自然九天生神章经》（元始天尊传飞天神人）《太上洞玄灵宝诸天内音自然玉字》（元始天尊传天真皇人）《洞玄灵宝长夜之府九幽玉匮明真科》（元始天尊传上智童子）《太上洞玄灵宝智慧定志通微经》（元始天尊传左右玄真人）《太上洞玄灵宝灭度五炼生尸妙经》（元始天尊传上智童子）

太上道君所传

《太上洞玄灵宝赤书玉诀妙经》《洞玄灵宝玉京山步虚经》《太上洞玄灵宝真文度人本行妙经》

太极真人传葛仙公

《太上无极大道自然真一五称符上经》《太上洞玄灵宝真一劝诫法轮妙经》

接下来，就想按照以上经目的顺序，逐一查看每一部经典叙事中的传授谱系。首先，是八部传授谱系为元始天尊传太上道君的经典。

第一，《元始五老赤书玉篇真文天书经》的传授谱系。《元始五老赤书玉篇真文天书经》卷上写道：

> 是时上圣太上大道君、高上玉帝、十方至真，并乘五色琼轮……上诣上清太玄玉都寒灵丹殿紫微上宫，建天宝羽服，诣元始天尊金阙之下，请受《元始灵宝赤书玉篇真文》。于是天尊命引众真入太空金台玉宝之殿九光华房。……天尊云：玄科有禁，不得便传。君自可诣灵都紫微上宫，视天音于金格，取俯仰于神王也。然后当使得备天文，以总御元始之天也。于是太上大道君、众真同时退斋三月，诣灵都宫，受俯仰之格。乃知天真贵重，难可即开，还乃更诣元始天尊，

咨以禁戒之仪。①

据此，当太上道君、高上玉帝等天真请求元始天尊出示《元始灵宝赤书玉篇真文》（《灵宝五篇真文》）时，元始天尊并没有直接出示，而是让太上道君等天真自己去到紫微宫看经。这恐怕是因为，《灵宝五篇真文》是先于元始天尊而出现的天文，具有无上的地位，即使是元始天尊也不能轻易展示。太上道君和众天真于是斋戒三月，再到紫微宫，终于看到了《灵宝五篇真文》。看完后，感到《灵宝五篇真文》珍贵，于是又请问元始天尊禁戒之仪。

《元始五老赤书玉篇真文天书经》的成书契机，是太上道君向元始天尊请教《元始灵宝赤书玉篇真文》，所以可以认为《元始五老赤书玉篇真文天书经》的传授谱系是元始天尊传授太上道君的经典。

第二，《太上洞玄灵宝空洞灵章经》的成书过程。《道藏》之中缺《太上洞玄灵宝空洞灵章经》，《无上秘要》卷二九引用了该经开头的序分，写道：

> 太上道君清斋持戒于西那玉国郁察山浮罗之岳，元始天尊皆诸天大圣、十方至真、无极神王、天仙、飞仙、地仙、五帝真人浮空降席，流光朗彻，二景冥合，太上道君不胜喜悦前进作礼上白天尊：……伏愿天尊赐命西宫上玄真人披空洞之弦和自然之灵章，使未见者见，未闻者闻。天尊欢喜而言：空洞灵章，诸天玉音，上宫所重秘，不下传。今既良宴，欢乐难称，运非常会，理不容藏。今当普告三十二天，斋真合和，披诵灵章。于是道君稽首称庆，诸天欢喜而各作颂曰：……②

这部经典的序内容十分清晰，就是说太上道君在西那玉国郁察山浮罗之岳斋戒的时候，元始天尊降临，太上道君请求披露自然灵章，然后元始天尊让三十二天各自作颂。后面的颂的内容应该不是元始天尊本人所创作，这与《灵宝五篇真文》的情况一样，但是从经典的成书过程来看，可以说该经传授谱系为元始天尊传给太上道君。

第三，《太上洞玄灵宝智慧罪根上品大戒经》的成书过程。《太上洞玄灵宝智慧罪根上品大戒经》开篇的序写道：

---

① 《道藏》第 1 册，第 775～776 页。
② 《道藏》第 25 册，第 91 页。

> 太上道君时于南丹洞阳上馆柏陵舍，稽首礼问元始天尊：……不审智慧宿命罪根，灵音秘重，可得暂盼篇目不乎。……
>
> 于是天尊命召十方飞天神人，开九幽玉匮长夜之函，出生死罪录、恶对种根，十方飞天，各说因缘，以告太上大道君焉。①

说太上道君时在南丹洞阳上馆柏陵舍请问元始天尊宿命罪根，于是元始天尊让飞天神人打开九幽玉匮长夜之函紫微宫之经，讲给太上道君听。也就是说，这部经典是元始天尊让飞天神人传授给太上道君的。飞天神人起到的是辅助者的角色，不是真正的传经者，此经传授谱系是元始天尊传授给太上道君。

第四，《太上洞玄灵宝智慧上品大戒经》的传授谱系。《太上洞玄灵宝智慧上品大戒经》（道藏本《太上洞真智慧上品大诚》）的序分部分写道：

> 元始天尊以开皇元年七月一日午时，于西那玉国郁察之山浮罗之岳长桑林中，授太上道君《智慧上品大诚法文》。是其时也，道君受诚起，北向首体投地，回心十方，还向东而伏。
>
> 天尊告太上道君曰：今当宣通法音，开悟群生，为诸男女解灾却患，请福度命，拔诸苦根。②

元始天尊在开皇元年七月一日，在西那玉国郁察之山浮罗之岳长桑林中，向太上道君传授元始旧经的《智慧上品大诚法文》，并让太上道君以此经令人间众生开悟。这部经典又分很多小标题，这些应为保存在紫微宫的元始旧经的内容。然后还有"天尊言"的注释，应该是元始天尊传给太上道君的时候附加的说明。不难看出，这是一部典型的传授谱系为元始天尊传太上道君的经典。

第五，《太上洞玄灵宝元始无量度人上品妙经》的成书过程。《太上洞玄灵宝元始无量度人上品妙经》这部经典中，多处以"道言"开头，如唐代道士张万福的《洞玄灵宝无量度人经诀音义》所说：

> 太上道君为此经序，故皆云道言也。③

---

① 《道藏》第 6 册，第 885 页。
② 《道藏》第 3 册，第 391 页。
③ 《道藏》第 2 册，第 529 页。

其中说因为这部经是由太上道君作序，所以出现了"道言"。又说：

> 此经太上大道君受之于元始天尊，传教于世。道君为前序、后序、中序，凡有三序焉。①

该经典的传授谱系是元始天尊传授给太上道君，太上道君作了前序、后序、中序。也就是说，"道言"的部分是太上道君的序，不属于元始天尊传授的玄都紫微宫的元始旧经的内容。

第六，《太上洞玄灵宝诸天灵书度命妙经》的成书过程。《太上洞玄灵宝诸天灵书度命妙经》（道藏本《太上诸天灵书度命妙经》）是一部典型的元始旧经出世经，其开头的序写道：

> 元始天尊时于大福堂国长乐舍中，与诸天大圣众、飞天神王俱坐七色宝云。是时元始告太上道君曰：颇闻大福堂国十方边土有悲泣之声不？道君稽首上白天尊曰：入是境七百五十万劫，不闻此土有悲叹之声，不审是何故。……于是元始天尊含笑放五色光明从口中出，照一国地土。灵宝真文于光中焕明，文彩洞耀，映朗五方。道君长跪，稽首瞻仰，愿闻其要。②

说元始天尊时于大福堂国长乐舍，元始天尊问太上道君，是否在大福堂国十方边土听到哭泣之声，太上道君说没有，但不知道原因。元始天尊发出五色光芒，照耀一国土，灵宝真文在空中也光芒四射。太上道君跪拜元始天尊，请求其要旨。据此可知这部经典的传授谱系是元始天尊传授太上道君。

第七，《太上洞玄灵宝三元品戒经》的成书过程。《太上洞玄灵宝三元品戒经》（道藏本《太上洞玄灵宝三元品戒功德轻重经》）之中后序的部分写道：

> 太上道君上白天尊：既垂开悟，诸疑并了，不审功德何者为先。见明真科文及智慧上品拔赎罪根，为尽如是，为复有余方，信誓拔赎，及教化童蒙，建立静舍，供养师宝，布诸香油，燃灯照夜，心行善念，救度众生，慈爱忠孝，布散穷乏，饲饴百鸟，无有怜惜。其中功德，为有轻重，为同一等高下尊卑。愿垂告示。

① 《道藏》第 2 册，第 529 页。
② 《道藏》第 1 册，第 799 页。

天尊告曰：凡建功德，无大无小，无高无下，其功等耳。……今以三元谢罪之法相付。元始上道，旧文秘于三元宫中，万劫一行，不传下世。①

据此，太上道君问元始天尊，功德之中什么更重要。看到《明真科》文及《智慧上品拔赎罪根》，这是全部的功德，还是有其他方面？建立静舍，供养师宝等行为，其何轻何重？天尊说，无论轻重，主要看是否心诚。然后，天尊说要传授三元谢罪之法，而该法正是藏于天上三元宫中的元始旧经。由此可知，此传授谱系是元始天尊传太上道君。

第八，《洞玄灵宝二十四生图经》的成书过程。《洞玄灵宝二十四生图经》的开篇写道：

元始天尊与十方大圣、至真尊神、无极太上大道君、飞天神人、玄和玉女、无鞅之众同坐南浮洞阳上馆相陵舍中。是时，太上无极道君稽首作礼，上白天尊：……前与元始天王俱于长桑碧林园中，闻天尊普告大圣尊神，云洞玄天文灵宝玉奥有三部八景神二十四图……伏愿天尊有以哀矜，直抒玄科，教所未闻，使未见者，见未成者成。……天尊登命九光太真十方飞天、侍经玉郎，披九光玉蕴，出金书紫字玉文丹章三部八景二十四图。②

据此，在南浮洞阳上馆相陵舍中，太上道君向元始天尊请求二十四图，天尊登命九光太真十方飞天、侍经玉郎披三部八景二十四图。这部经典也是典型的元始天尊传授太上道君的经典。

其次，是五部元始天尊传其他神灵的经典。

第一，《洞玄灵宝自然九天生神章经》的成书过程。《洞玄灵宝自然九天生神章经》这部经典的构成比较复杂，其中包括被后加入的内容，而应该为原本的《洞玄灵宝自然九天生神章经》的序分部分写道：

元始天尊时静处闲居，偃息云宫黄房之内七宝帏中。……飞天大圣无极神王，前进作礼，稽首而言，上白天尊：伏闻天尊造大慈之化，垂怜苍生，开九天之奥，以济兆民。明科有禁戒，非贱臣所可参间。然大数有期，甲申垂终，运度

---

① 《道藏》第6册，第884页。
② 《道藏》第34册，第337页。

促急，大法宜行。……（元始天尊）登命九天司马、侍仙玉郎，开紫阳玉笈、云锦之囊，出《九天生神玉章》。①

据此，元始天尊在休息之时，飞天神王说，按照劫运，甲申即将结束，应该披露大法。所以元始天尊让九天司马和侍仙玉郎取出《九天生神玉章》。而如前面所说，《九天生神章》不是元始天尊所创作，而是由三洞之气形成天文。上面的序中没有出现太上道君，推测该经典应是元始天尊传授飞天神人的。其中元始天尊让九天司马和侍仙玉郎取出《九天生神玉章》。那么，这个《九天生神玉章》是从哪里拿来的呢？是元始天尊所在的云宫黄房吗？还是九天司马和侍仙玉郎随身带着《九天生神玉章》？虽然经中并没有说明，但推测应该是从紫微宫取来的。

第二，《太上洞玄灵宝诸天内音自然玉字》的传授谱系。《太上洞玄灵宝诸天内音自然玉字》的内容顺序有前后颠倒等错乱之处，②关于经典的由来，应该被记载于卷三《大梵隐语无量洞章》中，其开头序分的部分写道：

> 元始天尊时与五老上帝、十方大圣众、无极至真诸君丈人，同于赤明世界相陵舍坐香林园之中长桑之下。天尊回驾，诸天降席，是时云雾郁勃，四景冥合，三日三夜，玄阴不解，天地无光，有如龙汉之前，幽幽冥冥。五老上帝，前进作礼，上白天尊：今日侍座，所未尝经。……
>
> 天尊告曰：今日同坐，欢乐难过，诸天发瑞，灵应自然，玉字焕烂，障蔽天光，未通之始，致如昼冥，日庆时合，希所尝有。今当普为四众开天妙瑞，度一切人，咸令四座闭目伏地。于是诸天圣众同时闭眼，伏地听命。俄顷之间，天气朗除，冥晦豁消，五色光明，洞彻五方，忽然有天书字方一丈，自然而见空玄之上五色光中。文采焕烂，八角垂芒，精光乱眼，不可得看。天尊普问四座大众：灵书八会，字无正形，其趣宛奥，难可寻详，天既降应，妙道宜明，便可注笔，解其正音，使皇道既畅，泽被十方。
>
> 天真皇人稽首作礼，上白天尊：自随运生化，展转亿劫，屡经侍座，未有今日遭值圣道，开诸法门，得见天书，自然至真。斯八会之气，合五和之音，非愚情短思所能洞明。今既厕座次，仰观玄妙，被命狼狈，不敢藏情，逆用张惶，若

---

① 《道藏》第 5 册，第 844 ~ 845 页。
② 王皓月：《析经求真：陆修静与灵宝经关系新探》，中华书局，2017，第 330 ~ 334 页。

无神守，辄竭所见，解注其音，冀万有一合，开示来生不及之体。①

简要概括的话，其记载了如下的内容。元始天尊时与五老上帝、十方大圣众等坐在赤明世界相陵舍香林园之中，天尊回驾时，天地无光，如龙汉之前，五老上帝不解原因，请问天尊。元始天尊回答说，这是诸天发瑞灵应自然玉字，遮挡住了天光，天尊令众真伏地，开示自然玉字。天书在空中出现，五色光彩四射。天尊又说，可以为其注解正音（中华之音）。然后，天真皇人上前，主动承担了注解正音的任务。

还有，《大梵隐语无量洞章》的最后写道：

> 天真皇人告五老帝君：我尝于龙汉之中，受文于无名常存之君。……西王母以上皇元年七月丙午，于南浮洞室下教，以授清虚真人王君，传于禹，封于南浮洞室石积之中。大劫交运，当出于世，以度得道之人。②

因为前面已经说过，《太上灵宝诸天灵书度命妙经》和《太上洞玄灵宝智慧罪根上品大戒经》之中记载，龙汉之时，元始天尊号称无形常存之君，所以上文的无名常存之君应该正是元始天尊，也就是说元始天尊向天真皇人传授了《三十二天内音玉字》。从《大梵隐语无量洞章》的序分来看，其很类似其他元始天尊传教的元始旧经出世经的序，因此可以认为这部经典的传授谱系是元始天尊传天真皇人。

第三，《洞玄灵宝长夜之府九幽玉匮明真科》的传授谱系。《洞玄灵宝长夜之府九幽玉匮明真科》开头的序分写道：

> 元始天尊时在香林园中，与七千二百四十童子俱，教化诸法，度身咸光。……尔时上智童子闭眼伏地，稽首上白天尊：……愿使禁戒明真科律，以为来生人世作善因缘，世世可得蒙此大福，免离苦根，度脱三涂，上升天堂。……天尊于是命召十方飞天神人，披长夜之府九幽玉匮，出明真科律，以度童子。③

是说元始天尊在香林园中时，上智童子请问明真科律，让人世作善因缘，脱离三涂，上升天堂。元始天尊于是命召飞天神人，披长夜之府九幽玉匮，出明真科律，传给上智童子。之后的经典内容，都是"飞天神人曰"开头，可知经中所收录的元始

---

① 《道藏》第 2 册，第 545 页。
② 《道藏》第 2 册，第 563 页。
③ 《道藏》第 34 册，第 377~378 页。

旧经的《明真科》的内容是飞天神人宣讲的。当然，飞天神人发挥的是辅助者的作用，传经者还是元始天尊。也就是说，这部经典传授谱系不是由元始天尊传太上道君，而是传上智童子。

第四，《太上洞玄灵宝智慧定志通微经》的传授谱系。《太上洞玄灵宝智慧定志通微经》的序分写道：

> 尔时灵宝天尊静处玄都元阳七宝紫微宫……即遣侍臣召左玄真人、右玄真人。须臾二真人立便躬到，稽首礼毕，依位而坐。……二真于是下座稽首天尊：不审何事简要可以开悟？天尊曰：卿并还坐，吾欲以《思微定志》旨诀告之，其要简易，从易得悟，不亦快乎。二真曰：《思微定志》为有经耶？天尊曰：都无文字。①

就是说，灵宝（元始）天尊召左玄真人、右玄真人来紫微宫，并传授了经典。这部是元始天尊在紫微宫所传经典，自然也保存在紫微宫中。而传授的保存于紫微宫的元始旧经的内容为图形《两半图局》的部分。因为元始天尊说《思微定志》是无字之经，所以该经所载图形《两半图局》应该就是经典的核心内容，即保存于紫微宫的元始旧经的内容。

第五，《太上洞玄灵宝灭度五炼生尸妙经》的传授谱系。《太上洞玄灵宝灭度五炼生尸妙经》开篇序分写道：

> 天尊时于长乐舍香林园中，教化七千二百四十童子。法事粗悉，上智童子、轮天童子等前进作礼，上白天尊：……
> 于是天尊普命诸天上帝、无极大上大道君、十方大圣众、至真诸君丈人、飞天神王、五老帝君、南上好生度世司马、司录司命、长生上圣、玄和玉女、诸真人、无鞅数众，一时复坐。今当更为上智童子开诸法门，申明龙汉玄都旧典、九幽玉匮女青玉文。……
> 是时三十二天帝君即坐，各命飞天神人披紫阳玉台，开明真玉匮，出天中灵音自然玉书。②

---

① 《道藏》第 5 册，第 888 页。
② 《道藏》第 6 册，第 259 页。

其中"今当更为上智童子开诸法门"这句，明确说明了这部经典是元始天尊传授给上智童子的。与《明真科》类似，都是元始天尊传授上智童子，也都是打开明真玉匮授经。天尊时于长乐舍香林园中，教化七千二百四十童子表明，童子属于元始天尊教化的对象，所以元始天尊传给上智童子经典也是正常的。

接着，是三部太上道君传授的经典。

第一，《太上洞玄灵宝赤书玉诀妙经》的传授谱系。《太上洞玄灵宝赤书玉诀妙经》在元始旧经出世经之中排在《元始五老赤书玉篇真文天书经》之后的第二位，但其成书的缘起明显不同于《元始五老赤书玉篇真文天书经》。其序分写道：

> 尔时元始天尊、太上大道君、五老上帝、十方大神，会于南丹洞阳上馆，坐明珠七色宝座。时有五帝大圣、玄和玉女，五万二千五百众诣座。天洒香华，神龙妓乐，无鞅数众，紫云四敷，三景齐明，天元合庆，众真齐驾。时有精进学士王龙赐侍座，请受法戒。道告龙赐：吾于七百万劫，奉修灵宝……①

这部经典的缘起比较奇怪，元始天尊虽然在开头出现了，但完全没有发言，整个后面的经典内容也看不到元始天尊的出现。这部经典出现的传授谱系不是元始天尊传太上道君，而是太上道君传授给精进学士王龙赐。因此，这部经典与《太上洞玄灵宝真文要解上经》类似，之后段落多以"道言"开头，即这是一部记录太上道君宣教的经典。而记录太上道君宣教的经典不可能原本就保存在紫微宫。《元始五老赤书玉篇真文天书经》之中，太上道君还请求到紫微宫看《灵宝五篇真文》，所以太上道君也不可以随便进入紫微宫，记录他宣教的经典怎么可能保存于紫微宫呢？可能的解释是，元始天尊曾传授给太上道君《灵宝五篇真文》的玉诀，因为太上道君是在元始天尊的允许之下得到《灵宝五篇真文》的，所以其玉诀也应该是元始天尊传授给太上道君，然后《太上洞玄灵宝赤书玉诀妙经》记录的是由太上道君将玉诀又传授给精进学士王龙赐的经过。从精进学士王龙赐这个称呼来看，明显不是地位较高的神，但因为这部分属于元始旧经出世经的序分，保存于紫微宫的元始旧经的玉诀正文自然不会有这部分。

正如《元始五老赤书玉篇真文天书经》最后写道，"十部妙经三十六卷，玉诀二卷，以立要用，悉封紫微上宫"，说三十六卷的十部妙经，包括两卷的玉诀，都保存

---

① 《道藏》第 6 册，第 183 页。

于紫微宫。

> 道言：真文咒说，高上法度，旧文宛奥，不可寻详，后来学者，难可施用。故高下注笔，以解曲滞。玉诀真要，开演古文，微辞玄妙，诸天所尊。①

据此，太上道君说，《灵宝五篇真文》非常深奥，后来的学者难以使用，所以高上大圣玉帝注解，写出了玉诀。从这个记载来看，似乎玉诀与十部妙经的成书比较类似，是高上大圣玉帝撰写的。

第二，《洞玄灵宝玉京山步虚经》的传授谱系。道藏本《洞玄灵宝玉京山步虚经》虽然出现了太极真人等仙公系灵宝经的神灵，但这些部分都是后人增衍的，不能因此说明此经属于仙公系灵宝经。② 这部经典虽然缺乏序分部分，没有明确地说明经典的由来，但是可以推测为是太上道君传授。因为，有以"太上称"开头的部分，这相当于"道言"，所以该经典传授谱系应归为太上道君所传。其中十首步虚辞，应该就是紫微宫元始旧经的经目所见的《升玄步虚章》。因为这部经典出世的元始旧经的经典名称为《太上说玄都玉京山经》，似乎是太上道君在论述玄都玉京山的时候，宣讲了元始天尊传给他的紫微宫元始旧经的《升玄步虚章》。换而言之，元始旧经的《升玄步虚章》是《太上说玄都玉京山经》的部分内容，二者不是同一经典。

第三，《太上洞玄灵宝真文度人本行妙经》的传授谱系。《太上洞玄灵宝真文度人本行妙经》（敦煌本）开篇序分写道：

> 如是灵宝真文始明。
> 太上道君于西那天郁察山浮罗之岳，座七宝骞木之下，长斋空山，静思神真，合庆冥枢，萧朗自然，雍观万化，俯和众生。是时十方大圣至真尊神，诣座烧香，稽首〔道〕前，上白道言：不审灵宝出法，从何劫而来，至于今日，凡度几人为尽，如是复有转轮？天尊是何劫生，值遇真文，得今太上之任？③

说太上道君于西那天郁察山浮罗之岳修行之时，十方大圣至真尊神请问太上道君，灵宝大法是从何劫开始流传的，至今几次度人，度人的次数是否有穷尽，还是有轮回，

---

① 《道藏》第 6 册，第 185 页。
② 关于道藏本《洞玄灵宝玉京山步虚经》的形成过程，参见王皓月《析经求真：陆修静与灵宝经关系新探》，第 225~263 页。
③ 《中华道藏》第 3 册，第 308 页。

元始天尊从何劫诞生？之后太上道君的回答，包括劫运的部分、五老帝君的本行因缘、阿丘会因缘和南极尊神因缘。因为因缘的部分都是带有传记色彩的内容，其似乎就是太上道君创作。因为开篇已经说明是十方大圣至真尊神请问太上道君有关元始天尊的问题，所以不能认为是元始天尊传授太上道君的，而应是太上道君传授的。此处值得注意的是，该经开头有"如是灵宝真文始明"八个字，这表明该灵宝经在创作之时参照了佛经"如是我闻"的开头方式，但是灵宝经没有类似阿难的角色作为叙述者，所以无法用"我闻"。①

最后，是两部太极真人传葛仙公的经典。

第一，《太上无极大道自然真一五称符上经》的传授谱系。如果我们将《太上无极大道自然真一五称符上经》归在元始旧经之中显得十分奇怪，原因是，其中没有出现其他元始旧经之中所普遍出现的元始天尊，反而出现了很多新经之中出现的葛仙公和太极真人。那么，陆修静为何会在《灵宝经目》之中将这部经典归入元始旧经经目部分呢？

这部经典的开篇有以下的注解：

> 此乃太上宝之于紫微台，众真藏之于名山洞室，一曰秘于劳山之阴。②

就是说，这部经典的旧经是太上道君藏在紫微台的天书，众真将其藏在崂山之阴，所以流传世上。这里的紫微台，大概可以认为相当于其他元始旧经所见的紫微宫。这样的话，《太上无极大道自然真一五称符上经》之中所记载的《五称符》原本是藏于紫微宫的天文，与《灵宝五篇真文》的情况类似。但是，接下来经典的内容是以"老君曰"来开头，即老君是叙述这部经典的神灵。《五称符》是藏于紫微宫的，而老君通过叙述《五称符》的意义和用法，形成了《太上无极大道自然真一五称符上经》这部经典。因为如本文后面所述，太上老君在新经之中等同于太极真人，所以可以认为这部经典的传授谱系是太极真人所传。

第二，《太上洞玄灵宝真一劝诫法轮妙经》的传授谱系。因为《太上洞玄灵宝真一劝诫法轮妙经》是一部仙公系灵宝经，其出世缘起与绝大多数元始旧经出世经不同，其开篇写道：

---

① 关于灵宝经叙述者的问题，参见王皓月《基于叙事学的佛经与道教〈灵宝经〉的对比研究——以叙述者为中心》，《世界宗教文化》2018 年第 6 期。
② 《道藏》第 11 册，第 632 页。

太上高玄太极三官法师玄一真人说《太上洞玄灵宝真一劝诫法轮妙经》，旧文藏于太上六合玄台。典经皆龙华玉女、金晨玉童，散华烧香，侍卫灵文，依科四万劫一传，太上有命，使付太极左仙公也。①

据此，这部经典是玄一真人所说，是太上道君命令他将此经传给太极左仙公葛玄的。因此，从这个序分来看，这部经典具有明显的新经的特征。但是，其中值得注意的是这部经典的旧文藏于太上六合玄台，也就是说这部经典的内容依然来自藏于天上的元始旧经。

还有，该经记载：

太上玄一真人曰：《太上真一劝诫法轮妙经》，九天有命，皆四万劫一出。太上虚皇，昔传太上大道君，道君传太微天帝君，天帝君传后圣金阙上帝君，令付仙卿仙公仙王已成真人，不传中仙及五岳诸仙人也。……此经高妙，太上所重，藏之六合紫房之内，仙童仙女恒宝秘侍真。②

据此，这部经典原本是太上虚皇传给太上道君的，如果要让这部经典中的传授谱系与其他元始旧经出世经保持一致的话，应该认为这里所见的太上虚皇相当于元始天尊。

该经接着记载了如下的内容。第一真人说，太上命太极真人徐来勒，保汝为三洞大法师。今复命我（第一真人）作第一度师。开度法轮劝戒要诀，让葛仙公知有宿命，才致今之报。第二真人说，太上命我（第二真人）为子第二度师，告诉他三涂五苦生死命根劝戒要诀，使葛仙公知道魂神苦痛，从何而来。第三真人说，太上今命我（第三真人）为子第三度师，今当告子无量妙通转神入定劝戒要诀，教他入定方法。其中，三真人分别为葛仙公的三位度师，分别传授法轮劝戒要诀、三涂五苦生死命根劝戒要诀、无量妙通转神入定劝戒要诀。因为经典的正文部分由三部分组成，分别是《太上玄一真人说劝诫法轮妙经》、《太上玄一真人说三途五苦劝诫经》和《太上玄一真人说妙通转神入定经》，所以这就是三真人所传授给葛仙公的内容。

而《太上玄一真人说劝诫法轮妙经》、《太上玄一真人说三途五苦劝诫经》和《太上玄一真人说妙通转神入定经》都是"道言"的方式构成，由此可知这三部分的

① 《道藏》第 6 册，第 170 页。
② 《道藏》第 6 册，第 172 页。

经典的内容应该是太上道君所传。而这三部经典与《太上洞玄灵宝真一劝诫法轮妙经》是什么关系呢？前面说过，《太上真一劝诫法轮妙经》的传授谱系是由太上虚皇（元始天尊）传太上大道君，所以传授的内容应该是保存于紫微宫的元始旧经，这从元始旧经经目中的“《法轮罪福》一卷”与该出世经对应也能证实。而太上道君在得到元始旧经的《法轮罪福》之后，应该是将其内容分为三部经典论述，即《太上玄一真人说劝诫法轮妙经》、《太上玄一真人说三途五苦劝诫经》和《太上玄一真人说妙通转神入定经》。但是，现在的《太上洞玄灵宝真一劝诫法轮妙经》出现了葛仙公和太极真人，明显比较符合仙公系灵宝经的特点，所以收录元始旧经的《法轮罪福》的出世经是仙公系灵宝经的《太上洞玄灵宝真一劝诫法轮妙经》。

四 非元始旧经出世经的再分类

如果说陆修静《灵宝经目》前半部分记载的是元始旧经出世经，每部出世经都与元始旧经的经目对应，那么后半部分的一般所谓的新经经目则没有与元始旧经对应。理由也不难理解，那就是这些新经的内容不属于元始旧经的内容，或者说其中元始旧经的内容太少，达不到元始旧经出世的标准。《太上无极大道自然真一五称符上经》和《太上洞玄灵宝真一劝诫法轮妙经》之中虽然出现了葛仙公，但被陆修静归入元始旧经出世经的类别，这么做的原因可能是补充元始旧经数量的不足，而这种做法之所以被允许，还是因为陆修静两大类经典并非完全基于神灵的不同而划分新旧经，而是以是否算元始旧经出世为标准的。陆修静《灵宝经目》中自《太上灵宝五符序》以下都是非元始旧经出世经。因为非元始旧经出世经，所以内容以新的教戒为主，加之葛仙公的传授谱系出现时间比较晚，所以一般称新经。

对于这些非元始旧经出世经，陆修静将其分为两类。通过《灵宝经目》对该部分经典的“葛仙公所受教戒诀要及说行业新经”的说明可知，这些非元始旧经出世经一类是记录传授给葛仙公的教戒诀要的经典，另一类是记录葛仙公本行的经典。就是说，经典内容是否出现葛仙公，与是否新经无关。因为，葛仙公得到的经典之中，不一定要出现葛仙公，而部分新经中出现的太极真人向葛仙公传授经典的内容，其实是后加入的序。这也能说明，为何《太上灵宝五符序》之中完全没有出现葛仙公，甚至其神灵和内容与别的新经有很大差别，但因为这是一部传授给葛仙公的经典，且较早流行于人间，所以依然被放在新经的首位。

《灵宝经目》写道：

> 《太上洞玄灵宝天文五符经序》一卷。
>
> 右二件旧是一卷，昔夏禹倒出灵宝经中众文为此卷，藏劳盛山阴，乐子长于霍林仙人边得，遂行人间。仙公在世时所得本，是分为二卷，今人或作三卷。①

据此，《太上灵宝五符序》原本是一卷，夏禹藏于劳盛山，后乐子长从霍林仙人那里得到此卷，于是流传人间，而葛仙公又得到了乐子长传出的版本。我们通过现三卷本《太上灵宝五符序》，也能看出经典流传过程中不断被增加内容，从一卷衍生为三卷。当然，这只是传说，不代表历史事实，但从教理上可以说明，《太上灵宝五符序》之所以被列为新经，正是因为该经是葛仙公所得到并传授后人的经典，属于新经第一类的葛仙公得到的"教戒诀要"。有观点认为《太上灵宝五符序》特殊，是基于历史事实和思想内容，指出《太上灵宝五符序》与其他新经差别比较大，② 这并没有否定陆修静分类的合理性。在陆修静看来，只要将其解释成葛仙公得到经典，就完全可以归入新经，他之所以详细为《太上灵宝五符序》注解，正是想到有人会质疑这部经典，所以他在《灵宝经目序》中才说在经名之下"注解意疑者"。

那么，第二类记载葛仙公本行，即"行业"的经典又是哪些呢？陆修静并没有直接说明。根据新经的内容和经名推测，应该是《仙公请问本行因缘众圣难》、《太极左仙公神仙本起内传》和《太极左仙公起居经》这三部经典。这三部经典的特征是，在教理上，并非记录向葛仙公传授教戒的经典，而是由葛仙公或者其弟子创作的记录其事迹的经典。《太极左仙公神仙本起内传》和《太极左仙公起居经》虽然已经失传，但《葛仙公传》被推测保留了其中部分内容，并且从经名可以推测出其内容以葛仙公的传记为主。而《仙公请问本行因缘众圣难》，其主要内容是葛仙公回答地仙的提问，论述自己的行业，所以与《太极左仙公神仙本起内传》和《太极左仙公起居经》一样，都应该归为新经的第二类。

因为记载葛仙公的行业的经典仅存一部，所以无法再分类，而第一类记录葛仙公所得教戒的经典有七部，其中的传授谱系也有三种类型：第一，太上道君传太极真人；第二，太极真人传葛仙公；第三，葛仙公自己所得。经典对应的分类如表3。

---

① 《中华道藏》第5册，第510页。
② 〔日〕小林正美：《六朝道教史研究》，第161页。

表3　记录葛仙公所得教戒的经典再分类

太上道君传太极真人	《上清太极隐注玉经宝诀》《太上洞玄灵宝真文要解上经》《太上灵宝威仪洞玄真一自然经诀》《太上洞玄灵宝智慧本愿大戒上品经》
太极真人传葛仙公	《太极真人敷灵宝斋戒威仪诸经要诀》《太极左仙公请问经》
葛仙公自己所得	《太上洞玄灵宝五符序》

首先，想看一下四部太上道君传太极真人的经典。

第一，《上清太极隐注玉经宝诀》的传授谱系。《上清太极隐注玉经宝诀》这部经典之中，出现了大量的关于上清经、三皇经和道德经的内容，被认为灵宝的色彩较淡。关于这部特殊灵宝经的由来，《上清太极隐注玉经宝诀》写道：

> 宝诀，众经之祖也。太上命传太极诸仙公仙王、仙伯仙卿。未得此任，不传之矣。道士有见斯书，皆应为仙公之人也，玄录宿名将定焉。……
>
> 隐注道经毕矣。
>
> 太极真人曰：……①

虽然这部经典没有出现葛仙公，但是其作为新经应该是比较合理的，从上面可知，该经典被认为是太上道君传给太极真人，在"隐注道经毕矣"之前，是太上道君传授的《上清太极隐注玉经宝诀》的内容，之后有数段的"太极真人曰"，是太极真人在得到经典后所做的解说。其中没有出现葛仙公，是因为缺少记录太极真人将这部经典传授给葛仙公的序，可以认为这就是太极真人传给葛仙公的经典的原貌。虽然《上清太极隐注玉经宝诀》之中上清经、三皇经和道德经的内容比较多，但既然是太极真人传给葛仙公的，从经典的传授谱系角度来看，正是葛仙公所得之经，完全符合新经的特点。

第二，《太上洞玄灵宝真文要解上经》的传授谱系。《太上洞玄灵宝真文要解上经》这部新经的写作风格有点特别，因为与其他的新经相比，其更接近于元始旧经出世经的风格，特别是没有出现太极真人和葛仙公，让人怀疑是否是元始旧经出世经被错归入新经，或者应该将其视为元始系灵宝经。② 所以，想通过分析这部经典的由来，解明这部经典为何被归为新经。

《太上洞玄灵宝真文要解上经》经题标注"高玄大法师受"，经中也写道：

---

① 《道藏》第6册，第645页。
② 〔日〕小林正美：《六朝道教史研究》，第160～161页。

太上大道君告高玄大法师曰：夫来入吾法门，上希神仙，飞腾华苍。次愿家国安宁，过度万患，消灾灭祸，请福求恩。当先修灵宝自然五篇，八斋悔罪，忏谢十方。①

虽然道教之中有作为法位的高玄法师，但该经之中的高玄大法师显然不是一般的有高玄法师法位的道士。

陆修静《太上洞玄灵宝授度仪》之中也能见到"太极高玄法师"。

三十六部尊经玄中大法师，太上玄一三真人太极高玄法师，三天大法师正一真人，及三界表里一切神灵。②

其中"太极高玄法师"应该就是高玄大法师，其地位在正一真人之上，但"太上玄一三真人"和"太极高玄法师"究竟是一个神还是两个神存在不明之处。

谢守灏《混元圣纪》之中，说老君自称"太上玄一真人真定光"，是"洞经高玄法师"，并且还说向葛仙公传授经法。

灵帝光和二年己未正月朔旦，老君敕太极真人三洞法师徐来勒等同降于天台山，老君乘八景玉舆，从官千万，正一真人侍焉。老君自号太上玄一真人真定光，为洞经高玄法师，命侍仙玉郎王思真披九光玉韫，出《洞玄大洞灵宝经》凡三十六部，以授仙人葛玄，及上清斋法二等。③

文中的"洞经高玄法师"应该就是高玄大法师，如果按照《混元圣纪》的说法，那么可以认为"高玄大法师"就是老君的一个自称。按照这个神之间的关系，《太上洞玄灵宝真文要解上经》的传授谱系应是太上道君传高玄大法师（太上老君），高玄大法师（太上老君）与太上玄一真人是相当的神，由其再传给葛仙公。从传授谱系的角度来看，这种神灵之间的高下关系也是合理的。

《太上洞玄灵宝真文要解上经》还提道：

太上大道君曰：吾昔受之于元始天王，使授仙公仙王仙卿，上清真人，不传

---

① 《道藏》第 5 册，第 905 页。
② 《道藏》第 9 册，第 854 页。
③ 《道藏》第 17 册，第 848 页。

中仙。自无玄图帝简，玉名上清，不得见闻。脱有漏慢之中，见亦不勤，九天禁书，四万劫一传。

该经内容由元始天王传给太上道君，然后传授的对象为仙公等，这样的话葛仙公当然符合传授对象。这部经典是由"太上道君曰"构成的，即以太上道君论述的形式构成。如果如《上清太极隐注玉经宝诀》那样，有太上道君传给太极真人的序的话，应该是比较好理解为新经，但这部经典并没有这样的序。从这里也不难发现，其实不论是元始旧经出世经之中的元始系灵宝经，还是葛仙公所得经典，如果没有说明经典由来的序，仅凭借经典正宗分的内容，很难判断其到底该属于元始系和仙公系的哪一种。原因是，一些元始系和仙公系内容都被认为源自天上的旧经，所以其区别并不是很明显。《太上洞玄灵宝真文要解上经》是太上道君论述，并传给仙公仙王仙卿的，太极真人和葛仙公也应该是这部经典传授的对象。甚至可以认为，这部经典就是太极真人传给葛仙公经典的原貌，没有加上带有太极真人向葛仙公传教的序分而已。所以说，陆修静将这部经典归入新经是有道理的。而且，《太上洞玄灵宝真文要解上经》之中多次提及天上的旧经《灵宝五篇真文》，但已经有出世经《元始五老赤书玉篇真文天书经》与《灵宝五篇真文》对应，《太上洞玄灵宝真文要解上经》无法与元始旧经经目之中的其他经典对应，因此也只能放在新经部分。

第三，《太上灵宝威仪洞玄真一自然经诀》的传授谱系。这部经典的最后，记载了如下的传授谱系。

> 太极真人称徐来勒，以己卯年正月一日日中时，于会稽上虞山传太极左仙公葛玄，字孝先。玄于天台山传弟子郑思远、沙门竺法兰、释道微、吴先主孙权。思远后于马迹山传葛洪，仙公之从孙也，号曰抱朴子，著外内书典。郑君于时说，先师仙公告曰：我日所受上清三洞太真道经，吾去世之日，一通封名山洞台，一通传弟子，一通付吾家门子弟，世世录传。至人门宗子弟，并务五经，驰骋世业，志在流俗，无堪任录传者，吾当以一通封付名山五岳，及传子弟而已。吾去世后，家门子孙若有好道，思存仙度者，子可以吾今上清道业众经传之，当缘子度道。明识吾言。抱朴子君建元六年三月三日，于罗浮山付世世传好之子弟。①

---

① 《中华道藏》第4册，第100页。

这个传授谱系，是由太极真人徐来勒、左仙公葛玄、郑思远、沙门竺法兰、释道微、吴先主孙权以及葛洪构成。这也常被认为是新经所编的灵宝经传授谱系。其中最后落款出现了葛洪，所以也不难发现这个后序的内容是与经典的正文相独立的，是假托葛洪写的，逻辑上不可能是太极真人传授给葛仙公的。《太上灵宝威仪洞玄真一自然经诀》的正宗分的内容，应该是太极真人传葛仙公的，是一部典型的记录葛仙公所得教戒的经典。

《太上洞玄灵宝智慧本愿大戒上品经》关于经典的传授谱系，写道：

> 太极真人曰：吾昔受太极智慧十善劝助功德戒于高上大道虚皇，世世宗奉，修行大法，度人甚易，此自然之福田也。①

太极真人说，高上大道虚皇（太上道君）将太极智慧十善劝助功德戒传给了他。而参照元始旧经出世经的《太上洞玄灵宝智慧罪根上品大戒经》的序分可知，元始天尊将紫微宫元始旧经传给了太上道君，新经的《太上洞玄灵宝智慧本愿大戒上品经》之中所说的太上道君传给太极真人的太极智慧十善劝助功德戒，应该就是元始天尊传给太上道君的紫微宫元始旧经的内容。通过对比《太上洞玄灵宝智慧本愿大戒上品经》和《太上洞玄灵宝智慧罪根上品大戒经》的内容，也可以发现二者有很多一致的部分。从这点，可以认为灵宝经试图形成的一个完整的主要传授谱系是：元始天尊传授太上道君，太上道君传授太极真人，太极真人传授葛仙公。

这里需要再次强调的是，上述四部经典，从传授来看应该是太上道君传给太极真人的，但因为太极真人又将其原样传授给了葛仙公，没有添加记载太极真人传授葛仙公经典之过程的序分，所以其中看不到葛仙公。但是，葛仙公得到的经典之中，原本应该就是没有葛仙公的。从经典内容的特征来看，《上清太极隐注玉经宝诀》和《太上洞玄灵宝真文要解上经》很容易被认为与其他葛仙公所得到的经典不符合。但是，陆修静是根据教理上的成书过程来划分灵宝经的，而内容的特征并不是陆修静对灵宝经进行分类的依据，《上清太极隐注玉经宝诀》和《太上洞玄灵宝真文要解上经》的传授谱系，完全符合葛仙公所得经典的逻辑。

其次，想看一下两部传授谱系为太极真人传葛仙公的经典。

第一，《太极真人敷灵宝斋戒威仪诸经要诀》的传授谱系。《太极真人敷灵宝斋

---

① 《道藏》第 6 册，第 158 页。

戒威仪诸经要诀》写道：

> 故灵宝无上斋，皇老天尊大圣，常奉修不倦，而况道士仙人，可不翘慕之乎。
> 由来仙道之上，要请奉太上教敷斋戒威仪节度口诀。此经幽妙，子静心谛听焉。①

这部经典是太极真人直接说的，通过"请奉太上教敷斋戒威仪节度口诀"可知，这部经典的内容是太上道君传授给太极真人的，但后面不出现太上道君所说经文，属于太极真人转述太上道君所传授的斋戒威仪节度口诀。

第二，《太极左仙公请问经》的成书过程。《太极左仙公请问经》是一部典型的葛仙公所得经典，其卷上写道：

> 仙公稽首，礼太上太极高上老子无上法师。②

其卷下写道：

> 仙公请问太极真人高上法师曰：……③

以及：

> 夫学道宜知先师。我师是太上玉晨大道虚皇，道之至尊也。我是师第六弟子，大圣众皆师之弟子。弟子无鞅数也。我师名波悦宗，字维那诃。今以告子，子秘之哉。盖真人之名字，亦难究矣。此名字多是隐语也。我名徐来勒，字洪元甫。④

这部经典分为上下两卷，而这两卷的关系比较特殊，有不少一致的部分，似乎一卷先创作出，另一卷模仿其内容，可能试图形成另外一部经典，但最后还是被合并为了一部经典。根据卷上的序分，葛仙公请问太上老君（太上太极高上老子无上法师），而卷下说仙公请问太极真人（太极真人高上法师），由此不难发现，其实太极真人与高上老子其实是相当的神。太极真人说自己的师是太上道君，自己是太上道君的第六个弟子，号称太极真人徐来勒，字洪元甫，但是，徐来勒和洪元甫都是假名而已。前面也说过，太极真人即太上老君的话，元始旧经出世经的《太上无极大道自

---

① 《道藏》第 9 册，第 867 页。
② 《中华道藏》第 4 册，第 119 页。
③ 《道藏》第 24 册，第 666 页。
④ 《道藏》第 24 册，第 669～670 页。

然真一五称符上经》由"老君曰"构成，是老君论述的，与《太极左仙公请问经》卷上用"高上老子曰"的构成一样，相当于是太极真人论述的。

接下来，看一下葛仙公自己得到的经典，即《太上洞玄灵宝五符序》。

在灵宝经之中，《太上洞玄灵宝五符序》被认为是成书最早的灵宝经之一，但也往往被认为与其他的灵宝经差别较大。按照陆修静的说法，《太上洞玄灵宝五符序》不是太极真人传授给葛仙公的经典，而是霍林真人传给乐子长，然后流传世间的版本由葛仙公得到。陆修静时的《太上洞玄灵宝五符序》，与道藏本内容并不完全相同，是陶弘景在《真诰》之中所说的陆修静敷述的《人鸟五符》。[1] 现在可以推测的是，除了道藏本《太上洞玄灵宝五符序》的内容，《人鸟五符》之中可能还包括了人鸟山真形图等内容。人鸟山真形图等内容由陆修静加入原本《太上洞玄灵宝五符序》的可能性比较大，不属于《太上洞玄灵宝五符序》原有的核心内容，所以下面想对道藏本《太上洞玄灵宝五符序》中有关经典由来的内容进行讨论。

《太上洞玄灵宝五符序》卷上写道：

> 其时有天人神真之官降之，乘宝盖玄车而御九龙，策云马而发天窗，自称九天真王、三天真皇，并执八光之节，佩景云之符，到于牧德之台，授帝喾以九天真灵经、三天真宝符。……然其文繁盛，天书难了，真人之言，既不可解，太上之心，众叵近测，自非上神启蒙，莫见仿佛。是以帝喾自恨其才下徒，贵其书而不知其向。帝学乃祭天帝北河之坛，藏于钟山之峰，封以青玉之匮，以期后圣有功德者令施。……后土平济，大水既消，尔乃巡狩于钟山，祀上帝于玉阙，归洪勋于天后，还大成于万灵。然后主王五，登彼玄峰，于绣岭之阿，琼境之上，忽得此书。……（禹）更撰真灵之玄要，集天宫之宝书，差次品第，分别所修行五色，定其方面，名其帝号太上，本名为《灵宝五符》，天文藏于玄台之中，坚石之硕，隐于苗山之岫，万年一出，以示不朽。其一通书以南和丹缯，隐斋于蒙笼之丘，讬封以金英之函，印以玄都之章，命川泽水神以付震水洞室之君，须三千之会，当传与水师傅伯长。其石硕之文，乃待大劫一至而宣之耳。
>
> ……
>
> 其后阖闾十有二年孟春正月，命楫江湖，耀旗蛟龙，观兵于敌国，解带乎包

---

① 王皓月：《析经求真：陆修静与灵宝经关系新探》，第143～169页。

山。包山隐居为使者，号曰龙威丈人。……于是顾盼无人，瞻望城傍见题门上曰：天后别宫。题户上曰：太阴之堂。隐居知是神馆，不敢冒进门内，乃更斋戒思真三日，束脩而入。看行其内，于玉房之中北机之上有一卷赤素书，字不可解，隐居再拜取书曰：下土小臣为吴王使，请此神文，以为外施。……隐居具书，其所履见示王，王肃然骇听，乃清斋静台祭天而受书焉。即其年太吴风雨，以时五谷丰熟，兆庶乐业，国内安融。阖闾珍贵其天文，而不解其辞。乃遣使者，赍此书封以黄金之检，印以玉皇之玺，书旨以问鲁大夫孔丘。……使者归具说丘言，阖闾自伤方薄，叹息而绝望，遂不复重求解释也。乃藏之神馆，秘贵灵文。其后闲旦亲自取视，函封不脱而失书所在矣。夫差获之于劳山，终有杀灭之患，阖闾探之于洞庭，遂为勾践所并。是由丘所说童谣之言，丧国同征矣。夫神文非启授而揽之者，鲜不为祸也。天书非道同而传之者，无有不婴罚于玄都也。①

对上述内容进行概括的话，则论述了如下的《灵宝五符》的由来。九天真王、三天真皇将九天真灵经、三天真宝符传给帝喾，但是天书难懂，人无法推测太上的意思，所以帝喾将经书封存于钟山。大禹治水之后，偶然在钟山得到帝喾封存的经书。这时（钟山）真人下降，传授给他长生的口诀之后离开。夏禹将所得天书命名为《灵宝五符天文》，经典一部藏在名山石硕，一部交给水神。后来阖闾令包山隐居入洞天之中取到天书，当年吴国风调雨顺。但是阖闾不解天书之意，派使者问孔子怎么回事。孔子告诉他经典的由来，并提醒他这样得到天书恐招致灾祸。后阖闾果然被勾践所灭。

上面是介绍《灵宝五符》由来的序，而这部经典的经的部分，也就是《灵宝五符》《灵宝五帝官将号》《三天阳生符》等部分是（钟山）真人传给夏禹的，也就是《灵宝经目》之中所说的"昔夏禹例出灵宝经中众文为此卷，藏劳盛山阴"。而《太上灵宝五符序》之中与霍林真人和乐子长有关的部分，则是霍林真人传给乐子长之后添加的，而包含这些内容的经典流传至了人间。最后由葛仙公得到了世间流传的版本，并"分为二卷"，到《灵宝经目》公布之时，"今人或作三卷"。由此可见，经典在流传过程之中不断被添加内容，不仅有新的符和道法，也出现了新的传授谱系。《太上灵宝五符序》之中说得很明白，"夫神文非启授而揽之者，鲜不为祸也。天书非道同而传之者，无有不婴罚于玄都也"，所以葛仙公也不应是随便得到的《灵宝五符》，但关于他

---

① 《道藏》第 6 册，第 315 ~ 318 页。

究竟是如何得到《灵宝五符》的，《灵宝经目》也没有细说。因为现存文献之中关于《灵宝五符》最早的记载出现于葛洪《抱朴子内篇·仙药篇》，[①] 所以葛氏家传的可能性最大，在太极真人向葛仙公降授经典之前就已经有《灵宝五符》了。

最后，想再说一下新经之中论述葛仙公行业的三部经典。

《仙公请问本行因缘众圣难经》这部经典不是葛仙公被传授或者所得到的经，而是记载葛仙公本行因缘的经典，但为了与记录葛仙公所得教戒的经典做比较，这里还是看一下其由来。根据序的部分，吴赤乌三年，葛仙公登劳盛山静斋念道时，地仙道士三十三人拜访，问他们都六百年了，还是地仙，为何仙公早被赐为太极左仙公，登玉京入金阙，礼无上虚皇，仙公到底有什么功德和因缘。仙公说，你们少作善功，唯想度身，不念度人，不信大经，不务斋戒，不尊三洞法师，好乐小乘，故得地仙之道。之后的经典的核心内容，就是仙公自述轮回不断积累功德的因缘。也就是说，这部经典是葛仙公论述的，不是其得到的经典，属于新经之中的第二类。还有，两部葛仙公的传记《太极左仙公神仙本起内传》《太极左仙公起居经》，也是属于葛仙公的行业，因为这两部经典《道藏》之中已经失传，[②] 无法知道其准确内容，但是葛仙公的传记显然不会是太极真人传授葛仙公的，与前面所见的葛仙公所得到的经典不同。

五　结语

通过以上的考察，关于灵宝经的分类，主要解决了以下两个问题。第一，如何理解陆修静《灵宝经目》之中灵宝经的分类问题。迄今的研究之中，一般只将灵宝经划分为元始旧经和新经的两大类，或者是依照主要神灵的不同划分为两类。而本文首次明确提出，通常所说的元始旧经其实有紫微宫元始旧经和元始旧经出世经的区别，不仅元始系灵宝经，仙公系灵宝经只要收录元始旧经的内容且与旧目中的经典对应，也可以是元始旧经出世经。而一般所谓新经也有记录葛仙公所得教戒的经典与记录葛仙公行业的经典这两种。第二，灵宝经的再分类的问题。通过分析和整理每部灵宝经的传授谱系，我们可以在陆修静分类的基础之上，对元始旧经出世经和非元始旧经出世经进行再分类。将元始旧经出世经分为以下四类：第一，元始天尊传太上道君的经

① 〔日〕小林正美：《六朝道教史研究》，第52~54页。
② 关于这两部经典被毁的经过，参见王承文《汉晋道教仪式与古灵宝经研究》，中国社会科学出版社，2017，第451页。

典；第二，元始天尊传其他神灵的经典；第三，太上道君传授的经典；第四，太极真人传葛仙公的经典。非元始旧经出世经中记录葛仙公所得教戒的经典分为三类：第一，太上道君传太极真人；第二，太极真人传葛仙公；第三，葛仙公自己所得。这样，我们基于传授谱系就将灵宝经进行了更为细致准确的再分类。

那么，关于灵宝经分类的研究，对于整个灵宝经研究有什么样的意义呢？除了可以更准确地说明灵宝经的构成方式，还有以下重要意义。

首先，通过分类可以倒推灵宝经的编纂方式。本文明确了一般所谓"元始旧经"其实有紫微宫元始旧经和元始旧经出世经之分，灵宝经是镶嵌式结构，紫微宫元始旧经是元始旧经出世经的"经中之经"。这对解明灵宝经的编纂方式有很大启发。通过《灵宝五篇真文》可以发现一个重要的特点，就是紫微宫元始旧经的符咒部分看不到大乘主义的度人思想，而元始旧经出世经之中很多论述大乘主义度人思想的内容，都是见于序分。由此不难推测，灵宝经在不断的改编过程之中，后来的编者利用了原有的符咒等，加入了后来的新思想，形成了新的经典。而且，这正是灵宝经主要的编纂方式。以《太上洞玄灵宝真一劝诫法轮妙经》为例，如果将序的部分改写，完全可以将一部传授谱系为太极真人传葛仙公的经典改编为传授谱系为元始天尊传太上道君的经典。当然，现在葛仙公所得新经的数量远远少于元始旧经出世经，可能是因为部分葛仙公所得新经被改编成为元始旧经出世经，比如有些传授谱系被改为了元始天尊传太上道君。所以说，灵宝经的类型如此多样，必然反映了其编纂手法的多样化。

其次，反映了灵宝经研究领域"旧经"和"新经"孰先孰后的争论，在"旧经"和"新经"这两个基本概念上存在误用。传统观点认为元始旧经的出世经就是元始旧经，而新经就是对这些元始旧经的诠释，因此元始旧经必然比新经更早出现。我们通过基于不同传授谱系的灵宝经的分类，可以看出这种观点是错误的，元始旧经出世经有不同的类型，包括其中的仙公系灵宝经都是在记录宣教元始旧经的经过和内容。如果我们将元始天尊为主神的经典称为"旧经"，并认为这样的旧经比非元始天尊主神的"新经"更晚出现，那么元始旧经的真正意义将被抹杀，对于我们准确理解灵宝经的特点反而起了阻碍作用。显然，将灵宝经简单分为"旧经"和"新经"是不合适的，细致的再分类是十分必要的。

（责任编辑　王皓月）

《中华道藏》本《太上说玄天大圣真武本传神咒妙经注》句读辨正[*]

《中华道藏》本《太上说玄天大圣真武本传神咒妙经注》句读辨正[*]

牛尚鹏

摘要： 本文以《太上说玄天大圣真武本传神咒妙经注》为例，探讨《中华道藏》句读失误的原因，归纳避免破句的方法或要点。简而言之，《中华道藏》句读失误原因凡十一类：一、俗字失考而误断例；二、录字失误而误断例；三、割裂词语而误断例；四、词义失察而误断例；五、上下文义失察而误断例；六、文化背景失察而误断例；七、书名或篇名不辨而误断例；八、语法修辞失察而误断例；九、古书体例不明而误断例；十、当断不断例；十一、不当断而断例。

关键词：《中华道藏》 句读失误 辨正

作者简介： 牛尚鹏，天津外国语大学中文系副教授。

　　《中华道藏》是 2003 年中国道教协会发起并组织编纂整理的一部道藏，它以三家本《道藏》为底本，对原三家本《道藏》所收各种道书做校补、标点、重新分类，并从近代发现的古道经中选取了 50 种增补其中，总计收录道籍 1526 种，5500 多卷，4000 余万字。与此前出版的各种影印本《道藏》不同的是，《中华道藏》是重新排版印制，繁体字，竖排版，加了新式标点，并进行了必要的文字校勘。这是继明代《正统道藏》之后，对道教经书首次进行的系统规范的整理重修，为《道藏》使用者提供了一个内容丰富、阅读方便的点校本。2010 年，在此精装本的基础上，华夏出版社推出了《中华道藏》线装珍藏版。相比而言，线装珍藏版根据《道藏》（三家本）重新校对一过，改正了一些错字和错误标点，质量略微有所提高。2014 年，华夏出版社又以线装本为底本，纠正了一些录文错误，并排除了因排版系统升级而产生

* 本文为国家社科青年基金项目"《中华道藏》校正"（项目编号：18CZJ018）的阶段性研究成果。

的技术性错误，重新出片印制精装本，可谓修订本。

我们在阅读使用《中华道藏》的过程中，发现在点校方面存在一些问题。今以《太上说玄天大圣真武本传神咒妙经注》为例，就此尝试探讨《中华道藏》句读失误的原因，归纳避免破句的方法或要点，为道经的正确解读提供参考，为古籍句读提供有益的借鉴。[1] 简而言之，该部道经句读失误的原因有十一类，有些句子句读问题比较简单，由单一原因造成，但有些是多个因素所致，为了表述的方便，后者我们放在一类内集中揭示，不再分而述之。不妥之处，方家董之。

一　俗字失考而误断例

影印本道经中俗字众多，而俗字体系跟正字体系是两个不同的文字体系。同一个文字符号，在我们比较熟悉的正字体系中代表一个词，而在俗字体系中却代表另外一个词。如果忽略了这一点，按照正字体系的字词关系来录校影印文本，则可能出现误录原文，误录原文文字又会带来句读上的误点，出现破句，导致文句不可卒读。

（1）若国主能肃温，又良哲恭清俭圣让者，皇极建也。则自然五星降祥，泽被有国。《天下洪范要》曰：貌恭肃。岁星应，顺木曲直，降时雨，言从又。太白应，顺金从革，降时旸，视明哲。荧惑应，顺火炎上，降时燠，听聪谋。辰星应，顺水润下，降时寒，思睿圣。镇星应，顺土稼穑，降时风，斯乃人。君德契，五福均，延于兆庶矣。（卷三，《中华道藏》30/532）[2]

按：该段文字句读失误严重，既有不识俗字，又有不辨书名，兹一并揭示。

"若国主能肃温，又良哲恭清俭圣让者"，该句"又"乃"乂"之俗字。乂，安也。该句当断作"若国主能肃温、乂良、哲恭、清俭、圣让者"。

"则自然五星降祥，泽被有国。《天下洪范要》曰"，该句系不辨古籍篇名而致误。古籍无《天下洪范要》一书，《洪范》是《尚书》之一篇，后文皆系对该篇内容的解说。"要曰"犹简而言之也，故应断作"则自然五星降祥，泽被有国天下。《洪范》要曰"。

---

① 牛尚鹏、王海霞：《〈中华道藏〉句读失误辨正（一）》，《周口师范学院学报》2020 年第 1 期。
② 30/532 表示《中华道藏》第 30 册，第 532 页。

"言从又"不辞，"又"非正字系统之"又"字，而是俗字系统中之"义"之俗体。总之，该段当点校作：

> 若国主能肃温、义良、哲恭、清俭、圣让者，皇极建也。则自然五星降祥，泽被有国天下，《洪范》要曰：貌恭肃，岁星应，顺木曲直，降时雨；言从义，太白应，顺金从革，降时旸；视明哲，荧惑应，顺火炎上，降时燠；听聪谋，辰星应，顺水润下，降时寒；思睿圣，镇星应，顺土稼穑，降时风。斯乃人君，德契五福，均延于兆庶矣。

二　录字失误而误断例

《中华道藏》中出现了为数不少的"正字误录"现象，[①] 即原影印本文字不误，而录校时录成别字，造成新的讹误。由于录字失误，或导致误断句读。

（2）如其反是，则星辰凌犯，彗孛冲破，遂生刀兵，水旱流离，凶馑以致，死亡兆庶也。（卷三，《中华道藏》30/532）

按："馑"，影印本作"蕼"，即"蚌"字，灾也。盖系点校者误录。因误录字形，断句亦不妥，当点校作："如其反是，则星辰凌犯，彗孛冲破，遂生刀兵、水旱、流离、凶馑，以致死亡兆庶也。"

（3）是以六天邪魔乘势来侵，八部瘟曹恣横流毒，唯修善之人形，同劫界命不堕于凶馑亡矣。（卷五，《中华道藏》30/568）

按："馑"，影印本作"蕼"，亦误录。该句当断作"唯修善之人，形同劫界，命不堕于凶馑亡矣"。

三　割裂词语而误断例

汉语书面语具有不分词书写的特点，这使得我们在点校古书时时常面临需要区

---

①　牛尚鹏、张海月：《〈中华道藏〉正字误录辨正（一）》，《上海高校图书情报工作研究》2018年第4期。

分两个汉字究竟代表的是一个词还是两个词的问题。忽视这种情况则会导致出现错把一个词语点开的"破词"现象。这类割裂词语的句读误断会影响我们对原文的理解。

（4）北极紫微省，奉昊天顾命，每敕发诰宝为旌，赏功力事于时大帝诏北方太玄元帅躬赴本殿拜受三天门下诰敕。是会司真一时咸睹降赐语宝，及听玉童宣麻也。（卷一，《中华道藏》30/535）

按：当断句作"北极紫微省，奉昊天顾命，每敕发诰宝，为旌赏功力事。于时大帝诏北方太玄元帅躬赴本殿拜受三天门下诰敕。是会，司真一时咸睹降赐语宝，及听玉童宣麻也"。"旌赏"为一词，奖赏也。

（5）圭拜谢间，圣遣符使怀神龟，与承吏郑圭，同赴韦阁罗庭申察事，因妖龟尚言希求生路，身乃五百岁成器之形。王敕符使出其神龟，金光罩挟妖龟，腾空碎为微尘，飘扬撒尽地司，令郑圭还生，从此人间永无斯祸。（卷二，《中华道藏》30/549）

按："因"字当上属。"事因"谓事情的缘由。"地司"当下属。"令郑圭还生"者是阎罗王，即地司也。

（6）玄帝于飞升时，受金阙赐北帝灵符之册牌。首见窍穿，以销金飞云紫白文带，谓之绶也。牌面符书，乃金篆文，日太玄元帅龙文摄化之符。（卷二，《中华道藏》30/546）

按："受金阙赐北帝灵符之册牌。首见窍穿，以销金飞云紫白文带"当断作"受金阙赐北帝灵符之册，牌首见窍，穿以销金飞云紫白文带"。

（7）命日乾元宝印，符印上式权，且以凡间书模也。想天文敷焕，凝结成篆，况玄帝增封拜，加重职六事，奉权命符印，又六颗矣。规成模范，大小及文篆，则凡世所未得见闻流传也。（卷二，《中华道藏》30/546）

按："符印上式权，且以凡间书模也"句，"权"当下属。"权且以凡间书模也"与"则凡世所未得见闻流传也"构成对比。"权且"是一词，暂且也，同义并列结构。

(8) 诸子洎壮，冠乃各修，因地功行俱满，白昼冲天，并受得三清贵职矣。（卷二，《中华道藏》30/545）

按："诸子洎壮，冠乃各修，因地功行俱满"当断作"诸子洎壮冠，乃各修因地，功行俱满"。"壮冠"谓成年。"因地"谓因果、因由，《太上说青玄雷令法行因地妙经》："其妙行真人出，白天师曰：不审此将生何？因地修何法，行掌握兵机，能摧灾厄。"道经有《真武因地经》。

(9) 不但国王大臣道僧士庶，一切有情能恭香火普及，所意无不果，遂以斯福善住世，专事济人。承恩者庶广，不可思议。（卷三，《中华道藏》30/558）

按："遂"字当上属。"果遂"犹言如愿以偿，同义连用。《汉语大词典》已收，此不赘。

(10) 上为三境辅臣，下作十方大圣，方得显名亿劫，与天地日月齐，并是其果满也。（卷三，《中华道藏》30/552）

按："并"字当上属。《玄天上帝启圣录》卷一、《北极真武普慈度世法忏》卷三、《武当福地总真集》卷下均有上揭例句，《中华道藏》断句"并"字均上属，是。

(11) 公闻谔讶，召灵仙观道士陈居巽具因申，禀家堂真武。间女忽自附神通，说己过，前身乃是药婆，暗货毒药，与人打胎。（卷四，《中华道藏》30/561）

按："召灵仙观道士陈居巽具因申，禀家堂真武"当断句作"召灵仙观道士陈居巽，具因申禀家堂真武"。"申禀"是一词，禀告也，同义并列结构。
"间女忽自附神通"费解，"通"当下属。

(12)《书》曰：惟天降灾。祥在德。《度人经》曰：万灾不干，神明护门，雷霆兵吏，常随行府殄散灾异。（卷四，《中华道藏》30/564）

按："《书》曰：惟天降灾。祥在德"当断作"《书》曰：惟天降灾祥，在德"。《尚书·咸有一德》："惟吉凶不僭，在人；惟天降灾祥，在德。"孔颖达疏："指其已然，则为吉凶；言其征兆，则曰灾祥。""灾祥"是一个词，指吉凶的征兆。参周秉钓注译《尚书》①。

"常随行府疹散灾异"断开作"常随行府，疹散灾异"，"行府"指本宅之外另建的府第。清平步青《霞外捃屑》："世宗重太傅，先于余姚建相国里第，为别筑一城居之，复于郡治山阴地，更造行府。"

（13）《翊圣训》曰：加香虔答于高穹，守性炼伏于己体，如能躬谨，时有自然，福庆相逐，感瑞气生矣。瑞气者，一曰庆云，见为喜气，生福之先，钟为五福，百福俱临尔体。福者，于事紧遂，顺者谓之福。（卷四，《中华道藏》30/564）

按："如能躬谨，时有自然，福庆相逐"当断作"如能躬谨时有，自然福庆相逐"。

"福者，于事紧遂，顺者谓之福"当断作"福者，于事紧遂顺者谓之福"。"遂顺"为一词，同义并列结构，也作"顺遂"。

四　词义失察而误断例

在词汇的发展中，词义通常是发展变化最快的。自古至今，词由本义发展出了多种引申义。一个词，今人所使用的常用义可能早已不是该词最初的本义了。唐五代以来的近代道经中含有大量的口语词，这些词在时代发展中有了新的通俗义项。点校道经时常常遇到"字面生涩而义晦"或"字面普通而义别"的情况，这便要求我们在点校古籍时必须落实每一个词的意义。不察词义必然影响点校者对文章的理解，导致断句失误。

（14）回朝數奏真宗皇帝，嘉赐赞谥，真武灵验，事仰誊白，附礼典照，应御制曰：三元一神，通应十门，炜烨光祥，咸真灭顶。（卷一，《中华道藏》30/540）

按："真武灵验，事仰誊白，附礼典照，应御制曰"费解，当断作"真武灵验事，仰誊白附礼典照应，御制曰"。"誊白"犹记录清楚。"礼典"，礼法、礼仪也。"照应"谓配合、呼应。

---

① 周秉钧注译《尚书》，岳麓书社，2001，第37页。

（15）拱臣洎登科之岁，顿然龟大，无何一宵，龟身负一赤蛇盘绕。（卷一，《中华道藏》30/541）

按："一宵"当下属。

（16）有七十二峰，一岑耸翠，上凌紫霄，下有一岩，当阳虚寂，于是探师之诚目，山曰太和山，峰曰紫霄峰，岩曰紫霄岩，因卜居焉。（卷三，《中华道藏》30/552）

按："目"字当下属。目，命名也。《续道藏》本《搜神记》卷二正作此断句，是。

（17）日当午，五真宣诏，王子再拜稽首，兴受诏领赐，品仪易服讫，乃敛圭奉，乘飞云玉辖羽盖琼轮上升，朝赴九清境矣。（卷三，《中华道藏》30/552）

按：本句当断作"日当午，五真宣诏，王子再拜稽首，兴，受诏领赐品仪，易服讫，乃敛圭，奉乘飞云玉辖羽盖琼轮上升，朝赴九清境矣"。

"兴"，起也。这是再拜稽首后的动作。"品仪"谓赐给玄帝的仪仗等，《续道藏》本《搜神记》卷二所载更为详细，云："赐九德偃月金晨玉冠，琼华玉簪，碧瑶宝圭，素销飞云金霞之帔，紫销龙衮丹裳羽属绛彩之裙，七宝铢衣，元光朱履，飞红云舄，佩太玄元帅玉册，乾元宝印，南北二斗、三台龙剑，飞云玉辂，丹举绿辇，羽益琼轮九色之节，十绝灵旛，前踞九凤，后次八鸾，天下玉女亿乘万骑，上赴九清诏至奉行。"

（18）在公杀不杀，宜自择，公若果杀，虽名彰勋重天曹，反减公寿十年。（卷四，《中华道藏》30/560）

按："天曹"当下属。

（19）本州岛正刬刷上供钱帛，就具因由并进续据。朝廷回降札子看详，金像真武自进入内院，光明圆赫，显是异瑞。仰宣州支拨省库钱五百贯，给付唐宪，充折金价。宪请领，归家均付兄弟忠愈愿等子侄，各营生业，不日皆为富厚之第。（卷四，《中华道藏》30/560）

按："续据"当下属，谓随后依据。"就具因由并进"谓把钱帛及事情的来龙去脉一并交给上级。

"归家均付兄弟忠愈愿等子侄"当断作"归家均付兄弟忠、愈、愿等子侄"。《玄天上帝启圣录》卷二："宣州市户，唐忠、唐愈、唐宪、唐愿，兄弟同居。"可资比证。

五　上下文义失察而误断例

点校古籍的目的是使古籍文意通畅以便阅读。倘若文章难以卒读，则可能存在文本错讹衍夺、句读失误等问题。因此，在点校时我们不能仅仅考察字词意义，还需在点校后通观全局考察上下文义是否通畅。

（20）下考三界之内，应鬼神执役之限，定鱼龙变化之期，及飞走万类改易身形年月，判次九幽罪对之名注托生，及拘执年劫不辍须臾，一一校结也。（卷一，《中华道藏》30/537）

按："判次九幽罪对之名注托生，及拘执年劫不辍须臾"当断句作"判次九幽罪对之名，注托生及拘执年劫，不辍须臾"。

（21）璟详体具奏，朝廷回降旨，下就信场城建立水火二神殿，呪文勒石，永为救民。（卷一，《中华道藏》30/542）

按："下"当上属。同样的错误尚有一例，兹一并胪列。

保奏三天，蒙回降敕旨，下点差儿化红缨投胎，充女身注一纪寿，终归上会。（卷二，《中华道藏》30/546）

按：当断作"蒙回降敕旨下，点差儿化红缨投胎，充女身，注一纪寿"。"回降"即上级答复的旨意。"下"后还可跟地名，《玄天上帝启圣录》卷二："本州岛奏朝廷，续有回降下阆州看详：陈喻言虽人间显禄无分，却于天界官职有缘。"卷六："续有回降下郑州，缘邹宿近出神，到内殿朝辞云：臣蒙天符，差充北极寿限曹副判官勾当。"卷八："太守具奏朝廷，承回降下沂州，勘会屯田员外郎刘籍妻，九月九日丑时，委生一男。"

（22）故妙行善能为凡间，启尘俗之人普欲，使将来知有天神玄武，凡身修炼，了证六通总司三界功过等事。（卷二，《中华道藏》30/542）

按："普欲"当下属。

（23）天宝君主圣祖始炁出书时，号高上大有玉清宫。灵宝君主元炁出书度人时，号上清玄都玉京七宝紫微宫。神宝君主玄炁出书时，号三皇洞神太清太极宫。（卷二，《中华道藏》30/543）

按："出书时""出书度人时"当下属。

（24）人不诚则不能化万物，是故元始行不言之教，而强名曰道较之。变化亿千者，数也。（卷二，《中华道藏》30/543）

按："较之"当下属。

（25）夫大道者，元始帝先赐封五灵玄老，开北召水，乃元黄植象之根。次渐分气化形一，一为上帝之官也。谨显诸化，太始天一，二身太初太阴，辰星月孛，斗、牛、女、虚、危、室、壁二十九身，六甲、壬癸一十八身。（卷二，《中华道藏》30/544）

按："次渐分气化形一，一为上帝之官也。谨显诸化，太始天一，二身太初太阴"当断作"次渐分气化形，一一为上帝之官也。谨显诸化太始、天一二身，太初太阴"。

（26）可谓金钺前戮巨天，后刑非特，此时至今号令亦尔。《开皇章》曰：群魔钦至，化万国保康宁是谓也。（卷二，《中华道藏》30/547）

按：当断作"可谓金钺前戮，巨天后刑，非特此时，至今号令亦尔。《开皇章》曰：群魔钦至化，万国保康宁。是谓也"。

（27）夫五雷六甲八煞，皆五灵玄老炁化分灵孕，凡荐修今号方出也。（卷二，《中华道藏》30/547）

按："凡"字当上属。《太上感应篇》卷二十八："然则星之所以分灵孕秀者，为如何哉?"可资比证。

（28）昔者巢城犯恶，当玄帝荡没彼处，无得城隍社令遵副，自化道士证明，焦婆充彼处土地，听指挥也。（卷二，《中华道藏》30/548）

按："证明"当下属。

（29）王子拱手立于紫霄峰上，须史云散，见五真韦仙，导从甚盛非凡，见闻悉皆降集，王子稽首，祇奉拜迎。（卷三，《中华道藏》30/552）

按："导从甚盛非凡，见闻悉皆降集"当断作"导从甚盛，非凡见闻，悉皆降集"。《续道藏》本《搜神记》卷二正作此断句，是。

（30）夫玉皇有诏者，是斯经内一百六十八字天书篆文也。承此赴除太玄之职，方始显迹，于凡知有所修之因也。（卷三，《中华道藏》30/552）

按："于凡"当上属，"方始显迹于凡"谓在凡间显迹。

（31）时依应三清玉帝玺书，颁降准事，施行毕誉，秘于紫馆。（卷三，《中华道藏》30/552）

按：当断句作"时依应三清玉帝玺书颁降，准事施行毕，誉秘于紫馆"。

（32）遣金阙侍中素灵殿大学士三天门下直日储灵典奏事金真紫阳大夫含光上德仙君轩辕执本，赍捧昊极三天门下，玉册传命，宣赐玄武仪锡以通天十二旒冠，……玄武拜受易服讫。仙君谨言玉宸三省诰曰。（卷三，《中华道藏》30/555）

按：当断句作"遣金阙侍中素灵殿大学士、三天门下直日储灵典奏事金真紫阳大夫、含光上德仙君轩辕执本，赍捧昊极三天门下玉册，传命宣赐玄武仪，锡以通天十二旒冠，……玄武拜受。易服讫，仙君谨言玉宸三省诰曰"。

（33）信者诚心，晨昏上香，朝扣玉虚之门，志感太玄真人，按旄部录所循之善，申明右胜府事，必降祯祥之庆光，辉子之门阃，渐进则天佑之也。（卷三，《中华道藏》30/557）

按："光"字当下属。"祯祥之庆"道经习见，《太上说玄天大圣真武本传神咒妙经》："凡临下降之辰，皆有祯祥之庆。"《太上黄箓斋仪》卷四十一："禄寿延长，凶灾殄息。有祯祥之庆，无临照之虞。"可资比参。

（34）冀州观察使除殿前检校王植妻寿昌郡君焦氏，见后园石榴树一枯枝烟发，以水沃化，成圆光现真武，焦氏拜扣。（卷四，《中华道藏》30/559）

按："沃化"不辞，"化"当下属。"以水沃"即用水浇灭。《玄天上帝启圣录》卷六："视花园内有石榴树一枝朽死，自然生烟火于上。焦氏惊忙救之，其火乃灭。"可资比证。

（35）试且以吾一乡观之，不十年间，贫富反复，子息增损，又何尝无聚散乎。凡有识之士常乐贫，奉正候造物自成矣。（卷四，《中华道藏》30/560）

按："奉正"当上属。

（36）有颖娘者，炫淫忧孕，复厌子多，暗自殒胎屡矣。又复有孕，亦用药触之，血遂洞下，伏枕六年，苦楚万状。一日，家人明见数个提孩在床，挽撮琅然，叫声曰索命，事颖娘方绝。（卷四，《中华道藏》30/562）

按："家人明见数个提孩在床，挽撮琅然，叫声曰索命，事颖娘方绝"当断句作"家人明见数个提孩在床挽撮，琅然叫声曰索命事，颖娘方绝"。

（37）君叟谓徐沂曰：吾到三天门，见北极大帝领真武入，奏公断蔡州钱举公事不当，遽蒙旨曰：徐沂心词，只留在此。恐金箓召问汝，奏对必有差，大恐不便，吾即便回之。（卷四，《中华道藏》30/563）

按："见北极大帝领真武入，奏公断蔡州钱举公事不当"句，"入"字当下属。"恐金箓召问汝，奏对必有差"句，"汝"字当下属。

（38）《应运经》曰：将来于世，众生昏沉，不能知觉，复欲远求，广利强立，世世丰厚子孙，遍侵土地，立栋成宇，此谓修业以待其报也。（卷四，《中华道藏》30/564）

按："复欲远求，广利强立，世世丰厚子孙"当断作"复欲远求广利，强立世世，丰厚子孙"。

（39）凡有建立玄帝圣像殿堂境域所在，及所所在，在筵设影像之家，有妒福狩妖，闻真司则自当缩首。（卷四，《中华道藏》30/564）

按："凡有建立玄帝圣像殿堂境域所在，及所所在"当断作"凡有建立玄帝圣像殿堂，境域所在及所所在"。

（40）如昔韩元寿，精思入室，诵经不专，一旦天火焚屋，经飞上天于九，十年中元寿化为木精矣。（卷四，《中华道藏》30/565）

按："经飞上天于九，十年中元寿化为木精矣"当断句作"经飞上天，于九十年中，元寿化为木精矣"。《太上洞玄灵宝业报因缘经》卷九："一旦天火焚屋，经飞上天。九十年中，元寿化为木精。"可资比证。

（41）于时，元始大天帝驾离玉清圣境，所幸东北大霄，遣五老天君，特命召诸天上帝，赴是阙听演《度人经》。道言，昔于始青天中碧落空歌大浮黎土，受元始度人无量上品。夫始青八景，泛太灵洞华三阳九真太一之炁结成。五色瑞云师子玄座，元始登此座也。（卷五，《中华道藏》30/565）

按："元始大天帝驾离玉清圣境，所幸东北大霄"，"所"字当上属。
"泛太灵洞华三阳九真太一之炁结成。五色瑞云师子玄座"，"结成"当下属。《上清灵宝大法》卷二十四："九色圆象，乃元始内观之道，有力色图。五色狮子，运化五内五色毫芒，合成碧玉之色，咽液一下，瑞炁结成五色狮子，立下丹田。心是莲花上绛府，真人乃身中元始天尊，悬座空浮者。则真人乘花，悬坐狮子，是道也。"《元始无量度人上品经法》卷二："太霄太灵真元天，泛太灵洞华三阳九真太一之炁，而成天境。"可资比证。

六　文化背景失察而误断例

道经作为宗教文献，要求我们在点校时除具备语言文字知识外，还需掌握一定的道教文化、历史典故、民俗风尚知识。忽略文化背景等相关知识会影响我们对文献的正确阅读理解，进而导致断句失误。

（42）立春日，始青天君同功曹将军、艮卦大神、稽摄提，按在人间，司渐化条风，芽条万物。

春分日，青灵帝君同太冲将军、震卦大神通视按在人间，司益化明庶风，孳萌万物。

立夏日，始丹天君同太一将军、巽卦大神赤奋若，按在人间，司常化清明风，荣大万物。

夏至日，丹灵帝君同胜先将军、离卦大神、共（缺文），按在人间，司鼎化景风，鼓万物齐见。

立秋日，始素天君同傅送将军、坤卦大神诸比，按在人间，司观化凉风，使万物生味。

秋分日，皓灵帝君同从魁将军、兑卦大神、皋稽，按在人间，司孚化阊阖风，成敛万物。

立冬日，始玄天君同登明将军、乾卦大神、强禺，按在人间，司垢化不周风，使万物应钟。

冬至日，五灵帝君同神后将军、坎卦大神、穷奇，按在人间，司井化广莫风，宛藏万物。

每成年遍差，八卦神君理治。凡一任除三气四十五日，余摄行下士生民种作等事。玄帝秉北极，在天罡之柄，提纲八卦，调和寒暑，陶铸精粹。（卷一，《中华道藏》30/537）

按："震卦大神通视按在人间"句，当断作"震卦大神通视，按在人间"。"通视"是神名。

"稽摄提""共（缺文）""皋稽""强禺""穷奇"皆神名，故"艮卦大神、稽摄提""离卦大神、共（缺文）""兑卦大神、皋稽""乾卦大神、强禺""坎卦大神、穷奇"不当断开。

《淮南鸿烈解》卷八："诸稽、摄提，条风之所生也。诸稽，摄提，天神之名也。艮为条风也。通视，明庶风之所生也。通视，天神也。明庶风，震卦之所生也。赤奋若，清明风之所生也。赤奋若，天神也。巽为清明风也。共工，景风之所生也。共工，天神也，人面蛇身。离为景风也。诸比，凉风之所生也。诸比，天神也。坤为凉风也。皋稽，阊阖风之所生也。皋稽，天神也。兑为阊阖风。隅强，不周风之所生也。隅强，天神也。乾为不周风。穷奇，广莫风之所生也。穷奇，天神也。在北方道，足乘雨龙，其形如虎。坎为广莫风也。"可资参证。

（43）凡人之善恶，因起自身、口、意三业之感召，孰不至满稔之报。（卷一，《中华道藏》30/539）

按："因"字上属，"善恶因"谓善恶之因由，道经常见，《无上内秘真藏经》卷一："心为善恶因，意为善恶果。"《太上一乘海空智藏经》卷二："如是倒见，作善恶因，烦恼作业。业作烦恼，是名结缚。"《灵宝领教济度金书》卷十："五帝居仙品，纠弹善恶因。"例多不赘举。

（44）玄天，玄者一也，天者霄也。乃北方一景紫霄太玄天，泛天一之炁化，今玄帝位居之。（卷一，《中华道藏》30/529）

按："化"字当下属，"天一之炁化"不辞。下文有"虚一之炁，化西南景霄始素天，曰二景。纯一之炁，化东方青霄青元天，曰三景。灵一之炁，化东南碧霄始分天，曰四景。虚梵之炁，化五景，神霄昊极天玉帝阙。至一之炁，化西北琅霄始玄天，曰六景。玄一之炁，化西方玉霄太素天，曰七景。太一之炁，化东北太霄始青天，曰八景。"可资比证。

道经"天一之炁"常见，《元始无量度人上品经法》卷二："紫霄元灵上极天，泛元灵紫华清阳妙真天一之炁，而成天境。"《北极真武普慈度世法忏》卷三："玄武乃天一之炁，五灵老君太阴天一之化。"《道法会元》卷七十六："人者，生乎天地之间，禀天一之炁而为万物之灵。"例多不赘举。

（45）武王元年己卯，遇紫元君授记之数，一十年矣。天摄坎离，二精玄武也。世灭无道商纣，乃周武也。（卷一，《中华道藏》30/530）

按："二精玄武也"，"二精"当上属。《武当福地总真集》卷下："钟元黄一气之真，阴功有赖。握坎离二精之妙，神化无边。""坎离二精"即水火二精，《太上说玄天大圣真武本传神咒妙经注》卷一："降水火二精于掌握，摄甲庚两将于纪纲。"《玄天上帝启圣录》卷一："于噩仙山降伏天下水火二精，青龟赤蛇。"可资比证。

（46）无何，镇寨厅前，见程太足悬空立。巡检宣旦知异，乃炷香问程。太遽对言曰：吾是中天真武也。（卷一，《中华道藏》30/539）

按：第二个"太"当上属，"程太"是人名，即程嗣昌。《玄天上帝启圣录》卷八："时监镇向埶，与巡检宣旦聚厅，见嗣昌脚悬地面三寸许，浮空行。"

（47）回旨依，给付高阳关郑度支遣，讫续据蕃商伊寿先等到司。陈畴赍周，朝通关文，牒述寄库钱事，因赵王昨会太白金星告兆，烧献钱币，赠吾恩主真武，照疏收外，出剩钱五万，遣吾换易，凡财桩管赵王使用讫。言毕，商人不见。（卷一，《中华道藏》30/541）

按："陈畴赍周，朝通关文，牒述寄库钱事"当断作"陈畴赍周朝通关文牒，述寄库钱事"。"周朝"指五代的后周。

"遣吾换易，凡财桩管赵王使用讫"当断作"遣吾换易凡财，桩管赵王使用讫"，谓把烧献给真武的钱币兑换成凡间的钱币，储存保管起来供皇帝使用。"桩管"谓储存保管。

（48）按《灵宝智慧上品证六通谱》曰：天眼神通，视智高慧，通目中朱童，总五色之光，洞观无碍，自上自下，四方八面，无所不照，无所不明。

地耳神通，听智远慧，虚廓中元窗，总五声之音，声感响应，上闻九天，下听九地，无所不知，无所不究。

东鼻神通，空智清慧，寥孔神黄宁，总五气之氛，洞妙自然，出入阴阳，往来无门。

西口神通，虚智微慧，郎窍官太和，总五味之清，洞达神英，虚无不纳，颐无不容。

南心神通，清智明慧，开舌司正伦，总五神之柄，洞杳飞芒，经纬万方，不疾而速，不行而至。

北手神通，微智遐慧，深主司人，关法四时，玄序洞妙九微，把握生端，上应天关，阴察祸福。是故玄帝，由持此之大戒，处凡而能摄伏眼、耳、鼻、口、心、手之尘欲，乃得经济，而神性兼通于六洞也。

然后威加鬼神应，诸外道不祥莫不闻风而伏玄帝欤。（卷一，《中华道藏》30/542）

按："深主司人，关法四时，玄序洞妙九微"当断作"深主司人关，法四时玄序，洞妙九微"。"深主司人关"是神名，与前面的"通目中朱童""虚廓中元窗""寥孔神黄宁""郎窍官太和"对应，皆神名。

"然后威加鬼神应，诸外道不祥莫不闻风而伏玄帝钦"当断作"然后威加鬼神，应诸外道不祥，莫不闻风而伏玄帝钦"。这句话断句的关键点在"应"字之义。应，一切也。

（49）按傅洞真注《北斗经》第六，武曲辅星玉讳昌上元处。（卷二，《中华道藏》30/545）

按：该句当断作"按傅洞真注《北斗经》，第六武曲辅星，玉讳昌上元处"。《太上三十六部尊经》："北斗第一贪狼星、第三禄存星为东斗，主算；北斗第二巨门星、第四文曲星为西斗，记名；第六武曲星，正居本位为北斗，落死。"可资比证。

（50）元君曰：子可越海东历于翼轸之下，有山自干兑起迹，盘旋五万里，水出震宫。自有太极之时，便生是山，上应显定极风太安皇崖二天之下。子可入是山，择众峰之中冲高紫霄者居之。……王子乃依师语越海东，果见师告之山。（卷三，《中华道藏》30/552）

按："上应显定极风太安皇崖二天之下"当断开作"上应显定极风、太安皇崖二天之下"。"显定极风""太安皇崖"是西方八天之二，《灵宝无量度人上品妙经》卷一："西方八天：太安皇崖天，帝婆娄阿贪。显定极风天，帝招真童。"《玄天上帝启圣录》卷一《中华道藏》断句作"上应显定，极风太安。皇崖二天，有七十二峰"，不妥。《续道藏》本《搜神记》卷二"应显定极风天太安皇崖二天"，第一个"天"是衍文，也当断开作"应显定极风、太安皇崖二天"。

七 书名或篇名不辨而误断例

古人引书多为"约引"，存在直接引用篇名而不引用书名等情况。而中国古籍数量庞大，书名、篇名皆不在少数，我们在点校古书时可能会遇到书名、篇名不分或不识的情况。因此，应查询大型丛书目录以避免点校错误。

（51）老君别号，曰混元上帝易有太极是也。《太极分化太始经》。曰：老君变化之身也，大帝人以其从弟武曲显灵事，验处为比者，盖两圣功德颇类。（卷二，《中华道藏》30/544）

按："老君别号，曰混元上帝易有太极是也"当断作"老君别号曰混元上帝，《易》有太极是也"。

"《太极分化太始经》。曰：老君变化之身也，"当断作"《太极分化太始经》曰：老君变化之身也。"

"大帝人以其从弟武曲显灵事，验处为比者"不当断开。

（52）或挂甲而衣袍，或穿靴而跣足，常披绀发，每仗神锋。董真君曰：玄帝准告命，往下方降魔日，元始有敕神，如斯结束。（卷二，《中华道藏》30/545）

按：大字是经文，小字是注文。"元始有敕神"句，"神"字当下属。"神如斯结束"即神如此装饰打扮。"元始有敕"乃道经习语，如《灵宝领教济度金书》卷一百三十："元始有敕，玉符紫文。"《道法会元》卷四："元始有敕，普告诸天。"

（53）右按降笔实录，每群真朝会昊天玉皇上帝，则四圣为都班之首，引领起居也。（卷二，《中华道藏》30/549）

按："右按降笔实录"当作"右按《降笔实录》"。《降笔实录》是道书，在《太上说玄天大圣真武本传神咒妙经注》中出现多次，校者或加书名号，或不加，似当一律。兹把未加者胪列如下。

卷一："出董真君降笔实录。"（536页）
卷二："按降笔实录云：玄帝所居之阙，号曰天一真庆宫。"（549页）
卷二："按降笔实录云：玄帝为凡人时，身长九尺。"（550页）
卷三："按降笔实录云：玄帝降诞时，正当上天开皇初劫。"（551页）
卷三："此经天符诏语，乃依降笔，实录本书。"当断句作"此经天符诏语，乃依《降笔实录》本书。"（553页）

（54）太极始判分二仪，开天一生水，阖地二孕火，立为壬癸之方，列紫微北面，易纳甲义。壬癸者，乃乾坤之至精也。乾阳动生甲壬成，坤阴静生乙癸就，乃化天地阴阳之和气也。（卷二，《中华道藏》30/549）

按：如此标点，费解。"列紫微北面，易纳甲义"当标点作"列紫微北面。《易》纳甲义"。"《易》纳甲义"谓《周易》纳甲之说的原理。以下两句也应加书名号。

卷二："易纳甲义，甲乃乾之应，戌乃乾之比，一将名位处室壁之间，应天象如造父王良政焉。庚、辰将正副者，豢驯苍虬之纪，佐袭逐飞御之官。"（549 页）

卷二："易纳甲义，庚乃震之应，辰乃震之比，二将名位处角亢之下，应天象，若左右摄提任焉。"（549 页）

（55）玄骏者，玄乃骊黑色，骏乃形之高八尺也。曰元马，本奎比河中天驷，分精易说卦乾健也。（卷二，《中华道藏》30/549）

按："本奎比河中天驷，分精易说卦乾健也。"当断句标点作"本奎比河中天驷分精。《易·说卦》：乾，健也。"

（56）玄灵正阳真人诀曰：身中用年月，日中用时刻，谓以日为年以辰为节也。（卷二，《中华道藏》30/550）

按："玄灵正阳真人诀"当加书名号。

（57）按实录云：太上赐玄帝李姓，盖取宗化之源。（卷二，《中华道藏》30/552）

按实录云：符箓诏制，乃天真皇人撰及书也。（卷三，《中华道藏》30/553）

实录云：元始升玉宸殿内，大会诸天上帝。（卷三，《中华道藏》30/555）

按："实录"即《降笔实录》，故当加书名号。

（58）《玄帝垂降格》言：矫妄求荣，名誉不扬。克剥至富，子孙遗殃。行恩布德，福禄来翔。寡欲薄味，寿命遐长。毋欺暗室，毋昧三光。正直无私，赤心忠良。天地介祉，神明卫旁。延生度厄，必济时康。（卷四，《中华道藏》30/564）

按：《玄帝垂降格》不是书名，道经无此书，当不施书名号。"格言"道经常见，《灵宝无量度人上品妙经》卷九："冲素应格言，何足畏魔群。"又卷三十八："元始垂金科，玉律按格言。"《清河内传》："咨尔有众，听予格言。"

八 语法修辞失察而误断例

古代汉语语法有其固定的语法结构和语法规则，熟悉掌握这些语法知识有助于对古书进行句读。忽视语法常识会对句子出现错误判断，造成句读失误。除此之外，道经中还存在对仗语句及四字、五字韵语等修辞特征。了解这些修辞特征，也会对避免句读失误起到积极的作用。

（59）此道名上境，学者谨谛，听日月至年，运修进无回停，大功三万日，小功百日，升应有缘法士用之。以虔诚速度诸业海，超登上玉京。（卷二，《中华道藏》30/551）

按：以上皆五字韵语，当断句作"此道名上境，学者谨谛听。日月至年运，修进无回停。大功三万日，小功百日升。应有缘法士，用之以虔诚。速度诸业海，超登上玉京"。

（60）降水火二精于掌握，摄甲庚两将于纪纲。因兹神化万汇，咸荣功高，众圣难尽褒崇。（卷一，《中华道藏》30/536）

按："因兹神化万汇，咸荣功高，众圣难尽褒崇"当断作"因兹神化，万汇咸荣，功高众圣，难尽褒崇"。《中华道藏》之《玄天上帝启圣录》卷一如此断句，可为明证。

（61）功齐五千万劫，德并三十二天九霄。上赖于真威十极，仰依于神化有大。利施于下民，积圣德遍于玉历。（卷三，《中华道藏》30/555）

按：当断句作"功齐五千万劫，德并三十二天。九霄上赖于真威，十极仰依于神化。有大利施于下民，积圣德遍于玉历"。

（62）诏书：伏以灵天，肃正俯降，尘寰通明，护国定乱，殊圣现前感应，施惠救民，显照圆成，所祷悉从，是愿所求，皆有证心。（卷三，《中华道藏》30/558）

按：以上皆四字语，当断句作"伏以灵天肃正，俯降尘寰，通明护国，定乱殊圣，现前感应，施惠救民，显照圆成"。

九　古书体例不明而误断例

道经有经文有注文，注文是对经文的注解，注文中出现的被注释词往往也在经文中出现，有一定的对应关系。了解古书这一体例，也能避免句读失误。

（63）盖无形之为道，非有象之可言，变化亿千，虚无难测。盖元炁也，非弗是也。元始元气，生天生地。（卷二，《中华道藏》30/543）

按：上面小字是注文。"盖元炁也，非弗是也"当断句作"盖，元炁也。非，弗是也"。

（64）孔颖达疏《老子》，道生一，此太极是也。太极生两仪。中三皇时，下降为太初真人。日月在太易时，含光太初时发辉。（卷二，《中华道藏》30/544）

按："孔颖达疏《老子》，道生一"当断作"孔颖达疏：《老子》，道生一"。唐代孔颖达未给《老子》做过注解。

"日月在太易时，含光太初时发辉"当断作"日月在太易时含光，太初时发辉"。

（65）大帝遗音告真人曰：天中北上，众曜拱之，以匪至神，孰能镇遏。……且玄帝伟政，位天官四帅之右，导森罗万象之前，故经曰众曜拱之职事，准玄帝功业可当也。（卷三，《中华道藏》30/554）

按：大字是经文，小字是注文。"故经曰众曜拱之职事，准玄帝功业可当也"当断句作"故经曰：众曜拱之。职事准玄帝功业可当也"。

（66）十洞巡游。十洞者，乃十大洞天也。巡游警察，神仙公事也。按朝天忏应洞天所各立仙官曹僚，分掌攒集万汇篆籍功过等事。（卷三，《中华道藏》30/556）

按：大字是经文，小字是注文。"警察"是动词，谓警戒监察，当下属，"警察神仙公事也"是对"巡游"的注解，"警察神仙公事也"动作的发出者是真武大帝。

"按朝天忏应洞天所各立仙官曹僚"当断开作"按朝天忏,应洞天所各立仙官曹僚","朝天忏"是忏悔之一种。"应",全部也。

（67）或男值兵戈而殒命。男正位乎,外尚忠良,尽其道而死者,正命也。弃忠良逞猛愚者,必当逢兵戈殒殁则死,非为正命也。《礼天官》曰:良兵良器以待邦之大用。故知兵本人立干戈兵器也。（卷四,《中华道藏》30/560）

按:大字是经文,小字是注文。注文当断句作"男正位乎外,尚忠良尽其道而死者,正命也。弃忠良逞猛愚者,必当逢兵戈殒殁,则死非为正命也。《礼·天官》曰:良兵良器以待邦之大用。故知兵本人立。干戈,兵器也"。

十　当断不断例

在应当点读的地方不加句读,有时是句义简单,点校者认为无须断开。但更多的情况是点校者对词语、词义把握不准,存疑待质所致。古籍字词关系情况复杂,新词新义迭见,通假讹俗频出,点校时须做一定的考证工作。

（68）大抵紫微垣内中外品官,各有司主计一百一十八名,积数七百八十二星,皆理璇玑之政。（卷一,《中华道藏》30/531）

按:"各有司主计一百一十八名"当断作"各有司主,计一百一十八名"。司,主也。"司主"同义并列。

（69）飞天神王,秉监察御史,督内外台职无极仙众,承机察八纮边境之差。（卷一,《中华道藏》30/531）

按:"督内外台职无极仙众"当断作"督内外台职;无极仙众"。

（70）《消灾经》曰:欲界众生,惟务苟贪,不修正道,不知有五行推运十一曜照临,主其灾福。（卷一,《中华道藏》30/533）

按:"不知有五行推运十一曜照临"当断开,作"不知有五行推运,十一曜照临"。《中华道藏》之《元始天尊说十一曜大消灾神咒经》《太上感应篇》卷一正作如此断句。

（71）拱臣擢信阳参军，忽承转运费瓖，委充监修筑城部辖役夫。（卷一，《中华道藏》30/542）

按："委充监修筑城部辖役夫"当断开作"委充监修筑城，部辖役夫"。

（72）《庄子》曰：且有真人然后有真知。引证彼真人之行虚皇尊曰：与真常会，无有明相，孰为妙行。（卷二，《中华道藏》30/542）

按："引证彼真人之行虚皇尊曰"当断开作"引证彼真人之行。虚皇尊曰"。

（73）故知太上护度应化之恩，每随人天诸根性渐令入诸圆成也。（卷二，《中华道藏》30/543）

按："每随人天诸根性渐令入诸圆成也"当断开作"每随人天诸根性，渐令入诸圆成也"。

（74）是时，紫微大帝，念此真人着意勤拳，再三请问，遂宣帝敕，以示众真。……蒙大帝敕旨，遣给事侍中启琅函玉匣，出示玄武飞升天诏宣唱也。（卷三，《中华道藏》30/553）

按：大字是经文，小字是注文。"出示玄武飞升天诏宣唱也"当断作"出示玄武飞升天诏。宣，唱也"。

（75）幽微炜烨，洞杳飞芒，功高难极，合示嘉尊想惟鉴观，幸勿谦辞。（卷三，《中华道藏》30/555）

按：上揭句子乃四字句式，"合示嘉尊想惟鉴观"当断开作"合示嘉尊，想惟鉴观"。《玄天上帝启圣录》卷一作"想惟览观"。"想惟"是一个词，同义连文结构，犹思量也，想也。《诗·大雅·生民》："载谋载惟，取萧祭脂。"郑玄笺："惟，思也。""想惟"道经常见，《茅山志》卷四："想惟偃赛云山，养高物外，从容于自得之场，健羡无穷。"《太上说玄天大圣真武本传神咒妙经》卷六："起而同声颂玄帝功德之美想，惟巨录琅函，封进太清太极宫中。""想"字亦当下属，《中华道藏》断句亦误。

（76）违则者，是非义而动背理而行者也。因恶稔至期，祸患萦仍旋绕困重而频遭矣。（卷四，《中华道藏》30/559）

按：当断句作"违则者，是非义而动，背理而行者也。因恶稔至期，祸患萦仍旋绕，困重而频遭矣"。

（77）又或有主婢私通，婢怀娠妊，其子育不育，听主母意，及不与将理产身而亡，非惟主母堕罪，育主亦同。（卷四，《中华道藏》30/561）

按："及不与将理产身而亡"当开作"及不与将理，产身而亡"。将理，修养调理也。

（78）且幽冥路隔，今幸君还，烦赐一言之重，拉吾儿速割还地，庶吾得决不然永系于此也。（卷四，《中华道藏》30/561）

按："庶吾得决不然永系于此也"当断开作"庶吾得决，不然永系于此也"。

（79）庄子曰：钱财不积则食者忧，广求悭悋苟富而矣。墨子曰：非无足财无足心也。孔子曰：富与贵是人之所欲也，不以其道得之不处也。（卷四，《中华道藏》30/564）

按："广求悭悋苟富而矣"当断开作"广求悭悋，苟富而矣"。"非无足财无足心也"当断开作"非无足财，无足心也"。"富与贵是人之所欲也"当断开作"富与贵，是人之所欲也"，先秦"是"乃指示代词，非系动词。

十一　不当断而断例

一般的句子都有完整的主谓宾三个主要的句子成分，三个成分连为一句，即使句子很长，也能划分出主谓宾，一般不影响句义的理解。在不当断开的地方断开，会割裂句子的主要成分，导致句子成分残缺或不明显，进而影响对句义的理解。这种情况在句义简单的时候尚不会有大碍，如果是复杂的句子，则会影响对句义的判断。

（80）按此经乃出北极宫紫微令紫微大帝，准太上立功之敕命，因乘兹而所说耶。（卷一，《中华道藏》30/529）

按：首句断句有误，"紫微大帝"当下属，否则下句无主语。"紫微令"即紫微令司。《太上说玄天大圣真武本传神咒妙经注》卷一："紫微大帝，佐金阙门下紫微令事，执天地水三府大政，总判拿命主御生杀之权。"又卷一："中天北极宫，紫微令署额也。隶金阙太清境制御万灵公事所。"又卷一："夫宫神参将，各各分守，成年合属月建内三旬日，分颛记世人善恶事，并俟三元校会日，历转紫微令司矣。"

（81）祸乱积而见，抱珥佩璃，或赤乌夹日之飞，或隔云隐现两日两月，斯恶匪甚矣。（卷一，《中华道藏》30/537）

按："见"后不应断开。

（82）又地轴水精神龟，天关火精圣蛇，捧拥玄帝足下，司行讨伐。天上天下，一应不正妖气最威者，是天关地轴皂纛也。（卷二，《中华道藏》30/546）

按："司行讨伐。天上天下，一应不正妖气最威者，是天关地轴皂纛也"当断作"司行讨伐天上天下一应不正妖气。最威者，是天关地轴皂纛也"。"一应"，全部也。

（83）谨言崇封，圣父曰净乐天君明真大帝，圣母曰善胜太后琼真上仙。下荫天关，曰太玄火精含阴将军赤灵尊神，地轴曰太玄水精育阳将军黑灵尊神。（卷三，《中华道藏》30/555）

按："下荫天关，曰太玄火精含阴将军赤灵尊神"不当断开。

（84）大抵贫窘之人，常事当随，分受今生之报，况寒谷亦自然有春气到日也。（卷四，《中华道藏》30/560）

按："常事当随，分受今生之报"不当断开。

以上我们以一部道经为例，总结了《中华道藏》句读失误的原因，并探讨了避免失误的要点和方法。本文的研究表明，点校道经，不仅需要一定的道学修养、审慎的治学态度，文献学、训诂学甚至俗字学的知识也是必不可少的。点校者须着眼于多方，这样才有利于点校本质量的提高，避免硬伤的存在。

（责任编辑　王皓月）

陈楠《翠虚篇》的早期成书与版本流变考*

张晓东

摘要：陈楠《翠虚篇》主要存有四个版本，分别为《诸真玄奥集成》本、《正统道藏》本、《道藏辑要》本、董德宁辑本。《翠虚篇》最早由南宋王思诚于嘉定年间编成，现存四个版本便均以王思诚所编本为源头，其中《诸真玄奥集成》本最接近王思诚所编本的原貌，因而具有较高的版本价值。《正统道藏》本是和《诸真玄奥集成》本并行的别本。《道藏辑要》本和董德宁辑本则直接以《诸真玄奥集成》本为底本，并补入了《道言内外秘诀全书》中的《翠虚吟》。

关键词：陈楠 《翠虚篇》 《泥洹集》 《翠虚吟》

作者简介：张晓东，华东师范大学中文系古籍研究所博士研究生。

　　《翠虚篇》乃道教金丹派南宗四祖陈楠的唯一传世文集，是研究陈楠内丹理论和南宗修道思想的重要文献。由于陈楠在金丹派南宗中的特殊地位，学界对《翠虚篇》的学术价值已经有了较多关注，盖建民先生《道教金丹派南宗考论》便是其中的代表著作。盖先生在书中详细介绍了《道藏》本《翠虚篇》的主要篇目，并以此为基础分析了陈楠的内丹思想。① 但是总的来说，学界对于陈楠《翠虚篇》的研究还有待深入，尤其缺乏对其成书过程、版本源流等文献问题的探讨。本文即从《翠虚篇》的有关记载和现存版本为切入点，拟探究《翠虚篇》的早期成书与版本流变情况，以期引起学界对于《翠虚篇》相关文献问题的重视。

---

* 本文系国家社科基金重大项目"中国宗教文学史"（项目编号：15ZDB069）的阶段性研究成果。
① 盖建民：《道教金丹派南宗考论》，社会科学文献出版社，2013，第121～123页。

一 《翠虚篇》的现存版本及其早期成书

《翠虚篇》现存主要有四个版本。其一为元明间涵蟾子辑《诸真玄奥集成》所收《翠虚篇》（简称《集成》本）。《诸真玄奥集成》被收入明嘉靖十七年（1538）周藩所刻《金丹正理大全》，《四库全书存目丛书》子部第 260 册收有影印本；又被收入明万历十九年（1591）金陵阎氏所刻《道书全集》，《续修四库全书》子部第 1295 册收有影印本。《道书全集》又有《海王村古籍丛刊》影印本（中国书店，1990）和《三洞拾遗》选刊本（黄山书社，2005）。① 其二为明《正统道藏》太玄部"妇"字号所收《翠虚篇》（简称《道藏》本）。《中华道藏》第 19 册亦收有《翠虚篇》，乃是根据《正统道藏》本标点，故不作为新版本著录。其三为清乾隆年间董德宁所辑《翠虚篇》（简称董德宁辑本）。该书最早被收入董德宁所编道教丛书《道贯真源》，后被收入《道藏精华录》第八集和《道藏精华》第一集之六。其四为清光绪年间《重刊道藏辑要》奎集所收《泥洹集》（简称《辑要》本）。由于陈楠号泥丸，亦作陈泥洹，故《泥洹集》即《翠虚篇》。这四个本子中有三个本子存有王思诚序，唯董德宁辑本删去了王序。其实通过比较各本的篇目构成和顺序可以发现，这四个本子都应该脱胎自王序本《翠虚篇》。现存《翠虚篇》诸本的篇章结构和顺序如下。

《集成》本：《王思诚序》《紫庭经》《丹基归一论》《水调歌头·赠九霞子鞠九思》《鹊桥仙·赠蛰虚子沙道昭》《真珠帘·赠海南子白玉蟾》《金丹诗诀》

《道藏》本：《王思诚序》《紫庭经》《大道歌》《罗浮翠虚吟》《丹基归一论》《水调歌头·赠九霞子鞠九思》《鹊桥仙·赠蛰虚子沙道昭》《真珠帘·赠海南子白玉蟾》《金丹诗诀》

董德宁辑本：《紫庭经》《丹基归一论》《罗浮翠虚吟》《金丹诗诀》《水调歌头·赠九霞子鞠九思》《鹊桥仙·赠蛰虚子沙道昭》《真珠帘·赠海南子白玉蟾》

《辑要》本：《王思诚序》《翠虚吟》《紫庭经》《丹基归一论》《水调歌

---

① 《金丹正理大全》本《诸真玄奥集成》和《道书全集》本《诸真玄奥集成》并无文字内容上的差异，仅在刊刻版式上略有不同。周藩《金丹正理大全》本《诸真玄奥集成》半页 10 行，行 21 字，字迹较为清晰；阎氏《道书全集》本《诸真玄奥集成》半页 11 行，行 22 字，字迹较为模糊。

头·赠九霞子鞠九思》《鹊桥仙·赠蛰虚子沙道昭》《真珠帘·赠海南子白玉蟾》《金丹诗诀》

从以上篇目组成来看，《集成》本比其他各本缺少了《翠虚吟》；《道藏》本比其他各本多出了《大道歌》；董德宁辑本则删去了王思诚的序言，并将各篇的顺序进行了少许调整。相比较而言，《辑要》本《翠虚篇》是篇目构成和顺序较为固定的本子。从各本刊行时间来看，《集成》本和《道藏》本属于明刊本，董德宁辑本和《辑要》本属于清刊本，明刊本一般当早于清刊本。下面将结合《翠虚篇》的早期成书来分析其版本情况。

《翠虚篇》成书和流传的时间相当早，大约可以上推至陈楠水解后不久。南宋陈与行《跋陈泥丸真人〈翠虚篇〉》云："（陈楠）平生著述有《紫庭经》，察判潘公景良锓传；《翠虚篇》，真息予（按：当为子）王公思诚续编之。"[1] 陈氏此跋的落款为"嘉定丁丑（1217）六月初伏日"[2]，这说明《翠虚篇》的成书时间不晚于嘉定丁丑（1217），且《翠虚篇》的编纂者正是序者王思诚。据《历世真仙体道通鉴》卷四十九《陈楠传》，陈楠水解于南宋嘉定六年（1213），一说嘉定四年（1211），嘉定丁丑（1217）距陈楠水解仅有数年，王思诚本《翠虚篇》当即编于陈楠水解后不久，故王思诚所编《翠虚篇》当为该书最早版本（简称王思诚本）。陈与行跋中所言王思诚"续编之"的意思，应是相对潘景良所刊《紫庭经》而言，并非在王思诚前已有《翠虚篇》传世。除了王思诚所编的《翠虚篇》外，陈楠还有《紫庭经》和《翠虚吟》两篇单行文献。《紫庭经》先为潘景良所刊，又收于《修真十书·杂著指玄篇》卷三。《翠虚吟》是陈楠秘授白玉蟾的歌诀，后被收入《海琼白真人语录》卷四，又收入明彭好古《道言内外秘诀全书·歌类》，又见附于清闵一得《古书隐楼藏书·还源篇阐微》卷九。

王思诚本《翠虚篇》的篇目构成是怎么样的？其中是否已经包含《紫庭经》和《翠虚吟》？毕竟陈楠的这两篇作品曾经独立流传。从陈与行《翠虚篇》的跋语来看，潘景良刊印了《紫庭经》，而王思诚续编了《翠虚篇》。细细体会陈与行的语意，王思诚本《翠虚篇》当已包含《紫庭经》。而且存有王思诚序言的三个《翠虚篇》版本，均收录了《紫庭经》，这说明王思诚本《翠虚篇》亦当收有《紫庭经》。而《翠

---

① （宋）白玉蟾：《白真人全集》卷八，《道藏精华》第十集之二，台湾：自由出版社，1990，第1164页。

② （宋）白玉蟾：《白真人全集》卷八，第1165页。

虚吟》的情况则有所不同。从存有王思诚序言的三个《翠虚篇》版本来看，除去《道藏》本的《大道歌》乃误收唐代元阳子的诗歌外，[①] 其他篇目的排列顺序基本固定，唯《翠虚吟》的收录和排列变动最大。《集成》本没有收录《翠虚吟》，《道藏》本《翠虚吟》在《紫庭经》之后，《辑要》本《翠虚吟》在《紫庭经》之前。所以可以推测，王思诚本《翠虚篇》并未收录《翠虚吟》，《道藏》本和《辑要》本乃是后期刊入了《翠虚吟》，所以导致了其篇目排列顺序的不一致。而且后世记载也常常将《翠虚吟》单独列出，如元赵道一《历世真仙体道通鉴》卷四十九《陈楠传》载："有《翠虚妙悟全集》行世，及作《罗浮翠虚吟》以丹法授琼山白玉蟾。"[②] 明王圻《续文献通考》卷一百七十九《经籍考》亦载："有《翠虚妙悟全集》行世，及作《罗浮翠虚吟》。"[③] 这里的《翠虚妙悟全集》应该就是《翠虚篇》的别名，否则不应该仅提及《翠虚妙悟全集》，而遗漏陈楠更著名的著作《翠虚篇》。王思诚本《翠虚篇》既然和《翠虚吟》并称于世，则王思诚本《翠虚篇》应当未收录《翠虚吟》。

王思诚本《翠虚篇》未收《翠虚吟》也在情理之中，因为王本《翠虚篇》的成书时间早于嘉定丁丑（1217），而《翠虚吟》的创作和传授时间为嘉定壬申（1212），后又仅在白玉蟾师徒之间秘密流传，直到随《海琼白真人语录》公之于世，所以王思诚编《翠虚篇》时很可能未见过《翠虚吟》，更不要说将《翠虚吟》编入《翠虚篇》了。结合以上论述，我们推测王思诚本《翠虚篇》已收《紫庭经》，但未收《翠虚吟》。如果这一推测成立的话，那么在《翠虚篇》现存的四个版本中，《集成》本《翠虚篇》应该最接近王思诚本的原始面貌。

二 《翠虚篇》现存版本产生的时间顺序

理清《翠虚篇》现存各个版本出现的时间顺序，是梳理《翠虚篇》版本传承关系的关键所在。前文已经结合《翠虚篇》的早期成书推测了《集成》本

---

① 《大道歌》乃唐代外丹家元阳子所作，见收于《元阳子金液集》和《还丹歌诀》两书中。元阳子此诗被成书于唐末五代的《金液还丹百问诀》引用，远早于成书南宋的陈楠《翠虚篇》，所以《翠虚篇》中的《大道歌》乃系误收。这点元代俞琰亦有清楚的认识，其《周易参同契发挥》曾多次引用《大道歌》一诗，皆引作"元阳子《大道歌》"，而非"陈泥丸《大道歌》"。

② （元）赵道一：《历世真仙体道通鉴》卷四十九《陈楠传》，《道藏》第5册，文物出版社、天津古籍出版社、上海书店，1988，第385页。

③ （明）王圻：《续文献通考》卷一百七十九《经籍考》，台湾：文海出版社，1979，第10773页。

《翠虚篇》更接近王思诚本原貌，下面我们还要进一步考察现存各版本产生的时间顺序。

（一）《集成》本《翠虚篇》早于《道藏》本

就现存的史料来看，《诸真玄奥集成》曾先后两次被刊印，最早的一次在嘉靖十七年（1538）。由此，《诸真玄奥集成》本《翠虚篇》的出现看似晚于正统十年（1445）修成的《正统道藏》本，但历史实情或许并非如此。原因在于《诸真玄奥集成》的编辑者涵蟾子，只要涵蟾子的生活年代早于正统年间，《集成》本《翠虚篇》的出现便要早于《道藏》本。涵蟾子遗留的文献记载不多，难以知晓其真实姓名。《集成》本《翠虚篇》题为"泥丸真人陈楠撰，紫霞山人涵蟾子编辑"①，据此可知涵蟾子号为紫霞山人。《（道光）遵义府志》卷四"紫霞山"条载："紫霞山在城北三十里，上阳子修炼处。按：上有明万历间邹志学为颠仙撰碑，云涵蟾子炼丹所。涵蟾岂即上阳乎？"②这条文献记载了遵义紫霞山有涵蟾子炼丹遗址，则此涵蟾子当为《诸真玄奥集成》的编辑者紫霞山人涵蟾子。但是涵蟾子即上阳子陈致虚的推测颇为随意，没有任何文献可以佐证。这点《（道光）遵义府志》的编辑者亦有清醒的认识，同书卷三十八《列传》虽将涵蟾子归入元人，却将其列在了陈致虚、李珏之后。该卷在涵蟾子的名号后还加以补证。

> 涵蟾子不知名姓及何许人。邹志学《紫霞山记》称："山去播南三十里，乃涵蟾子炼丹之地。"考明嘉靖间，周恭王睦㰂校刊《金丹正理大全》，其中彭晓《参同通真义》，陈显微《参同解》，陈致虚《参同分章注》，翁葆光、戴起宗《悟真注疏》，葆光《悟真直指详说》诸种，并题紫霞山人涵蟾子编辑，知涵蟾必在致虚之后，颠仙之前。前志失载，今补。③

《（道光）遵义府志》涵蟾子在陈致虚之后、颠仙之前的观点颇为准确。同书卷十一还收录了邹志学《紫霞石室碑》全文，此文即为纪念紫霞山颠仙而作，落款为"皇明正德十有四年岁在己卯（1519）"④。据邹氏文意，颠仙当仙逝于正德戊寅

---

① （元）涵蟾子：《诸真玄奥集成》，《四库全书存目丛书·子部》第260册，齐鲁书社，1995，第219页。
② （清）郑珍、莫友芝：《（道光）遵义府志》卷四《山川》，巴蜀书社，2013，第52页。
③ （清）郑珍、莫友芝：《（道光）遵义府志》卷三十八《列传》，第727页。
④ （清）郑珍、莫友芝：《（道光）遵义府志》卷十一《金石》，第188页。

（1518），即碑文撰写的前一年。该碑文又言："其山去播南三十里，地名高坪之北，乃涵蟾子炼丹之地也。"① 据此可知，颠仙逝世时涵蟾子当早已仙化，所留"炼丹之地"乃为遗迹。由此上推，涵蟾子的生活年代应该不会晚于 15 世纪中叶，《（道光）遵义府志》将涵蟾子归为元人或有所据。② 如此则《诸真玄奥集成》本《翠虚篇》的出现时间应该不晚于正统十年（1445）的《正统道藏》本。

从《诸真玄奥集成》的结构和内容来看，也能说明涵蟾子的生活年代早于正统年间，甚至可以追溯到元代中后期。《诸真玄奥集成》共有九卷，卷一为张伯端《金丹四百字》注解，卷二为石泰《还源篇》，卷三为薛式《还丹复命篇》，卷四为陈楠《翠虚篇》，卷五为龙眉子《金液还丹印证图》，卷六为白玉蟾《指玄篇》，卷七为萧廷芝《金丹大成集》，卷八为赵友钦《仙佛同源》，卷九为晋许逊《许真人石函记》。从内容上看，九卷内容皆可归属金丹派南宗文献。③ 从结构上看，每卷仅收录一人作品，各卷大致按时间顺序排列。除去托名许逊的《许真人石函记》外，赵友钦《仙佛同源》是该书所收的最晚文献。《仙佛同源》前有陈致虚序言，亦有陈致虚弟子车兰谷至元丁丑（1277）序言。据陈致虚序言文意，其序亦当作于至元丁丑（1277）。至元丁丑（1277）为元世祖忽必烈至元十四年，此时距元代至元八年（1271）建国仅仅 6 年，距元代至正二十八年（1368）覆亡尚有 91 年。因此，从《诸真玄奥集成》收录的文献下限来看，涵蟾子很可能就是元代中后期的南宗传人。盖建民先生《道教金丹派南宗考论》亦认为"涵蟾子为金丹派南宗道徒"，并推测他可能是龙眉子的徒裔。④ 如果可以确定涵蟾子为南宗后裔的话，那么他的生活年代便不会晚于元

① （清）郑珍、莫友芝：《（道光）遵义府志》卷十一《金石》，第 187 页。
② 《四库全书总目》卷一百四十七收有《诸真元奥集成》提要，并题为"明朱载堉编"。《续文献通考》卷一百八十五《经籍考》和《续通志》卷一百六十《艺文略》亦题"明朱载堉编"，《续文献通考》又注曰："载堉，明之宗室也。"这是将涵蟾子等同于朱载堉，并没有确切的文献依据。现存《诸真玄奥集成》诸版本均题为"涵蟾子"编辑，并没涉及所谓的朱载堉，也没有文献能证明涵蟾子就是朱载堉。《金丹正理大全》前有嵩岳山人周恭王朱睦㮮序言，《四库全书总目》等书应是将朱睦㮮误为朱载堉，并将朱载堉误为《金丹正理大全》中《诸真玄奥集成》的编辑者。
③ 其中《金液还丹印证图》前有王景玄跋语："此图系先师白蟾亲授，祖师龙眉子亲笔图述。"由此可知，龙眉子曾传此图于白玉蟾，其所授丹法当为南宗丹法。赵友钦乃是陈致虚之师，又曾受丹法于石泰，如《（雍正）江西通志》卷一百〇四"赵友钦"条载："一日于芝山酒肆逢修眉方瞳者，索酒酣饮，出丹书授之。别去，问姓名。曰：我扶风石得之也。"则赵友钦所传亦当为南宗丹法。盖建民先生《道教金丹派南宗考论》便将龙眉子和赵友钦皆纳入南宗谱系。《许真人石函记》虽未题作者，但其内容亦接近南宗丹法，明代王世贞在其《许真人石函记后》即有此判断："此函既为许真君所载，而中所构撰，皆不类晋人语。盖自张紫阳而后，陈泥丸、白紫清继之，俱以无碍之辨才，发性命之宗旨，一时门弟子模仿为之。"《弇州山人续稿》卷一百五十八，《明别集丛刊》第三辑第 38 册，黄山书社，2016，第 575 页。
④ 盖建民：《道教金丹派南宗考论》，第 538 页。

代后期，因为那时道教南北宗已经基本融合，便无所谓南宗徒裔之说。我们甚至可以做出更进一步的推测，那就是涵蟾子的生活时代离陈致虚不远。赵友钦乃是上阳子陈致虚之师，但其在南宗的历史地位远不如陈致虚。《诸真玄奥集成》收入赵友钦的作品，并续接于白玉蟾和萧廷芝后，显然有着宗派传承的意思，或许涵蟾子与赵友钦亦具有某种师承关系。然而，涵蟾子却未收入比赵友钦在后世影响更大的陈致虚，说明涵蟾子生活在与陈致虚相同或稍后的时代，此时陈致虚的道教地位尚未被充分接受。所以涵蟾子当为元代中后期的金丹派南宗传人，这和《（道光）遵义府志》涵蟾子为元人的观点吻合。

（二）《辑要》本《翠虚篇》早于董德宁辑本

董德宁主要活动在清乾隆年间（1736～1795）的后半期，其代表著作为《周易参同契正义》和《悟真篇正义》。这两书分别被萧天石先生《道藏精华》第一集之二和第一集之四收录，董德宁两书自序落款均为乾隆戊申（1788）。由此可以推知，董德宁辑本《翠虚篇》亦当成于乾隆后期。而《辑要》本《翠虚篇》的刊刻情况较为复杂，它与《道藏辑要》的编辑有着天然联系。目前学界关于《道藏辑要》的编纂过程主要有两种观点。一种观点认为《道藏辑要》的编辑经过三个阶段，第一阶段为康熙年间（1662～1722），彭定求从明《道藏》选出 200 种为《道藏辑要》；第二阶段为嘉庆年间（1796～1820），蒋元庭在彭定求《道藏辑要》的基础上，另外增补了明《道藏》以外的道书 79 种；第三阶段为光绪年间（1875～1908），阎永和在蒋元庭《道藏辑要》的基础上，又新增道书 17 种，是为今天所见到的《重刊道藏辑要》。[1] 另一种观点则认为《道藏辑要》的编辑仅经过蒋元庭和阎永和两个阶段，并不存在彭定求编纂《道藏辑要》的历史事实。[2] 无论《道藏辑要》编纂的两种观点孰是孰非，它们都有一个相对一致的论证前提，即《道藏辑要》由明《道藏》所选道书和明《道藏》未收道书组成，而明《道藏》太玄部"妇"字号收有《翠虚篇》，所以《翠虚篇》的编入应该属于前者，即从明《道藏》中所选道书。从这个角度来看，《辑要》本《翠虚篇》应该远早于董德宁辑本，甚至可以归入到明代本之中。然而实际情况并非如此，经过对比我们发现，《道藏》本《翠虚篇》和《辑要》本

---

① 赵宗诚：《〈道藏辑要〉的编纂与增补》，《四川文物》1995 年第 2 期。
② 〔意〕莫尼卡著，万钧译《"清代道藏"：江南蒋元庭本〈道藏辑要〉之研究》，《宗教学研究》2010 年第 3 期。

《泥洹集》并非属于同一版本，除了这两个版本在名称上有出入外，它们的词句也有很大差异（详见下文考证）。所以对《辑要》本《翠虚篇》版本时间的考证，还需要找到更为直接有力的证据。而通过对清刊本《翠虚篇》避讳字的考察，则可以帮助我们做出进一步的判断。董德宁辑本《翠虚篇》已经开始避讳"丘"字（《金丹诗诀》"莫近邱坟秽污田"①），而《辑要》本《翠虚篇》尚未避讳"丘"字（《金丹诗诀》"莫近丘坟秽污田"②）。避讳孔丘之"丘"字为"邱"始于雍正三年（1725），《清文献通考》卷七十四载："嗣后除四书五经外，凡遇此字（按：指"丘"）并用'邱'字。"③由此可知，《辑要》本《翠虚篇》当成书于雍正三年（1725）以前，早于乾隆后期成书的董德宁辑本。而且《辑要》本《翠虚篇》"玄"字缺笔，乃是避康熙"玄烨"之讳，所以其当刊行于康熙元年（1662）以后。如果将《辑要》本《翠虚篇》的刊刻时间定在康熙年间的话，似乎又可以反证出彭定求在康熙年间纂集《道藏辑要》的事实，而且他在编纂《道藏辑要》时，并不是简单地选辑明《道藏》中已有的道书，而是对其版本进行了取舍和更换，当然这就超出了本文所讨论的范围。

三　《翠虚篇》现存版本之间的传承关系

在《翠虚篇》现存的四个版本中，《集成》本和《道藏》本属于明刊本，《辑要》本和董德宁辑本属于清刊本。且在明刊本中《集成》本早于《道藏》本，在清刊本中《辑要》本早于董德宁辑本。如欲理清这四版《翠虚篇》之间的版本传承关系，首先要解决的便是两个明刊本《翠虚篇》的关系。

（一）《集成》本和《道藏》本属于同一版本系统

由前文可知，《集成》本更接近王思诚所编《翠虚篇》的原貌，因此我们将以《集成》本为基准，来考察《集成》本与《道藏》本之间的关系。这种关系主要包括两个方面，即二者是否属于同一版本系统，二者之间是否存在传承关系。经过文字对比可以发现，《道藏》本和《集成》本当属于同一版本系统。我们做出这一判断的

① （宋）陈楠：《翠虚篇》，《道藏精华》第一集之六，第81页。
② （宋）陈楠：《泥洹集》，《道藏辑要》第14册，台湾：新文丰出版公司，1986，第6182页。
③ （清）乾隆官修《清文献通考》卷七十四《学校考》，《十通》，浙江古籍出版社，2000，第5541页。

原因有两个。首先，这两版《翠虚篇》有相同的误刊之处，如表1所举诸例。

表1 《翠虚篇》之《集成》本与《道藏》本相同误刊之处举例

篇目	《集成》本	《道藏》本	董德宁辑本	《辑要》本	备注
王思诚序	虽欲寻出生死一路，若蝇钻窗然，不觉忽及出矣。	虽欲寻出生死一路，若蝇钻窗然，不觉忽及世矣。	无	虽欲寻出死生一路，若蝇窗钻然，不觉忽又出矣。	当从《辑要》本作"又出"，《集成》本与《道藏》本均将"又"字误为"及"字。
	周天星禽，无出乎斗。	周天星禽，无出乎斗。	无	周天星宿，无出乎斗。	当从《辑要》本作"星宿"，《集成》本与《道藏》本均将"宿"字误为"禽"字。
丹基归一论	朱砂水银，乃黄芽白雪之骨也；丹砂秋石，乃白金黑锡之由也。	朱砂水银，乃黄芽白雪之骨也；丹砂秋石，乃白金黑锡之由也。	朱砂水银，乃黄芽白雪之骨也；丹砂秋石，乃白金黑锡之苗也。	朱砂水银，乃黄芽白雪之骨也；丹砂秋石，乃白金黑锡之苗也。	当从董德宁辑本和《辑要》本作"之苗"，《集成》本与《道藏》本均将"苗"字误为"由"字。

由上表可以看出，《集成》本和《道藏》本均因为形近，将"又""宿""苗"三字，误刊成了"及""禽""由"，从而导致了诗文句意理解的障碍。从通常的情况来看，二者偶然出现三字同时误刊的概率不大，原因更可能是这两版《翠虚篇》属于同一版本系统，二者都延续了同一版本的错误。

其次，除了以上所举共同的误刊之处外，这两个本子还有一些其他的文字差异，但是这种文字差别或是因为形近，或是因为音近，或是因为漏刊，都属于书籍刊刻流传中的正常现象，像《道藏》这种成于众人之手的大型丛书更是如此，因此出现部分误刊并不足以否认二者属于同一版本系统。现列举例证如下。（表2）

表2 《翠虚篇》之《集成》本与《道藏》本合理差异之处举例

篇名	《集成》本	《道藏》本	备注
王思诚序	所禀之性，故有汞铅水火之名；所成之象，故有丹砂玄珠之号。	所禀之性，故（有）汞铅水火之名；所成之象，故有丹砂玄珠之号。	漏刊
紫庭经	紫芝一服常童颜，满身浑似白乳花。	紫芝一服常童颜，满身浑是白乳花。	音近
丹基归一论	道即金丹也，金丹即道也。	道即金丹也，金丹即是也。	形近
金丹诗诀	若无同志相规觉，时恐炉中火候非。	若无同志相亲赏，时照炉中火候非。	形近

《集成》本与《道藏》本的这种文字差别还有一些，限于篇幅原因不再一一列举。但是这些文字差异是刊刻流传中不可避免的，这也正是两者的版本价值和校勘意义所在。从相反的角度来看，正是因为两个版本的不同之处多是误刊造成的，它们之间并没有实质性的版本差异，所以才更能说明两者属于同一版本系统。

既然《集成》本和《道藏》本属于同一版本系统，且《集成》本出之在前，《道藏》本出之在后，那么《道藏》本是否直接继承于《集成》本呢？答案似乎是否定的，原因在于《道藏》本多出了《翠虚吟》和《大道歌》两篇，而元初的俞琰就已见过收有《大道歌》和《翠虚吟》的《翠虚篇》本子了。俞琰《席上腐谈》卷下曰："陈泥丸《翠虚篇》亦是玉蟾所作，其首篇数首诗，皆元阳子诗，其后《紫庭经》《罗浮吟》《归一论》与《武夷》等集，如出一手。"① 俞琰所说《翠虚篇》中的元阳子诗即《大道歌》，俞琰曾在《周易参同契发挥》中多次引用《大道歌》，皆引作"元阳子《大道歌》云"。由此可知，俞琰见到的《翠虚篇》本子就已经包括了《大道歌》和《罗浮翠虚吟》，这已经十分接近《道藏》本的文献构成了。所以《道藏》本很可能直接来源于俞琰所见本《翠虚篇》（简称俞琰所见本）。据钦伟刚《俞琰生年卒年考》，俞琰生于南宋宝祐五年（1257）前后，并至少活到了元代泰定元年（1324）。② 则俞琰的生活年代略早于陈致虚（1290～?），自然也就早于涵蟾子，所以俞琰所见本《翠虚篇》当在《集成》本之前。这样《道藏》本《翠虚篇》便不太可能直接来源于《集成》本，而是直接来源于俞琰所见本，其版本关系如下图所示。

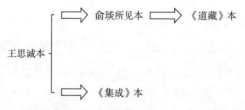

图 1　《翠虚篇》《道藏》本与《集成》本关系图

俞琰所见本《翠虚篇》现在已经散佚了，其篇目收录情况应和《道藏》本相似。就现存的《集成》本和《道藏》本来看，《集成》本《翠虚篇》的优点在于接近原貌，同时文字内容较为准确，所以后世《翠虚篇》多以此本为底本；而该本的缺点

---

① （元）俞琰：《席上腐谈》卷下，中华书局，1985，第 20 页。
② 钦伟刚：《俞琰生年卒年考》，《宗教学研究》2008 年第 2 期。

则在于未收陈楠的名篇《翠虚吟》。《道藏》本《翠虚篇》的优点在于搜罗全面，与《集成》本相比补入了《翠虚吟》；该本的缺点则在于文字错讹较多，而且误收了元阳子的《大道歌》。

（二）《辑要》本和董德宁辑本均源于《集成》本

《辑要》本和董德宁辑本均属于清刊本，在考察清刊本《翠虚篇》的传承关系时，同样有两个方面需要注意：一方面要考察清刊本与明刊本之间的版本关系，另一方面还要考察两个清刊本之间的版本关系。我们首先关注清刊本与明刊本之间的版本关系。经过与《集成》本和《道藏》本比较可以发现，《辑要》本和董德宁辑本都更接近于《集成》本，而非《道藏》本。这一推断的证据主要来自两方面。第一，它们都与《集成》本的文字更为相近。（表3）

表3　《翠虚篇》之《辑要》本、董德宁辑本与《集成》本相同之处举例

篇目	《集成》本	《辑要》本	董德宁辑本	《道藏》本
紫庭经	香甜清爽遍舌端，吞之服之入五内。	香甜清爽遍舌端，吞之服之入五内。	香甜清爽遍舌端，吞之服之入五内。	香甜清爽透舌端，吞吞服服入五内。
	分明指示无多语。年中取月不用年。	分明指示无多语。年中取月不用年。	分明指示无多语。年中取月不用年。	分明指示无两语。年中采月不用年。
	十月火侯圣胎圆，九转七返相回旋。	十月火侯圣胎圆，九转七返相回旋。	十月火侯圣胎圆，九转七返相回旋。	十月火侯圣胎仙，九转九朔相回旋。
丹基归一论	其实阴阳二字，是皆一物也。	其实阴阳二字，是皆一物也。	其实阴阳二字，是皆一物也。	其实阴阳二字也，是皆一物。
金丹诗诀	火里栽莲解发花。	火里栽莲解发花。	火里栽莲解发花。	火里红莲解发花。
	炼成金液玉神丹。	炼成金液玉神丹。	炼成金液玉神丹。	炼成玉液玉神丹。
	分明有个长生药。	分明有个长生药。	分明有个长生药。	分明有个长生草。
	斗星相对射高天。沐浴须教金体坚。	斗星相对射高天。沐浴须教金体坚。	斗星相对射高天。沐浴须教金体坚。	星斗相对射高天。沐浴要教金体坚。
	炼此紫河车地动。	炼此紫河车地动。	炼此紫河车地动。	炼到紫河车地动。

从上表可以看出，《辑要》本和董德宁辑本与《道藏》本相比有着较多的文字差异，而更加贴合《集成》本的文字内容，这说明《辑要》本和董德宁辑本均当来源于《集成》本，而非《道藏》本。

第二，如果《辑要》本和董德宁辑本来自《道藏》本的话，则其中的《翠虚吟》亦应该来自《道藏》本。而如果《辑要》本和董德宁辑本来自《集成》本的话，则其中的《翠虚吟》就需要据他本补入，因为《集成》本尚未收入《翠虚吟》。而事实上，《辑要》本和董德宁辑本的《翠虚吟》正是据明代彭好古《道言内外秘诀全书》补入的，如此则更能证实《辑要》本和董德宁辑本均来自《集成》本。且看如下各版《翠虚吟》的文字对比。（表4）

表4　《翠虚吟》之《辑要》本、董德宁辑本与《秘诀全书》本相同之处举例

《秘诀全书》本	《辑要》本	董德宁辑本	《道藏》本
天地何异一浮沤。	天地何异一浮沤。	天地何异一浮沤。	天地何处一沙鸥。
不假作想并行持。	不假作想并行持。	不假作想并行持。	不假想化并行持。
行坐寝食总如如，惟恐火冷丹力迟。	行坐寝食总如如，惟恐火冷丹力迟。	行坐寝食总如如，惟恐火冷丹力迟。	行坐寝食总如之，性恐火冷丹力迟。
子生孙兮孙又枝。	子生孙兮孙又枝。	子生孙兮孙又枝。	子生孙了又孙枝。

由以上对比可以看出，《辑要》本《翠虚吟》和董德宁辑本的文字比较接近，它们应当属于同一版本系统。而将这二者与《道藏》本和《道言内外秘诀全书》本《翠虚吟》比较，则它们来自《道言内外秘诀全书》本便十分明显了。尤其是《辑要》本《翠虚吟》与《道言内外秘诀全书》本相比仅数字之差，而且多为误刊字。董德宁辑本《翠虚吟》虽然和《道言内外秘诀全书》本相比异文稍多，但也远远少于和《道藏》本相比的异文数量，而且这些异文多为董德宁自己的校改，并非实质性的版本差异。既然《辑要》本和董德宁辑本《翠虚吟》并非来自《道藏》本，那么《辑要》本和董德宁辑本《翠虚篇》亦非来自《道藏》本，而只能是来自《集成》本。从传播学的角度来看，《正统道藏》作为官修巨型丛书，它的流传十分不便，传播广度自然有限。而《诸真玄奥集成》曾先后两次刊刻，分别为嘉靖十七年（1538）周藩所刻、明万历十九年（1591）金陵阎氏所刻，这说明《诸真玄奥集成》在官、私刻书系统都有着广泛影响，所以其流传程度自然广于《正统道藏》。如此则《辑要》本和董德宁辑本来源于《集成》本，而非《道藏》本，就不足为怪了。

《翠虚篇》的两个清刊本来自《集成》本系统几乎可以确定，现在我们来思考另外一个问题，即《辑要》本《翠虚篇》和董德宁辑本《翠虚篇》二者之间的关系。《辑要》本既然早于董德宁辑本，二者又同属于《集成》本系统，则《辑要》本直

接来自《集成》本当无疑问。现在需要考虑的是，董德宁辑本是直接源于《集成》本，还是直接来自《辑要》本。我们认为董德宁辑本乃直接来自《集成》本，而非《辑要》本。其主要原因有两个。首先，董德宁辑本多与《集成》本文字相符，而与《辑要》本差异较大。其例如下。（表5）

表5　《翠虚篇》董德宁辑本与《集成》本相同之处举例

篇名	《集成》本	董德宁辑本	《辑要》本
紫庭经	嫦娥已与斗牛欢。	嫦娥已与斗牛欢。	姮娥已与斗牛欢。
	神水湛湛华池净。	神水湛湛华池净。	神水湛湛华池静。
	金鼎满满龙精盈。	金鼎满满龙精盈。	金鼎满满龙津盈。
丹基归一论	此吾所以刻丹经之繁芜，标紫书之枢要。	此吾所以刻丹经之繁芜，标紫书之枢要。	此吾所以删丹经之繁芜，标紫书之枢要。
金丹诗诀	或在城中或在乡。	或在城中或在乡。	或在尘中或在乡。
	不会玄机药未成。	不会玄机药未成。	不会玄机药不成。
	志默忘言理最端。	志默忘言理最端。	志默忘言理自端。
	金木相逢坎电时。	金木相逢坎电时。	金木交滋坎电时。
	片月横空对鹊桥。	片月横空对鹊桥。	片月凌空对鹊桥。

其次，如果依然以《翠虚吟》作为参照对象，同样可以证明董德宁辑本《翠虚篇》并非出自《辑要》本。如果董德宁辑本出自《辑要》本，那么其《翠虚吟》亦当出自《辑要》本，而实际上董德宁辑本《翠虚吟》亦直接出自明彭好古《道言内外秘诀全书》。试看以下例证。（表6）

表6　《翠虚吟》董德宁辑本与《秘诀全书》本相同之处举例

董德宁辑本	《秘诀全书》本	《辑要》本
其他有若诸旁门。	其他有若诸旁门。	其他有如诸旁门。
涕唾津精气血液，只可接助为阶梯。	涕唾津精气血液，只可接助为阶梯。	涕唾津精气血液，只是接助为阶梯。
九转工夫月用九。	九转工夫月用九。	九转工夫日用九。
所以口口密相传。	所以口口密相传。	所以口口出相传。
速须下手结胎仙。	速须下手结胎仙。	速归下手结胎仙。

以上例证说明，董德宁辑本《翠虚吟》文字更加接近《道言内外秘诀全书》本，而非《辑要》本。由此我们可以证明，董德宁辑本《翠虚篇》越过了《辑要》本，

直接以《集成》本作为底本，并配以《道言内外秘诀全书》本《翠虚吟》。《道藏辑要》作为继明《道藏》之后的又一大型道教丛书，它在清代光绪年间以前的流通十分有限，所以难以为一般人士寓目，这或许是董德宁越过《辑要》本的一个重要原因。

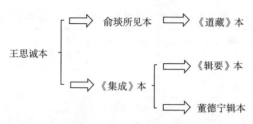

图2　《翠虚篇》现存版本传承关系图

综上所述，《翠虚篇》现存版本的传承关系如图2，两个明刊本《翠虚篇》之《集成》本和《道藏》本属于同一版本系统，它们均以王思诚所编本《翠虚篇》为源头，但是它们二者相互之间并没有直接继承关系。两个清刊本《翠虚篇》之《辑要》本和董德宁辑本之间亦没有直接继承关系，它们均直接来源于明刊本中的《集成》本，而其中的《翠虚吟》则补自《道言内外秘诀全书》。《集成》本《翠虚篇》乃是多数版本所依据的底本，因而《集成》本最具版本价值。《辑要》本和董德宁辑本《翠虚篇》虽为后出版本，但其文字内容并非完全与《集成》本相同，它们在刊刻的时候均有一定程度的校改，因而也都具有较高的校勘价值。《道藏》本《翠虚篇》则是现在学界使用较多的一个版本，但此版本存在不少文字错讹，需要引起注意。只有梳理清楚《翠虚篇》的版本流变情况，并综合校对各个版本的文字异同，才能更加准确地分析《翠虚篇》的思想内容。

（责任编辑　王皓月）

道教研究的传承与创新
——道教思想与文献学术研讨会综述

马 杰

摘要：文章对 2021 年 10 月 15 日在北京举办的一场学术研讨会进行了综述，从道教
文献的考证和研究、道教思想研究、道教仪式与人物研究等方面总结了本次研讨会的
研讨主题和学术成果，而会议主旨是为了道教学术研究的传承与创新。

关键词：道教 文献 敦煌 王卡

作者简介：马杰，中国社会科学院大学世界宗教研究系博士生。

2021 年 10 月 15 日，由中国社会科学院世界宗教研究所道教与民间宗教研究室、
中国社会科学院道家与道教文化研究中心、中国人民大学佛教与宗教学理论研究所联
合主办的"道教思想与文献学术研讨会"在北京召开。来自中国社科院、中国人民
大学、国家图书馆、北京师范大学、中国政法大学、知识产权出版社、社会科学文献
出版社、山东大学、擘雅研究院等单位的 20 多位学者参与了会议，中国社会科学院
大学、中国人民大学以及中央民族大学多位硕博研究生参与旁听。

会议开幕式由中国人民大学姜守诚教授主持，全国人大常委、中国社会科学院学
部委员卓新平研究员，恒源祥集团创始人、擘雅集团董事长刘瑞旗先生，世界宗教研
究所道教与民间宗教室主任汪桂平研究员分别在开幕式上致辞。

卓新平研究员认为，目前对道教思想的研究需要加强，这样才符合我们文化大国
的身份和地位。道教思想发展过程中留下了丰富的文献，研究这些道教文献也是我们
探讨道教思想的重要方式。并指出道教思想文献研究不要孤芳自赏，应该走开阔的道
路，让世界认识中国，道家道教思想文化就是一个重要的窗口。卓新平研究员同时提
到了宗教中国化的问题，认为道教作为我国土生土长的宗教，也有一个中国化的责
任，那就是弘扬中国的传统文化，把道家的思想向全世界彰显出去，亦是道教中国化

的重要意义。

刘瑞旗先生在致辞中强调了文化品牌的重要性，认为文化是一种习惯，习惯来自天、地、人、宗教制度（信仰）。他通过探讨文化从哪里来、到哪里去来讨论文化品牌的重要性，认为文化品牌是为了世界人民的生活更美好。

汪桂平研究员在致辞中表达了举办道教思想与文献学术研讨会的初衷：一方面是对王卡先生在道教思想和文献研究领域所做巨大贡献的致敬和缅怀，另一方面是作为后来学者希望能够继承和弘扬老一辈学者开创的学术传统；同时也是希望通过一些学术活动，让年轻人能够参与进来，薪火相传，从而不断拓展道教研究的新视野、新方法、新领域。

受疫情的影响，能够举办线下研讨会实在难得。会议规模受到了限制，但是并不影响学者们的交流与讨论。在研讨会上，各位专家学者的发言紧扣会议主题，以道教思想和道教文献为核心，进行了高水平的学术研讨与交流，同时还有一些新的研究视角作为补充，使得此次研讨会大放光彩。

一　道教文献的考证与研究

本次研讨会的重要主题是道教文献的梳理与研究，而新近出版的王卡先生主编的《敦煌道教文献合集》（第一册、第二册），更成为本次会议的热点话题，与会专家充分肯定了《敦煌道教文献合集》的重要学术价值，以及其对以后相关研究的指导意义。大家还回忆了王卡先生的学术贡献、学术品德、治学方法，如章伟文教授回忆了跟随王卡先生进行道教文献整理的往事，认为王卡先生对道教学术研究的热爱、认真甚至是痴迷的态度深刻启发了自己走上道教文献研究的道路。王卡夫人尹岚宁女士在会上深情回忆了王卡先生生前做道教研究过程中的几件逸事，并将已出版的王卡先生主编的《敦煌道教文献合集》（第一册、第二册）分别赠与擘雅研究院和中国人民大学以表纪念。

与会学者有几位是王卡先生的学生，他们接续老师的学术传统，在会上发表了与敦煌道教文献相关的学术论文。

社科文献出版社的胡百涛博士做了《从王卡先生的道经点校看道教文献整理工作》的发言，胡博士梳理了王卡先生整理道经的方式。（一）点校：通过对校、他校、本校和理校四个方面入手；（二）注解；（三）辑佚；（四）复原；（五）比附：

配本；（六）影印。除此之外，胡博士还提出了道教文献整理的细节：包括用字方面的异构字、异写字和多义字、同形字，认为要慎改异构字；而在文书格式方面，要注意文书的抬头和特征。最后对道教文献的整理工作和方法进行了总结，认为在道教文献整理工作中还存在一定的混乱，比如科仪文本标点混乱、专业术语不规范以及版本藏本的问题；做这方面工作时还需要进行精校，同时需要同步到位的注解；还有就是利用现代化手段对相关的道教文献进行影印与电子化。

山东大学张鹏副教授在《从敦煌本〈雌一经〉的缀合谈王卡先生敦煌道教文献研究》的发言中，梳理了《雌一经》的内容及文献来源，指出其是以"雌一洞房三素元君"神灵谱系为核心，配合修行《大洞真经》之法术的选编集；同时通过对羽612A→羽614＋石060＋羽612B→羽612C之间的缀合与对比，认为王卡先生在大渊忍尔先生的基础上，把对敦煌道教文献的整理与研究推到了一个新的高度。《目录》在道教写卷著录的增加、残片的缀合以及定名的准确性，都超过了大渊忍尔先生的《目录编》；而《合集》则在释文的准确性方面超越了大渊忍尔先生的《图录编》。

易宏博士在会议上进行了《洞渊神咒斋仪考论——以敦煌本〈太上洞渊三昧神咒大斋仪〉考察并探相关天文意象与实象》的发言，概述了洞渊神咒斋仪，并对敦煌写本《太上洞渊三昧神咒大斋仪》的经卷进行了整理和对其写本的成立进行了考证。易宏将《太上洞渊三昧神咒大斋仪》和另几部洞渊（神咒）类道经进行对比发现《神咒斋清旦行道仪》最为详尽，进而推测《神咒大斋仪》可能遗失了大量前部仪文。易宏对道经中的"洞""渊"进行了训诂学考究，并对洞、渊真意及其同北极（星）、银河以及水源北（极）说的关联进行了试探性的讨论。

除了对敦煌道教文献的梳理和讨论之外，与会学者还从不同的文献材料出发，进行了相关的梳理与论证，使得此次研讨会的内容更加丰富。

汪桂平研究员《北京广福观明代史事考论》的发言，利用新发现的碑刻文献，对位于北京市西城区烟袋斜街的广福观进行了考证。广福观始建于明代天顺初年，距今已有近600年的历史，明清至民国时期，一直是北京内城著名的道教宫观。汪桂平研究员根据广福观内近年发掘出的石碑碑阴的文字记载和之前相关的石碑拓片及其他相关的文献史料，考证了广福观的明代史事，厘清了一些历史疑误，认为北京广福观的创建时间并非介绍牌上所写的明天顺三年，而应为碑文上记载的明天顺元年；对于广福观的功能，也并非现如今所说的为当时道录司所在，而是孙道玉创立的别院，性质是子孙庙。除此之外，作者还考证出，广福观的名称其实一直未变，《北京内城寺庙碑刻志》中认为广福观明时似曾名大德观的观点有误。

中国社会科学院李志鸿研究员做了《清刊本〈治国兴家增福财神宝卷〉新探》的发言，以流行于华北地区的拜神宝卷为中心，对道教与民间宝卷的关系进行了深入的探讨，他指出，道教与民间宝卷关系密切，目前学术界鲜有针对道教与民间宝卷相互关联的研究。道教的神明信仰、哲学思想、内丹炼养、斋醮仪式都深深渗透到众多宝卷之中，其中道教的内丹术及斋醮仪范对宝卷的影响最大。从神明信仰、哲学思想、内丹炼养、斋醮仪式等诸多方面入手，深入解读道教对民间宝卷的影响，必然有助于对道教与民间宗教的深入研究。道教神明宝卷种类众多，不仅在明清时期的民间宗教经卷中广泛流传，且在当代河西、江浙、闽赣等地的宣卷仪式中流布广泛。此类宝卷是研究道教神明信仰在民间传播的重要资料。借助于对此类宝卷的研究，也能进一步理解道教神灵谱系的多样性、综合性、开放性，以及道教的区域性表现。道教哲学是民间宝卷的重要思想来源。

中国人民大学张雪松副教授做了《汉魏时期佛道混同的另一证据——从佛道交涉的角度反思署名刘向〈列仙传〉叙赞中提及"佛经的问题"》的发言，通过对相关文本进行细致的比较和研究，提出了汉魏时期佛道关系的新观念。

中国社会科学院王皓月副编审在会议上就灵宝经的授受与分类进行了再考，认为通过对灵宝经的分类可以倒推灵宝经的编撰方式，明确了一般所谓"元始旧经"其实有紫微宫元始旧经和元始旧经出世经之分，由于灵宝经是镶嵌式接构，紫微宫元始旧经是元始旧经出世经的"经中之经"。由此推测认为，灵宝经在不断地改变过程中，后来的编者利用了原有的符咒等，加入了后来的新思想，形成了新的经典，并成为灵宝经主要的编撰方式。

李政阳在会议上发表了《对宋本〈度人经〉相关问题的初步考察》一文，分别从宋本《度人经》的文本、作者和重要概念三个方面对宋本《度人经》的相关问题进行了考察和界定。作者首先梳理了前人对于宋本《度人经》的相关研究，然后对现存两个宋本《度人经》的目录之间的差异进行了对比，最后总结了宋本《度人经》的后世影响。认为《度人经》在脱出古灵宝经界限之后，由一部功能性道经逐渐发展为以本经为核心的《度人经》文献群；作为地位最高、篇幅最长、注本最多的经典，经历了两次以"由术及道""裂道为法"为特征的思想转型，逐渐演变成一个包含"体""相""用"的完整思想体系。

二 道教思想研究

道家道教思想作为中国传统文化的重要组成部分，在中国传统文化与思想几千年的发展过程中，不断进步、充实而形成了一整套完整的道教思想理论体系，从而在中国思想史上有着不可替代的地位。

本次研讨会中，多位专家学者对于道家道教思想研究展开了精彩的发言与交流。

中国社科院张利民研究员在《文化变革的歧路与道教研究的新开拓》的讲话中，梳理了中国的现代化运动艰难曲折的推进过程，并从文化结构和层次做了阐释，认为在不同的历史时期，政治、经济与文化都有着不同的热点且相互之间有着纷杂的关系；张利民研究员举改革开放初期河北地区道教的现状为例，认为如何协调宗教与政治的关系是一个值得我们研究的问题。

中国社科院曾传辉研究员在其《向社会主义过渡时期的中国道教思想》的发言中，梳理了 1950～1957 年社会主义过渡时期岳崇岱和陈撄宁两位领导人物的道教思想。岳崇岱 1956 年在中国政协会议上的发言中对道教进行了反思，并对道教的道统进行了表述，总结了"尊道贵德"等处世哲学，提出道教要在新的历史时期发挥新的积极作用；陈撄宁则将道教与佛教和藏传佛教进行区别，提出"仙学"是区别于现代社会狭义科学的道教科学。

北京师范大学章伟文教授在《试论〈周易参同契〉的丹道理论》的发言中，对《周易参同契》的丹道和养生思想进行了详细的论述。

中国政法大学孙国柱教授发表了《〈太平经〉"共生"思想的现代意义》的文章，以《太平经》为例，探讨了早期道教经典的共生思想：《太平经》通过"元气自然说"和"三统共生说"的有机结合，构建了一套完整而深刻的宇宙论学说。他指出，《太平经》一方面注重人的以"承负说"为保障的自由，一方面将"乐"与"治"联系起来进行思考，提出了"乐怒吉凶诀""以乐却灾法"等富有特色的实践措施。

中国社科院刘志副研究员在会上《丹青之信——早期太平经写本特色及其政治思想意蕴》的发言，指出丹青之信体现了经书写本色彩与社会政治思想内容的统一，并且其是通过阴阳五行思想来完成的。认为丹青之信是古代君王治国的象征，以儒家之仁政爱民与黄老之学相结合，并凸显道教尊道贵生思想的一种政治理念与实践，底蕴深厚，颇具特色。

道教医学是近些年来道教研究领域一个新的热点，道教医学虽然是道教研究中的一个分支，但是其思想内容将道家思想与中国传统医术的理论与实践完美地结合在一起。中国社科院李贵海副研究员在会上进行了《李时珍水养思想研究》的发言，指出水是万物生命之源，而中医学素有水养传统，李贵海在发言中通过李时珍对经典文献分类细致、释名有据、详熟水性、精审水效、取水有方、用法考究及用水禁忌等几个方面的梳理，论述了李时珍对中医学水养传统的重视。

三　道教仪式与道教人物研究

道教仪式是道教思想体系的载体，是道教发展过程中最丰富最鲜活的环节。对道教仪式的研究，不仅可以梳理道教历史的发展，还可以在仪式的传承、发展与变形过程中看到道教在地方社会思想、文化之间的互动与交流。

中国人民大学姜守诚教授在会议上发表了《南台湾灵宝道坛拔度斋科中的诵经与宣卷》一文，首先对南台湾灵宝道坛荐亡法事中施用的经忏进行了统计，并对其中出现频率次数最高且仅限于台南地区流传的《度人经》进行了分析。其次对于台南地区特有的看宣《太上洞玄救苦宝卷》仪式，进行了文本分类和科仪九个节次的梳理。北宋以降，作为"诸经之首"的《度人经》及其逐渐形成的"灵宝大法"成为宋元道法实践的主流传统，结合对台南地区沿袭至今的宣诵《度人妙经》和看宣《太上洞玄救苦宝卷》两种科仪的田野调查，使我们得以管窥《度人经》在基层社会的传播与流变等情况；同时，在经典的流传过程中，正一派散居道士通常也会将一些重要的经书进行改编或二次创作，这也恰恰是传统经典在道教仪轨实践中盛行不衰的原因。

宗教的兴盛与发展离不开重要人物在背后的推动，道教在漫长的发展历史过程中，几经兴衰。对道教相关任务的研究，使得我们能够更加深刻地认识到在不同的历史发展阶段，关键人物对于宗教发展的影响。

知识产权出版社刘江副编审在《道君皇帝与林灵素》的发言中，对道君皇帝宋徽宗问召高道、亲自创建云篆体"通真达灵先生"以及下诏称自己为道君皇帝等一系列的崇道行为进行了梳理，认为宋徽宗需要提振官员和民众的士气，提高自己的威望来稳固自己的统治，而恰巧林灵素的神霄理论将宋徽宗吹嘘为上帝之子长生大帝君，将宋徽宗置于政权、神权、教权之首的地位，满足了其权力欲望；同时林灵素在完成道教"神使"的历史使命之后难免最终被贬黜的命运。

经过一天四场的交流与讨论，"道教思想与文献学术研讨会"圆满结束，各位专家学者在论述自己相关研究的基础上，互相进行了深入的讨论与交流，就道家道教思想、道教文献以及道教仪式、人物研究等问题提出了新问题、新观点、新方法，取得了良好的效果。目前，学术界关于道教思想与文献的研究虽然取得了巨大的成就，但仍需不断探索，正如卓新平研究员所说：道教思想文献的研究，既是一个过去时，也是现在进行时，还是一个未来时，对中国思想文化的拓展，道教思想文化在中间是一个重要的地位，也有义不容辞的责任。

道教是中国本土宗教，是中国传统文化的重要组成部分。弘扬中华优秀传统文化、推动道教学的学术研究，是我们的时代使命。正如汪桂平研究员在致辞中所说，此次学术活动的主旨是在继承老一辈学者开创的学术传统的基础上，继往开来，拓展创新，以推动道教学科的基础研究与理论建设，推动中国特色的宗教学科体系、学术体系和话语体系的建设。

历史钩沉

宋元道教科仪中的"直符"神[*]

姜守诚

摘要: "直符"制度是汉代官方保障各级行政机构正常运转的一项重要举措。汉代官方的"直符"制度及其神学化倾向对后世道教产生了深刻影响。宋元道门科仪文献中出现了数量众多的"直符"神,较为常见者有"五帝直符""三界直符""四直功曹""六甲直符""十二支直符"等。通过梳理宋元道书文献中的相关记载,我们可以还原这些"直符"神在道门斋醮仪式中扮演的神学角色及其担负的宗教职能。

关键词: 汉代"直符"制度　宋元道教科仪　五帝直符　三界直符　四直功曹　六甲直符　十二支直符

作者简介: 姜守诚,哲学博士,教育部人文社会科学重点研究基地中国人民大学佛教与宗教学理论研究所专职研究员,中国人民大学哲学院教授、博士生导师。

古代官员轮流值勤的做法,始见于春秋时期。汉代将值班制度及相关人员称为"直符",并制定出一系列比较完善的规范化管理措施。东汉末兴起的道教在创立初期,援引和借鉴了现实社会中官僚机构的运作模式,构建出神学化的"直符"学说。道教的"直符"神呈现出人格化、多元性的特点,通常由"武职"身份的仙真官将来担任。他们隶属于某些高位阶的神祇,主要从事辅助性工作,或奉命执行特殊任务。

宋元道门科仪文献中出现了数量众多的"直符"神,如"五帝直符""三界直符""四直功曹""六甲直符""十二支直符"等皆是常见的称谓。这些"直符"神在斋醮仪式中扮演着重要角色,或肩负护持之责,或奉命缉拿不法,或驱逐邪魅,或保胎护命,或沟通联络,或传递文书,不一而足。下面,我们对上述几位颇具代表性

---

* 本文系国家社会科学基金一般项目"台湾南部地区灵宝道派拔度科仪研究"(项目编号:17BZJ038)的阶段性研究成果。本成果受中国人民大学 2022 年度"中央高校建设世界一流大学(学科)和特色发展引导专项资金"支持。

的道教"直符"神略做梳理和分析。

一　五帝直符

"五帝直符"是指听命于五方五老上帝（或称"天君"）的"直符"神吏，具体包括东方青帝直符、南方赤帝直符、西方白帝直符、北方黑帝直符、中央黄帝直符。① 他们各自当值、服务于所属的某方天君，乃担负着"神"与"人"、"圣"与"俗"之间的讯息传递与沟通，并依照指令执行任务等。宋末元初林灵真编辑《灵宝领教济度金书》卷一〇六《科仪立成品（明真斋）·炼度仪》和卷一七七《科仪立成品（预修黄箓斋用）·生身受度仪》对"五帝直符"在科仪演法中所扮演的角色有过形象描述。

> 谨召青帝直符，上诣九炁青天安宝华林青阙青灵始老天君苍帝宫，请以青平青炁，灌注亡魂/弟子……
>
> 谨召赤帝直符，上诣三炁丹天梵宝昌阳朱阙丹灵真老天君赤帝宫，请以南和绛炁，灌注亡魂/弟子……
>
> 谨召黄帝直符，上诣一炁黄天宝劫洞清玉宸金阙元灵元老天君黄帝宫，请以魂明/中央黄炁，灌注亡魂/弟子……
>
> 谨召白帝直符，上诣七炁素天七宝金门玉阙皓灵黄老天君白帝宫，请以西华白炁，灌注亡魂/弟子……
>
> 谨召黑帝直符，上诣五炁玄天洞阴朔单郁绝玄滋黑阙五灵五老天君黑帝宫，请以幽昌黑炁，灌注亡魂/弟子……②

不过，"五帝直符"最初是以"鬼"的形象出现。约西晋末成书的《女青鬼律》（卷一）谈到"五方直符鬼"受家族中逝世"先人"的指使，到人间作祟、捣乱。这五鬼的名字依次是：

---

① 详见南宋王契真编纂《上清灵宝大法》卷一〇《三界所治门》，《道藏》第 30 册，第 743 页；南宋陈椿荣集注《太上洞玄灵宝无量度人上品经法》卷一，《道藏》第 2 册，第 479 页；（原题）天真皇人撰集《灵宝无量度人上经大法》卷二九《三天灵司品》，《道藏》第 3 册，第 773 页。

② （南宋）宁全真传授，（宋末元初）林灵真编辑《灵宝领教济度金书》卷一〇六、卷一七七，《道藏》第 7 册，第 502、773～774 页。

> 东方青帝直符鬼，名伯神子，一名果子。
>
> 西方白帝直符鬼，名伯和子。
>
> 南方赤帝直符鬼，名泰伯子。
>
> 北方黑帝直符鬼，名忝衣子。
>
> 中央黄帝直符鬼，名伯溪，一名渊。
>
> 右五方直符鬼，常煞人六畜，主作光怪死鬼，先人所使。①

南北朝时期，"五帝直符"实现了由"鬼"而"神"的转型。约南北朝或隋唐时期的《上清修行经诀·施用神杖法》和《上清修身要事经·太上灵宝八威施用神杖法》谈到存思"五帝直符吏"的环节，其服饰"衣随方色"，并"有五色之光，流焕杖上"。②

值得注意的是，南宋留用光传授、蒋叔舆撰集《无上黄箓大斋立成仪》卷二七《科仪门·上清南宫水火冶炼度命仪》、卷三一《科仪门·上清南宫炼度幽魂仪》、卷四五《符告门》中皆载有"五帝直符"的姓名，分别是：青帝直符区更生、赤帝直符祝昌中、黄帝直符玉真、白帝直符辱曲正、黑帝直符尹丰。③ 这里所说的"五帝直符"在神格原型上，显然与早期"五方直符鬼"没有任何联系了。

"五帝直符"在宋元道书中频繁出现。譬如，《灵宝无量度人上品妙经》（卷一）谈到诵经之前需先默念"密咒"云：

> 无上玄元太上道君，召出臣身中三五功曹、左右官使者、侍香玉童、传言玉女、五帝直符、直日香官，各三十二人，关启所言。今日吉庆，长斋清室，修行至经，无量度人。愿所启上彻径御无上三十二天元始上帝至尊几前。④

不过，这段文字在更多场合下是作为科仪演法中的"发炉"词使用。

南宋王契真编纂《上清灵宝大法》卷一九《经句符书门》中收录"五帝直符"（图1），且注明"右符佩服，去五藏病"⑤。

---

① 《女青鬼律》卷一，《道藏》第18册，第240页。
② 《上清修行经诀》，《道藏》第6册，第661页；《上清修身要事经》，《道藏》第32册，第566页。
③ （南宋）留用光传授，蒋叔舆撰集《无上黄箓大斋立成仪》卷二七、卷三一、卷四五，《道藏》第9册，第540、562、641页。此外，该书卷五五《神位门·右二门》亦云："青帝直符区使者，赤帝直符祝使者，白帝直符蓙使者，黑帝直符尹使者，黄帝直符王使者。"《道藏》第9册，第716~717页。
④ 《灵宝无量度人上品妙经》卷一，《道藏》第1册，第3页。
⑤ （南宋）宁全真传授，王契真编纂《上清灵宝大法》卷一九，《道藏》第30册，第831页。

此外，该书卷四三《斋法符篆门》还收录有"召五帝直符符"（图2），并附有咒语曰："五帝直符，内外通灵。违誓者考，顺誓者生。明注阳籍，落灭恶根。元始符命，急急奉行。"①

值得注意的是，约宋元时期编纂的《灵宝玉鉴》卷一三《宿启朝醮门》亦载有"召五帝直符符"②（图3），其形制与前者迥然有别。

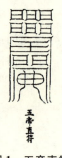

图1　五帝直符

资料来源：王氏《上清灵宝大法》卷一九，《道藏》第30册，第831页。

图2　召五帝直符符

资料来源：王氏《上清灵宝大法》卷四三，《道藏》第31册，第87页。

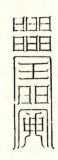

图3　召五帝直符符

资料来源：《灵宝玉鉴》卷一三，《道藏》第10册，第238页。

二　三界直符

"三界直符"，又称"三界直符使者""三界符使"，具体包括"上界直符使者""中界直符使者""下界直符使者"。

关于"三界直符"的姓名，北宋元妙宗编《太上助国救民总真秘要》卷二《上清北极天心正法斗下灵文符咒》记载说："天界直符焦公奴，地界直符郑元喜，空界直符张元伯。"③

南宋邓有功编撰《上清天心正法》卷六"北极驱邪院将帅姓名"条亦谈到"三界直符"及其名字："天界直符焦公奴，地界直符郑元喜，水界直符张元伯。"④ 此外，该书卷三"识法中列圣形仪"条还描述了"三界直符"的仪态装扮："三界直符

① （南宋）宁全真传授，王契真编纂《上清灵宝大法》卷四三，《道藏》第31册，第87页。
② 《灵宝玉鉴》卷一三，《道藏》第10册，第238页。
③ （北宋）元妙宗编《太上助国救民总真秘要》卷二，《道藏》第32册，第58页。
④ （南宋）邓有功编撰《上清天心正法》卷六，《道藏》第10册，第642页。

形仪，并力士冠，紫服束带，按剑，朱履。"①

王氏《上清灵宝大法》卷三九《斋法符篆门》则云"三界直符使者"分别是"上界直符使者焦公奴""中界直符使者郑元喜""下界直符使者张宗伯"，② 并绘有"三界直符使者符"三道（图4—6），配以咒语如下。

上界直符使者焦公奴，驿龙骑吏，星奔火冲，九阳灏炁，击散魔王，反掌应命，上达琳宫。③

中界直符使者郑元喜，翻山撼地，直符神兵，檄传地府，告命不停，玉符所告，地只送迎。④

下界直符使者张宗伯，帝灵敕命，速下壬癸，奔电迅霆，神威赴水，承领符命，火急无止。⑤

图 4　上界直符使者符
资料来源：王氏《上清灵宝大法》卷三九，《道藏》第31册，第44页。

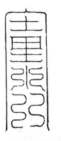

图 5　中界直符使者符
资料来源：王氏《上清灵宝大法》卷三九，《道藏》第31册，第44页。

图 6　下界直符使者符
资料来源：王氏《上清灵宝大法》卷三九，《道藏》第31册，第45页。

《灵宝玉鉴》卷八《申牒头连门》亦言及"天界直符焦公奴""地界直符郑元喜""水界直符张元伯"，并收录"召三界直符"三道（图7—9），⑥ 且附有咒语。

驿马驿吏，星奔火冲，谨召天界直符焦公奴急至。⑦

翻山撼地，直符威兵，谨召地界直符郑元喜急至。⑧

---

① （南宋）邓有功编撰《上清天心正法》卷三，《道藏》第10册，第621页。
② （南宋）宁全真传授，王契真编纂《上清灵宝大法》卷三九，《道藏》第31册，第44~45页。
③ （南宋）宁全真传授，王契真编纂《上清灵宝大法》卷三九，《道藏》第31册，第44页。
④ （南宋）宁全真传授，王契真编纂《上清灵宝大法》卷三九，《道藏》第31册，第44页。
⑤ （南宋）宁全真传授，王契真编纂《上清灵宝大法》卷三九，《道藏》第31册，第45页。
⑥ 《灵宝玉鉴》卷八，《道藏》第10册，第195页。
⑦ 《灵宝玉鉴》卷八，《道藏》第10册，第195页。
⑧ 《灵宝玉鉴》卷八，《道藏》第10册，第195页。

帝灵敕命，神灵捷水，谨召水界直符张元伯急至。①

图 7　召天界直符

资料来源：《灵宝玉鉴》卷
八，《道藏》第 10 册，第 195 页。

图 8　召地界直符

资料来源：《灵宝玉鉴》卷
八，《道藏》第 10 册，第 195 页。

图 9　召水界直符

资料来源：《灵宝玉鉴》卷
八，《道藏》第 10 册，第 195 页。

无独有偶，约元末明初时编纂的《道法会元》卷一五四《混元六天妙道一炁如意大法》"召功曹"条亦云："上界直符焦公奴，中界直符张元伯，下界直符郑禧闻。"② 该书卷二六八《泰玄酆都黑律仪格》还出现了"天界直符焦公奴""天界直符焦公奴使者""天界功曹焦公奴""地界功曹郑元禧"等说法。③ 此外，该书卷一三《玉宸登斋符篆品》还收录有"上界符""中界符""下界符"（图 10）。④

图 10　三界符

资料来源：《道法会元》卷一三，《道藏》第 28 册，第 736 页。

然而，约元明时期的《灵宝无量度人上经大法》卷三七《回死起生品》中所言

---

① 《灵宝玉鉴》卷八，《道藏》第 10 册，第 195 页。
② 《道法会元》卷一五四，《道藏》第 29 册，第 808 页。
③ 《道法会元》卷一五四，《道藏》第 30 册，第 645～648 页。
④ 《道法会元》卷一三，《道藏》第 28 册，第 736 页。

"三界直符"对应的神吏名字与前述说法皆有差异，如谓："上界直符郑元熹，中界直符焦公奴，下界直符张元伯。"①

值得注意的是，道门科仪实践中时常发生将"三界直符"与天地人"三道功曹"混淆、合称的情况。宋末元初林灵真编辑《灵宝领教济度金书》卷三一九《斋醮须知品》"申奏"条对此予以批评和澄清："每遇发奏……又有愚懵无知者，称'上界直符天道功曹''中界直符人道功曹''下界直符地道功曹'。但以'三功曹'配'三符使'自谓新奇，岂知'三功曹'乃神霄七道功曹追摄所司，与'直符'全无交涉。……此等神吏，法部不载，切宜删去。"②简言之，"天道功曹""人道功曹""地道功曹"乃是"北魁玄范府神虎追摄玉司"中的"七道功曹"之三员，③与"三界直符"分属于不同的神职官将系统，故不应混同为一。

此外，宋元道书中还屡见"三界直符"的关、牒文。譬如，南宋吕元素编《道门定制》卷二《表状》中见载有"上界牒""中界牒""下界牒"三份牒文。④南宋蒋叔舆撰集《无上黄箓大斋立成仪》卷一五《醮谢请献门》收录有"三界直符关"。⑤南宋王契真编纂《上清灵宝大法》卷六五《杂用牒札帖关门》抄录了"三界直符关"。⑥南宋金允中编《上清灵宝大法》卷三一《奏申文檄品》著录有"发上界申奏关""发中界文字关""发下界文字（关）""发三界直符关"等关文。⑦约元代编纂的《三洞赞颂灵章》卷中《应用赞颂》收录的"送直符颂"形象地描述了"三界直符"往来天地水三界、传递文书符命的情景，如谓："仰启直符使，幽显路潜通。乘云驰奏椟，远涉三界中。紫清金阙邃，玄都水府宫。奏传资瞬息，端简俟真风。"⑧

---

① （原题）天真皇人撰集《灵宝无量度人上经大法》卷三七，《道藏》第3册，第821～822页。
② （南宋）宁全真传授，（宋末元初）林灵真编辑《灵宝领教济度金书》卷三一九，《道藏》第8册，第805页。
③ 王氏《上清灵宝大法》卷三五《神虎玄范门》"七道功曹"条云："天道功曹郜天真，地道功曹冉文魅，人道功曹胡魑，仙道功曹索忠，鬼道功曹翟魍魉，神道功曹祖公弼，业道功曹葛魋。右功曹各有一百二十员，所大法用者，七员主之。"（《道藏》第31册，第8页）《灵宝领教济度金书》卷二六〇《紫英灵书品》"七道功曹七员"条云："天道部貾魋，地道冉貱魁，人道胡魑，仙道索魁，神道祖魆魑，鬼道翟魍，业道万魋。"（《道藏》第8册，第250页）
④ （南宋）吕元素编《道门定制》卷二，《道藏》第31册，第673页。
⑤ （南宋）留用光传授，蒋叔舆撰集《无上黄箓大斋立成仪》卷一五，《道藏》第9册，第469～470页。
⑥ （南宋）宁全真传授，王契真编纂《上清灵宝大法》卷六五，《道藏》第31册，第334～335页。
⑦ （南宋）金允中编《上清灵宝大法》卷三一，《道藏》第31册，第557～558页。
⑧ 《三洞赞颂灵章》卷中，《道藏》第5册，第787页。

三　四直功曹

"四直功曹"，又称"直年直月直日直时四直功曹""年月日时四直功曹使者"，分别指年直功曹、月直功曹、日直功曹、时直功曹，他们担负着传递文书的职责。

南宋王契真编纂《上清灵宝大法》卷三九《斋法符箓门》记载了"四直功曹"的名字："年直飞天掷火将李焕，月直震天将郭炬，日直力符驱行将赵蒙，时直接飞天炎焰将张炳"①，并绘有"召四直功曹符"四道（图11）。

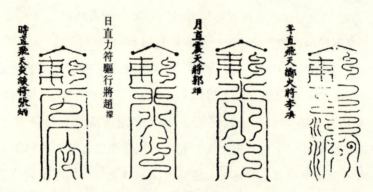

图11　召四直功曹符

资料来源：王氏《上清灵宝大法》卷三九，《道藏》第31册，第45页。

《灵宝玉鉴》卷八《申牒头连门》亦言及"四直功曹"的名字："年直功曹飞天将李焕""月直功曹震天将郭炬""日直功曹驱雷将赵蒙""时直功曹炎焰将张炳"，②并收录"召四直功曹符"四道（图12），其后附有"敕四直符咒"曰："炎帝敕行，玄君禀令。急降圣力，合炁四正。李焕、郭炬，赵蒙、张炳。允契真符，翕然奉令。急急如律令。"③

此外，《道法会元》卷一三《玉宸登斋符箓品》亦收录"年直符""月直符""日直符""时直符"（图13），形制与前述皆有差异。④

值得注意的是，《灵宝无量度人上经大法》卷三七《回死起生品》中所言"四直功曹使者"的名字却与众不同，其谓："年直使者崔舒宣，月直使者卢机权，日直使

---

① （南宋）宁全真传授，王契真编纂《上清灵宝大法》卷三九，《道藏》第31册，第45页。
② 《灵宝玉鉴》卷八，《道藏》第10册，第195~196页。
③ 《灵宝玉鉴》卷八，《道藏》第10册，第196页。
④ 《道法会元》卷一三，《道藏》第28册，第736~737页。

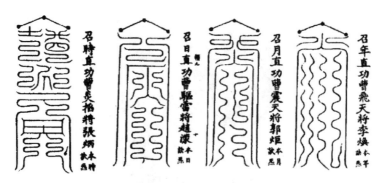

图 12　召四直功曹符

资料来源：《灵宝玉鉴》卷八，《道藏》第 10 册，第 195～196 页。

图 13　四直符

资料来源：《道法会元》卷一三，《道藏》第 28 册，第 736～737 页。

者窦杨光，时直使者邓衡文。"①

　　约元末明初成书的《法海遗珠》卷二七《金阙先生家书秘文》"召合役遣"条又记载了"玄天四直功曹四大使者"的说法，并附有一道形制独特的"四直功曹符"（图 14）。这四大功曹分别是陈安、刘吉、孙德、张京，如谓：

　　　　以今焚香，关召玄天四直功曹陈、刘、孙、张四大功曹……谨召玄天四直功曹陈安、刘吉、孙德、张京四大使者，火急降临。……敕召玄天四直功曹陈安、刘吉、孙德、张京四大使者，准令急至。②

　　不过，《法海遗珠》卷四〇《六一飞捷秘法》又载有"召四直功曹符"（图 15），则沿袭了传统的形制。

──────────

① （原题）天真皇人撰集《灵宝无量度人上经大法》卷三七，《道藏》第 3 册，第 822 页。
② 《法海遗珠》卷四六，《道藏》第 26 册，第 1011 页。

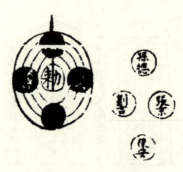

图 14　四直功曹符

资料来源：《法海遗珠》卷二七，《道藏》第 26 册，第 876 页。

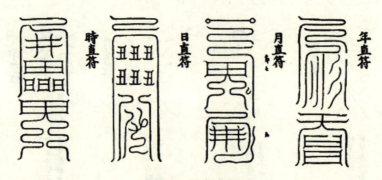

图 15　召四直功曹符

资料来源：《法海遗珠》卷四〇，《道藏》第 26 册，第 951 页。

有关"四直功曹"的仪态和装扮，《灵宝领教济度金书》卷二八二《存思玄妙品（开度祈禳通用）》和卷二八五《存思玄妙品（祈禳用）》中的描述大致相同：

> 又存四直功曹四人，弁冠、大袖，佩符，左青、右白，左红、右黑。[1]
> 即存四直功曹四人，左青、右白，左红、右黑，弁冠、大袖，佩符。[2]

此外，宋元道书中还著录有"四直功曹"关文。王氏《上清灵宝大法》卷六二《正奏门》载有"发奏状四直功曹关"[3]。《无上黄箓大斋立成仪》卷四载有"四直功曹关子"[4]，卷八《牒札门》收录"发奏状四直功曹关子"[5]。

---

[1] （南宋）宁全真传授，（宋末元初）林灵真编辑《灵宝领教济度金书》卷二八二，《道藏》第 8 册，第 483 页。

[2] （南宋）宁全真传授，（宋末元初）林灵真编辑《灵宝领教济度金书》卷二八五，《道藏》第 8 册，第 506 页。

[3] （南宋）宁全真传授，王契真编纂《上清灵宝大法》卷六二，《道藏》第 31 册，第 282 ~ 283 页。

[4] （南宋）留用光传授，蒋叔舆撰集《无上黄箓大斋立成仪》卷四，《道藏》第 9 册，第 397 页。

[5] （南宋）留用光传授，蒋叔舆撰集《无上黄箓大斋立成仪》卷八，《道藏》第 9 册，第 423 页。

四 六甲直符

"六甲"原指"甲子""甲戌""甲申""甲午""甲辰""甲寅"六个干支纪年，后为道门中人援入而予以神格化，遂成为代表阳神的护法神将，并通常与代表阴神的"六丁玉女"联袂出现，共同担负驱除邪妖魔蛊的职责。不过，道教经书中所言"六甲直符"（或云"六甲直符神君""六甲直符将军"）则多指六十甲子直符神。

晚唐杜光庭编修《太上洞神太元河图三元仰谢仪》逐一胪列出"六甲直符"（图16）（即六十甲子神）的姓名，并以十二神为一组，分列于坛场的北方、东方、南方、西方和中央五个方位，并强调说："右六甲直符姓名，各悬所属之灯，书版策，依次书符，题天如左"①，其后附有三十二天之名字和道符。②

图16 六甲直符保胎护命符（拟名）
资料来源：《太上说六甲直符保胎护命妙经》，《道藏》第1册，第879页。

此外，约唐宋时造作的《太上说六甲直符保胎护命妙经》假托元始天尊为真人尹喜演经说法、传授保胎护命之术。该经有云："世间女子若始怀胎，未满十月，须预修功德，建立道场，及造此经，一心供养。临至产月，请诸道士三人、五人、七人、十人，或于宫观，或在家庭，悬缯幡盖，然灯续明，烧香礼拜，转读此《六甲直符保胎护命真经》七七遍，或百遍，乃至千遍、万遍。吾当遣六甲直符神将领诸天兵及神仙玉女、无量圣众，持符执节，来降道场，拥护怀胎女子，令无苦恼，母子分解，保命护身，宅舍清净，合家平安，一切妖邪自然潜伏。"③随后，经文依次叙

---

① （晚唐）杜光庭编修《太上洞神太元河图三元仰谢仪》，《道藏》第18册，第310页。
② （晚唐）杜光庭编修《太上洞神太元河图三元仰谢仪》，《道藏》第18册，第309~310页。
③ 《太上说六甲直符保胎护命妙经》，《道藏》第1册，第879页。

述了"六甲直符"的姓名，与前述《太上洞神太元河图三元仰谢仪》中所言大同小异（详见表1），并且说"六甲直符神君"皆"率从官十二人，持符降下，定三魂、安七魄，保胎护命"。[1] 此外，该经中还绘有一道符（笔者拟名为"六甲直符保胎护命符"），并附有说明："此符用朱书，产母顶戴，辟一切邪妖魔蛊。"[2]

表1 "六甲直符"的姓名异同

六十甲子		六甲直符的姓名	
序号	干支纪年	《太上洞神太元河图三元仰谢仪》	《太上说六甲直符保胎护命妙经》
1	甲子	王文卿	王文卿
2	乙丑	龙季卿	龙季卿
3	丙寅	张仲卿	张仲卿
4	丁卯	司马卿	司马卿
5	戊辰	季楚卿	楚季卿
6	己巳	何文昌	何文昌
7	庚午	冯仲卿	冯仲卿
8	辛未	王文章	王文章
9	壬申	侯博卿	侯博卿
10	癸酉	孙仲房	孙仲房
11	甲戌	展子江	展子江
12	乙亥	庞明公	庞明心
13	丙子	邢孙卿	邢孙卿
14	丁丑	赵子玉	赵子玉
15	戊寅	虞子卿	虞子张
16	己卯	石文阳	石文阳
17	庚辰	尹佳卿	尹佳卿
18	辛巳	阳仲公	杨仲公
19	壬午	马子明	马子明
20	癸未	吕威明	吕威明
21	甲申	扈文长	扈文卿
22	乙酉	孔利公	孔利公
23	丙戌	车元升	车元升
24	丁亥	张文通	张文通
25	戊子	乐石阳	乐石卿
26	己丑	范和卿	范仲卿

---

[1] 《太上说六甲直符保胎护命妙经》，《道藏》第1册，第879~880页。
[2] 《太上说六甲直符保胎护命妙经》，《道藏》第1册，第879页。

六十甲子		六甲直符的姓名	
序号	干支纪年	《太上洞神太元河图三元仰谢仪》	《太上说六甲直符保胎护命妙经》
27	庚寅	褚进卿	褚进卿
28	辛卯	郭子良	郭子良
29	壬辰	武雅卿	武稚卿
30	癸巳	史公来	史公来
31	甲午	卫上卿	卫上卿
32	乙未	杜仲阳	杜仲卿
33	丙申	朱伯众	朱伯众
34	丁酉	臧文公	臧文卿
35	戊戌	范少卿	范仲卿
36	己亥	邓都卿	邓都卿
37	庚子	阳仲叔	杨仲升
38	辛丑	林卫公	林卫卿
39	壬寅	丘孟卿	丘孟卿
40	癸卯	苏他家	苏他家
41	甲辰	孟非卿	孟非卿
42	乙巳	唐文卿	唐文卿
43	丙午	魏文公	魏文公
44	丁未	石叔通	石叔通
45	戊申	范伯阳	范伯阳
46	己酉	成文长	成文长
47	庚戌	史子仁	史子仁
48	辛亥	左子行	左子行
49	壬子	宿上卿	宿上卿
50	癸丑	江汉卿	江汉卿
51	甲寅	明文章	明文章
52	乙卯	戴公阳	戴公阳
53	丙辰	霍叔英	霍叔英
54	丁巳	崔巨卿	崔巨卿
55	戊午	从元光	从元光
56	己未	时通卿	时道卿
57	庚申	华文阳	华文阳
58	辛酉	邴元玉	邴元玉
59	壬戌	乐进卿	乐进卿
60	癸亥	左石松	左石松

对照上表可知，《太上洞神太元河图三元仰谢仪》和《太上说六甲直符保胎护命妙经》中所言"六甲直符神君"的姓名大部分是相同的，存见的 12 处差异均系传抄过程中出现的讹误。据此可判定二者存在传承关系，或有着共同的理论来源。前述表格中，位居首位的"甲子直符"王文卿（1087～1153）是北宋末著名道士、神霄派创始人之一。其余诸人，或为真实人物，或为杜撰虚构，然皆已不可考。值得注意的是，上述"六甲直符神君"的姓名中含"卿"字者，《太上洞神太元河图三元仰谢仪》中凡计 24 位、《太上说六甲直符保胎护命妙经》计有 28 位，分占总数的 40% 和 46.7%。这绝非巧合或偶然，是基于某种特殊目的或偏好而做出的选择性结果。

此外，南宋天心派道士路时中编纂的《无上玄元三天玉堂大法》卷一〇《驱袚禬禳品·禳诞育嗣续法》亦云："凡后嗣续难得，或久年不孕，或孕而不育，育而不长，长而不慧，皆由先世风水暗犯关煞，断绝生炁。当醮祭六甲直符，请颁符命，孕育元炁，生长灵根，则子孙昌炽矣。"① 文后附有三通道符：一曰"孕育佩符"（图17），题名下有小字注云："此符主妇人绝产不孕。宜建六甲道场，望本命方书符，佩之，百二十日有验。"② 二曰"保胎符"（图18），小字注云："符用黄纸，朱书，令孕妇佩带，即吉。"③ 三曰"治产镇房符"（图19），注云："符用黄纸，朱书三道，悬贴房帐、床卧之地，即得无产育之难。已上诸符，并把斗诀、迎罡炁旺方书之，其应如响。"④

图 17　孕育佩符
资料来源：《无上玄元三天玉堂大法》卷一〇，《道藏》第 4 册，第 32 页。

图 18　保胎符
资料来源：《无上玄元三天玉堂大法》卷一〇，《道藏》第 4 册，第 32 页。

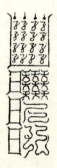

图 19　治产镇房符
资料来源：《无上玄元三天玉堂大法》卷一〇，《道藏》第 4 册，第 32 页。

---

① （南宋）路时中编《无上玄元三天玉堂大法》卷一〇，《道藏》第 4 册，第 32 页。
② （南宋）路时中编《无上玄元三天玉堂大法》卷一〇，《道藏》第 4 册，第 32 页。
③ （南宋）路时中编《无上玄元三天玉堂大法》卷一〇，《道藏》第 4 册，第 32 页。
④ （南宋）路时中编《无上玄元三天玉堂大法》卷一〇，《道藏》第 4 册，第 32 页。

五 十二支直符

顾名思义，"十二支直符"就是十二地支的直符神。有关"十二支直符"的说法，历代道书中并不多见。笔者翻检明《道藏》，仅查北宋元妙宗编《太上助国救民总真秘要》和约元末明初成书的《道法会元》中载有此说法。

《太上助国救民总真秘要》卷二《上清北极天心正法斗下灵文符咒》"识法中圣像"条对十二支直符的相貌、仪态与装扮进行了描述。

> 子日直符：鼠头人身，黑衣，持镶。
>
> 丑日直符：牛头人身，黄衣，执如前。
>
> 寅日直符：虎头人身，着青，持□。（□者，戟上有赤帘。）
>
> 卯日直符：兔头人身，着青，持□。
>
> 辰日直符：龙头人身，黄衣，持□。
>
> 巳日直符：蛇头人身，赤衣，持戟，有绯。
>
> 午日直符：马头人身，赤衣，持戟。
>
> 未日直符：羊头人身，黄衣，持戟。
>
> 申日直符：猴头人身，白衣，持枪。
>
> 酉日直符：鸡头人身，白衣，持枪。
>
> 戌日直符：狗头人身，黄衣，持枪。
>
> 亥日直符：猪头人身，黑衣，持镶。
>
> 已上直符同岳兵勇猛，鬼神带甲持戟。[①]

这里的"十二支直符"神被塑造为动物头、人身的半人半兽形象，显然是以十二生肖属相为原型脱胎而来的。

有趣的是，《道法会元》卷一五六《上清天蓬伏魔大法》对"十二支直符"神的形象描述已彻底实现了人格化改造，去除了十二地支配属的动物性特征，仅以头戴某兽首冠饰的形式保留了些许痕迹。如谓：

[①] （北宋）元妙宗编《太上助国救民总真秘要》卷二，《道藏》第32册，第57～58页。

子日直符：鼠头冠，黑衣，持枪。

丑日直符：牛头冠，黄衣，持枪。

寅日直符：虎头冠，青衣，执矛。

卯日直符：兔头冠，青衣，执矛。

辰日直符：龙头冠，黄衣，执矛。

巳日直符：蛇头冠，赤衣，执戟，有拂。

午日直符：马头冠，赤衣，持戟。

未日直符：羊头冠，黄衣，持戟。

申日直符：猴头冠，白衣，执枪。

酉日直符：鸡头冠，白衣，执枪。

戌日直符：狗头冠，黄衣，执枪。

亥日直符：猪头冠，黑衣，执枪。①

六　余论

综上所述，"直符"是宋元道教科仪文献中比较常见的神祇官职名称。他们通常充任某些高位阶大神的护法官将，主要从事辅助性的工作，或遵照指令前去执行任务。显而易见，"直符"在道教神祇谱系中虽是不可或缺的，地位却并不显赫。这一点也得到文献记载的证实。

约出南宋的《天枢院都司须知格》"天枢院都司官格"胪列了文职、武职的诸品官阶位级，其中"武职"类的"中元九品"条有云：

直剑、直印、直符、直节、直旌。

已上谓之"五等带宣"，皆上有"九天"字，如文阶"圣"，从此断，谓之"破格"，并系天符特赐。②

此外，《太上净明院补奏职局太玄都省须知》收录"天枢院都省官格须知"中的"武职"条亦云：

① 《道法会元》卷一五六，《道藏》第29册，第828页。
② 《天枢院都司须知格》，《道藏》第10册，第494页。

直剑、直印、直符、直节、直旌。

已上谓之"五等带宣",皆上有"九天"字(如文阶"圣符"),从此止,谓之"破格",并系天符特赐。①

据此可知,在天界神祇官僚系统中,"直符"的品阶是武职"五等带宣"。

(责任编辑　李志鸿)

---

① (原题)高明大使神功妙济真君许放阳释《太上净明院补奏职局太玄都省须知》,《道藏》第10册,第603页。

唐代长安玄都观考

刘康乐

摘要： 位于西安朱雀大街西侧崇业坊的玄都观，是唐代京城长安规模宏阔、地位显赫的皇家宫观，其历史可追溯至北周武帝时期，隋文帝兴建大兴城，将汉长安城内的玄都观迁入新城。唐代长安玄都观汇聚了来自全国的道门大德，观主尹敬崇等奉敕参与音义《一切道经》等，而以法术著称的李迺周、叶法善、叶静能等人的仙话传奇，则是文学化想象的神话堆叠。近年数方唐代玄都观道士墓志的陆续出土，勾画了现实中玄都观道士李毗、牛弘满、郑居中等人雅尚道学的新形象。世俗意味的玄都观桃花吸引了长安士庶往来游赏，关于玄都观桃花的几首涉道诗歌，也留下耐人寻味的诗坛佳话和隽永记忆。

关键词： 唐代　道教　长安　玄都观

作者简介： 刘康乐，哲学博士，长安大学副教授。

玄都观是唐代京城长安地位显赫的皇家宫观，其中汇聚了来自全国各地的高道大德，参与了唐代宫廷的道教活动和文化事业，在唐代道教史上具有重要的地位。不过对于这座享誉盛名的玄都观，历代文人多津津乐道于刘禹锡玄都观看花的游赏诗作，学术界虽然多有提及这一历经北周隋唐时期的道教宫观，但尚未进行过深入系统的研究。传世文献中关于玄都观的记载十分零散，近年来相关道士墓志铭的出土，揭开了玄都观更多不为人知的隐秘历史，而栖居其中的玄门高道和往来游赏的士子庶民，更为玄都观增添了许多宗教的神秘和文学的遐想。湮没消逝久远的玄都观，也借着这些宗教和文学的主题，在历史的长河中留下隽永的记忆。

一　玄都观的创建与兴废

长安玄都观不知始建于何时，至迟北周时已为京城长安一座地位显赫的皇家宫观，周武帝宇文邕曾命道士于此观编纂道经目录，收录道经6363卷，天和四年（569）七月进献，名曰《玄都经目》。北周武帝天和五年（570）的佛道论衡中，僧人甄鸾在所上的《笑道论》中对《玄都经目》收录诸子书目加以批驳。① 周武帝还曾在玄都观举办过关于三教先后的论辩，建德元年（572）正月，"帝幸玄都观，亲御法座讲说，公卿道俗论难。事毕还宫，降死罪及流罪一等，其五岁刑已下，并宥之"②。这是北周武帝为此后的禁佛道二教制造舆论。周武帝在玄都观中崇儒抑佛的讲论，遭到了公卿和道俗的反对，但态度坚决的周武帝对这些反对者加以镇压。建德三年（574）六月，武帝下诏禁断佛道二教，并立通道观以研究三教之学。③ 通道观又名通道馆，是一个官方的学术机构，周武帝诏请精通道法经史之奇才充通道观学士，儒生长孙炽、张戈，道士王延及还俗僧人樊普旷等，都曾被任命为通道观学士。

武帝名义上禁断佛道二教，实际上主要目的在于灭佛。周武帝"尚道法，尤好玄言"，他因着个人的信仰偏好，在政策上往往倾斜于道教，通道观的取名也带有浓厚的道教色彩。周武帝敬重楼观道士严达等"田谷十老"，乃于谷口创建道观，亦取名为"通道观"，命严达为观主。同时周武帝又诏楼观道士王延入住长安通道观，"令延校三洞经图，缄藏于观内。延作《珠囊》七卷，凡经传疏论八千三十卷，奏贮于通道观藏"④。王延所编的《珠囊经目》在《玄都经目》的基础上增加了道经1937卷。宣政元年（578）六月，周武帝病逝，周宣帝即位后恢复了佛道二教，周静帝大象三年（581），长安通道观复为道教宫观，仍名为玄都观。⑤ 时杨坚已掌权并于当年二月禅位，改元开皇，故重置玄都观之命，当属隋文帝杨坚所为。

隋文帝杨坚建立隋朝之始，以当时都城长安破败狭小、污水横流，决定在汉长安城东南龙首原另建一座新城。开皇二年（582），隋文帝命宇文恺主持修建新城，一年新城主体竣工，名为"大兴城"⑥，并将长安旧城的玄都观和陟岵寺迁往大兴城。

---

① （唐）道宣撰《广弘明集》卷九，《大正藏》第52册，台湾：财团法人佛陀教育基金会，1990，第152页中栏。
② （唐）令狐德棻撰《周书》卷五《武帝邕上》，中华书局，1971，第79页。
③ （唐）令狐德棻撰《周书》卷五，第85页。
④ （宋）张君房撰《云笈七签》卷八十五《尸解》，《道藏》第22册，文物出版社、上海书店、天津古籍出版社，1988，第602c页。
⑤ （宋）王溥撰《唐会要》第9册卷五十《尊崇道教》，商务印书馆，1935，第876页。
⑥ 隋文帝杨坚在北周曾被封为"大兴郡公"，故新都以"大兴城"为名，宫曰"大兴宫"，殿曰"大兴殿"，改京城万年县曰"大兴县"，又迁长安陟岵寺至大兴城，改名曰"大兴善寺"等。

大兴城的选址和建造，完美地融入了风水理论和周易哲学，龙首原的六条高岗象征着乾卦的六爻，而城市的宫室、官署、寺观、坊巷等就分布在这六爻之上。据《元和郡县志》，"初隋氏营都，宇文恺以朱雀街南北有六条高坡，为乾卦之象，故以九二置宫殿，以当帝王之居，九三立百司，以应君子之数，九五贵位，不欲常人居之，故置玄都观及兴善寺以镇之"①。玄都观是在大兴城修建的第一座道观。隋文帝在新城的九五尊位安置玄都观和兴善寺，表明了他佛道并重的宗教政策和信仰态度。隋文帝杨坚幼年被遗弃，由比丘尼智仙抚养长大，因此对佛教有着深厚的感情，他也延续了北周皇室信仰道教的传统，对楼观道士王延等人敬信优礼。

兴善寺和玄都观分别位于大兴城龙首原第五道高岗朱雀大街的东西两侧，兴善寺在朱雀大街东侧的靖善坊（范围包括今西安大兴善寺在内，南至小寨西路，北至二环南路，东至长安路，西至朱雀大街），玄都观在朱雀大街西侧的崇业坊（范围包括今陕西省委党校和长安大学朱雀校区在内，南至小寨西路，北至二环南路，东至朱雀大街，西至含光南路）。据宋敏求《长安志》的记载，崇业坊内的玄都观是开皇二年（582）"自长安故城徙通道观于此，改名玄都观"②。作为新都第一宫观，邀请了当时著名画家范长寿为玄都观大殿绘制精美的壁画。③

与朱雀大街一路之隔的兴善寺和玄都观，在隋朝的佛道争论中，往往充当着先锋者的角色。曾为北周通道观学士的还俗僧人樊普旷，入隋以后再次出家为僧，居于兴善寺，曾率领僧人参与抢夺隋文帝赐给玄都观的钟。据《续高僧传》载，"隋文以通道观钟赐玄都观，黄巾一族同共移来，将达前所，旷率其法属径往争之，立理既平，便又刊耳。道士望风索然自散，乃悬于国寺，声震百里"④。在这场诉诸拳脚的争斗中，兴善寺僧樊普旷等人本属理亏，却以无赖的手段将玄都观钟据为己有。这则故事以佛教徒的视角叙事，或有自耀佛法毁蔑道士之嫌，但从一个侧面反映了彼时佛道争斗中僧人手段之极端。

与兴善寺僧人樊普旷形成鲜明对比的是，同为通道观学士的楼观道士王延，以其渊博学识和高尚品行，受到北周武帝和隋文帝两朝皇室的礼遇。大兴城玄都观建成

① （唐）李吉甫撰《元和郡县志》卷一《关内道一》，影印文渊阁《四库全书》第468册，台湾商务印书馆，1986，第135a页。
② （宋）宋敏求撰《长安志》卷九《唐京城三》，影印文渊阁《四库全书》第587册，第140a页。
③ （唐）张彦远撰《历代名画记》卷三《叙自古跋尾押署》，影印文渊阁《四库全书》第812册，第308d页。
④ （唐）道宣撰《续高僧传》卷十一《释普旷传》，《大正藏》第50册，第512页中栏。

后，隋文帝以王延为玄都观主。开皇六年（586），文帝亲迎王延入宫，从其受箓并任命为"道门威仪"以掌京城道教之事。据《云笈七签》载，"至隋文禅位，置玄都观，以延为观主，又以开皇为号。六年丙午，诏以宝车迎延于大兴殿，帝洁斋请益，受智慧大戒。于时丹凤来仪，飞止坛殿。诏以延为道门威仪之制，自延始也。苏威、杨素皆北面执弟子之礼"①。不仅隋文帝优礼王延，宰相苏威、御史大夫杨素等权臣也都执弟子之礼。仁寿四年（607）九月王延羽化，隋炀帝杨勇还设三千人斋，送归西岳安葬，可见玄都观主王延在隋朝宫廷之地位。王延首次担任的道门威仪一职，在唐代得以继续沿用，并以朱雀大街为界，分设左右街道门威仪，以统领京城道教事务。

　　唐高祖李渊建立唐朝，改大兴城为长安城，虽然长安城内陆续兴建了许多新的宫观，唐初的玄都观仍为长安城首屈一指的大宫观，至玄宗于长安颁政坊建昭成观，"京师法宇，最为宏丽，唯玄都观殿，可以亚焉"②。在殿宇规模上首次超过了玄都观。太宗朝宫廷画家阎立本奉诏写太宗御容，"后有佳手传写于玄都观东殿前间，以镇九岗之气，犹可仰神武之英威也"③。唐初寺观供奉皇帝御容的情形并不多见，玄都观东殿供奉唐太宗御容，传言可镇玄都观所在的龙首原之气，还可供民众瞻仰皇帝的英姿。唐玄宗以来寺观乃至景教堂等都流行供奉皇帝的写真画像，已具有为皇帝设斋祈福的宗教意义。唐代长安的皇家寺观，除了日常为皇室祈福、焚修功德，还要分担皇室成员忌日设斋行香的职责，如规定"章敬皇后吴氏正月二十二日忌，章敬寺、玄都观各设三百人斋"④，其中章敬寺是唐代宗为其母章敬皇后所建专门修荐冥福的道场。

　　唐初玄都观与兴善寺的争斗依然恩怨未了。唐高宗总章年间（668～670）兴善寺遭受火灾，殿宇焚毁，只留下遗基，玄都观钟可能也在火灾中焚毁。时东明观道士李荣来玄都观，指兴善寺灰烬吟诗而嘲之，虽属僧道之间的谐谑之词，但亦颇有损于他之前获得的巨大声望。⑤唐中宗神龙年间（705～707），中宗令内道场僧道各述所能，玄都观道士叶法善在与僧人的斗法中取胜，⑥反映了高宗以后皇室对于道教态度的巨大转变，而玄都观道士在佛道斗争中的表现出色，也因此获得皇室的格外垂青。

　①　（宋）张君房撰《云笈七签》卷八十五《尸解》，《道藏》第 22 册，第 602c～603a 页。
　②　（唐）杜光庭撰《道教灵验记》卷一《宫观灵验》，《道藏》第 10 册，第 802c 页。
　③　（唐）朱景玄撰《唐朝名画录》，影印文渊阁《四库全书》第 812 册，第 365b 页。
　④　（宋）岳珂撰《愧郯录》卷十三，《四部丛刊》，常熟瞿氏铁琴铜剑楼藏宋刊本，第 215 页。
　⑤　（唐）刘肃撰《唐新语》卷十三《谐谑》，影印文渊阁《四库全书》第 1035 册，第 396 页。
　⑥　（唐）张鷟撰《朝野佥载》卷三，中华书局，1979，第 66 页。

据《京兆金石录》，唐玄宗开元六年（718）和天宝十年（751），玄都观似乎经历了两次较大规模的重修并刻有碑记。① 中晚唐时期，玄都观的百亩碧桃花，常常吸引文人雅士和市民前来游赏，而观内一只神奇的鸣鹿，也成为玄都观道士迎候来客的象征。② 在唐末年黄巢起义的兵燹中，长安城几乎成为废墟，至唐昭宗天祐元年（904）正月，四镇节度使朱全忠劫持唐昭宗迁都洛阳，毁坏长安宫室、百司及民舍，玄都观也当毁于这场浩劫中。至北宋哲宗元祐元年（1086）春，张礼游京兆府长安故城，至城南崇业坊，仅见玄都观之遗基。③ 时有长安潏水先生李复，也曾游览玄都观遗址，看到废墟上苔藓覆盖的高大石碑、枯草掩映的残垣断壁和耕地中不时出土的闪烁金光的断瓦，不禁发出了"桃花久不开，空余葵麦荒"的感慨。④ 玄都观自唐末沦为废墟，后世一千多年以来未见重修的记载，清末日本人足立喜六在西安担任教员的四年中（1906～1910），曾遍游长安考察古迹，称"玄都观在西安城南门外大兴善寺西侧，大门上悬刻有'玄都观'字样的匾额，相传这里就是唐代玄都观的旧址"⑤。如果这个记载可靠的话，则清末玄都观旧址可能仍然存有部分遗迹。

二 唐代的玄都观道士

隋开皇二年玄都观迁入大兴城后，吸引了一些官宦之家的少年于此出家，如河东永乐李毗（583～643），其父为隋六品文官朝散郎，开皇十六年（596），仅十四岁的李毗舍俗入道，出家玄都观，与唐初著名的道士王岊为友，至贞观二年（628）还俗。⑥ 牛弘满（602～672），字无逸，祖籍陇西成纪，父祖皆仕隋为高级军官，其父为官时家族迁居长安。大业十年（614）年仅十三岁的牛弘满辞家入道玄都观，至唐太宗、高宗年间任观主。⑦ 唐初玄都观道士的资料极为有限，除中年还俗的李毗之外，比较著名的便是这位继任的观主牛弘满法师。

---

① （宋）陈思撰《宝刻丛编》第2册卷七《京兆府上》，商务印书馆，1937，第200页。
② （清）张英等奉敕撰《渊鉴类函》第六函卷四百三十《兽部·鹿四》，同文书局，清光绪十八年（1892）刻本，第127页。
③ （宋）张礼撰注《游城南记》，中华书局，1985，第16页。
④ （宋）李复撰《潏水集》卷九《五言古诗》，影印文渊阁《四库全书》第1121册，第94a页。
⑤ 〔日〕足立喜六：《长安史迹研究》，王双怀等译，三秦出版社，2003，第198页。
⑥ 《唐故处士李先生墓志铭》，山东省潍坊市千唐志金石馆彭兴林藏拓。
⑦ 西安市文管会：《西安市唐玄都观主牛弘满墓》，《文物资料丛刊》第一辑，文物出版社，1977，第199～200页。

据墓志载，牛弘满出生于一个世代官宦之家，曾祖牛远曾任北周的甘州别驾，祖父牛伯仕隋为兰州录事参军，其父牛明在隋任豹骑领备身校尉，在这样的富贵优裕的家庭中，牛弘满本该同他的父祖辈一样入仕为官，然而他却早在十三岁就辞家入道了。入道的背景已经很难知晓，墓志也没有说明牛弘满的师承和道派，但提到他的修炼方式，"雅好林壑，尤精摄饵"，又精于炼丹和符箓，可以说在隋初的长安城，牛弘满是一位才能和修炼都十分优秀的道士，赢得了巨大的声名，由此得以常常出入宫廷，为皇室修功德。在他交往的唐朝宗室中，以与陇西王李博义的关系最为密切。李博义是唐高祖李渊的侄子，武德元年（618）封陇西郡王，后又担任宗正卿、礼部尚书等职。这位王爷虽然好道，但生性骄奢淫逸，为李渊所鄙视。[①] 牛弘满在与陇西王的交结中，获得了许多丰厚的赏赐，全都施舍他人，更加受到长安贵族子弟和豪杰的追捧，相与交游。在主持观务的数年中，他尽职尽责，周济施惠，不仅赢得了门徒道众的爱戴，即便是佛教徒也都对他深为敬仰。玄都观的财物富足和地位荣耀，大概与陇西王的恩赐有着密切的关系。牛弘满与陇西王李博义几乎交往了五六十年，并在李博义薨后的第二年羽化，与李博义一样都在身后获赠"开府仪同三司"的殊荣。牛弘满的弟子弘农杨安，同样也是一位贵族子弟，主持了牛弘满的安葬典礼。

至高宗李治的时代，道教得到皇室的重视，在京城新建了不少道观。玄都观自建立之初就是一座学术型的宫观，北周时于此举办过三教思想的辩论，还诞生过第一部官方组织编订的道经目录。崇道的唐玄宗开元年间再次组织编纂《道藏》目录，并为《一切道经》撰写音义，继承学术传统的玄都观主尹敬崇与京城众多的道门大德共同参与了这项文化工程，太清观主史崇在《一切道经音义妙门由起》中记载了此事。[②] 但唐代僧人惠详在《弘赞法华传》中，描述了一位由道入佛的玄都观道士史崇，因发心诵《法华经》而在死后舌成舍利，[③] 似乎并非上述地位尊贵的太清观主史崇。这则佛教视角叙事的灵验故事选择玄都观道士为主角，借此向社会信众宣扬佛法胜于道法，是佛教与道教争夺信众的现实需要，表明在唐代的佛道论衡中，京城第一宫观的玄都观仍然首当其冲地被佛教徒选为斗争的主要目标。

玄都观主尹敬崇的资料并不多，据《唐会要》卷五十所载，玄都观"有道士尹

---

① （后晋）刘昫等撰《旧唐书》第7册卷六十《陇西王博义传》，中华书局，1975，第2356~2357。

② （唐）史崇撰《一切道经音义妙门由起》，《道藏》第24册，第722c页。

③ （唐）惠详撰《弘赞法华传》卷八《诵持第六》，《大正藏》第51册，第38页下栏。

崇，通三教，积儒书万卷，开元年卒"①。这位尹崇与前述观主尹敬崇名字仅一字之差，从学术志向和生活年代来看，两者也有极高的相似性，不知尹崇是否为尹敬崇之误。又据《京兆金石录》，开元八年（720）所立的《唐玄都观主尹尊师碑》，裴子余撰文，郭谦光书丹，②此碑有可能是为观主尹敬崇所建立的。裴子余（？～726）事以继母孝闻，文法著称，举明经，补鄠县尉，景龙中为左台监察御史，开元初累迁冀州刺史。③郭谦光，并州太原人，官至国子监丞，工书法，欧阳修盛赞"其字画笔法不减韩、蔡、李、史四家，而名独不著"④。此碑早已不存，故此玄都观主尹尊师的详细生平亦不得而知，不过尹敬崇能够主持京城这座重要道观和参与《道藏》编纂，亦说明他学养深厚，在京城道门中必有十分重要的地位。

除玄都观主尹敬崇外，玄宗时代的京城道门还有其他两位尹尊师，其中一位是尹文操，陇西天水人，年十五奉敕出家，先后担任过京城昊天观和盩厔宗圣观的观主，长寿四年（695）羽化，开元五年（717）立碑于宗圣宫；⑤另一位尹尊师，失其名，家族累世为官，年十二入道，先后住京城昊天观、景龙观、兴唐观，历任兴唐观威仪、上座等，天宝六年（747）羽化。⑥天水尹氏家族奉道传统始自周代尹喜真人，东晋惠帝时有尹喜后人尹轨兴复楼观，另一后人尹道全晋时隐居衡山。⑦尹氏家族在唐代的京城道门中依然影响深远，高道辈出，除前述宗圣观主尹文操、兴唐观上座尹尊师、玄都观主尹尊师，还有肃明观道士尹愔，玄宗拜其为谏议大夫、集贤院学士。⑧

唐初的玄都观道士尚能延续北周隋朝以来的学术传统，然而除了开元中参与《一切道经》音义的观主尹敬崇外，玄宗朝的玄都观道士却多以方术著称，如李遐周、叶静能、叶法善等，在宫廷和士大夫官僚中拥有较高的名望。有太和先生王旻善房中养生术，出于道教世家，据传已有千余岁，但容貌却如同三十余岁。天宝初年召入禁中内道场，玄宗与贵妃旦夕礼谒。天宝六年（747），南岳道士李遐周担心其眷恋京城不出，乃扬言"吾将为帝师，授以秘箓"，玄宗于是命人访求。天宝七年

---

① （宋）王溥撰《唐会要》第9册卷五十《尊崇道教》，第876页。
② （宋）陈思撰《宝刻丛编》第2册卷七《京兆府上》，第200页。
③ （后晋）刘昫等撰《旧唐书》第15册卷一百八十八《裴子余传》，中华书局，1975，第4926页。
④ （宋）欧阳修撰《集古录跋尾》卷九，《四部丛刊》景元本，商务印书馆，1919，第16页。
⑤ 王忠信编《楼观台道教碑石》，三秦出版社，1995，第113～115页。
⑥ 吴钢主编《隋唐五代墓志汇编·陕西卷》第4册，天津古籍出版社，1991，第7页。
⑦ （元）赵道一撰《历世真仙体道通鉴》卷三十三，《道藏》第5册，第288a页。
⑧ （后晋）刘昫等撰《旧唐书》第1册卷九《玄宗本纪下》，第207页。

（748）李遐周入京，与王旻相见，劝其出京。① 李遐周昔在南岳时，与仙人善女为琴棋之友，② 入京后，于禁中日久，"后求出，住玄都观，唐宰相李林甫尝往谒之"③。传说李遐周曾预言安禄山作乱、贵妃死于马嵬驿等事，并于玄都观作题壁诗曰："燕市人皆去，函关马不归。人逢山下鬼，环上系罗衣。"被称为"诗妖"④，又有谶句"木易若逢山下鬼，定知此处丧金环"⑤，皆此类也。

叶静能（又作叶净能）是高宗朝一位以神异著称的符箓派道士，出于浙江括苍（在今浙江省松阳县）世代奉道的叶氏家族，是同时期著名茅山道士叶法善的叔祖。虽然二人同在京城服务皇室，但似乎并无交集，吴真认为这可能是因为叶静能与叶法善在宫廷斗争中分别服务于不同的政治势力。⑥ 叶静能善于幻术，神龙元年（705）以术授国子祭酒，⑦ 曾幻化酒榼为弟子与汝阳王李琎斗饮。⑧ 叶静能因参与韦后集团在中宗朝坐罪被诛，⑨ 但在玄宗朝仍有不少叶静能的传说流传，唐人赵璘认为皆叶法善传说之误传。⑩ 不过唐代的传奇中，以叶静能为主角的传说十分丰富，敦煌变文中有《叶净能诗》，记载了叶静能在长安玄都观斩妖驱鬼的故事。传说玄宗时道士叶静能初入长安，居玄都观中，闭门弹琴长啸，能坐地行厨，有人参谒问道，且言能符箓驱鬼之术，于是很快长安百姓皆知悉。时策贤坊百姓康太清有一女，年十六七，被野狐精魅所附。康太清闻玄都观客居道士叶静能能驱鬼，便与妻子前往观中礼拜请医。叶静能挥剑斩狐，除女魅病，其事在京城引起了很大的轰动。玄宗闻其事，诏入禁中问道，求为弟子，并在玄都观单独安置一院供其居住，玄宗常驾幸观中问道。⑪ 叶静能故事的广泛流传，开元初年，叶静能曾入宫上章玉京天帝为皇后祈子。⑫ 在宋代的文献中，叶静能除了善于方术外，也具有较高的学术修养，曾撰有《天真皇人九仙

---

① （宋）李昉等编《太平广记》第 1043 册卷七十二《道术》，影印文渊阁《四库全书》第 362c 页。
② （宋）陈田夫撰《南岳总胜集》卷上，《大正藏》第 51 册，第 1060 页中栏。
③ （唐）郑处海撰《明皇杂录》卷下，中华书局，1985，第 12 页。
④ （宋）欧阳修撰《新唐书》第 3 册卷三十五《五行志二》，中华书局，1975，第 920 页。
⑤ （宋）刘斧撰《青琐高议》，上海古籍出版社，2012，第 170 页。
⑥ 吴真：《为神性加注：唐宋叶法善崇拜的造成史》，中国社会科学出版社，2012，第 16 页。
⑦ （后晋）刘昫等撰《旧唐书》第 9 册卷九十一《桓彦范传》，第 2930 页。
⑧ （宋）李昉等编《太平广记》卷七十二《道术》，影印文渊阁《四库全书》第 1043 册，第 364 页。
⑨ （后晋）刘昫等撰《旧唐书》第 1 册卷七《睿宗本纪》，第 152 页。
⑩ （唐）赵璘撰《因话录》卷五《徵部》，中华书局，1985，第 25 页。
⑪ 胡道静等主编《藏外道书》第 21 册，巴蜀书社，1992，第 545 页。
⑫ （宋）李昉等编《太平广记》卷三百《神十》，影印文渊阁《四库全书》第 1045 册，第 227a 页。

经》一卷、《北帝灵文》三卷。[1]

李遐周、叶法善、叶静能等方术道士的传说，经由文学的想象和演绎，塑造了玄都观神通广大的道士形象，是玄宗崇道行为影响下的道教文学创造的典型，而现实中的玄都观道士，仍然以精研道学而称名。天宝中玄都观道士荆胐，"亦出道学，为时所尚，太尉房琯每报师资之礼。当代知名之士，无不由荆公之门"[2]。房琯（697～763），字次律，河南（今河南偃师）人，历任校书郎、主客郎给事中、太子左庶子、刑部侍郎等，安史之乱随玄宗入蜀，拜吏部尚书、同平章事，肃宗广德元年（763）卒于阆中，追赠太尉。[3] 房琯生性淡泊，曾隐居终南山中，对佛教和道教都有很深的信仰，他对玄都观道士荆胐执弟子礼，并影响了京城一大批士人问道于荆胐门下。荆胐之后，玄都观道士罕有名望者，唯有玄都观"李尊师"两度出现于唐人的诗作中。天宝中（742～756），诗圣杜甫客居长安时，曾与玄都观道士李尊师相往来，他写过一首《题李尊师松树障子歌》，前四句有"老夫清晨梳白头，玄都道士来相访。握发呼儿延入户，手提新画青松障"[4]。从诗中可以看出，这位玄都观道士李尊师善画，新画《松树障子》成，前往诗人的居所邀请题诗。文宗开成年间（836～840），诗人喻凫也曾写过一首题为《玄都观李尊师》的诗作："薜幄翠髯公，存思古观空。晓坛柽叶露，晴圃柳花风。寿已将椿并，棋难见局终。何当与高鹤，飞去海光中。"[5] 两首诗作相距近百年，不知二人所见的李尊师是否为同一人，若果为同一人，则这位李尊师的寿龄至少在一百二十岁左右。

经历安史之乱后，长安城受到很大的破坏，唐王朝自此走向衰落，道教也受到冲击而零落，此后玄都观道士亦乏善可陈。敬宗宝历三、四年间（827～828），有荥阳郑氏子郑居中字贞位，在七八岁的幼年被"素深于道门"的父亲兴平令郑锋送入玄都观出家，不久其兄殁，亲人以香火无继而令还俗，习儒学而后入仕，官至中书舍人，"虽反儒服而慕道斯甚，身佩上清箓，自仙冠之徒，以至于岩栖谷隐炼丹养气者，朝夕游处，无不宗礼"[6]。这已是目前所见唐代长安玄都观道士最晚的资料了。

---

① （宋）郑樵撰《通志》卷六十三《艺文略》，影印文渊阁《四库全书》第 374 册，第 316b、318d 页。
② （宋）王溥撰《唐会要》第 9 册卷五十《尊崇道教》，第 876 页。
③ （后晋）刘昫等撰《旧唐书》第 10 册卷一百一十一《房琯传》，第 3320 页。
④ （唐）杜甫撰，（清）钱牧斋笺注《杜工部诗集》卷四《古诗》，世界书局，1935，第 82 页。
⑤ （宋）李昉等编《文苑英华》卷二百二十三，影印文渊阁《四库全书》第 1335 册，第 91a 页。
⑥ 吴钢主编《全唐文补遗》第八辑，三秦出版社，2005，第 156～157 页。

三 玄都观与唐人诗情

玄都观为长安景致之胜，尤其以观内的千棵碧桃为当时士人所钟爱。碧桃花形美丽，色彩鲜艳，是园林观赏花卉的佳品，每至春天碧桃花盛开，士庶纷纷涌入玄都观赏花，以至于沿途道路尘土飞扬。宪宗元和十年（815），刘禹锡自被贬谪的朗州（今湖南常德）召回长安，此年春与京城友人相约玄都观看花，并写下了《元和十年自朗州承召至京戏赠看花诸君子》，描绘了玄都观士人观花的盛况，表达了诗人对当朝权贵的讽刺："紫陌红尘拂面来，无人不道看花回。玄都观里桃千树，尽是刘郎去后栽。"① 刘禹锡（772~842），字梦得，洛阳人，德宗贞元九年（793）进士及第，得岭南节度使杜佑的赏识，贞元十八年（802）调任京兆府渭南县主簿。贞元二十一年（805）顺宗继位，太子侍读王叔文发起改革弊政，提拔相善的刘禹锡为屯田员外郎，不久永贞改革失败，刘禹锡与柳宗元等八人被贬。刘禹锡被贬朗州司马，十年后才得以召回长安。映射诗作得罪了当朝的权贵武元衡等，刘禹锡再次被贬为连州（今广东连州）刺史。②

历经十四年贬谪生涯，直到文宗大和元年（827），刘禹锡才得以回长安任主客郎中，次年春三月再游玄都观，虽屡受打击而意志弥坚，政治上获得新生的诗人踌躇满志，写下了《再游玄都观绝句》："百亩庭中半是苔，桃花净尽菜花开。种桃道士归何处，前度刘郎今又来。"他在诗前的小引交代了与玄都观的两度因缘："余贞元二十一年为屯田员外郎，时此观中未有花木，是岁出牧连州，寻贬朗州司马。居十年，召至京师，人人皆言：有道士手植仙桃满观如烁晨霞，遂有前篇，以志一时之事。旋左出牧，于今十有四年，得为主客郎中，重游兹观，荡然无复一树，唯兔葵燕麦动摇于春风耳。因再题二十八字，以俟后游。时大和二年三月某日。"③ 似乎此时观中的碧桃树已经荡然无存了。大和十年（836），刘禹锡亲自书写的这首诗作被刻石立碑于玄都观中。④ 晚年刘禹锡与吏部尚书令狐楚（？~837）唱和颇多，其中有

---

① （唐）刘禹锡撰《刘梦得文集》卷四，《四部丛刊》景上海涵芬楼藏武进董氏景宋刊本，商务印书馆，1919，第56页。
② （后晋）刘昫等撰《旧唐书》第13册卷一百六十《刘禹锡传》，第4212页。
③ （唐）刘禹锡撰《刘梦得文集》卷四，《四部丛刊》景上海涵芬楼藏武进董氏景宋刊本，第56页。
④ （宋）陈思撰《宝刻丛编》第2册卷七《京兆府上》，第212页。

一首《酬令狐相公雪中游玄都观见忆》，是回忆在长安期间与令狐楚共游玄都观的酬唱之作："好雪动高情，心期在玉京。人披鹤氅出，马踏象筵行。照耀楼台变，淋漓松桂清。玄都留五字，使人步虚声。"① 雪中的玄都观别有一番风情。

长安玄都观见证了刘禹锡宦海沉浮的人生，不论人世沧桑，观中的桃花再次重植，依然年年绽放，吸引长安士人前来游赏。与刘禹锡同时代的著名诗人姚合（约779～约855），曾与裴度、厉玄同游长安的昊天观和玄都观，写下了一首《游昊天玄都观》："性同相见易，紫府共闲行。阴径红桃落，秋坛白石生。薜文连竹色，鹤语应松声。风定药香细，树深泉气清。垂檐灵草影，绕壁古山名。围外坊无禁，归时踏月明。"② 歌咏玄都观内的幽雅景色，而满地飘落的桃花与观内的重檐、假山、松鹤、药草相映成趣，为庄严的道观增添了许多灵动的尘俗气息，以至于诗人流连忘归。稍晚一些的诗人章孝标（791～873），曾作有一首《玄都观栽桃十韵》："驱使鬼神功，攒栽万树红。薰香丹凤阙，妆点紫琼宫。宝帐重遮日，妖金遍累空。色然烧药火，影舞步虚风。粉扑青牛过，枝惊白鹤冲。拜星春锦上，服食晚霞中。棋局阴长合，箫声秘不通。艳阳迷俗客，幽邃失壶公。根柢终盘石，桑麻自转蓬。求师饱灵药，他日访辽东。"③ 依然着墨在玄都观鲜艳的桃花上，万树千红妆点巍峨的殿宇，诗人虽有求仙之志，依然摆脱不了尘俗的羁绊，唯寄希望于将来。

玄都观是北周时代长安最为重要的道观之一，也是隋文帝迁都大兴城建立的第一座道观。自隋初至唐玄宗时代，是玄都观历史上最为辉煌的时期，王延、牛弘满、尹敬崇等道门大德相继为观主，传承了玄都观一直以来的学术传统。玄宗崇道下的文学想象，将李遐周、叶法善、叶静能等一批精于方术的道士汇聚于长安最为重要的玄都观中，为玄都观蒙上一层神异的方术色彩，更经层累的叠加而广泛流传。现实中的中晚唐玄都观道士，除了为时所尚的荆朏之外，罕有显名道门者，反映了玄都观学术传统和影响力的式微。中晚唐诗人刘禹锡、姚合、章孝标等人着力吟咏玄都观桃花的诗作，更加凸显了玄都观越来越浓的世俗化色彩。

① （唐）刘禹锡撰《刘梦得文集》卷三，《四部丛刊》景上海涵芬楼藏武进董氏景宋刊本，第423页。
② （唐）姚合撰《姚少监诗集》卷八，《四部丛刊》景上海涵芬楼藏明钞本，第96页。
③ （宋）李昉等编《文苑英华》卷三百三十七，影印文渊阁《四库全书》第1336册，第62页。

闽西北七娘信俗新探

刘 涛

摘要： 本文围绕闽西北七娘信俗的由来与发展及其成因，通过考证七娘姓名、籍贯、出生时间、身世、名人题诗以及"神迹""封号"等七个方面，从中发现七娘原型实则类似梁红玉的历史群体化身，其形象经层累建构而成，反映了七娘信俗具有重要的历史地位。七娘信俗的文本书写问题与闽西北区域社会的历史变迁密切相关。从而提出了应在地方文化符号建构、族群互动、男女性别比较研究多个视角下深入考察，重点进行文本分析，重写信俗发展历程。

关键词： 七娘 文天祥 陈友定 明溪寨 客家 族群互动

作者简介： 刘涛，龙岩学院闽台客家研究院研究员、肇庆学院肇庆经济社会与历史文化研究院历史文化研究员。

七娘，又称"莘七娘""莘圣七娘""夫人嬷"，其信仰发源于汀州清流县明溪驿（明代设归化县，今为福建省三明市明溪县），2012年以"惠利夫人信俗"列入福建省第四批省级非物质文化遗产名录。七娘文化符号是指围绕七娘身世产生的诗作、姓名、"神迹"、"封号"、籍贯、相关历史名人如文天祥题诗以及民间故事等的文化建构，其文化符号建构始于南宋，以《临汀志》记载为标志，在明代中期进行重构，张永隆《显应庙碑序》是其代表。

目前，学术界关于七娘信俗研究已取得丰硕的成果，对后学有所启发，但也存在一些问题。如谢重光《客家文化与妇女生活——12~20世纪客家妇女研究》一书述及七娘信仰，根据明人张永隆《显应庙碑序》认为七娘信仰肇端于五代，实则源于七娘自吟诗内容，并不可靠；却未对《显应庙碑序》史料来源进行分析，还原其书写过程，并分析其书写目的。① 陈金平《民间的狂欢与社会控制——福建明溪县莘七娘信仰研究》一文认为文天祥题诗的真实性应存疑，却在文中述及文天祥于景炎二年（1277）谒庙题诗，未能揭示文天祥题诗由来，误认为七娘的首次"神迹"发生在北宋开宝七年甲戌（974），未对七娘丙申年获封、六月十一日生辰、帮助陈友定镇压罗天麟起事进行考证，未发现七娘为何会受到陈友定、林文埜、林则方等福州籍名人的关注。②

长期以来学术界认为七娘历史上确有其人，根据旧志记载进行了文献分析，却未进行文本分析，未能发现七娘历史上虽实无其人，但仍有原型，是随军夫人这一特殊群体的代表与化身。几经变迁，七娘信俗成为客家文化符号，又超越客家人与闽北人之分，与文天祥、陈友定等历史名人结缘，具有较高的学术研究价值与现实意义。本文将围绕七娘身世与信俗传播，搜集新旧方志、正史、《明实录》等史料，结合田野考察所得民间故事、口述史料，通过考证七娘身世，揭示七娘"神迹"由来，分析文天祥为七娘题诗说法的成因，以期为新时期地方社会女性信俗研究提供新的路径。

一 七娘身世

（一）姓名

1. 姓氏

七娘之名始载《临汀志》："旧七娘庙"③，即感应惠利夫人庙的前身。该志仅载"七娘"之名，却未载其姓氏，可见其时已不知其姓氏。从七娘自吟诗："少习女工及书史"④ 来看，既然七娘自幼熟读书史，为何七娘无姓氏？然而，明人张永隆《显应庙碑序》却始载其全名"莘圣七娘"⑤，《弘治汀州府志》沿此说作"莘氏七娘"⑥，

---

① 谢重光：《客家文化与妇女生活——12～20世纪客家妇女研究》，上海古籍出版社，2005，第69页。
② 陈金平：《民间的狂欢与社会控制——福建明溪县莘七娘信仰研究》，硕士学位论文，福建师范大学，2008。
③ （宋）胡太初修，赵与沐纂《临汀志》，《永乐大典方志辑佚》第2册，马蓉、陈抗、钟文、乐贵明、张忱石点校，中华书局，2004，第1282页。
④ （宋）胡太初修，赵与沐纂《临汀志》，《永乐大典方志辑佚》第2册，第1283页。
⑤ （明）吴文度修，杜观光纂《弘治汀州府志》卷十八，明弘治年间（1488～1505）刻本，第3册，中国国家图书馆藏，善本书号：CBM1057，第48页b。
⑥ （明）吴文度修，杜观光纂《弘治汀州府志》卷九，明弘治年间（1488～1505）刻本，第1册，第13页b。

《嘉靖汀州府志》又作"莘氏圣七娘"①。为何宋代方志未载七娘姓氏,到了明代民间文献却出现其姓氏的记载?

七娘既然"本是良家女"②,为何未留下姓氏?根据宋代汀州从民女成为女性神明的记载,如始载《舆地纪胜》的"王氏女"③ 与"刘女"④,均留下姓氏。而始载《临汀志》的汀州女性神明,如灵应显庙的"灵顺夫人即五道圣七娘神"⑤ 与三圣妃宫的"三圣妃"⑥,却未留下姓氏。七娘姓氏早已失传,其姓氏并非后世所"发现",而是宋代以后为形塑其形象而建构的。

2. "七娘"之名

"七娘"属于数字娘名,数字娘名与数字郎名在宋代广泛流传于闽西、赣南、粤东一带,至今散见客家族谱宋元以及明中叶以前的祖先谱系。然而,七娘自吟诗述及其生活在"五季"⑦,七娘既然生活在五代十国时期,而五代十国时期闽西、赣南、粤东一带是否已经出现数字娘名无从可考,可见七娘只能生活在宋代。

3. "圣七娘"之名

"圣七娘"之名从何而来?汀州女性神明有同名"圣七娘"者,始载《临汀志》。

> 灵应显庙,在州东兴贤门内。初,无境王,即开元观土地。灵祐将军,即五通圣七郎神。灵顺夫人,即五通圣七娘神。三神庙,闽永隆间封创,宋朝景德中,合为一庙,绍圣间重修,崇宁间赐庙额,后各坊皆有庙食。嘉定间,封无境王为忠惠侯,灵祐将军为协佑侯。宝祐间,羽流廖真常募缘修殿及门庑。⑧

此"圣七娘"与"圣七郎"名字相对应,皆冠名"五通",可知"圣七娘"与"圣七郎"有关。然而,此"圣七娘"在宋景德中(1005~1006)与"圣七郎"、土地神等三位神灵合为一庙,自成体系。七娘信众认为常见的五通女神名"圣七娘",

---

① (明)邵有道修《嘉靖汀州府志》(下编),《天一阁藏明代方志选刊续编》第40册,上海书店出版社,1990,第306页。

② (宋)胡太初修、赵与沐纂《临汀志》,《永乐大典方志辑佚》第2册,第1283页。

③ (宋)王象之编《舆地纪胜》卷一百三十二,惧盈斋清道光二十九年(1849)刻本,第28册,天津图书馆藏,第6页a。

④ (宋)王象之编《舆地纪胜》卷一百三十二,惧盈斋清道光二十九年(1849)刻本,第28册,第8页b。

⑤ (宋)胡太初修、赵与沐纂《临汀志》,《永乐大典方志辑佚》第2册,第1275页。

⑥ (宋)胡太初修、赵与沐纂《临汀志》,《永乐大典方志辑佚》第2册,第1278页。

⑦ (宋)胡太初修、赵与沐纂《临汀志》,《永乐大典方志辑佚》第2册,第1283页。

⑧ (宋)胡太初修、赵与沐纂《临汀志》,《永乐大典方志辑佚》第2册,第1275页。

在汀州城各坊均有庙食，可据此借用作为七娘的全名。

（二） 籍贯

七娘籍贯旧志无载，却散见今人所云，先后有"江西秀州华亭人"、天水人两种说法。实不可信。首先，江西未辖秀州与华亭，为何要在"秀州华亭"之前冠以"江西"，实则与七娘被认为是江西人有关。

1. "江西人"说法由来

究其原因，此说应与汀州百姓部分来自江西有关。《临汀志》载："开庆元年，知州胡公太初奏请经界保伍及移兵官一员，置司城外三事（节要）……一，本州南接潮、梅，西连旴、赣，寇攘间作，渊薮实繁。昨者捕到贼徒，鞫之图圄，多是邻郡奸民来此告说某处某家富有财物，此邦之奸民籍其向导，聚众而行。其始集也，持挟刀杖，止以贩盐为名；其既集也，置立部伍，公以劫屋为事。既行劫掠，岂免杀伤？民志惊惶，率多逃匿。""但邻郡之奸民贩私盐而来者，常十百为群，未易遏绝，欲朝廷行下旴、赣、潮、梅诸郡，一体编排保伍，严行禁戢，则犬牙相制，皆不可越境生事，岂惟汀民安，而诸郡之民举安矣。"[①] 赣州一带农民因食盐问题来到汀州。七娘被认为是"秀州华亭人"则与民间信仰合流有关。

2. "秀州华亭人"说法由来

究其原因，此说应与七娘信俗曾与清流县渔沧庙交融有关，据此借用渔沧庙神明樊令的籍贯。《临汀志》始载清流县渔沧庙，[②] 却未载其神明樊令的籍贯，直到《八闽通志》方载其是"秀州华亭人"[③]。

七娘庙与渔沧庙同属清流县管辖，樊令"绍兴间，赣寇冲突入郭而辟易十五里，贼党具言初至时闻金鼓雷厉，顷之见人马帜刃罗列庙后山上，于是骇愕而退"[④]，与七娘"闻金鼓声"的"神迹"相近，[⑤] 这促进了渔沧庙与七娘信众的交流。樊令"秀州华亭人"的说法早于七娘"秀州华亭人"说法的出现，七娘信众应据此借用樊令的籍贯。

① （宋）胡太初修，赵与沐纂《临汀志》，《永乐大典方志辑佚》第 2 册，第 1462～1463 页。
② （宋）胡太初修，赵与沐纂《临汀志》，《永乐大典方志辑佚》第 2 册，第 1282 页。
③ （明）陈道修，（明）黄仲昭纂《八闽通志》卷五十九，明弘治四年（1491）刻本，第 26 册，天津图书馆藏，第 23 页 b。
④ （宋）胡太初修，赵与沐纂《临汀志》，《永乐大典方志辑佚》第 2 册，第 1282 页。
⑤ （宋）胡太初修，赵与沐纂《临汀志》，《永乐大典方志辑佚》第 2 册，第 1283 页。

3. "天水人"说法由来

究其原因，此说应与莘姓郡望天水有关。嘉靖十五年（1536），明世宗准允庶民祭祀始祖，福建百姓纷纷建构祖先谱系，建设宗族组织。闽西客家社会流传中原南下开基的祖先叙事，认为七娘来自郡望天水，实则反映七娘籍贯并不可考，为此只能远溯其姓氏郡望。

七娘到底来自何处？七娘历史上虽无其人，却反映了一个群体，这一群体应来自江西盱、赣一带。为何地方志未述其原籍？究其原因，应与赣南农民在汀州私贩食盐的社会现象有关，导致旧志避而不谈其原籍。旧志如此，也影响了新修方志的书写。

（三） 七娘原型的生活朝代与生日

谢重光认为七娘信俗之雏形在五代十国时期，七娘生前是五代十国时期人，谢根据七娘自吟诗述及其生活在"五季"①。然而，从七娘信俗产生的地点来看，实际上并非如此。

七娘自吟诗述及七娘信俗的产生地点："传者以昔有过客投宿驿中，闻吟咏声，因使反之，且许为传播。"② 此"驿"指明溪驿。明溪驿的设置时间史志未载。《临汀志》始载："明溪铺，在县东一百二十五里。（旧有驿，今亦有。）"③ 此"驿"指明溪驿。明溪驿隶属清流县，清流县有"嵩溪铺"，"旧有驿。郡守陈公轩秩满抵驿"④。"郡守陈公轩"即汀州知州陈轩，陈轩继任"谢履，元祐元年，以朝奉大夫知"⑤。陈轩在元祐元年（1086）离任，其时清流县已出现驿站，明溪驿最迟在此时已设置。

七娘自吟诗云："五季乱兮多寇盗，良人被令为征讨。因随奔走到途间，忽染山岚命丧夭。军令严兮行紧急，命既殁兮难收拾。独将骸骨葬明溪，夜长孤魂空寂寂。"⑥ 七娘随夫从军途经明溪，因病卒于明溪，其时尚未设置明溪寨。元祐元年（1086）之际，汀州并无战事，七娘信仰应在元祐元年（1086）之后、明溪寨设置之前产生。

明溪寨的设置时间，"绍兴间，本路帅叶公梦得奏请置巡检一员"⑦，"（绍兴）

---

① （宋）胡太初修，赵与沐纂《临汀志》，《永乐大典方志辑佚》第 2 册，第 1283 页。
② （宋）胡太初修，赵与沐纂《临汀志》，《永乐大典方志辑佚》第 2 册，第 1283 页。
③ （宋）胡太初修，赵与沐纂《临汀志》，《永乐大典方志辑佚》第 2 册，第 1327 页。
④ （宋）胡太初修，赵与沐纂《临汀志》，《永乐大典方志辑佚》第 2 册，第 1326 页。
⑤ （宋）胡太初修，赵与沐纂《临汀志》，《永乐大典方志辑佚》第 2 册，第 1347 页。
⑥ （宋）胡太初修，赵与沐纂《临汀志》，《永乐大典方志辑佚》第 2 册，第 1283 页。
⑦ （宋）胡太初修，赵与沐纂《临汀志》，《永乐大典方志辑佚》第 2 册，第 1339 页。

十三年，奉旨创寨，改隶左翼军额"①。绍兴十三年（1143）汀州营寨创建，其中包括叶梦得奏请设置明溪寨。

绍兴十三年（1143）之前，清流县是否有战事？"绍兴间，寇扰，无险可恃，邑人大恐。令郑思诚鸠集流散，以兴板筑"②，该志未载郑思诚担任清流县令的时间，但从此处未提及明溪寨来看，其时尚未建寨，事发绍兴十三年（1143）之前。就汀州来看，"建炎间，杨勍乱后，赣梅寇屡起，朝廷时遣大军讨捕，驻扎城中，初散泊民家，后或屯开元寺。绍兴十年，翟皋统广东摧锋军一千二百人到州，权住同庆、文殊寺。至十一年，安抚司准旨于摧锋军存留上件事就州驻扎"③。《宋史》记载："（建炎）四年三月辛酉，御营前军将杨勍叛。"④ 建炎四年（1130）杨勍起义后，赣州、梅州"寇"接连起事，南宋派大军到汀州镇压。从七娘自述诗"行军"二字来看，七娘来自外地，很可能是翟皋在绍兴十年（1140）率领的广东摧锋军。七娘是进军汀州的广东摧锋军军官家眷，为何能够成为明溪寨兵的信仰？这与七娘来自赣南有关。七娘原型来自赣南，明溪寨兵隶属左翼军，左翼军统制陈敏为"赣之石城人"⑤，即赣州石城县人，与七娘原型是赣南同乡。

为何七娘自吟诗不直接说生活在南宋，而要远溯五季？根据七娘自吟诗述及地方动荡不安，反映其时王朝治理无方，官修的《临汀志》对此自然避而不谈。七娘自述诗所云时间只能采取置换时间的形式，其未溯北宋实则与其时在位的宋理宗是宋太祖后裔有关，只能继续往前追溯到"五季"。

七娘生日亦不可信，但有其建构依据。七娘生于六月十一日的说法始载《正德归化县志》："惠利夫人出游，以六月十一日为夫人诞辰。"⑥ 这一说法从何而来？究其原因，应与归化县的地方经济有关。然而，此前《八闽通志》始载，归化县"六月市，在县治前，岁以六月十一日集，十八日散"⑦，显然先有"六月市"，后有七娘

① （宋）胡太初修，赵与沐纂《临汀志》，《永乐大典方志辑佚》第 2 册，第 1336 页。
② （宋）胡太初修，赵与沐纂《临汀志》，《永乐大典方志辑佚》第 2 册，第 1211 页。
③ （宋）胡太初修，赵与沐纂《临汀志》，《永乐大典方志辑佚》第 2 册，第 1336 页。
④ （元）托克托等修《宋史》卷二十六《本纪第二十六·高宗三》，《钦定四库全书荟要》卷五千六百五十四（史部），清乾隆四十一年（1776）抄本，第 4 页 a。
⑤ （元）托克托等修《宋史》卷四百〇二《列传第一百六十一·陈敏》，《钦定四库全书荟要》卷六千三十（史部），第 1 页 a。
⑥ （明）杨缙修《正德归化县志》卷一，明弘正德年间（1506～1521）刻本，中国国家图书馆藏，善本书号：CBM1105，第 6 页 a～6 页 b。
⑦ （明）陈道修，黄仲昭纂《八闽通志》卷十四，明弘治十四年（1491）刻本，第 6 册，第 18 页 a。

"六月十一日"诞辰的说法。由于六月市在六月十一日始集，因此定六月十一日作为七娘的生日。

二 七娘"神迹"传说

（一） 可考"神迹"

七娘"神迹"始载《临汀志》，主要有三个方面。其一，夜晚在明溪驿自吟诗。陈金平认为七娘自吟诗出自好事者，不足为据，实则七娘自吟诗反映七娘信仰与明溪驿的关系。明溪驿为官府设置，七娘信俗获得官府支持，避免被视为"淫祀"，因此，"自是乡人敬而祀之"①，在明溪驿附近获建宫庙，称之为"七娘庙"。明溪寨巡检李寔将七娘庙移建明溪寨侧，反映七娘庙成为明溪寨兵信仰。七娘庙为何成为明溪寨兵信仰？这就要从明溪寨兵的构成说起。明溪寨巡检"管土军三百人"②，明溪寨兵来自当地。既然七娘信众最初是当地人，明溪寨兵又来自当地，七娘信仰由此成为明溪寨兵信仰。明溪寨巡检李寔为促进官兵关系，增进军民互动，将七娘庙移建明溪寨侧。七娘自吟诗通过下榻明溪驿过客之手流传，此过客应是男性，突破了传统的"男女大防"，并由此陌生男性公之于世，反映了七娘原型出身低微，也就是原本"并不干净"，而"招惹""引来"陌生男子。

其二，葬于明溪。七娘原型实则来自寓居汀州的赣州女子，南宋初年成为驻防汀州的广东摧锋军军官的随军眷属，随其四处征讨。途中染疫，就近在明溪驿疗养。因摧锋军改由左翼军换防时间紧迫，亟须立即开拔，其军官丈夫无法将其带上前行。七娘原型终因医治无效而去世，因无人前来认领，被就地葬在明溪驿旁。七娘原型因为无子嗣，其军官丈夫也未前来祭扫，导致七娘原型未获祭祀而成为"孤魂野鬼"。汀州其时"俗尚鬼信巫"③的民风，导致明溪当地百姓从畏惧其"作乱"，到将其供奉起来，视若神明。七娘原型是王朝军人的随军眷属，与王朝沾边，对于地处王朝边缘的闽西北地方社会而言，祭祀七娘也是顺理成章。

其三，七娘助阵远赴建康的明溪寨兵获胜。"端平间，调寨兵戍建康。忽一日，

① （宋）胡太初修，赵与沐纂《临汀志》，《永乐大典方志辑佚》第 2 册，第 1283 页。
② （宋）胡太初修，赵与沐纂《临汀志》，《永乐大典方志辑佚》第 2 册，第 1339 页。
③ （宋）胡太初修，赵与沐纂《临汀志》，《永乐大典方志辑佚》第 2 册，第 1416 页。

旁近人闻庙中若有钲鼓声。后戍兵有书回，恰是日与虏会战，始知其助威焉。"① 所谓庙中有如钲鼓声，实则反映七娘原型击鼓助阵，与梁红玉击鼓退金兵的叙事相似。从梁红玉出身低微来看，七娘原型也是出身不好，与军官并非门当户对，并非明媒正娶，即随军小妾，未能获得婆家认同，实则所谓的"小姨"，只能随军，无法在军官家乡孝敬公婆、抚育子女。七娘由于身份特殊，无法生育子女，也未能抚养子女，没有子嗣，虽然年轻，却身体不佳，加上四处奔波，导致身体状况急剧下降，最终染上瘴疫。因染病无法继续随行，也无法服侍军官丈夫，其军官丈夫大可再换一个新军眷。七娘原型见状，不由悲愤交加，郁郁而终。

（二）后来增加的"神迹"

1. 绍兴二十四年甲戌（1154）平定阮定起事

陈金平认为七娘在北宋"显灵"一次，援引《显应庙碑记》记载："岁甲戌，世扰攘，豪奸阮定等集众作乱，民罔宁处，恳祷神灵，戡而获削而平之。"② 又认为此"甲戌"指974年，即开宝七年。然而，根据《乾隆汀州府志》记载："宋绍兴中，阮定等作乱，民祷于神，获平之。"③

绍兴二十四年恰好是甲戌（1154），阮定起事应发生在其时，并非开宝七年（974）。

然而，从《临汀志》未载七娘帮助平定阮定事件可见，七娘"显灵"的说法实与阮定事件无关。

2. 淳熙十一年甲辰（1184）平定姜大老起事

淳熙甲辰，西北姜大老、官黄三、潘豺羊辈相继窃据，黎庶遑遑，拜祝庭下，举兵往捕，即殄渠魁，余党被执者告云："始至境内，望旗帜罗列，贼众胆寒，计无所出，竟伏诛。"④

---

① （宋）胡太初修，赵与沐纂《临汀志》，《永乐大典方志辑佚》第 2 册，第 1283 页。
② （明）吴文度修，杜观光纂《弘治汀州府志》卷十八，明弘治年间（1488~1505）刻本，第 3 册，第 48 页 b。按，陈金平该文所引"《显应庙碑记》"源自《乾隆汀州府志》所载版本，而较早刊行的《弘治汀州府志》则作"《显应庙碑序》"，《弘治汀州府志》与"《显应庙碑序》"作者张永隆所处时间更为接近，也更接近作者张永隆原文，应以《弘治汀州府志》所载"《显应庙碑序》"为是。
③ （清）曾日瑛修《乾隆汀州府志》卷十三，满洲延楷清同治六年（1867）刻本，中国国家图书馆藏，索书号：310.161/134，第 8 页 a。
④ （明）吴文度修，杜观光纂《弘治汀州府志》卷十八，明弘治年间（1488~1505）刻本，第 3 册，第 48 页 b。

姜大老事件见载《宋会要辑稿》:

> (淳熙)十一年十一月二十七日,福建路安抚提刑司奏:讨捕汀贼姜大老等立功,官属将佐军兵,诏赵汝愚、延玺各特转一官,赵希曾转一官,余人各转官受赏有差。[①]

> 同日(淳熙十二年正月十一日),诏权遣福建路提点刑狱公事延玺与带高州刺史,以汀贼姜大老平定推赏故也。[②]

"淳熙甲辰"即淳熙十一年(1184)。姜大老事件确实发生在"淳熙甲辰",但是仅载平定姜大老起事官兵,却未载七娘信俗于此发挥的作用。姜大老起事在《临汀志》修纂之前,《临汀志》却未载姜大老事件与七娘信俗的关系,七娘"显灵"的说法实际上与姜大老事件无关。究其原因有二:其一,与七娘信俗为突出其历史地位有关,由此借用汀州地方事件,强调其"灵验";其二,与七娘信众的构成有关,七娘是明溪寨兵信仰,"将佐军兵"平定姜大老起事的均是宋军。

3. 嘉定二年己巳(1209)驱除蝗灾

> 嘉定己巳,蝗蝻生发,亢旱苗枯,感神默相,蝗不为灾,是岁丰稔。[③]

"嘉定己巳"即嘉定二年己巳(1209),此蝗灾早于《临汀志》的修纂时间,《临汀志》却未将其与七娘信俗相联系,为《临汀志》成书之后添加。蝗灾毁坏农田,七娘驱除蝗虫保护农田,有利于汀州小农社会的发展。张永隆增加七娘此"功能",是出于农民成为七娘信众而阐发,反映七娘信俗在小农社会的地位。

4. 惊退宁化"贼徒"

> 继后,宁化贼徒黎七等四处剽掠,里社靡宁,复祷神祠,方迎敌,贼惧潜退。[④]

宁化黎七起事未载史志,从张永隆记载黎七起事在端平年间之前却未见载《临

---

① (清)徐松辑《宋会要辑稿》第 178 册《兵十三》,国立北平图书馆《宋会要》编印委员会编印,1936,第 34 页 a。
② (清)徐松辑《宋会要辑稿》第 181 册《兵十九》,第 30 页 b。
③ (明)吴文度修,杜观光纂《弘治汀州府志》卷十八,明弘治年间(1488~1505)刻本,第 3 册,第 48 页 b。
④ (明)吴文度修,杜观光纂《弘治汀州府志》卷十八,明弘治年间(1488~1505)刻本,第 3 册,第 48 页 b。

汀志》七娘"神迹"，可见本非七娘的"神迹"也是《临汀志》成书之后增加的。究其原因，应与宁化有关。宁化"运福盐，每年运四中纲，到清流岭下交卸，别雇船搬运入县"①，宁化与清流县同样食用福盐，需途经清流县运入宁化。清流县明溪寨"内拨三十人驻石洞寨。今石洞寨废，复隶明溪"②，明溪寨曾拨出三十名寨兵驻防石洞寨，然而石洞寨废除后，又重新隶属明溪寨。明溪寨"管土军三百人"③，是清流县最重要的营寨，长期以来是清流县唯一的营寨，是清流县安宁的主要依靠力量。由于七娘信俗是清流明溪寨兵的重要信俗，明溪百姓通过推崇七娘信俗，达到了密切与明溪寨兵关系的目的。

5. 帮助陈友定平定罗天麟、曹福山、马文甫

七娘"神迹""逮夫至正神功尤著"④，其至正年间"神迹"最突出。

张永隆《显应庙序》始载陈友定与七娘信仰渊源：

> 连城草寇罗天麟者，图为不轨，率众遍侵坊厢等处，甚遭其毒。又红巾贼人曹福山、马文甫等攻郡县，夺印信，发仓库，暴虐无辜。维时巡检陈友定奋然兴义兵捣贼垒，擒取天麟、福山、文甫，悉皆屠戮，仍追遗孽至扶竹凹，日且暮，贼窥明光遍野，兵甲无际，一人乘白马前后指挥，矢石如注，贼知神兵钦迹宵遁。⑤

然而，《明太祖实录》始载陈友定事迹：

> 友定，自（字）安国，福州福清县人，徙汀之清流。世业农，为人沉勇，喜游侠，乡人畏服之。壬辰兵起，所在骚动，汀州府判蔡公安至清流，募民兵为保障。友定以壮士见，公安与语，奇之，令长所集民兵，署为黄土寨巡检。从福建金都元帅吴按滩不花讨汀、延、建、邵诸山寨，以功授清流县主簿，寻升县尹。岁己亥，陈友谅遣康泰取邵武。邓克明攻汀州，转略延平、将乐诸处行省，乃授友定汀州路总管以御之，战于黄土，获其将邓益，克明遁去，元拜友定行省参政。岁辛丑，邓克明复取汀州，进攻建宁，不克而还，友定遂复汀州，开分省守御，升左

---

① （宋）胡太初修，赵与沐纂《临汀志》，《永乐大典方志辑佚》第 2 册，第 1333 页。
② （宋）胡太初修，赵与沐纂《临汀志》，《永乐大典方志辑佚》第 2 册，第 1339 页。
③ （宋）胡太初修，赵与沐纂《临汀志》，《永乐大典方志辑佚》第 2 册，第 1339 页。
④ （明）吴文度修，杜观光纂《弘治汀州府志》卷十八，明弘治年间（1488~1505）刻本，第 3 册，第 49 页 a。
⑤ （明）吴文度修，杜观光纂《弘治汀州府志》卷十八，明弘治年间（1488~1505）刻本，第 3 册，第 49 页 a。

丞。甲辰，又置分省于延平，以友定为平章。于是闽中八郡，皆其所守。①

至正十二年壬辰（1352）战乱，汀州通判蔡公安到清流募兵，陈友定被任命为黄土寨巡检。此黄土寨，即《八闽通志》记载的南平寨，"在县南乡潭飞漈。宋绍定六年招捕使陈奏移黄土寨于此"②，位于宁化县。陈友定追随吴按摊不花征讨，功授清流县主簿，升任县尹，随后在至正十九年己亥（1359）陈友谅部将邓克明攻打汀州时，又升任汀州路总管，率部在黄土寨抵御邓克明。邓克明无法攻占汀州，被迫撤兵，陈友定由此升任行省参政。至正二十一年辛丑（1361），邓克明再次攻占汀州，攻打建宁不克撤兵。陈友定重新攻占汀州，设置分省，升任左丞。到至正二十四年甲辰（1364），陈友定控制八闽。于此未述及陈友定曾平定罗天麟、曹福山、马文甫起事，也未述及其与明溪的关系。可见七娘"显灵"实与陈友定无关。

而罗天麟事迹见载《元史》：

（至正六年）六月己酉，汀州连城县民罗天麟、陈积万叛，陷长汀县，福建元帅府经历真宝、万户廉和尚等讨之。③

八月丙午，命江浙行省右丞呼图克布哈、江西行省右丞图噜合讨罗天麟。④

（闰月）癸未，汀州贼徒罗德用杀首贼罗天麟、陈积万，以首级送官，余党悉平。⑤

其中未述及罗天麟起事遭到陈友定及其长官吴按摊不花的镇压，也未云及罗天麟与明溪寨的关系。且罗天麟在至正六年（1346）六月起事，是年十月即遭镇压。陈友定在六年后起家，显然无法镇压罗天麟起事，七娘也未能"保佑"陈友定。

七娘助陈友定平乱的说法实则源于陈友定与明溪的渊源，《正德归化县志》始载：

陈有定，元季明溪市人。……因为明溪寨兵卒。时红巾寇乱，宁化曹柳顺据

① （明）李景隆监修《明太祖实录》卷二十九，《明实录》第1册，台北中研院历史语言研究所校印，1962，第504~505页。
② （明）陈道修，黄仲昭纂《八闽通志》卷八十，明弘治十四年（1491）刻本，第37册，第18页a。
③ （明）宋濂等修《元史》卷四十一《本纪第四十一·顺帝四》，《钦定四库全书荟要六千四百二十》（史部），清乾隆五十四年（1789）抄本，第10页a。
④ （明）宋濂等修《元史》卷四十一《本纪第四十一·顺帝四》，第10页b~11a。
⑤ （明）宋濂等修《元史》卷四十一《本纪第四十一·顺帝四》，第11页a。

曹坊寨，拥众数万，蚕食诸县。一日，遣先锋八十人来明溪取马，众莫敢拒。有定谕众，计绐之，收其兵器尽斩之。柳顺怒，亲率步骑数千将屠明溪。有定率壮丁千余下山麓，乘柳顺营自惊，驰击之，斩获大半，遂进图曹坊，擒柳顺以归。时邻壤巨寇数十，各据寨堡，互相争夺。有定以次削平之，事闻，初授明溪巡检，升清流县尉，又升延平路总管。①

此"陈有定"即"陈友定"，该志称陈友定是明溪市人，初为明溪寨兵，保护明溪马匹，使明溪躲过屠杀，初授明溪寨巡检，却未述及陈友定镇压罗天麟、曹福山、马文甫起事。

为何会出现七娘"显灵"帮助陈友定的说法？实则应与陈友定故里福清与其定居的清流县两地的渊源有关。陈友定是福州福清县人，《临汀志》载："清流县，运福盐。"② "福盐"指福州产食盐。《元丰九域志》又云：福清"一盐仓"③，是福盐生产地之一，陈友定因此迁居清流，私下从事"福盐"贸易。七娘生日与明溪市密切相关，所谓陈友定是明溪市人，反映陈友定与明溪市渊源颇深。由于明溪寨是清流的战略要地，要在清流境内进行"福盐"贸易，就要参与明溪市贸易。陈友定迁居明溪市，与其来自"福盐"产地、到清流从事"福盐"贸易有关。《临汀志》称，"南平寨，元（原）系黄土寨盐巡"④，宁化黄土寨设有盐巡。由于清流是宁化"福盐"的运输要道，明溪寨是清流战略要地，从而出现陈友定与明溪寨关系的叙事，衍生出明溪寨兵信仰的神明七娘帮助陈友定的说法。其书写依据是将乐县"黄土寨，在县南兴善都。宋庆元二年，以其地介清流二县境，民俗顽悍，特置寨以备之。元废，国朝洪武元年复置。十三年以与清流、明溪寨密迩，遂省"⑤，此处将与明溪寨比邻的将乐黄土寨误认为是宁化黄土寨。

6. 永乐十四年丙申（1416）避免陈添保劫掠明溪

大明永乐丙申，沙邑山寇陈添保等越县城劫财物，官民庐舍一爝无遗，退经玉华驿，普为灰烬。惟明溪一乡预避之，贼见四壁凿空，不惬所图，方欲纵火，惊闻哨

---

① （明）杨缙修《正德归化县志》卷九，第 53 页 a～53 页 b。
② （宋）胡太初修，赵与沐纂《临汀志》，《永乐大典方志辑佚》第 2 册，第 1234 页。
③ （宋）王存等纂修《元丰九域志》卷九，清初（1644～1722）影宋抄本，第 4 册，中国国家图书馆藏，善本书号 06265，第 2 页 b。
④ （宋）胡太初修，赵与沐纂《临汀志》，《永乐大典方志辑佚》第 2 册，第 1338 页。
⑤ （明）陈道修，黄仲昭纂《八闽通志》卷八十，明弘治十四年（1491）刻本，第 37 册，第 21 页 b。

山震，捐命窜奔。适官军追及，杀死几半。明溪室家相庆，赖无虞神之力哉！①

"永乐丙申"即永乐十四年（1416），沙县陈添保起事。明溪乡能够躲过此劫，其原因有二。其一，明溪乡尚武之风盛行。明溪乡与明溪寨毗邻，明溪寨兵来自当地，直到《八闽通志》仍云："归化县本清流、宁化及延平府将乐、沙四县地。国朝置明溪镇巡检司，属清流县。成化六年，汀州同知程熙以其地为将乐、沙、宁化之交，民多伉健难治，议置县以镇之，巡抚副都御史滕昭会三司奏请升为归化县。"②"民多伉健难治"就包括明溪乡民。其二，与明溪乡民具有一定军事能力有关。明溪乡民作战经验丰富，观察能力较强，对此早有防备。

《明太宗实录》载：

> （永乐十五年八月己酉）福建沙县贼陈添保等伏诛。初添保与县人杜孙、李乌嘴及龙溪余马郎、龙岩樊添受、永春林九十、德化张五官等聚众作乱，烧劫龙溪银场，杀中官及土民三十余人，官军捕之，四散逃匿。既又僭称太平大人、先锋等号，招集贼众烧清劫流等县，杀县官军民三十余人。至是福建守臣执送京师诛之。③

此处"烧清劫流"的记载有误，应作"烧劫清流"，源于抄录笔误。张永隆希望通过震惊朝野的陈添保事件，突出七娘信俗的历史地位，反映了七娘信俗在明代中期以前仍是"淫祀"。

三　七娘"封号"

（一）"封号"由来

《弘治汀州府志》述及七娘获封经过：

> 宁、顺、连、邵四县官躬诣核实，钦降庙额曰"显应"，而谥之诏尚未锡颁，耆老即次申呈。④

---

① （明）吴文度修，杜观光纂《弘治汀州府志》卷十八，明弘治年间（1488～1505）刻本，第3册，第49页a～49页b。

② （明）陈道修，黄仲昭纂《八闽通志》卷一，明弘治十四年（1491）刻本，第1册，第24页a。

③ （明）张辅、蹇义、夏原吉监修《明太宗实录》卷一百九十二，《明实录》第2册，第2024页。

④ （明）吴文度修，杜观光纂《弘治汀州府志》卷十八，明弘治年间（1488～1505）刻本，第3册，第49页a。

"宁、顺、连、邵"分别指宁化、顺昌、连城、邵武。宁化说，与上述宁化黎七起事有关。连城说，与上述罗天麟起事有关，实则均不可信，只是宁化、连城的七娘信众借用地方历史事件，融入七娘"神迹"，以期达到信奉七娘是"名正言顺"的目的。

《临汀志》载：明溪寨"在清流县东一百二十里汀、剑、邵界首""衣粮三郡分给"①，明溪寨位于汀州、南剑州、邵武军交界，为战略要地，地势险要，因此其营寨补给由汀州、南剑州、邵武军三地提供。宁化、连城隶属汀州，顺昌县隶属南剑州，所谓邵武县即邵武军。四县官奏封叙事并非史实，却反映了七娘信众明溪寨兵的历史作用，七娘信俗通过其明溪寨兵在区域社会产生深远影响。

（二） 获封时间

《临汀志》未载七娘获封，直至张永隆《显应庙碑序》始载："丙申七月三日，敕封惠利夫人。"② 认为七娘获封"惠利夫人"。"丙申"所指，从《临汀志》载："绍兴间，巡检李寔移创寨侧"③，可知李寔将"旧七娘墓"移创明溪寨侧，其时已出现"惠利夫人"。从绍兴十三年（1143）设置明溪寨到开庆元年（1259）《临汀志》成书期间，有淳熙三年（1176）、端平三年（1236）两个"丙申"。查《宋史》《宋会要辑稿》未有记载，可见七娘实则未被获封为惠利夫人。张永隆《显应庙碑序》载七娘获封惠利夫人后"寻加福顺夫人"④，查《宋史》《宋会要辑稿》也未有记载，可知七娘实则未被获封为"福顺夫人"。

"丙申七月三日"获封的说法从何而来？《临汀志》始载七娘帮助明溪寨兵御敌："端平间，调寨兵戍建康，忽一日旁近人闻庙中若有钲鼓声，后戍兵有书回，恰是日与虏会战，始知其助威焉。"⑤ 端平三年正好是丙申岁，似乎可以认为七娘助兵御敌而备受推崇，因此在端平三年丙申（1236）获封惠利夫人，但七娘实未获封，为避免核实史料，只能避谈其年号。

七娘获封的具体时间被定在"七月三日"，实则与七娘的生日有关，由于七娘诞

① （宋）胡太初修，赵与沐纂《临汀志》，《永乐大典方志辑佚》第 2 册，第 1339 页。
② （明）吴文度修，杜观光纂《弘治汀州府志》卷十八，明弘治年间（1488～1505）刻本，第 3 册，第 49 页 b。
③ （宋）胡太初修，赵与沐纂《临汀志》，《永乐大典方志辑佚》第 2 册，第 1282～1283 页。
④ （明）吴文度修，杜观光纂《弘治汀州府志》卷十八，明弘治年间（1488～1505）刻本，第 3 册，第 49 页 a。
⑤ （宋）胡太初修，赵与沐纂《临汀志》，《永乐大典方志辑佚》第 2 册，第 1283 页。

辰被定在六月十一日，因此将七娘获封的时间定在翌月。

七娘的封号由来，张永隆《显应庙碑序》载："今年夏，署驿事、阴阳训术张旭偕耆民吴熙宁于乡士黄本家，得元福建左右司郎中林文埜抄腾（誊）历代褒封事实。"[1]"署驿事"指署明溪驿事。"乡士"指明溪乡士。张永隆所载七娘敕封之事源于署明溪驿事、县阴阳训术张旭偕耆民吴熙宁在明溪乡士黄本家中，获得元代福建左右司郎中林文埜誊抄的七娘历代褒封事实，据此获悉七娘封号。

张旭署明溪驿事，七娘庙最初建在明溪驿旁，自然与之有关。林文埜为何要誊抄七娘历代褒封事实？林文埜誊抄的历代褒封事实并不可信，林文埜为何未发现？仍然以讹传讹？

《乾隆福州府志》载："祉溪桥，在二十都。元至正间，行省林文埜建。"[2]史志未载林文埜籍贯，但从林文埜在长乐县建桥，可见其与长乐关系密切，长乐与明溪两地也有历史渊源，根据为明溪寨在成化六年（1470）由清流县划归归化县，而清流县也食用"福盐"。《元丰九域志》始载长乐县"一盐场"[3]，长乐县是"福盐"产地之一，促使林文埜誊抄七娘"历代褒封事实"。

林文埜生活在元至正年间（1341～1368），至正年间有"丙申"年，即至正十六年（1356），然而《临汀志》已载"惠利夫人"，显然自相矛盾。此"丙申"应是产生七娘封号的时间。至正十二年（1352）到至正十九年（1359），陈友定历任宁化黄土寨巡检、清流县主簿、县尹，至正十六年（1356）的明溪正是陈友定担任清流县父母官的时期。明溪寨在宋代事关汀州、南剑州、邵武军安危，实则关系到元代汀州、延平、邵武三路安宁，自然引起陈友定的关注。陈友定寓居清流，自然熟知七娘信俗，在任期间关注七娘。由于《明太祖实录》披露：

> 王师西征，驻军浦城，参军胡深与战锦江而败，友定执而害之。至是被执，及其子送至京师。上诘之曰："元纲不振，海内土崩，天命更革，岂人力所能为？尔窃据偏方，负固逆命，害吾参军，杀吾使者，陆梁弗服，欲何为哉？"友

---

① （明）吴文度修，杜观光纂《弘治汀州府志》卷十八，明弘治年间（1488～1505）刻本，第3册，第49页b。
② （清）徐景熹修《乾隆福州府志》卷九，中国国家图书馆藏，清乾隆二十一年（1756）刻本，第21页b～22页a。
③ （宋）王存等纂修《元丰九域志》卷九，清初（1644～1722）影宋抄本，第4册，第3页a。

定对曰："事败身亡，惟有死耳！尚何言？"遂并其子诛之。①

陈友定父子遭到明太祖诛杀，明人张永隆只能避而不谈，有意"写错"陈友定镇压罗天麟起事。

七娘"封号"实则与陈友定有关。"惠利夫人"出自《临汀志》所载七娘庙号，与陈友定无关，而"福顺夫人"应是陈友定所"封"。由于陈友定在明初被杀，缺乏合法性，自然避称陈友定曾封七娘。张永隆所云"惠利夫人，后加福顺夫人"，既可强调七娘获"封"，又可达到突出陈友定与七娘信俗渊源的目的。

（三）"祖庙"与"分灵庙"

七娘庙"祖庙"的说法始载《正德归化县志》："惠利庙，在县治西清街桥头，坐北向南建，见《词翰》。又一所在驿治西，名祖庙。"② "惠利庙"即"惠利夫人"庙。此"县治"指归化县治。此"驿治"指明溪驿。该志认为七娘庙祖庙位于明溪驿，位于归化县城的则是分灵庙。七娘庙最初位于明溪驿旁，绍兴十三年（1143）之后改建明溪寨侧，明代中期以后又增建归化县城。

七娘"分灵庙"位于归化县城，归化县城"旧为明溪镇巡检司，隶清流县。成化六年，改为县治，按察司佥事周谟命通判吴桓、明溪驿丞孙亮督建，知县郭润继而成之"③。归化县城原是明溪镇巡检司所在地，明溪驿丞参与督建，七娘信俗发源于明溪驿，七娘又是明溪寨兵信仰的神明，促使县城出现七娘"分灵庙"，其时应在成化六年（1470）之际。

张永隆《显应庙碑序》未载"祖庙"与"分灵庙"，究其原因，应与其时尚未出现"分灵庙"有关。张永隆撰写碑铭的时间，历来无考。张永隆，弘治《汀州府志》载其传略：

> 任鲁府纪善。正统间，沙寇胁之从，示以诗曰："平生操志节，耿耿未尝灭。"贼怒而去。④

---

① （明）李景隆监修《明太祖实录》卷二十九，《明实录》第1册，第505页。
② （明）杨缙修《正德归化县志》卷八，第44页a。
③ （明）陈道修，黄仲昭纂《八闽通志》卷四十二，明弘治十四年（1491）刻本，第18册，第18页b。
④ （明）吴文度修，杜观光纂《弘治汀州府志》卷十三，明弘治年间（1488~1505）刻本，第2册，第12页a。

张永隆是清流县永乐二年甲申（1404）进士，其时明溪隶属清流县管辖，以乡绅身份为七娘庙撰写碑铭。张永隆撰写碑铭的原因与其经历有关。

《八闽通志》始载：

> 吕镛，湖广蕲水人。正统间知清流县。抚字有方，邑民悦服。岁己巳，沙、尤贼邓茂七寇县境，镛尽力保障。民或逃窜，则躬巡历招抚之。未几，贼众二万余攻县。镛率民兵与战，众寡不敌，为贼首陈正景所执，欲逼降之，镛大骂不屈而死。邑民哀思，遂于其被害之处构草舍祀之。①

"沙、尤贼邓茂七寇"指沙县、尤溪邓茂七起事。邓茂七起义军攻打清流县，百姓逃窜，知县吕镛尽力安抚。邓茂七起义军攻打清流县城，吕镛率领民兵抵抗，终因寡不敌众被害。百姓对此悲痛万分，促使曾遭邓茂七起义军胁迫的张永隆，寄希望于七娘信俗。张永隆撰写碑铭的时间应在成化六年（1470）设置归化县之前，选在夏天，很可能就是所谓的七娘六月十一日诞辰之际。

四　七娘是否获文天祥题诗

（一）　文天祥未为七娘题诗

1. 文天祥题诗始载《弘治汀州府志》

陈金平查阅文天祥文集未发现文天祥为七娘题诗，认为其诗或是伪作、被遗漏。文天祥为七娘题诗是如何产生的呢？文天祥题诗目前最早见载《弘治汀州府志》。《正德归化县志》收录"知县杨缙撰"《宋丞相温先生题夫人诗小引》述及文天祥为七娘题诗的由来。

> 正德癸酉四月，予承乏知归化县事。……一旦公暇，偶得汀郡志并本县志，披诵至宋信国公文丞相题夫人诗一绝句，予悚然一唱三叹，曰："此夫人庙有自来矣！文丞相诗即夫人庙之征也。盖丞相文公乃故宋之忠臣烈士，赤心义胆，以身报国者，其言即春秋笔也。其所以为夫人题者，其必知之详，信之笃然，后乃

---

① （明）陈道修，黄仲昭纂《八闽通志》卷三十八，明弘治十四年（1491）刻本，第16册，第10页 b。

敢发于言，成于诗，见于笔。"①

杨缙在正德八年癸酉（1513）到任归化知县，所见"汀郡志"指《弘治汀州府志》，"本县志"指《归化县志》。文天祥为七娘题诗始载《弘治汀州府志》，为之后的《正德归化县志》沿用。

杨缙未查阅文天祥诗文集，只是从文天祥题诗出发，认为文天祥既然为七娘题诗，所云应有所本，不足为据。

2. 文天祥诗题取材于张永隆《显应庙碑序》

文天祥是否为七娘题诗，不仅可从文天祥文集进行考证，还可从文天祥的诗题进行分析。《弘治汀州府志》载：文天祥诗题"师次清流，闻圣七娘屡显灵，应捍灾御寇，作诗歌之"②。应从以下两个方面进行解读。其一，从"圣七娘"来看，《宋史》记载："（至元十三年）七月，乃以同都督出江西，遂行，收兵入汀州。"③又云："至元十四年正月，大元兵入汀州，天祥遂移漳州，乞入卫。"④文天祥在至元十三年（1276）七月入汀州，至元十四年（1277）正月离开汀州。然而，开庆元年（1259）《临汀志》仅载"七娘"之名，如何会在《临汀志》刊行十余载后出现"圣七娘"之名？

其二，文天祥题诗述及七娘"捍灾""神迹"。七娘"捍灾""神迹"应指嘉定二年己巳（1209）驱除蝗灾，然而未载《临汀志》，如何会在《临汀志》刊行十余载后出现"捍灾"之说？

由此可见，文天祥题诗所载"圣七娘"之名与"捍灾""神迹"始载张永隆《显应庙碑序》。所谓文天祥诗题"师次清流"实则根据的是文天祥到汀州勤王抗元史实的阐发。

文天祥实际上并未为七娘题诗，所谓文天祥为七娘题诗实则为后世托名伪作。那么，文天祥为七娘题诗出自何人之手？

① （明）杨缙修《正德归化县志》卷十，第91页a～91页b。
② （明）吴文度修，杜观光纂《弘治汀州府志》卷十七，明弘治年间（1488～1505）刻本，第3册，第24页a。
③ （元）托克托等修《宋史》卷四百十八《列传第一百七十七·文天祥》，《钦定四库全书荟要》卷六千四十六，第29页a。
④ （元）托克托等修《宋史》卷四百十八《列传第一百七十七·文天祥》，《钦定四库全书荟要》卷六千四十六，第29页a。

（二）　文天祥题诗与姚龙、林则方、赵智无关

《弘治汀州府志》虽载惠利夫人庙"国朝大臣"题诗，[①] 查阅该志却仅收录归化县知县赖永正题诗一首，[②] 直到《正德归化县志》首次较全面收录明人为七娘庙题诗，先后有福建左布政使姚龙、行人林则方、教谕赵智、知县赖永正等人。[③] 为何《弘治汀州府志》仅载归化县知县赖永正题诗呢？

1. 姚龙于明代最早为七娘题诗

姚龙两次宦游福建，对当地有较深了解。姚龙第一次宦游时间，《明英宗实录》记载：

> （景泰二年夏四月壬午）署员外郎姚龙为福建右参议。[④]
> （景泰五年八月戊子）除授福建布政司右参议姚龙于河南布政司。[⑤]

姚龙自景泰二年（1451）到景泰五年（1454）任福建布政司右参议。

姚龙第二次宦游时间，《明英宗实录》记载：

> （天顺五年九月）乙卯，升河南布政司左参政姚龙为福建左布政使。[⑥]

《明宪宗实录》又云：

> （成化二年春正月壬子）吏部奏黜浙江等十三布政司、按察司、南北直隶府州县来朝并在任官一千七百八员老疾。……布政使姚龙、刘让、运使王福等八十四员贪暴。[⑦]

姚龙自天顺五年（1461）到成化二年（1466）担任福建布政司左参政。

《正德归化县志》称"福建左布政使姚龙"[⑧]，可知姚龙担任福建左布政使期间

---

① （明）吴文度修，杜观光纂《弘治汀州府志》卷九，明弘治年间（1488～1505）刻本，第1册，第13页b。
② （明）吴文度修，杜观光纂《弘治汀州府志》卷十七，明弘治年间（1488～1505）刻本，第3册，第25页b。
③ （明）杨缙修《正德归化县志》卷十，第61页b～62页b。
④ （明）孙继宗监修《明英宗实录》卷二百〇三，《明实录》第5册，第4342页。
⑤ （明）孙继宗监修《明英宗实录》卷三百四十四，《明实录》第5册，第5302页。
⑥ （明）孙继宗监修《明英宗实录》卷三百三十二，《明实录》第5册，第6817页。
⑦ （明）张懋监修《明宪宗实录》卷二十五，《明实录》第6册，第490页。
⑧ （明）杨缙修《正德归化县志》卷十，第61页b。

为七娘题诗。

姚龙是明朝第一位为七娘题诗的福建地方官员，产生了哪些影响？

《明宪宗实录》记载：

> 龙，浙江桐庐县人，与兄夔同登壬戌进士第，历官福建左布政使，才善治剧，然少廉名。时刘让为右布政。让，沧州人，龙同年进士，粗鄙暴戾，多不循理，二人同官，每事恒相反。龙兄夔，为礼部尚书。让，吏部尚书王翱乡人也。二人各有所恃，龙来朝觐，因吏部退官，欲去让、翱并龙去之。①

姚龙担任福建左布政使期间，获得其兄姚夔的支持，与刘让斗争。姚夔担任礼部尚书，礼部负责管理民间信仰，姚龙为七娘题诗促进七娘信俗在明朝获得合法身份。然而，姚龙诗作未述及文天祥，文天祥题诗显然与之无关。

2. 林则方因归化县"福盐"渊源为七娘题诗

行人林则方，《八闽通志》记载：（成化）十三年丁酉乡试"林则方""俱长乐县学"。② 林则方是福州府长乐县人，在成化十三年（1477）以长乐县儒学生员考取举人，为何林则方会为七娘题诗？

究其原因，应与明溪食用"福盐"有关。明溪隶属清流县，归化县在成化六年（1470）从清流等县析置，明溪划归归化。清流县食用"福盐"，明溪也食用"福盐"。林则方故里福州府长乐县是"福盐"产地，促使长乐举人林则方关注福盐食用地明溪的七娘信仰，在成化十三年（1477）中举后为七娘题诗。林则方题诗未述及文天祥，可见文天祥题诗与林则方无关，成化十三年（1477）尚未出现文天祥题诗。

3. 赵智是归化县首位为七娘题诗者

《正德归化县志》始载：归化县地方官为七娘庙题诗"教谕赵智""知县赖永正"③，归化县儒学教谕赵智"南京江宁人，举人"，"成化十四年乃归"。④ 赵智在成化十四年（1478）离任归化，赵智为七娘题诗的时间在成化十三年（1477）到成化十四年（1478）期间。赵智题诗未述及文天祥题诗，其时尚未"出现"文天祥题诗，赵智与文天祥题诗无关。

---

① （明）张懋监修《明宪宗实录》卷二十五，《明实录》第6册，第491页。
② （明）陈道修，黄仲昭纂《八闽通志》卷四十八，明弘治十四年（1491）刻本，第21册，第33页a。
③ （明）杨缙修《正德归化县志》卷十，第62页a。
④ （明）杨缙修《正德归化县志》卷五，第34页b。

（三） 文天祥题诗出自赖永正之手

《正德归化县志》记载：归化县知县"赖永正，江西赣县人，成化十八年知本县"①，又作"江西赣州府新淦县人"②，其继任姜凤"弘治二年"任，③ 赖永正自成化十八年（1482）到弘治二年（1489）担任归化县知县。

虽然赖永正迟于赵智宦游归化、晚于赵智为七娘题诗，但是赖永正却是首位提及文天祥为七娘题诗者，赖永正《题夫人庙》云及："文山诗句高千古"④，"文山"即文天祥，号文山。原因有三：其一，《弘治汀州府志》始载明人题诗仅收录赖永正题诗，未载高官姚龙题诗，显然并非遗漏，而是避而不谈，应与姚龙遭到罢官有关；其二，文天祥确曾到汀州抗元，七娘是南宋明溪寨兵信仰的神明，符合抗元要求；其三，《正德归化县志》始载："惠利桥，在县西清街，永乐二十二年，明溪寨巡检（建）。"⑤ 与七娘庙相关的惠利桥在永乐二十二年（1424）为明溪寨巡检所建，七娘在明代继续成为明溪寨兵信仰的神明，为七娘题诗有利于促进地方官府与驻军的关系。

赖永正与文天祥是江西同乡，对文天祥有一定了解，其托名文天祥题诗可改变《元一统志》所载汀州地方社会对江西人的不良印象。

> 四境椎埋顽狠之徒，党与相聚，声势相倚，负固保险，动以千百计，号为畲民。时或弄兵相挺而起，民被其害，官被其扰。盖皆江右广南游手失业之人逋逃于此，渐染成习。⑥

不仅在宋代，即使是元代，汀州地方官府仍将汀州地方社会动乱归结于"江右""游手失业之人"，即从江西"逋逃于此"之人，导致汀州百姓"渐染成习"，跟风而起。赖永正为改变汀州地方社会对江右人的不良印象，通过修纂地方志这一掌握话语权的机会来改写历史。赖永正考虑到国朝官员仕途叵测，不如引用早已盖棺定论的

---

① （明）杨缙修《正德归化县志》卷五，第33页b。
② （明）杨缙修《正德归化县志》卷五，第27页a。
③ （明）杨缙修《正德归化县志》卷五，第27页a。
④ （明）吴文度修，杜观光纂《弘治汀州府志》卷十七，明弘治年间（1488~1505）刻本，第3册，第25页b。
⑤ （明）杨缙修《正德归化县志》卷三，第16页b。
⑥ （元）孛兰肹等撰，赵万里校辑《元一统志》，中华书局，1966，第629~630页。

历史人物来得稳妥，由此伪托文天祥之名为其治下宫庙题诗。

五 结语

综上所述，可归纳为以下三点结论。

第一，七娘信仰是南宋乡村社会、营寨军队、地方社会互动的结果，超越了客家人与闽北人的族群之分，反映了七娘历史上实无其人。七娘原型是随军眷属，与寨兵关系最为密切，由于其身世悲惨，未得善终，导致"心虚"的寨兵将其奉若神明，希望她能不计前嫌，来"保佑"他们，从而寨兵成为七娘信仰最初的信众。明溪寨位于汀州、南剑州、邵武军三地的战略要地，促进了七娘信仰在汀州、南剑州、邵武军三地的传播。宋代"建、剑、汀、邵四州，细民生子多不举"的习俗，[①] 为终生未育的随军眷属被塑造成神灵提供了有利的条件，七娘信俗得以应运而生。直到汀州在明代中期日益重视男丁，《弘治汀州府志》始载："至今汀风俗生子未有不举，抑以宋之遗泽云"[②]，此前产生的七娘信俗未受到冲击，则得益于地方官府推动教化之举，先后出现了姚龙题诗以及文天祥题诗的文本叙事。

第二，七娘原型生前与寨兵关系密切，死后又与驿站过客男子"神交"，反映了其身世凄苦，所谓"妾身本是良家女"，抑或最初确是"良家女"，实则其时并非"良家女"。这既是其时未获祭祀的"孤魂野鬼"的写照，又是其生前地位卑微的反映。七娘原型生前并非"良家女"，由于走向神坛，而被赋予了其生前"本是良家女"的形象。七娘原型为一名随军小妾，却因其无后而未能载入家谱，未能流传其姓名。而七娘在明溪驿病故，实则反映了七娘原型已被那位军官放弃。七娘原型很可能并非一人，而是南宋随军小妾这一特殊群体的代表，其墓并非一人，而是这一群体的化身。这是七娘原型走向神坛以后建构的文化符号。七娘原型生前途经明溪乡，去世后葬于明溪驿旁，最初为明溪乡民所供奉，随后被明溪寨兵信仰，对明溪市产生了积极的影响。七娘信俗对加强官兵联系、促进军民团结、促进族群互动发挥了积极的作用。七娘信俗在传播过程中，先后与汀州女性神明"五通圣七娘"、男性神明樊令信俗杂糅，主要体现在其姓名、籍贯两个方面的建构。七娘信俗虽与文天祥无关，却

---

① （宋）胡太初修，赵与沐纂《临汀志》，《永乐大典方志辑佚》第 2 册，第 1316 页。
② （明）吴文度修，杜观光纂《弘治汀州府志》卷九，明弘治年间（1488～1505）刻本，第 2 册，第 9 页 b。

与陈友定密切相关。虽然文天祥题诗实则托名伪作，却早已成为地方文化的组成部分，应着重从伪托文天祥题诗的历史过程及其成因深入考察。

第三，新时期地处王朝边缘的地方社会女性神灵信仰研究可从地方文化符号、族群互动、王朝中心与边缘、男性与女性等多个视角深入考察。我们应在文献分析的基础上，进行文本分析，从而达到重构历史。文献记载虽不可信，却是地方社会历史变迁的反映，从此信俗发挥的历史作用来看，只能是"真实"的，否则将无法达到凝聚族群的目的。这一族群不仅包括寨兵、明溪乡民等群体，也包括所谓的客家人、闽北人等民系。七娘信俗表面上看是对女性地位的尊崇，实际上反映了七娘地位的低下，其要走向神坛，需要通过男性传播其诗文、被地方精英记载到地方志才得以传播。且七娘赋诗最初被陌生男性发现，在其所谓的诗文中大谈其不愿提起的身世，反映了七娘即使成神后仍被另眼相待。百姓最初为使这位"孤魂野鬼"的七娘原型"安静下来"，被迫祭祀她，继而为寻求农业发展而借助她的力量，如若不然则放弃对其祭祀。寨兵因待随军眷属不佳，惧其为"厉鬼"，希望通过祭祀她，借助她生前虽然手无缚鸡之力、悲痛而死却能产生巨大的力量去攻打敌军。地方官府根据随军眷属来自民间、与驻军结缘的关系，通过将其宫庙记载到地方志、托其名题诗等文化策略，来促进与驻军、民间社会之间的互动。更有部分地方官为改变其治下百姓对其故里的观感，伪托其故里历史名人题诗。由于七娘信众是王朝的子民，王朝为强调子民归化王朝，而突出七娘获得的荣光来自王朝所赐。地方精英出于其社会影响的需要，通过塑造七娘形象来拉近与王朝之间的关系。七娘信俗的话语权掌握在男性手中，影响深远。七娘信俗依靠地方志记载获得合法身份，得以据此说明其信仰历史，相关宫庙赖以保存，其信俗也得以获评为非物质文化遗产。然而，最早将七娘载入地方志的书写者是男性，今天的地方志书写群体也是以男性为主。

（责任编辑　刘志）

田野调查

实践者、空间和时间：中国传统社会的仪式性

〔法〕劳格文（John Lagerwey） 著 巫能昌 译

摘要： 本文使用确定的分类来描述仪式实践者、空间和时间，试图证明灵媒、驱邪法师、道士、隐士和哲学家在这三个方面的差异构成了反映不同社会角色的行为体系。灵媒被代表当地神话历史的神灵"附身"，因此可以对眼前的问题产生影响。驱邪法师处于灵媒和道士之间的中间位置，属于同时利用当地神话历史和宇宙论的区域系统。道士举行仪式，重新呈现宇宙论，从而将当地的神灵纳入一个宇宙系统。如果隐士们不在身体修炼中使用宇宙论，那么宇宙论就是纯粹的理论，而身体修炼是道士实践的基础。哲学家身上则兼有灵媒和隐士的特点。

关键词： 中国宗教 仪式 道教 社会

作者简介： 劳格文（John Lagerwey），法国高等研究实践学院、香港中文大学荣休教授；巫能昌，复旦大学历史学系副教授。

引　言[①]

中国幅员辽阔，历史悠久，有着丰富而不为人熟知的地方文化变体，难以一概而

---

① 这是篇概括性的文章——我不能置身于描述性的细节之中。关于灵媒和巫的仪式行为，我仰赖于高延（de Groot）、艾略特（Elliot）、贝桂菊（Berthier）、施舟人（Schipper）和我自己的观察，以及 Odile Pierquin 关于山西一个乡村中女性巫者的影片和讲座，参见 J. J. M. de Groot, *The Religious System of China*, Vol. 6, réimpr., Taipei：Chengwen, 1976 [1910]；Alan Elliot, *Chinese Spirit - Medium Cults in Singapore*, réimpr., Taipei：Southern Materials Center, 1981 [1955]；Brigitte Berthier, *La Dame - du - bord - de - l'eau*, Nanterre：Société d'ethnologie, 1988；Kristofer Schipper, *Le corps taoïste：corps physique - corps social*, Paris：Fayard, 1982。在驱邪者和道士方面，我已经注意到台湾和闽浙地区的相关实践，参见 John Lagerwey, *Taoist Ritual in Chinese Society and History*, New York：Macmillan, 1987；"Les têtes des démons tombent par milliers：le fachang, rituel exorciste du nord de Taiwan," *L'Homme*, No. 101, 1987, pp. 101 - 116；"Le taoïsme du district de Cangnan, Zhejiang"（avec Lü Chui - kuan）, *Bulletin de l'Ecole française d'Extrême - Orient*, Tome 79, No. 1, 1992, pp. 19 - 55；Le taoïsme au Fujian, bilan provisoire, à paraître。一部照片合集呈现了笔者在此讨论的大部分仪式之图像，参见 John Lagerwey, *Le continent des esprits*：（转下页注）

论。尽管如此，就仪式而言似乎仍可做出以下评论：为应对不同的法事需求，汉人求助于不同类型的占卜者、男性或女性灵媒/巫、出家或祖传的僧人和道士，以及儒家的主祭者。若说下文着重探讨的是灵媒——萨满教已经基本消失并被巫教所取代——和道士的问题，我们同样简要考察了其他的神明代理人，在此从占卜者开始谈起。

各种方式的占卜之中，有些极为简单，如掷筶，或可由任何个人来完成；另一些则相当复杂，如相面术、堪舆、历占，需要宇宙观方面（占据着类似于西方神学的位置）专家的协作。其实，这些占卜方式呈现得就像是可与医学实践相提并论的诊断系统。还有其他方式，如解签，同样取决于专家，不过与此技能相应，尤其仰赖于有心理学素养的专家。

中国人（曾经）在任何情况下都借助于占卜。但在涉及可能成为一次驱邪法事起因的疾病或灾厄之时，这就不过是种准备性或附属性的边缘方法了。巫却可以在诊断和治疗方面扮演重要的角色。最终，道士代表着一个处于危险之中的个体或社区所能招请的终极求助对象。从时间和费用看，他们的"疗法"是最贵的。

一　仪式空间

占卜、巫教和驱邪法事可见于许多地方，其中占卜活动尤其出现在大街上和寺庙中。灵媒有时会在家中进行接待，甚或前往事主家中，不过他/她们通常在其专事之神的庙宇之中活动。中国的庙宇向来有其特定的方位，但并不影响灵媒的仪式。另一方面，神像所代表的神明座位，以及因插入开启幽冥交通之香而处于中国神明崇拜核心的香炉，即便不是不可或缺，亦为"自然"布景的组成部分。但最终，仪式空间

（接上页注①）*La Chine dans le miroir du taoïsme*, Bruxelles：La Renaissance du Livre, 1991。康德谟（Kaltenmark）很好地介绍了最早的隐士传统，贺碧来（Robinet）则考察了其在公元 4 世纪的继任者，参见 Max Kaltenmark（trad.），*Le lie - sien tchouan*（*Biographies légendaires des Immortels taoïstes de l'antiquité*），réimpr., Paris：Institut des hautes études chinoises, 1987［1953］；Isabelle. Robinet, *La révélation du Shangqing dans l'histoire du taoïsme*, Paris：École française d'Extrême - Orient, Vol. 1, 1984。关于唐代的道教修道制度、唐代国家儒家礼仪的变迁，以及儒家的祖先崇拜，分别参见柏桦（Benn）、魏侯玮（Wechsler）和伊佩霞（Ebrey）的研究，详参 Charles David Benn, *Taoism as Ideology in the Reign of Emperor Hsüan - tsung*（712 - 755），Ann Arbor：University of Michigan Microfilms, 1977；Patricia Ebrey, *Confucianism and Family Rituals in Imperial China：A Social History of Writing about Rites*, Princeton：Princeton University Press, 1991；Howard J. Wechsler, *Offerings of Jade and Silk：Ritual and Symbol in the Legitimization of the T'ang Dynasty*, New Haven：Yale University Press, 1985。

与灵媒的身体是一致的。

如果说抽象的中国宇宙观体系在灵媒仪式中没有发挥积极的作用，那么神明的传说通常是极其重要的，尤其是在作为吟唱的祝词帮助灵媒进入附身状态之时。

和灵媒一样，驱邪者可以在自己和事主家中，或是庙宇中做法事。然而，从笔者在台湾的观察来看，驱邪者在家中或庙宇中举行的法事为常规法事，没有事主家中举行的法事那么重要。这无疑是因为疾病并非精神性，而是社会性，甚至是宇宙－身体性的，亦即扎根于某个地方，且因之需被除于这个地方。

实际上，疾病已在某个人的身体中安家，而这个身体又是社会群体的一部分，且居住于一座房屋之中。这似乎是陈词滥调，却足以引我们注意到相反的情况，联想起现代西方的治疗，无论是身体性还是精神性的，都不是在病人家中，而是在医院或医生、精神分析医师的诊所开展的：医疗行为的合理化似乎是要病人离开自己的家……

顺及，同样的扎根原亦见于道士所行的大型社区仪式：社区请道士到村庙或社区庙宇中来做法事。

在中国的许多地方，驱邪者和社区仪式方面的专家之间是有区别的。然而，尽管这两种仪式之间有着显著的差异，它们在仪式空间方面却没有本质的区别。事实上，在这两种情况下，仪式专家亲自建立坛场。换言之，他通过悬挂神明画像和/或以神主和香炉确立神位来将房屋或庙宇转化为坛。坛字意为"平台"，但它是一种对幽冥世界力量的呈现，仪式专家借之以重新平衡其法事面对的可见世界的力量。也就是说，坛以图像和/或书面的形式呈现了法事旨在实现的救度秩序（ordre du salut）。

现在，让我们聚焦于台湾北部道士的坛，力图勾勒出驱邪法事之坛和社区醮仪之坛的区别。首先要注意的是，两种坛的方位一致，在醮仪中保留了其全部宇宙力量，但在驱邪法事中则简化为水平的阴阳，以及垂直的上下或内外之别。社区仪式中悬挂的神像首先代表着由天庭官员掌控的宇宙秩序。驱邪法事中虽然不乏宇宙框架的影子，却主要表现为法派的传说力量，这些力量能如我所言的外科手术式地当场即起作用。

更准确地说：醮仪中的北方尊位悬挂着象征天、地、人三元的三清神像。三清亦被尊于驱邪法事中北方位神像挂轴的上层，但位于中心位置的是骑马率部进击邪煞的三夫人。如果三清代表着宇宙秩序，意味着置身宇宙观的考量，那么三夫人首先反映的则是神话传说。

同样的差异亦见于左右两侧：醮仪中为天地水阳四府之像，驱邪法事中则为创立驱邪法术之神的西王母像，以及象征时间的两轴神像，分别画着注生的女性神明和职司长寿的男性神明。换言之，社区坛场永恒不易的空间被另一个坛所取代，不确定的时间在这个坛里面被嵌于神话时间之中。

如王母的名字所示，后者并非对空间漠不关心，但方位在其中只扮演着类似框架的角色，被置于次要地位，以便那时候的武力能够当场并即刻行动。这些力量处于法师的中介世界里，和灵媒的直接性相去甚远，但这个神话的即时世界尚未被以宇宙观为核心的仪式取代而消逝。

仪式只会证实驱邪法事这种相对即时的性质。比如，法师在每场重大法事开始时会化身为王母的门徒，奏状时化为身骑白鹤的女仙前往天庭，其中白鹤嘴衔状文，送阴火时则化为三夫人中的陈靖姑，先将阴火吞入自己体内，再于事主屋内赶火煞，并将其收禁于一座象征性的井之中。

在法师这些充满神话和戏剧色彩而又不无危险的化身之外，还不断有日常物件和法器的敕化：凳子化为乌龟，尺子化为桥，草席化为龙，诸如此类。一位法师向我介绍了其驱邪法事中的相关情况："法事中的一切都是神界器物，均需进行敕化。"

换言之，驱邪法事再次处于以宇宙观为核心的社区仪式的完全抽象（或几乎完全抽象）和灵媒治疗的完全（或几乎完全）即时性之间。此即法师的身体，从未被附身，而是将身体出借给转化为戏剧的传说，其身体由此成为搬演传说的舞台。他甚至将需要驱除的阴火吞入体内，而不是附在身上（法师们认为严峻的恰在于此，因为它是危险的）。醮仪中的道士则仅在禁坛仪式中有一次化身为守护不同方位的四灵（在台南的醮仪中，道士同样仅有一次化身，化为传说中道教创始人老子的宇宙身体：传说和宇宙在此融合在了一起）。

驱邪法事坛场悬挂的最后两幅神像为分列左右的一男一女两位太保。醮坛中占据这两轴神像相应位置的是元帅。元帅守卫着宇宙秩序的内在世界，而太保则负责与那些侵入事主房屋的外邪下鬼作战。房屋在某种程度上已经变成了被围困的营地，它将被化身为太保的法师通过进攻仪式夺回来，病人的魂魄亦将从阴间，即外邪下鬼手中救出来。

同样的外邪下鬼在醮仪中处于南方位的醮场底部。这些力量在驱邪法事中是要赶走的对象。醮仪中的社区神明常出身邪鬼，但经神化之后，注定要整合进内坛所象征且由仪式向其展示的内在世界之中。驱邪法事中坛场的南方位则没有安神，因为涉及的是驱逐而不是整合的问题。然而，法师在请神仪式中会长时间转身面朝南方位，列出神名和相应坛庙的位置，指名道姓地跪请所有的地方神，并将他们安于坛场北方位三夫人神像前的香炉中。如此，这些地方社区的积极力量便可一道驱赶外来邪煞：在此重申一下，疾病是社会－身体性的。

补充一点，这些神明的存在与社区的传说历史是相应的，因为每一个神都有其传说，往往还有其灵媒。不过，驱邪者激发的神话力量是区域性（三夫人），甚至是全国性的（王母）：治疗亦为整合行为。因此，社区仪式和驱邪法事之间的区别可以更清楚地表述为：前者通过以宇宙观为核心的仪式将社区的神话力量整合到宇宙秩序之中，后者通过一种神话仪式使个体与其所处环境的神话力量之间达成和解。

这两种道教坛场之间的最后一个区别是，醮仪中的祖天师张道陵位于可以说是由其统治的外坛，驱邪仪式中法派祖师的神主则在西北方位，对应的是中国宇宙观中新生命源泉的天门。这些祖师是法师的父亲、祖父、曾祖父，而不是遥远的传说中的祖师，他们同样被指名奉请至坛场，而且是在召请地方神之前，其神位前供奉着糖果和香烟，就像孝眷在深爱的亲人灵位前所做的那样。这么说，让病人家庭之痊愈变得可能的乃是法师的家庭：在时间已经出现问题的此时此地，通过融入跨越时空的谱系而能将一切归位的便是这里的神明。简言之，驱邪者是一个法师而非灵媒，是一个扎根于地方神话传说的法师，而非超脱历史投身宇宙观的隐士（此为道教的另一面，容后再述）。

二　神明代理人

几个世纪以来，除了一家之长的情况，中国所有神明代理人的社会地位都是比较低的。从明代（1368～1644）开始，即便是曾在中古时期享有一定威望的僧人和道士也成了受人，尤其是成了受文人精英鄙夷的对象，而从通俗小说来看，他们亦受到民众的鄙视。早在公元5～6世纪，火居的道士就开始遭到佛教徒和儒家士人联合发起的持续贬斥。至于灵媒或巫，无论是男是女，连道士都反对他们，但这并未阻止其继续成为民间信仰的基石，直至今天。

这些不同的态度和变化无常的地位简要地反映了中国的历史和社会：灵媒/巫对应的是中国社会最古老的层面，即留存于农民和城市小民（1900年以前在中国占百分之九十五的人口）中的层面。公元前6～前3世纪的中国古代哲学家对民间崇拜的消极影响没有希腊哲学家那么大，但最终还是在公元1世纪时提出了理性主义的批判。汉朝的衰落和灭亡（220）引发了社会危机，使得佛教在某些区域扮演了一段时间类似于基督教在西方社会的角色，但这一普世性宗教源于异国，虽然成功地使这个以家庭为基础、崇拜祖先的国家接受了寺院组织，但从未同时成为国家宗教和大众宗教。佛教的成功还在精英阶层和普通民众中引起了全国性的，甚至是排外的反应，结果导致此后中国的儒释道三教争衡。民众虽然受到三教的影响，但仍然保留了自己的宗教，因为没有更好的宗教可供替代，我们称之为"民间宗教"。

每一教都有自己的仪式及其专家：儒家的礼仪专家负责国家和祖先的祭礼，佛教的僧人尤其负责为死者举行的仪式，道士负责为生者举行的仪式（驱邪和社区仪式）。[①] 在佛教的影响下，道教的隐修派从公元 7 世纪开始也转向了寺院组织，国家开始赞助并行的佛教和道教寺观网络。农民继续求助于灵媒和驱邪者，以及此后增加的僧尼和道士。

12 世纪开始，随着新儒家的发展及其论调趋于强硬，儒家士人发展了家族观，并提倡将家礼推广到全体民众。但是，尽管家族组织及其族谱（通常是建构的）、宏伟的祖先祠堂、族学和慈善机构都得到了迅猛发展，祖先崇拜仍然无法与神明崇拜相提并论。[②] 实际上，祖先对其后代并无纪律方面的约束，在时间和灾厄面前亦属无力。神明便通过其灵媒和不同形式的占卜来继续表达自己的意思……

在不同的神明代理人中，只有僧人和道士是通过国家认可的组织受度的。火居的道士同样被认为是需要受箓的，尤其是要受箓于江西龙虎山，但极少数是真正前往龙虎山受箓的，另有道士自行组织的地方传度中心，而绝大多数的火居道士很可能从未通过任何组织进行受箓。他们的功夫主要是代代相传、在长期的学徒生涯中获得的，他们通常师从自己的父亲。鉴于师父——即使同时是父亲——在学徒期间的角色，我们可以将学徒视为一种入教仪式。

一般来说，灵媒亦必须——并不总是——由一个师父来主持入教仪式，但他们是通过神明的感召而成为灵媒的。入教之前，他/她们家里会有一些典型巫教特征的精

---

① 这显然不仅仅是概要：例如，乐唯（Lévi）向我们展示了儒家官员驱邪的一面，佛教亦有其驱邪的一面，就像道教亦有超度仪式一样，参见 Jean Lévi, *Les fonctionnaires divins：politique，despotisme et mystique en Chine ancienne*, Paris：Seuil, 1989。但官员只是附带性地成为驱邪者，佛教影响在僧人仪式专长中的显现是特别地和亡者崇拜联系在一起的，而生产出最庞大驱邪团队和社区仪式专家的道教则仍然对丧葬仪式持保留态度，参见 John Lagerwey, *Taoist Ritual in Chinese Society and History*, pp. 171 - 172。
② 汉学家还远未认识到这一首要的社会实情，但只要拿起任何一本历书便会明白这一点。即使是儒家的官员亦会向文昌神祈求科考方面的功成名就。

神危机和/或疾病方面的经历。而且，巫教和萨满教之间的界限在中国并非总是很明确：灵媒在有的地方由法师来主持入教仪式，而这个法师在之后也引导着灵媒的附身，就像傀儡师吊傀儡一样，但其他灵媒亦有自己掌握如何进入附身状态，甚至有被不同神明附身的情况。

需要补充说明的是，有些地区只有女性灵媒，有些地区只有男性灵媒，而另一些地区则兼而有之。不过无论在什么地方，灵媒和道教驱邪法师的区别都在于他们不识字：灵媒完全属于口传文化。

由前所述，儒家之外的神明崇拜显然均有其代理人，而且相互之间总是存在竞争：各地情况有所不同，例如，度亡仪式由僧人或火居道士主持。想通过神明问事——如疾病、出行、事业——的人可以通过筶杯、灵媒或卜师来达成。即使是在事主决定要做一场驱邪之时，通常亦会面临众多的竞争对手，因为道教的治——如果曾短暂存在的话——在唐代已经不再是一个专属领地了。

因此，绝大多数火居的神明代理人并不把崇拜活动当成唯一的业务。然而，亦有一些灵媒/巫和法师或道士最终在寺庙里找到固定"职位"，有时甚至是有酬劳的。另一些法师或道士则闻名于当地，通过提供仪式服务便能维持生计。

三　仪式时间

由于稍后将变得明晰的原因，我们从儒家礼仪中与幽冥世界的交流技术开始讨论，而以对哲学家仪式中交流技术的分析结束。国家礼仪中的血祭远离百姓的生活，显然并未表达他们关切的东西。这些礼仪的历史是建立在文本基础之上，而且是由那些并非在各种象征兼具宇宙观和意识形态性质的地方代代相传之博学者来完成的，其中充满了关于行礼方式和礼仪内容的激烈论辩：就好像这些仪式在历史的某个具体时刻脱离社会群体后便晕头转向一样。因此，他们变得僵化，陷入了那些对社会群体没有影响——因为其间没有联系——的晦涩的辩论之中。

另一方面，祭祀祖先在成为所有民众都有的权利之后，甚至在宗族社会占据了核心的位置。然而，这些礼仪源于门阀士族，仍然是由赋予其伦理和意识形态内容的上层文人以义理和自上而下的方式来进行确定的，并以此来确保等级社会的再生产。但是，有趣的是通过研究这些礼仪的历史便可以发现，上层文人不停地忍受着下层对礼仪的改编，下层则更多地去调整这些礼仪对民间宗教祭祀的影响。[1] 换言之，旨在灌输精英价值观——尊重家庭和社会等级秩序——的礼仪缺乏任何富有活力的组织所具有的这种天生的能力和创造力。此外，但凡参加过儒家的家礼便可发现它出奇地乏味，尤其是在着装和动作方面。

顺带一提的是，我们注意到道教或佛教的度亡仪式同样受到了儒家社会群体的影响，服丧者在参加这些仪式时均佩戴着相互区别的标志物，显示了其在家族等级制度中相对于死者的位置。

儒家礼仪真正重要且在中国语境中独一无二的是，它不是为群体成员，而是和群体成员一起举行的。当然，其中有主礼之人，但包括一半女性在内的所有人都会参加这些礼仪。我们认为，这解释了其伦理内容，因为社会群体离不开确定的伦理，如果不参考儒家礼仪是无法理解中国的。

最后一点，无论是儒家的国家还是家庭礼仪，都随着其职司表达和维持的国家和等级制宗族社会一起消失了。此诚再正常不过之事，不过亦凸显了这些礼仪缺乏个体、社区和宇宙基础。

个体和社区基础见于通灵仪式，这种仪式在今天的中国各地仍然存在，甚至大行其道。我们已经在讨论其空间时提到了它的即时性，在此继续对仪式本身进行分析，这将有助于明确这种即时性的含义和影响。首先，通灵仪式是点对点的，应对的是某个自然人即时的需要。其次，几乎从特性上来说，它是即兴的，换言之，其结构往往相同而简单，但总是承载着不同的内容。若对灵媒做出的反应和建议进行分析，就会像对当代医生诊断的分析结果那样，显示出其刻板的一面。

灵媒的着装亦与事主相近，因其或穿得和大家一样，或"脱光衣服"，以孩子的穿戴出现：露着膀子还光着脚，身系罗裙，展现的是"裸体男人"，即孩子和女人的形象，[2] 本质是无首社会群体的神明所表达的不假思索、即时的无意识声音。换言之，他只是一个躯干，这使其能够在没有任何中介的情况下通过并以本身（指灵媒所代表的神明[3]）的名义将自己的形象传递给社会群体。这解释了为何其头部只是一张嘴，而文本仍然是口头性的。

---

① 参见 Patricia Ebrey, *Confucianism and Family Rituals in Imperial China: A Social History of Writing about Rites*。

② 参见 Kristofer Schipper, *Le corps taoïste: corps physique – corps social*, p. 71。

③ 参见 Brigitte Berthier, *La Dame – du – bord – de – l'eau*, p. 43。

　　灵媒非手势文本的语言同样揭示了这种即时的双重归属：一方面是社会群体和通俗方言；另一方面是社会群体的神明及其神圣语言。独自活动的灵媒一会儿说这种语言，一会儿又会说那种语言；其身体已经受到了彻底的伤害——被占据，需要一个传话人。这就是为什么灵媒有时要和法师一起搭班行动的原因。

　　更准确地说，在我们看来，中国的灵媒是失势的巫。为此，他是一个失去对自己命运控制——没有头部——的社会群体之象征性表达。这种失势的终极状态就是成为解释其话语之师操纵的灵媒—傀儡。

　　但是，在受到伤害的身体里表达被控制的社会群体之真理乃是这个失势者的荣耀。这种荣耀表现在他的姿势上，像所有人一样或坐或站，但从不下跪，亦体现于其表演的戏剧性方面。当你看到灵媒在进行恐吓或表现得像一个被宠坏的孩子时或哭或笑，便会明白这个糟糕的身体正在经历着什么：成为传声筒。这并不是微不足道的荣誉，实际上我们有时在大型的社区仪式中就可以看到这个人的孩子，他像新生儿一样被装扮，像神明一样被抬在轿子中。

　　至于驱邪者，问题变得相当复杂：其法事同样是点对点的，但没有灵媒的仪式那么日常；是戏剧性的，惹人发笑或使人恐惧，但已然属于戏剧；是即兴创作且为方言表达，但如此之少。这是为何呢？因为它是经过思考的，文本缺席的表演背后总有熟记的文本。

　　简而言之，驱邪者已经是师的身份：他放弃了神圣的语言，转而使用秘传的语言。他的文本或多或少是基于口语的，但其吟唱无论如何都是有音乐伴奏的。只有在法事的边缘尤其是行将结束，提供解释和心理咨询，或是当他做怪相并讲荤段子的时候，他才能被事主真正理解。

　　他的功夫体现在其拥有文本，尽管从不随身携带：他已经将它们消化在肚子里。法师对线性书写①的掌握亦表现在他预先准备并在法事中宣读的文书，以及他在虚空和纸上所画之符，即神的名讳中原始而深奥的道教书法。

　　与驱邪法师经书之间的联系是多重的：他念诵、吟唱、阅读、书写和渲染（经文中有时会明确说："在这里的每个人均应尽其所能地说话"，例如，在向神明解释法事目的之时）。但其功夫最显著的"症状"无疑是对文本的表演。台湾北部的法师

---

① 译者注："线性书写"（écriture linéaire）是法国哲学家德里达（Jacques Derrida）提出来的一个概念，意指在标准的、用线条写成的文字背后有一个非线性、与语言无关的图形世界。

甚至到戏班去学习各种台步，以便能将表演呈现得更好。

从下面这则逸事可见一斑：一位台北法师提到，驱邪者称为师公，因为有特定含义的"师"和"狮"发音相同，而驱邪者在法事中要"演狮"。根据这位法师，"人们认为师公即狮公"：村子里面以前既没有电视也没有戏班，他们就是为村民演戏的，几乎每个地方都会去演出。闽西北的一位法师告诉我，1949 年以前，他每个月至少有二十天都在做法事。

法师的表演对民众并非没有意义，因为道士的科演对象仅限于神明。前者向社会群体"直播"表演，后者则为社会群体的头部进行表演。故而，道士科演了控制的更高层次，这意味着另一方面，法师以其方式来搬演文本，始终更为"大众"。

概言之，一切都使得法师兼具师和灵媒的性质，亦即成为即时社会群体中介色彩的代表。例如，法师在着装方面，从不会脱得像孩子一样（尽管有的法师是赤脚的），但常化装为女性（此为一种乔装改扮）。他在做法事时往往身着便衣，至多系一条象征驱散黑暗之光的红头布。法师通常也穿特殊的鞋子，尽管不能像社区仪式中高功道士穿的舞台靴那样使他显得高大，亦足以使其与众不同。他在有些仪式中会穿红色、有时是嵌着黑边的道袍，意味着这个法师曾受度成为某个法派的一员。

就仪式行为而言，其不再缩减至仅为口头表达，相反，法师的整个身体都参与其中：跑动、拳击和舞蹈。他的口、手和脚都有明确而合乎情理的功能：说话、呼喊、喷水，写字、投掷东西、指点，顿足、站立、踏罡步斗。法师在踏罡步斗时只是采用了一些最简单的花样，但已足以使他的仪式转向理论宇宙学。

法师通过其所采取的姿势来宣告对自己身体的控制，以及由此治愈事主病体的能力。他的身体"自发地"处于适合这种情况的位置：祭鬼之时无礼地盘腿而坐，祭神之时屈膝跪拜，请神之时则转朝向相应方向，凡此等等。

这些描述表明，编码色彩的隐喻行为在驱邪法事中扮演了非常重要的角色：法师一脚踢倒凳子以促使其所象征的乌龟离开；向神明进献食物，而向神明所部兵马发粮；优雅地游走于坛场，以呈现女仙升往天庭、将状文带给神谱顶端躺着微笑的神明①；在驱赶入侵的致病邪煞时则跑出房屋。

这种隐喻性或象征性，时或神话性的行为在驱邪法事中远远超过了宇宙观色彩的

---

① 译者注：这个神明即老子。因为仪式中的老子躺在有帏盖的床上，当女仙抵达，揭开帏帐之时，将看到老子在对着她微笑。

行为。法师的隐喻性行为在一开始便显露无遗：看到他用捆着的席子摔打在地上便知道他正在攻击着什么东西（另一方面，在场观众由于接触不到文本，并不知道法师将席子敕化成了黑龙）。无礼地盘腿而坐、以鸡冠血来画符号等象征性行为在其文化语境中完全可以理解。不过，观众会完全忽略其动作的神话意涵，若解释说"我今化为某女神来驱除邪煞"他们便懂了，反映了法师和事主之间的相对距离。这种距离亦见于请神，法师所请之神并非像灵媒那样是地方传说之神，而是区域性，甚至全国性的传说之神。

简言之，法师乃是以娱悦人神的方式进行治疗之师：他不再是痛苦和依赖的化身，反而表达了地方社会群体自我承担和开放的能力，还通过其传统给了自己一个期限。法师以熟记的方式来学习仪式方面的知识，代表了地方社会群体通过赋予自己传统来生活和生存的意愿和能力，笔者认为这种情况即便是在科仪本毁于"文革"之后亦没有丝毫改变。事实上，正因为有法师所代表的那些传统，经常受到打击的地方社会群体才能得以存续，即便是在某个病人没有治愈，或某年持续天旱不雨之时。何以知之？一位住在僻远村落的老太太在驱邪法事尚未解禁时曾对我们说："噢，先生！如果您知道他们的音乐有多美就好了！"

在一个健康的社会中，老年人的念旧总是给年轻人带来欢乐：故事、戏曲、音乐、普遍的兴奋——时间消磨着时间，因为在传统得到传承的同时，日常生活中断了。这个时间在中国首先是驱邪法师的时间。

当然，它同样也是道士（常和法师混淆：一人而身兼双重功能）的时间，因其主持的大型周期性仪式功能在于更新社会群体与其神明的结盟：驱邪法事中的邻里来往于是被友好或结盟的村落和社区之间的往来、游神、来自远方的戏班或乐班、子女的返乡以及宴会所取代。这是一个绝佳的更新时刻，老年人的念旧（头部）变成了年轻人（身体）的亲身经历。

那么，当头部向未来的身体讲述过去时，与之对应的仪式行为是什么呢？

醮仪并不是由单个道士来完成的。即便是在最贫穷的乡村，也至少要请一个道士和一名鼓手，然后还有负责娱神的乐班或戏班。

醮在平常时期有周期性，在危机时期亦有举行，故而是点对点的，就像所有应对需求的仪式一样。

然而，如果醮保持高度的戏剧性，即兴表演便会消失，机械性将取而代之，因为这关系到整个社区的存续，对象征的控制必须是彻底的。

道士常身着罗裙，红头布则由黑色的帽子所取代，帽子顶上的冠冕遮住了囟门，冠冕上镶嵌着一团宝石制成的"火焰"，象征着身体能量的控制，而身体能量则是道士与宇宙中等级最高之界进行沟通的基础。道士能够走近天界，亦归功于其舞台靴。最重要的是，道士在大型仪式中身穿绛衣，其上绘有自然宇宙的天地水三界，并恭敬敬地通过内衣与道士汗湿的身体分开，由此而处于半裸灵媒的另一极。

线性书写的文本亦出现在坛桌之上：不容有错［礼规主义（rubricisme）①］的科本、念诵的经忏，以及宣读的各式文检。口头文本和即兴创作以及注解一起消失了。最后，整场仪式不再是表演，而是科演。

科演的内容有两方面：帝国统治和宇宙观。事实上，据以建构道教仪式的中心隐喻是帝国宫廷的朝仪，但是实现这一隐喻的条件——必须创造的条件——是宇宙秩序。换言之，朝仪对于习以为常的其余部分来说"只是一个隐喻"，而宇宙观同样是仪式的基本结构：它对道教仪式的意义就像神话传说对驱邪法事，或神学对基督教仪式的意义一样。

因此，若联想到西方仪式专家的金科玉律——祈祷即信仰（lex orandi, lex credendi），我们不禁要问，如果不参照道教仪式，是否真的可以理解中国的宇宙观？无论如何，它永远不会像科演那样充满活力（但你必须置身现场才能意识到这一点）。

如肖像学所揭示的，绛衣已经预示着宇宙的转变，而文本以及身体对文本的搬演将是以协商为目标的。事实上，要理解文本和身体的语言，必须熟谙中国宇宙观方面的理论。在此举两个例子：发炉和禹步仪式。发炉之时，道士将身中之炁外化为法事的行持官将，为此他在任命官将时必须掐诀，并与炁相应。这种掐诀之法是建立在中国的宇宙观基础上的。同样地，若要理解坛场中踏罡步斗并掐诀念咒的禹步，必须熟谙相关的传说、宇宙观和玄秘知识。

如果我们将这种情况与同属道教的驱邪法事进行对比，最明显的区别在于宇宙观和玄秘传统在其中不容忽视的作用。关于传说，灵媒的情况基本是地方性的，驱邪法事的情况基本是区域性的（分别涉及两种不同层次的神明），社区仪式的情况则是全国性的，甚至是宇宙层面的（大禹、老子和王母）。何以有此差别呢？因为前两种仪式致力于让地方力量参与进来，以解决某个焦点明确的问题，而后一种仪式则旨在将

---

① 译者注："礼规主义"（rubricisme）本意是指天主教的弥撒书上用红色标题来区隔礼拜仪式不同部分的做法，其核心就是仪式文本里面红字印刷的礼规或仪式指示。

这些力量整合或重新整合到其所自的象征世界，即文化之中。我们知道这个象征世界是"全国性的"，即"中国的"，但我们同样希望它是宇宙性的，即"自然的"。

因此，社区仪式必须达到抽象—控制的层面，而且要远甚于驱邪法事。我们既已讨论抽象的问题，便再来谈谈控制的方面。

首先，在驱邪法事中，法师不断地通过召神和净化仪式来救化各种器物——凳子化为乌龟，草席化为龙，自己则化为白鹤仙或王母的门徒，在社区仪式中，正如我们刚才看到的，道士毋宁说是促成，或是唤起这些转化（有时会借助一种神圣语言，而这种语言无非是梵文的变体）。换言之，他完全是仪式的主宰者，这得益于其深奥的功夫。这种控制在发炉仪式中显露无遗：道士从自己体内外化出了行持法事的官将。

其次，与前一点有着内在关联的是，在中国应有尽有的仪式里面，只有社区仪式才需要存想，这里指的是在仪式中发生——而不仅仅是仪式之外，以理论阐述实践的形式发生的活动——且只涉及存想。实际上，如果说大脑像"控制塔"一样指挥着手脚的宇宙学活动，那么，它在视觉化①的关键时刻则是独自运作的。例如，发炉仪式中官将的外化并不是通过掐诀或是咒语，而是通过视觉化来完成的。视觉化的存想同样见于更重要的、旨在向天庭呈进社区状文的朝科之中。

何以如此？与表意线性书写相应地，天理在中国的终极呈现形式不是语言，而是图像。② 在地方社区被整合进其所处的象征世界，即与神明重新结盟之时，还有什么比借助图像更自然和必然的呢？

但还需进一步分析：图像从何而来？如前所述，社区仪式中的图像来自道士的大脑。但它出自哪里呢？当然是出自传统，其中产生了象征性社会群体的这个头部，而这个被我所谓的"传统"又源于哪里呢？它源于道教隐士——后来是道士——的实践。

这就是为什么要理解中国的仪式体系，最终还是要追到隐士这个常常是离群索居、往往是被边缘化的群体。他们住在洞穴之中：道教的坛即圣地就是一个洞。洞穴

---

① 参见 Farzeen Baldrian – Hussein, *Procédés secrets du Joyau magique*, *traité d'alchimie taoïste du XIé siècle*, Paris：Les Deux Océans，1984，p. 56.关于应该是占据了道士大部分时间的内丹修炼，书中指出："因此，建立内在世界在本质上是以视觉化的方式进行的精神工作。"

② 参见 John Lagerwey, "Écriture et corps divin en Chine," in J. P. Vernant et Ch. Malamoud（éd.），*Le Temps de la réflexion*，VII，1986，pp. 275 – 285。

在中国的象征世界里是一个共生的空间：宇宙和人的呼吸——云和炁——在此相互结合，长生不老的胚胎在此诞生并继续胎息。洞穴就是内视中的身体，是道教绝佳的交通、知识——观念——和孕育之所，即启示（révélation）之所。此即为何《道藏》分为天地人三洞，也就是阴阳二洞合气而产生了人，人和自然混合在一起又产生了人的象征生活：人自然化了，自然亦人性化了。

因此，道教的洞——若采用葛兰言（Marcel Granet）极为贴切的术语——是"神性两性结合仪式交流"（échange hiérogamique）的绝佳场所：既是腹部又是脑部，兼为象征性工作的时间和场所，宇宙象征世界通过象征意义的工作产生，而宇宙象征世界又是结构化传统中国日常生活的框架。不过，这个地方首先是腹部：女人。① 故而，在这个头部于此产生一种中国宇宙终极抽象形式的地方——其中的头部和宇宙是同形的，我们发现了一个身体，这个身体的呼吸构成和赋形了我们所谓的社会象征之体。

但在中国的社会群体中，至少还有另一种结构化的抽象形式发挥着作用：儒家文人的政治和伦理哲学，甚至是带有预言性的哲学。此外，如果我们在此讨论这个长时间里"非"甚至是"反宗教"的传统，不仅是因为其信仰主义特征得到越来越充分的认识，② 还特别因为对我们来说，仪式或准仪式的哲学始终是一种宗教活动，具有与我们一开始就认为是"宗教的"仪式同样的功能，即创造和维持象征世界。此外，我们应该记住，中国人从一千五百年前就开始用同一个"教"字来指称佛教、道教和儒家：这些就是他们的"三教"。从这个角度来看，比较中国文人与印度、希腊或基督教文人的行为是不无趣味的。因此，让我们来看看中国文人哲学家非生产性、（准）仪式的象征意义之活动。

像任何哲学家一样，在有文字记载历史的社会里，如果一个男人——绝不会是女人——继承了允许其从事闲暇活动的社会地位，他就会因使命而成为哲学家，就是说因品位和精神需求而成为哲学家（因为伟大的哲学体系既是社会危机，也是仪式的产物）：他是一个有使命的人，这种使命有时会伴随着令人想起巫或灵媒的身体表现。

---

① 这就是为什么哲学家老子要断言"圣人为腹不为目，故去彼取此"（《老子》第十二章）。按，老子劝告圣人要女性化地活动。

② 例如，Michel Masson, *Philosophy and Tradition*, *the Interpretation of China's Philosophic Past*: *Fung Yu-lan, 1939 – 1949*, Taipei: Institut Ricci, 1985, chap. Ⅵ。

我们在今天或许会将哲学家想象成离群索居的思想家或作家。但在前近代世界，如果他已经是一个图书管理员，那么他也是书院的山长，书院里有辩论和对答、口头文化和文本。换言之，哲学家的工作有时是关于并求诸己身，有时则是关于和求诸团队的。

作为一个有使命的人，我们必须好好谈谈其在附身方面的情况。[①] 作为书院山长和辩论家，必须强调哲学活动周期性——规律性——和即兴性的特点。但在山长背后，在真正的哲学家身上，是一个有使命的人，亦即一个先后被思想即其信仰所控制和扎根的人。他以巫一样被附身的身份参与到辩论之中，驾驭着自己的思想去战斗或闲游，前往天堂或是地狱。这就是他为了建构一个结构严密的象征世界做出的边缘活动之点对点特征和不可预知性。

当然，除了极少数的例外，哲学家在衣着方面是与其阶层相应的，他们的帽子、腰带和长袍即便不是官员样式，也至少是文人样式的。作为面具，中国的哲学家戴着他"面子"——其社会地位的尊严。因此，很少有人会小心地采取身穿女性化的罗裙，或是内行地去揭露皇帝不穿衣服。相反，他们通常会试图给他穿上儒家仁义道德的外衣。然而，很了不起的庄子则主张男人在家中要像女人一样行事以近道，还尊匠人为悟道之师。

笔者认为，这在西方或印度是无法想象的。在西方或印度，思想家首先是一个有着独一无二头脑的人，而且只可能同时作为祭司（当然，希腊的哲学家连这个保障都没有）。然而，中国的哲学家不仅是祭司——孔子和朱熹都出于同样的愿望对礼仪进行了强化和革新，还是书法家，是致力于达到这门学问要求的身体控制之手册。[②] 中国文人通过这种方式对事物——身体——之美敏感了起来，就像对话语的真实和灵魂那样敏感。庄子或许最激进地呈现了手册的价值，但所有儒家反思的政治和伦理性质都在那里提醒我们，对于文人而言，社会群体是一个真正的困扰。

通过对政治和家庭的投入，文人哲学家被迫受限于教会他尊重和谦逊的体位——

---

① 哲学家不仅是"被附身"，至少可以相信阿尔基弼亚德（Alcibiade）在给苏格拉底的颂辞中所言，他们还会迷惑使人出神："因此，无论后者［马尔西亚斯（Marsyas）］的乐曲是由有名望的还是蹩脚的吹笛者来演奏，它都是唯一能使人进入附身状态，并表达那些需要神就像需要启蒙的人——因其是敬神的——之乐曲。然而，这个人和你之间的全部区别仅仅是，没有乐器，有言语而无音乐，你产生的效果是一样的。"参见 Platon, *Le banquet*, trad. Léon Robin et M. – J. Moreau, Gallimard, 1950, p.143。

② 由此可见比尔特（Billeter）作品的重要性，他试图描述书法不仅是美学沉思的对象，而且同样尤其重要的是，作为中国文人因其结构化而成为中心的象征活动。参见 Jean François Billeter, *L'art chinois de l'écriture*, Genève：Skira, 1989。

这对知识分子来说是天经地义的——因为他在皇帝面前像祖先面前那样鞠躬，甚至下跪叩拜。他的仪式实践在这里表现为儒家伦理两个核心概念的表达和基础，即忠（对君王）和孝（对父母）。与希腊的情况不同，中国的哲学家不是与传统决裂者，而是崇奉传统之人。

在这方面，他与文本的关系同样值得注意。实际上，文人和驱邪者一样，以官话口音诵读①的方式熟记其文本。作为美学家，文人亦学习吟唱，尤其是抒情诗的吟唱。至于文本的解释，正如三种一神论传统中的情况，注释是中国哲学家最常用的形式。他在这方面是一个有传统的人，即属于社会群体之人。

最后，语言层面最能体现中国文人哲学的特殊性。文人哲学家以古典语言写作，尤其处理的是伦理和宇宙观方面的问题。事实上，就像在希腊一样，古代神话已被消化——"凡人化"（evhémériser），因此掏空了其原有的社会实质。在这两种情况下，断裂——重新解释——在某种意义上比产生一神教或婆罗门教的断裂更为严重。实际上，"凡人化"——中国的政治再解释——已经表达了一种分裂，这种分裂将被证实是建立于拥有神明—传说的人民与思想家之间的。相比之下，对古代神话的宗教再创造——如《创世纪》中苏美尔或道教中老子的创世——虽然导致了民间宗教与精英宗教之间暧昧而时或抑制的关系，但在这个领域也产生了美丽、包容和宽容的综合体。

（责任编辑　李志鸿）

---

① 详参 Jean – Pierre Drège，"La lecture et l'écriture en Chine et la xylographie，" in *Études chinoises*，Vol. 10，No. 1 – 2，1991，p. 78，"在知道阅读之前，儿童以重复和念诵熟记的方式进行学习……理解不太重要，重要的是沉浸和熟记"；p. 87，"诵读是古代和中古时期中国学习阅读的基本特征之一。不过，此亦个人阅读的基本形式"——这不能不让人想起奥古斯丁（Augustin）发现安布鲁瓦兹（Ambroise）没有大声朗读时的惊讶之情（参见 *Les confessions*，liv. VI，chap. III，trad. Joseph Trabucco，Garnier Frères，1964）。

山东东南沿海龙王庙的调查研究*

朱红军

摘要： 山东地区龙文化起源早，其龙王信仰从古代到现在一直都很兴盛。通过对东南沿海现存龙王信仰场所的调查研究得知，最早可以追溯到唐朝，大多数形成于明清。龙王庙的建筑根据地方和规模的不同有很大不同，但总体来说祭祀龙王的建筑叫龙王殿，坐北朝南，殿内除了龙王之外，也会连同嫔妃或者雷公电母、风婆雨神等诸神一起祭祀。从龙王的形象来看也基本相似，呈坐姿，大多头戴冕冠，手持笏，身上有披风。至于头部则有人形、带龙角人形、龙头等几种形式，不是很统一，但基本上可以说呈现和人类相似的面孔。龙王庙虽然全国各地都有，但对山东地方性的龙王庙进行调查研究，能够进一步了解地方文化，在保护传统文化、民族文化遗产等方面具有很重要的作用。

关键词： 龙王庙　山东东南沿海　龙王　文化遗产

作者简介： 朱红军，鲁东大学外国语学院讲师、博士。

中国的龙文化起源非常早，而山东地区的龙文化是其中非常具有代表性的。西水坡仰韶文化遗址出土的白色蚌壳摆塑龙，被誉为"中华第一龙"，其出土地点为河南濮阳，[①] 与山东接壤，两地在古代有着共同的文化应该是毫无疑问的。还有，山东地区的汉代画像石中与龙相关的多达34处，为全国各地中最多。[②] 东汉王充的《论衡》一文"鲁设雩祭于沂水之上。暮者，晚也；春谓四月也。春服既成，谓四月之服成也。冠者、童子，雩祭乐人也。浴乎沂，涉沂水也，象龙之从水中出也"[③] 就提到了

---

*　本文得到日本科学协会笹川科学研究助成的资助。本文为2015年度山东省高等学校人文社会科学计划项目"中日海神信仰及其祭礼习俗比较研究——以胶东地区为例"（项目号：J15WA22）阶段性研究成果。

① 何星亮：《"华夏第一龙"探析》，《东南文化》1993年第3期。

② 周正律：《漢代画像石における龍の図像について——第一分布区篇一》，《文化交渉》2016年第6期，第119~120页。

③ （东汉）王充：《论衡全译》，袁华忠等注，贵州人民出版社，1993。

鲁国渡河仪式中龙从沂水里出现的事情。也就是说在这个时期，龙不仅是掌管水域的神灵，还与水上交通有了一定的关联。

至于民间祭祀龙王场所的存在，则可以追溯到隋唐时期。在《增修登州府志》中记载了砣矶岛曾经存在着一方石刻，[①] 于 20 世纪六七十年代被毁。[②] 此石刻清楚地记载了山东砣矶岛曾经或建有龙王庙，从碑文内容判断是唐代远征高句丽的将士们在此祭拜龙王的事情。入唐僧圆仁在其旅行日记《入唐求法巡礼行记》中也记载了海州有龙王庙。[③] 据笔者研究分析，圆仁笔下的海州龙王庙、赤山龙宫传说、登州明王庙等几处地方到现在还都能找到龙王信仰的存在。[④]

山东半岛不仅龙文化起源比较早，龙王信仰的持续时间也很长。最晚在隋唐时代龙王就与航海信仰结合，具有航海保护神的性格。目前长岛虽然也有很大的妈祖庙，但总体上来看，实际上山东地区很多渔村都是信奉并祭祀龙王的。

山东沿海海神信仰的研究成果比较多，但是聚焦到龙王信仰并做调查的实属不多。早期的研究着重对山东半岛的海神信仰进行汇总分析，比如马咏梅《山东沿海的海神崇拜》里对山东沿海的龙王、天后、秦始皇、藤将军和老赵进行了简单介绍，其中对天后信仰祭祀的过程做了调查。[⑤] 叶涛的《海神、海神信仰与祭祀仪式——山东沿海渔民的海神信仰祭祀仪式调查》一文分为上下两篇，总结了山东地区作为海神信仰的龙王、天后、民间仙姑记忆以及海生动物鲸鱼、海鳖等，下篇对山东沿海渔民的海神祭祀进行了汇总，他认为可分为春季祭海、庙会和节日祭祀、渔业生产中的祭祀等三方面，并对其祭祀细节进行了详细的描绘。[⑥] 还有从历史学的角度对山东海神发展的演变过程进行研究的，成果有王赛时的《古代山东的海神崇拜与海神祭祀》一文，

① （清）方汝翼修，周悦让纂《（光绪）增修登州府志》卷六十五，《中国地方志集成·山东府县志辑49》第49册，凤凰出版社、上海书店、巴蜀书社，2013，第327页。石刻文后面有对此的解释："右刻在蓬莱北海中砣矶岛上，凡八行，行八字，而大半漫漶，今二十八字存。据唐书贞观十八年，以张亮为平壤道行军大总管，自东莱海征高丽云云，则此刻第一行漶字宜是大唐贞观十五字矣。其下列衔宜即亮之官阶勋爵与其属僚也。末有敬海龙王神并夫人字，盖因航海致祷之事耳。祀神而及其妃风之所由来也久矣"。
② 山东省长岛县县志编纂委员会编《长岛县志》，山东人民出版社，1990，第344页。
③ 〔日〕圆仁：《入唐求法巡礼行记》，顾承甫等点校，上海古籍出版社，1988，第43页。海州虽然是现在连云港地区，但唐代中后期和山东南部的地区同属于一个节度使，且在古代和山东半岛地区的文化很相近。
④ 朱红军，「山東における海龍王信仰の調査研究—円仁の『入唐求法巡礼行記』を中心に—」『東アジア文化交渉研究』（13）、2020。
⑤ 马咏梅：《山东沿海的海神崇拜》，《民俗研究》1993年第4期。
⑥ 叶涛：《海神、海神信仰与祭祀仪式——山东沿海渔民的海神信仰与祭祀仪式调查》，《民俗研究》2002年第3期。

其分析了早期的四海神和山东的关系，并对莱州的东海神庙及国家祭祀的关联等做了研究。① 而金涛的《东亚海神信仰考述》一文中不仅对中国沿海早期的四海神、四海龙王、女海神以及各个地方的潮神、船神、网神、礁神、鱼神、岛神等做了总结，还对日本韩国的海神信仰中的龙王信仰、妈祖信仰进行了分析，对中日朝在原始海神、王权与海神、龙王信仰、地方海神、东亚女神等方面的异同点做了分析研究，得出三个地区都是大致经历了原始海神—海龙王—东亚女神—地方海神几个发展阶段的结论。②

近年来的研究更着重于沿海渔民的渔民节的田野调查，特别是被列入山东省非物质文化遗产的田横、荣成和日照几个地区的研究成果颇为丰富。比如《人神之间：胶东渔民祭海仪式的象征意义阐释》③、《从渔民节到赶海节：山东半岛刘家湾海洋民俗文化的变迁》④、《胶东祭海仪式变迁研究——基于荣成院夼村谷雨祭海节的调查》⑤、《烟台渔灯节祭海习俗的调查研究——以仪式与文化变迁为中心》⑥、《社会变迁视角下田横祭海节功能演变研究》⑦、《山东荣成院夼村龙王信仰与祭海仪式研究——以民间信仰发生、功能论为视角》⑧。等一些研究论文和学位论文都是从某个地区的渔民祭海节着手调查研究而得出的成果。

从以上研究成果来看，早期的研究着重于对山东沿海海洋信仰进行归纳总结，且从历史上的发展脉络进行研究，近年来更侧重于渔民节的田野调查。虽然对秃尾巴老李的研究也有一些，但是关于传统龙王和地方性龙王的区别研究暂且不做探讨。目前对山东龙王庙的系统总结和深入分析还没有相关研究，比如山东半岛龙王信仰的发展、起源和现状，特别是对某个龙王庙从建筑、样式、历史演变等细节探讨的论文还没有。因此，本文从几个例子出发，对山东半岛龙王庙的细节加以介绍，以期能够加深对山东地区龙王信仰的认识，让山东海洋文化以更全面的姿态展现给世人。

① 王赛时：《古代山东的海神崇拜与海神祭祀》，《中华文化论坛》2005 年第 3 期。
② 金涛：《东亚海神信仰考述》，《民间文学论坛》1997 年第 3 期。
③ 同春芬、闫伟：《人神之间：胶东渔民祭海仪式的象征意义阐释》，《菏泽学院学报》2011 年第 4 期。
④ 宋宁而、贺柳笛：《从渔民节到赶海节：山东半岛刘家湾海洋民俗文化的变迁》，《中国海洋社会学研究》2015 年第 3 期。
⑤ 宋宁而、左凤云：《胶东祭海仪式变迁研究——基于荣成院夼村谷雨祭海节的调查》，《广东海洋大学学报》2015 年第 2 期。
⑥ 姜文华：《烟台渔灯节祭海习俗的调查研究——以仪式与文化变迁为中心》，硕士学位论文，西北民族大学，2013。
⑦ 马坤：《社会变迁视角下田横祭海节功能演变研究》，硕士学位论文，中国海洋大学，2013。
⑧ 于晓雨：《山东荣成院夼村龙王信仰与祭海仪式研究——以民间信仰发生、功能论为视角》，硕士学位论文，山东大学，2016。

一　山东东南沿海地方志中的龙王庙

明清时期的山东地方志中记录了大量的龙王庙，虽然还有很多没有录入，但是整理之后的数量也是惊人的。笔者对山东地方志中，东南沿海的烟台、威海、青岛和日照等几个城市的龙王信仰场所进行了汇总，如表1、表2所示。

表1　山东地方志中东南沿海龙王信仰场所——龙王庙

辖区		名称	位置	出处
烟台	芝罘	龙王庙	芝罘岛	《（雍正）山东通志》第36卷、《（同治）即墨县志》第12卷
	福山	龙王庙	福山县，一在涂山，一在芝水东小山上，一在造书山，一在县西北石屋营	《（光绪）增修登州府志》第69卷
	蓬莱长岛	龙王庙	福山县南七里涂山	《（光绪）增修登州府志》第69卷
		广德王庙	天后宫西，即今龙王宫	《（道光）重修蓬莱县志》第14卷
		龙王宫	画桥西	《（道光）重修蓬莱县志》第14卷
		龙王宫	蓬莱县广德王庙，一在刘家汪，一在长山岛，一在城南文峰顶	《（光绪）增修登州府志》第69卷
		龙王庙	砣矶岛	《（光绪）增修登州府志》第69卷
	莱州	昭应龙王庙	掖县城西北，新河铺至姚家庄二十五里，折而西又历三里	《（雍正）山东通志》第36卷、《（乾隆）莱州府志》第16卷
		龙王埠	掖县城西南三十里	《（乾隆）掖县志》第8卷
		东海显仁龙王之神	城西北十八里	《（雍正）山东通志》第36卷、《（乾隆）掖县志》第8卷、《（乾隆）莱州府志》第16卷
		龙王河	州西四十里以上，三河皆汇入胶河	《（乾隆）莱州府志》第16卷
		龙王庙	南门外偏西	《（乾隆）莱州府志》第16卷
	招远	龙王庙	招远县治西南数十里	《（顺治）招远县志》第12卷
		龙王庙	招远县治西架旗山	《（顺治）招远县志》第12卷
		龙王庙	招远县，在县治西架旗山上	《（光绪）增修登州府志》第69卷
	龙口	龙王庙	东城门楼，一在龙口，一在黄山馆，一在□屺岛	《（同治）黄县志》第14卷、《（光绪）增修登州府志》第69卷
	栖霞	龙王庙	栖霞县，在翠屏山东	《（光绪）增修登州府志》第69卷
	莱阳	龙王庙	莱阳县，在县南二十五里	《（光绪）增修登州府志》第69卷

辖区		名称	位置	出处
威海	文登	靖海龙王庙	望海东七十里，旧系靖海卫	《（雍正）山东通志》第36卷
		龙王庙	靖海司海口	《（光绪）增修登州府志》第69卷
		威海龙王庙	文登县北一百一十里	《（雍正）山东通志》第36卷
		龙王庙	城南四十里柘阳山	《（光绪）文登县志》第14卷
		巨神龙龙祠	城西南三十里昌山	《（光绪）文登县志》第14卷
		龙王庙	城东南五十五里蓬莱山	《（光绪）文登县志》第14卷
		龙王庙	城东南八十里黄山之东顶	《（光绪）文登县志》第14卷
		龙王庙	文登县，一在县西六十里，一在县北七十里，一在靖海口，一在威海口	《（光绪）增修登州府志》第69卷
	荣成	龙王庙	文武帝君庙内	《（道光）荣成县志》不分卷
		兴龙山龙王庙	城南一百二十里	《（道光）荣成县志》不分卷
		龙王庙	荣成县，一在县城内，一在兴龙山	《（光绪）增修登州府志》第69卷
青岛	胶州	龙王庙	北塔桥社/孟慈社	《（道光）重修胶州志》第40卷
	即墨	龙王庙	即墨县城南偏西	《（同治）即墨县志》第12卷
		龙王庙	桑岛周围十余里一带平沙上	《（雍正）山东通志》第36卷、《（同治）即墨县志》第12卷
日照	日照	龙王庙	涛雒东	《（光绪）日照县志》第12卷
		元高兴埠龙王庙	日照县治之西南三十余里，乡属进贤村	《（光绪）日照县志》第12卷
		龙姑山龙神庙		《（光绪）日照县志》第12卷

表2 山东地方志中东南沿海龙王信仰场所——龙神庙

辖区		名称	位置	出处
烟台	福山	白马龙神庙	福山县西南	《（嘉靖）山东通志》第40卷
	莱州	六湾龙神庙	莱州府城北三十里	《（嘉靖）山东通志》第40卷、《（雍正）山东通志》第36卷
		五龙祠	莱州府城西一里山岗之脊	《（嘉靖）山东通志》第40卷、《（雍正）山东通志》第36卷
		龙神庙	城西三十里	《（乾隆）掖县志》第8卷
		龙神庙	城西北三里，一说城北三十里	《（乾隆）莱州府志》第16卷
	招远	龙神庙		《（同治）黄县志》第14卷
	蓬莱	龙神祠	昆嵛山九龙池侧	《（光绪）增修登州府志》第69卷
	海阳	龙神庙	城南二里许	《（光绪）海阳县续志》第10卷

续表

辖区		名称	位置	出处
威海	文登	巨神龙龙祠	文登西南三十里昌山/昌阳山/巨神山 移于柘阳山 改昌山为回龙山	《（光绪）文登县志》第14卷
		五龙庙/五龙堂	城西三里	《（光绪）文登县志》第14卷
青岛	平度	龙神祠	平度州大泽山瑞云峰	《（嘉靖）山东通志》第40卷、《（道光）重修平度州志》第27卷
		龙女祠	平度州大豁山	《（道光）重修平度州志》第27卷
		龙神庙	平度州北二十五里	《（乾隆）莱州府志》第16卷
	即墨	龙神祠	墨邑东十里	《（同治）即墨县志》第12卷
日照	日照	龙神庙	县西北百十里洪陵山/红罗山	《（光绪）日照县志》第12卷
		石臼岛龙神庙	城东十八里	《（光绪）日照县志》第12卷
		高兴龙神祠碑	城西南三十五里	《（光绪）日照县志》第12卷
		龙神庙	龙姑山/龙骨山	《（光绪）日照县志》第12卷

通过整理可以发现，以上地区的龙王信仰设施主要有龙王庙和龙神庙两种称呼，除此之外还有海神庙等各种称呼，因无法判断是龙王还是妈祖等，故而暂不列入。但是即使从目前的整理中也可以看出在明清之际，龙王信仰广泛存在于山东半岛的东南沿海。

二　山东半岛东南沿海龙王庙的调查研究

笔者于2019年7～8月分两次到山东半岛东南沿海调查现存龙王信仰的现状。此期间共对12处龙王信仰场所进行了调查，包括日照2处、青岛3处、威海5处、烟台2处。（见表3）当然除此之外，还有很多现存龙王庙还没能够着手调查，甚至很多在资料中并没有出现。有些场所只是村民自发营建，需要以后搜集线索，再系统调查。

1. 龙王庙的基本特征

本次调查的龙王庙涵盖了山东东南沿海的烟台、威海、青岛和日照四个地市，既有旅游景点内部的龙王殿，也有单独的龙王庙，既有大规模的建筑群组成的龙王庙，也有单个小建筑的龙王庙，有的历史悠久，有的新建而无可考据。不管怎么说，从涵盖范围来看，应该可以对山东东南沿海的龙王庙有个初步的了解。

表3　山东东南沿海龙王信仰场所

地点		庙宇名称	龙王殿里祭祀对象	建筑特征①
日照	日照市东港区秦楼街道	日照龙神庙	龙神	独立、建筑群
	日照市东港区石臼街道裴家村	裴家村龙王庙	四海龙王	独立、建筑群
青岛	青岛西海岸新区	琅琊台龙王殿	龙王、雷公、电母、风伯、雨师	附属、单个建筑
	青岛即墨区田横镇南营子村	南营子龙王庙	龙王及左右嫔妃	独立、单个建筑
	青岛即墨区鳌山卫镇马连沟村	东京山庙东海龙宫	龙王及左右侍女	附属、单个建筑
威海	威海环翠区孙家疃镇靖子村	靖子龙王庙	龙王、财神、赶鱼郎、账房先生、娘娘	独立、单个建筑
	威海荣成市成山镇河口社区	河口龙王庙	龙王、赶鱼郎、账房先生	独立、单个建筑
	威海荣成市成山镇松埠嘴村	松埠嘴龙王庙	龙王、赶鱼郎、账房先生	独立、单个建筑
	威海荣成市成山镇成山头	始皇庙始皇殿	秦始皇、徐福、李斯、财神、龙王	附属、无单独
	威海荣成市人和镇院夼村	院夼龙王庙	龙王、雷神、电母、风伯、雨师	独立、建筑群
烟台	烟台蓬莱市	蓬莱阁龙王宫	东海龙王及左右嫔妃、侍从、雷公、电母、风伯、雨师、巡海夜叉、千里眼、赶鱼郎、顺风耳	附属、建筑群
	烟台芝罘区	烟台山龙王庙	龙王及左右侍从	附属、单个建筑

通过对这12处龙王信仰场所的调查可知，分布的场所既有大型旅游景点，也有偏僻渔村；既有许多建筑组成的龙王庙，也有渔村自行捐建的单座建筑小龙王庙。供奉的龙王虽然千姿百态，祭祀对象也各种各样，但无不体现山东地区龙王信仰的兴盛。除了龙王之外，比如像蓬莱阁龙王宫和南营子村的龙王庙往往还会伴有嫔妃在两侧。这与《砣矶岛石刻》中"海龙王神及夫人"的记载相一致，龙王和夫人一起祭祀。② 除此之外，与龙王同一建筑内供奉比较多的就是赶鱼郎、账房先生、雷公电母、风伯（婆）雨师等，蓬莱阁龙王宫最多，还有巡海夜叉、千里眼、顺风耳等。始皇庙始皇殿里的龙王本来就是处于附属地位，其殿主要祭祀的是秦始皇。

从规模来看，院夼龙王庙的规模是最大的，是由龙王宫、财神庙、娘娘庙和土地庙等

---

① 附属：附属景区的场所；独立：单独龙王庙；单个建筑：一座建筑；建筑群：数个建筑。

② （清）方汝翼修，周悦让纂《（光绪）增修登州府志》卷六十五，《中国地方志集成·山东府县志辑49》第49册，第327页。

多个建筑物组成。裴家村龙王庙和日照龙神庙也是由多个建筑物组成的，其中裴家村龙王庙是由龙王殿、海神殿、观音殿、三官殿、文昌殿等组成的，而日照龙神庙是由龙神殿、三清殿、圣母殿、太公殿、关帝殿、文昌殿、灵官殿等组成的。靖子龙王庙和河口龙王庙是由大门院落和龙王殿组成的，但是像松埠嘴龙王庙和南营子龙王庙仅仅是一座小建筑。蓬莱阁龙王宫在蓬莱阁景区里面，由正门、前殿、两厢、正殿和寝殿组成。琅琊台龙王殿、东京山庙东海龙宫、烟台山龙王庙虽然也都是在景区里面，但只有一座建筑而已。

2. 龙王像的特点

详见表4。

表4　龙王像的特点

庙宇名称	牌位名称	特征	龙王朝向
石臼龙神庙	佑顺龙神	坐像、人头人身有龙角、冕冠、无笏、无披风	朝南、朝海
裴家村龙王庙	四海龙王	坐像、两人头人身、两龙头人身、汉晋官帽、有笏、有披风	朝南、朝海
琅琊台龙王殿	无	坐像、人头人身有龙角、无冠、有笏、有披风	朝南、朝海
南营子龙王庙	无	坐像、人头人身无龙角、冕冠、有笏、有披风	朝南、朝海
东京山庙东海龙宫	无	坐像、人头人身有龙角、无冠、无笏、有披风	朝北、朝海
靖子龙王庙	龙王	坐像、龙头人身有龙角、冕冠、有笏、有披风	朝南、不朝海
河口龙王庙	无	坐像、人头人身无龙角、冕冠、有笏、有披风	朝南、不朝海
松埠嘴龙王庙	无	坐像、人头人身有龙角、冕冠、有笏、有披风	朝南、朝海
始皇庙始皇殿	龙王	坐像、人头人身有龙角、冕冠、有笏、有披风	朝南、朝海
院夼龙王庙	东海龙王	坐像、人头人身有龙角、冕冠、无笏、有披风	朝南、朝海
蓬莱阁龙王宫	无	坐像、人头人身无龙角、冕冠、有笏、有披风 坐像、人头人身无龙角、汉晋官帽、无笏、有披风	朝南偏西、不朝海
烟台山龙王庙	无	坐像、人头人事无龙角、冕冠、有笏、有披风	朝北、朝海

3. 龙王像

日照

石臼龙神庙	裴家村龙王庙

青岛

琅琊台龙王殿	南营子龙王庙	东京山庙东海龙宫

威海

靖子龙王庙	河口龙王庙	松埠嘴龙王庙①

始皇庙始皇殿	院夼龙王庙	

① 此龙王庙未开放，只能从门缝里拍到部分照片。

烟台

蓬莱阁龙王宫正殿	蓬莱阁龙王宫寝殿	烟台山龙王庙

各个地方的龙王形态各异，虽有共同点，但是也有每个庙宇不同的特征。龙王前面有个别地方会放置牌位，上书所祭祀龙王的名称，但是大多数都没有。询问相关人员，都说是龙王或者东海龙王，这很明显是受到了近代以来《西游记》等文学作品的影响。至于原来的龙王是否为东海龙王已无从知晓。

还有，从龙王像来看，龙王的形象都是坐姿雕塑，几乎都是人头人身的外形，但是否带龙角却有不同。绝大多数都以戴着冕冠、拿着笏、穿着披风等代表着龙王的身份。冕冠象征着王的地位，笏则代表臣属于玉皇大帝的臣子。按道理龙王都应该有龙角，但是目前的龙王形象已经渐渐剔除了龙的特征，在向人形全面进化。

龙王像或者说龙王所处的龙王殿的方向基本都是朝南的，是否朝海则有不同。烟台山龙王庙和东京山庙东海龙宫因为是附属建筑，只能让位于主要建筑，且受地形等的影响而朝向北。特别是烟台山龙王庙南面是高耸的烽火台，只能朝向大海。朝海的龙王庙基本都是在海的南北两边建，不朝海的龙王庙在海的东西两边，但是都在海边。也就是说，与面朝大海相比，龙王庙更加重视传统中国建筑坐北朝南的特征。

4. 龙王庙的历史

目前现存的龙王庙经过历史的变迁和多次重修重建，有些只能从在世老人口中听说其成立时间，从史料中已经无法考证其准确的成立年代。还有的是现存的龙王庙，已经与原来的庙宇不管是样式还是地点都发生了变化，以至于考证起来非常困难。有史料可考、历史悠久且可推测到继承关系的有蓬莱阁龙王宫、石臼龙王庙、院夼龙王庙三处，从明清地方志中可考的有靖子龙王庙、烟台山龙王庙、裴家村龙王庙等三处。有悠久的历史传说，但龙王信仰的成立时间无法考证的有琅琊台龙王殿和始皇庙始皇殿两处。东京山庙东海龙宫和南营子龙王庙、河口龙王庙和松埠嘴龙王庙等几处是新建的，史料中也无记载，因此目前暂不做探讨。

蓬莱阁龙王宫据景区介绍是唐代所建，从史料中分析应为所调查各场所中最早的一处。在元代于钦所著的《齐乘》中对蓬莱阁有如下记载："登州北三里海滨，田横寨相对。本海神庙基，宋治平中，郡守朱处约以其地太高峻，移庙西置平地，于此建阁，实为山海登临胜□。"① 由此可见，在宋代之前本来是海神庙，建在险峻的地方，宋代治平年间，郡守朱处约把这座海神庙移到了稍微平坦之处。除此之外，在清代的地方志中，对此庙如下所述："天后宫西，唐贞观年建，元中统三十八年修，明洪武十八年指挥谢规监修，学士谢溥记，万历中参政李本纬知府徐应元重修，即今龙王宫。"② 因此，据以上信息可以判断，这座庙是唐代贞观年间所建，宋代移动过一次，元代和明代重修过。日本入唐僧圆仁的《入唐求法巡礼行记》中记录了登州海边有一处明王庙，"（开成五年三月）二日，（中略）登州都督府城东一里，南北一里。城西南界有开元寺，城东北有法照寺，东南有龙兴寺，更无别寺。城外侧近有人家。城下有蓬莱县开元寺，僧房稍多，尽安置官客，无闲房，有僧人来，无处安置。城北是大海，去城一里半。海岸有明王庙，临海孤标"③。在海边只有明王庙这一处标志性建筑。在写本的流传过程中不太清楚是否有误记，但是从"去城一里半"，与《齐乘》中所记载的"登州北三里"距离上很接近。史料的误差再加上海神庙在宋代从险峻处移动到平坦之地一次，可以判断两地或为同一处。《蓬莱风物》中把时间精确到贞观二年（628）④，目前这个说法的史料依据还没有找到，但是不管怎么说，这里的龙王宫为唐代所建应该是非常可信的。

关于日照石臼龙神庙，《齐乘》中介绍道："石臼岛龙祠，胶州海边，宋绍兴三十一年封右顺侯赐威济庙。后金主南侵，遣舟师由海道趋两浙，宋将李宝遇于胶西海口，祷于神祠，得风助顺，遂殪金师，故加封。"⑤《中兴战功录》和《建炎以来系年要录》等宋代文献中也记载了李宝祭祀龙祠的事情："宝伺虏未觉，遣洋与裨将黄

① （元）于钦撰《齐乘校释》，刘敦愿等校，中华书局，2012，第456页。
② 〔清〕王文焘修，张本纂《（道光）重修蓬莱县志》卷二，清道光十九年刻本。
③ 〔日〕圆仁：《入唐求法巡礼行记》，顾承甫等校，第86页。
④ 袁晓春等：《蓬莱风物》，天津大学出版社，2004，第4页。
⑤ （元）于钦撰《齐乘校释》，刘敦愿等校，第404页。

端祷于石臼神，祈风助顺。夜漏将尽，起碇进舟，风犹未顺，众有难色。良久，南风渐应，众喜，争奋引帆握刃。俄顷，过山薄虏，鼓声震垒，虏惊失措。"① 由此可见，南宋绍兴三十一年（1161），此处的龙祠因抗金显灵，被加封为侯爵，那么只能说明南宋绍兴三十一年（1161）就已经存在，并且很有名气了，不然抗金的宋将李宝也不会去祈祷。可惜的是，宋代之前的史料目前还没有找到，具体是什么时候所建还没法下定论。明嘉靖年间所编撰的《青州府志》中云"海神庙，（日照）县东二十里"②，从位置上来看与日照龙神庙很接近，虽然没有用石臼和龙王的称呼，但是从地理位置及名称来推断理应为宋代龙祠的延续。明代张万颜所著《万历会计录》中记载了石臼海口和龙王口很近的记录，也侧面反映了这一靠海地区的龙王信仰。③ 清代光绪年间编纂的《日照县志》中有两处确实明确记载了此地存在着龙神庙，"石臼岛龙神庙，城东十八里。《齐乘》云：宋绍兴三十一年封佑顺侯赐额威济庙，盖因李宝殪金师，故加封"，"龙神庙碑，在石臼岛。延祐戊午年立，姓名缺"。④ 还有，清代李暟《知县吕补衮重修石臼龙神庙记》载："照邑东偏为石臼岛，大海南东而至，澎湃滔漭，不可穷状。忽而石壁绵亘，横目万里，侧足千寻，欲观于海，必即其处云。海民侯其能出云为风雨，见怪物，以为神龙所窟。夫太极不测奇聚一勺，神不于其涣而于其萃，理固然也。未考何代构祠，其上大要龙神在海澨之畔，属坎祭之大，必非无文淫祀比也。"⑤ 这不仅说明了龙为海洋的主宰，还体现了渔民对其敬畏的心理。

院夼龙王庙龙王宝殿左侧的《功德碑》言："龙王庙，历史久远，无据可考，王氏建村，便已存焉，原庙庙体及龙王像皆由石质做成，庙长 1.2 米，宽 1 米，高 1 米，'文革'期间被毁。1990 年重修次秒，长 4 米、宽 3 米、高 3 米，供奉至今。"那么王氏建村是什么时候呢？据清代光绪年间编修的《文登县志》，已经出现了"院夼村"，原文如下："又西曰院夼村，村皆业渔，每当谷雨后，鱼虾山集，贩鱼者群至，而北阻槎山道路不通。"在《荣成市志》中记载，"院夼，明天启年间建村，因

① （宋）李壁撰《中兴战功录》卷一，清宣统刻藕香零拾本。（宋）李心传撰《建炎以来系年要录》卷一百九十三，清文渊阁《四库全书》本。
② （明）杜思修，冯惟讷等撰《（嘉靖）青州府志》卷十八，明嘉靖四十四年刻本。
③ （清）穆彰阿撰《（嘉庆）大清一统志》卷一百七十七，《四部丛刊续编》景旧抄本。
④ （清）陈懋修，张庭诗纂《（光绪）日照县志》卷一，清光绪十二年刊本。
⑤ （清）陈懋修，张庭诗纂《（光绪）日照县志》卷十，清光绪十二年刊本。

村临院夼寺，故名。1330 户"①，那么院夼寺要比院夼村建得早是毫无疑问的，至于院夼寺则无从查起。院夼龙王庙背靠槎山，面朝大海，自古以来此地就是仙道文化兴盛的地区。在《齐乘》中云："五垒山，文登南五十里。南北成行入海，如垒。又南石门山，两石耸立如门。今按，文登正南有铁查山，东连斥山，甚奇秀，图经弗载，岂古与斥山为一，或即五垒，石门之异称欤"②，记载了槎山和赤山相连，古称五垒、石门。并且根据光绪年间的《文登县志》记载："钦定皇舆全览：铁槎山相连九顶，南瞰大海绝顶大石之上。有龙窝，龙迹，有龙池，池水大旱不干，有清凉顶，千真洞，山东有石，名曰：上天梯以手拂石方能行，年久手印入石寸许，东顶有云光洞，即王真人修炼处。东南有云蒙山，山下有水帘洞，洞内有二石珠，每遇将大风雨珠荡激响如雷，土人以卜阴晴焉。每岁元旦，水退可步至洞门外，窥之窅然无际。洞门题'水帘洞'三字，大如斗，过日则水势汪洋，怒涛汹涌。舟人只遥望之，非飞仙不能至也。明常康铁槎山诗：群峰簇翠五云中，眼界横收六宇空；山对鳌头开贝阙，水环螺髻现珠宫；龙藏古洞风云合，人泛仙槎雾雨濛；幻迹三山谁惯见，登临缥渺盼仙翁。"③ 这里不仅有龙窝、龙迹、龙池等与龙相关的地方，还有云光洞和千真洞等道教场所。在雍正年间的《山东通志》中，记载了"槎山神庙，在县一百二十里铁槎山"④，应该就是指龙王庙，很可能在当时被称为海神庙，故而用"神庙"一词。从以上史料来看，至少在清代的时候，院夼龙王庙就已经出现了，应该是可以追溯到明代，再往前追溯就比较困难了。日本入唐僧圆仁所著《入唐求法巡礼行记》中，记录了他在赤山法华院时，听到当院僧侣说道："（开成四年九月）十二日午时，云雷雹雨。五更之后，龙相斗鸣，雹雨交下，电光纷耀，数克不息，到晓便止。朝出见之，冰雹流积三四寸许，凝积如雪。老僧等云：古来相传，此山多有龙宫。"⑤ 前文说到赤山（斥山）在古代和槎山并称，所以被默认为同一座山。龙宫一般是海里的场所，在山上的话为祭祀龙神的神祠或庙宇的可能性很大。也就是说，在唐代的时候，这个地方很可能就已经有了祭祀龙王的庙宇，与明清时代的神庙以及现存的院夼龙王庙很可能是继承关系。

---

① 山东省荣成市地方史志编纂委员会编《荣成市志》，齐鲁书社，1999，第 109 页。
② （元）于钦撰，刘敦愿等校《齐乘校释》，第 58 页。
③ （清）李祖年修，于霖逢纂《文登县志》卷一上，清光绪二十三年修民国二十二年铅印本。
④ （清）岳濬修，杜诏纂《（雍正）山东通志》卷二十一，清文渊阁《四库全书》本。
⑤ 〔日〕圆仁：《入唐求法巡礼行记》，顾承甫等校，第 70 页。

早在明代，靖海地区就已经设立了卫所，"靖海、成山、威海三卫并各守御所官，见兵防志"①。是否当时就建立庙宇，在史料中还没有找到根据。但据清雍正年间所编撰的《山东通志》来看，靖子龙王庙在"望海东七十里，旧系靖海卫，今改巡检司"②，也就是说在清代早期就已经有靖海龙王庙的存在。据靖子龙王庙门口石碑"始建于明朝末年，历经数次修复，两进院，青瓦，硬善，砖石结构，占地365平方米"所示，应该是始建于明朝，可惜明代地方志等史料中未找到其相关记载。

从裴家村龙王庙正门进入，左手边有一块碑，上述《裴家村龙王庙修复纪实》一文，文中记录道："裴家村，依山面海，自古以渔业捕捞为生，先辈按照敬神求安的民习，于光绪十四年建龙王庙一座。每逢节日敬诚拜仰，思得人福舟安，年复为常。盖因庙房年久失修，日渐破损，不能再行祭奉，村民深为惋惜。近期，由于村民共济，村业大兴，海内外三胞，热诚建议修复龙王庙。为继承民族文化遗产，尊重渔民习俗，经三胞竭诚资助和父老乡亲大力捐款，由政府批准，自一九九五年春至九六年夏进行修复，克期告竣。"说明这个庙是清末光绪年间所建。遍查明清地方志，未见此处有龙王庙的记载，可能当初为小庙，尚未录入史志。

烟台山龙王殿门口右侧墙壁上所刻的《龙王庙碑文》记载："烟台山龙王庙始建明末，年久庙塌像圮。一九三八年烟台官商筹资重建。庙堂正中供奉龙王神位，左有风婆、雨师，右有雷公、闪电。（中略）一九九四年八月烟台园林寻觅历史资料，按原貌整修，心愿百姓。"从中可知龙王庙始建于明末。但是，龙王庙旁边民国25年（1936）所建的《重修烟台龙神庙并建忠烈祠碑》云："烟台山灯塔迤北，旧有龙神庙，农民祈雨颇灵应。清同治五年，前登、莱、青道潘寿曾督士商重修。今又七十年矣，庙貌颓然。于是官商士庶相聚而谋之曰：古迹也，国家法令所不废，应重葺之。其北隙地，原有矮屋，亦倾欹，可改建为忠烈祠，祀关岳之神，振民气焉。合埠既闻此议，翕然应之，酿资集事，遂观厥成。计自民国二十五年五月起，至十二月止，需时八月。所有捐金人名、款数，悉泐于后，用彰高美，且垂不朽云。督修：烟台特区行政专员兼公安局局长张奎文。监修：烟台特区商会。执监委员（略）。"如其所示，该龙王庙清同治年间重修过，但是否为明代所建，并未明示。除了两块碑文之外，史料中没有找到相关的记载，颇为遗憾。

① （明）陆钗纂修《（嘉靖）山东通志》卷十，明嘉靖刻本。
② （清）岳濬修，杜诏纂《（雍正）山东通志》卷二十，清文渊阁《四库全书》本。

据《齐乘》所记："召石山与成山相近，因始皇会海神，故后世遂呼成山曰神山。"① 同一文献对召石山的记录为"山下有海神庙、望海台、始皇庙"②。首先，《太平寰宇记》里对召石山的注解引自《三齐略记》："始皇造石桥渡海观日出处，有神人召石，下城阳一十三山石，遣东下，岌岌相随如行状，石去不驶，神人鞭之，皆见血。今验召石山之色，其下石色尽赤焉。"③ 雍正年间编纂的《山东通志》中也记载了召石山"山下有海神庙"④，同文献对成山的注释中也是"成山山下有海神庙"⑤。这两处的"海神庙"也许是同一座庙。同时，与《三齐略记》中的神灵信仰是否有直接关系还需要进一步探讨。与此类似，琅琊台的神仙传说也有着非常悠久的历史传说，也与秦皇汉武有关系。琅琊台一名最早见于《山海经·海内东经》："琅琊台在渤海间，琅琊之东。"⑥ 此后，秦始皇和二世也曾经到访过琅琊台，此地曾出土了非常有名的秦始皇琅琊台刻石。根据《太平御览》引用《齐记》（原本不存）的内容"琅琊台上有神渊，污之则竭，斋戒即出"⑦ 可知，在琅琊台有神灵的存在。但是如果有神灵，应该会有寺庙祭祀，不知当时是否存在龙王庙或者海神庙。明万历二十六年（1598）诸城知县颜悦道在琅琊台上建海神庙，⑧ 清雍正年间编纂的《山东通志》里也记载有"海神庙，在琅琊台上"⑨。

从以上探讨可以得知，起源大概可以追溯到唐代的有两处，追溯到宋代的有一处，其余多为明清时期所建，是否还可以往前追溯，鉴于史料的匮乏，目前还无法考证。除此之外，还有几处村落自发营建的小庙，仅从当地人口中可以得知曾经有历史悠久的庙的存在，具体最早的庙是什么时候开始存在，已然无从查起。

三　结论

山东有着悠久的龙文化，并且最晚于隋唐年间已经有了祭祀龙王的龙王庙。经过

---

① （元）于钦撰《齐乘校释》，刘敦愿等校，第 57 页。
② （元）于钦撰《齐乘校释》，刘敦愿等校，第 56 页。
③ （宋）乐史撰《太平寰宇记》第 1 册，王文楚校，中华书局，2007，第 409 页。
④ （清）岳濬修，杜诏纂《（雍正）山东通志》卷六，清文渊阁《四库全书》本。
⑤ （清）岳濬修，杜诏纂《（雍正）山东通志》卷六，清文渊阁《四库全书》本。
⑥ （清）郝懿行撰《山海经笺疏》，栾保群点校，中华书局，2019，第 307 页。
⑦ （宋）李昉等撰《太平御览》卷七十《地部三五》，中华书局，1960，第 330 页。
⑧ （清）岳濬修，杜诏纂《（雍正）山东通志》卷二十一，清文渊阁《四库全书》本。
⑨ （清）岳濬修，杜诏纂《（雍正）山东通志》卷二十一，清文渊阁《四库全书》本。

对山东东南沿海的龙王信仰场所调查可知，目前山东东南沿海的龙王信仰非常兴盛，在各个地方，龙王信仰场所由不同风格的建筑组成，祭祀着千姿百态的龙王和其他众神，从中也可以看到他们在某个方面有共同的特征和风格。这些龙王庙虽然大多都是建于近二三十年，但追溯其历史来看，最早的可以到唐初贞观年间，大部分应该是形成于明清之际，当然也有很多无文字记载的小龙王庙。像日照和荣成的渔民节已经是山东省非物质文化遗产，其中院夼龙王庙和裴家村龙王庙、日照龙王庙的祭海仪式是其中非常重要的代表。发掘地方历史，保护传统文化，弘扬民族精神，以促进社会的发展，保护和发展共同推进，一方面要保护传统建筑、传统习俗，另一方面也需要积极宣传地方历史和传统文化。

（责任编辑　李志鸿）

宝卷研究的新突破

——评李志鸿著《闽浙赣宝卷与仪式研究》

刘嘉欣

摘要：《闽浙赣宝卷与仪式研究》一书是李志鸿深入民间调查研究的最新成果，也是探索民间宝卷研究路径的最新尝试。本书体现了多元的文献材料、前沿的研究路径、开阔的学术视野的特点。

关键词：《闽浙赣宝卷与仪式研究》　李志鸿　民间信仰

作者简介：刘嘉欣，中国人民大学佛教与宗教学理论研究所、哲学院 2019 级在读博士研究生。

自 20 世纪郑振铎先生关注民间宝卷始，宝卷的价值才得到重视。此后，学界日益注重对民间宝卷的发掘与整理。诸如恽楚材、关德栋、李世瑜、车锡伦、傅惜华、周绍良、吴晓铃、胡士莹等学者都非常重视宝卷的收集与整理，并进行了相应的编目出版与研究工作。至 21 世纪，民间宝卷的研究进入了新的阶段。伴随着新宝卷的陆续发现，将宝卷结集出版、撰写提要等工作也相继开展。大量民间经卷的面世，也为进一步推动民间宝卷的研究打开了方便之门。事实上，宝卷作为民间宗教的文本史料，其内容融合了儒、释、道三教教理，又与各地民间信仰相关联。此外，宝卷植根于民间社会，还具有地方性特征。面对宝卷研究的种种复杂境况，学界对宝卷的研究往往是编目整理者多而深入考辨者稀。总体而言，宝卷的研究有待新路径的尝试。

李志鸿师从研究民间信仰的著名学者马西沙先生，先后出版了《道教天心正法研究》《南传罗祖教初探》等多部著作。最近，台湾博扬文化出版社推出的《闽浙赣宝卷与仪式研究》一书则是李志鸿深入民间调查研究的最新成果，也是探索民间宝卷研究路径的最新尝试。该书计有五章，分别围绕闽浙赣边界地区的宗教生态、赣南闽西宝卷的刊印与流传、浙西南宝卷的刊印与流传、闽浙赣的宣卷仪式、闽浙赣宝卷与客家社会等议题展开分析和讨论。作者首先介绍了闽浙赣地区的宗教历史与源流，其次介绍了在闽浙赣地区新发现的宝卷本以及相关的宣卷科仪，最后又将宝卷与科仪程式置于当地民众的文化生活中进行考察。概言之，该书具有如下几个特点。

一　多元的文献材料

　　研究民间宝卷与民间信仰，首先需要克服的是史料匮乏的问题。只有在史料证据充足、逻辑完整的情况下，才能有效说明民间信仰的流传与样态。因此，要推动民间宝卷研究的进程，一是尽可能整合教内与教外等多种史料，二是发掘新史料，三是在细致研读各类史料的基础上提出合理的发现。该书在这几个方面都有一定突破。

　　首先，内史与外史资料相结合。在描述闽浙赣地区的宗教生态一部分中，作者运用《茅山志》《道法会元》等教内经典文献来说明当地的道教信仰传统，尤其是张天师一脉的道法传承情况，又运用《道家金石略》中所记载的碑刻材料佐证其历史传统的可靠性。此外，在论述当地道教天心派的信仰传统时，作者使用了《至大金陵新志》《南唐书》《退庵随笔》等史志、文人笔记，以及诸如奏折等官方档案一类教外史料。可见作者运用史料文献的功底非常纯熟。

　　其次，发现了大量新宝卷材料。作者深入闽西、赣南、浙南等地的乡村田野，搜集了一批珍贵的民间宝卷与民间信仰的宗谱文书，且大多为首次发现，刊本宝卷如多部不同年代的罗祖教《五部六册》宝卷、《大乘作用科文》、《金刚般若波罗蜜经》等。此外，作者在闽浙赣地区还收集到多部民间抄本宝卷，如《大乘经开香本》《大乘经解经本》《大方广佛华严忏》等。刊本宝卷作为仪式文本，抄本宝卷作为法师的秘本，共同构成了打开民间信仰神秘之门的钥匙。上述宝卷的发现，对于研究罗祖教的传衍与发展、当地民间信仰的历史乃至现代佛教的形成与发展都有重要价值。

　　最后，注重对宝卷文本的考辨与分析。作者不仅对先前发现的罗祖教相关宝卷进行了详细认真的考辨，又运用新发现的宝卷文书和宗谱等文本，梳理了罗祖大乘门的流传与衍化情况。不同于学界存在的一种观点认为闽浙赣地区的罗祖教是先天道的衍化，作者认为其属于罗祖教正宗一派。其主要依据的是闽西宁化县新发现的民国13年（1924）重编的三卷四册《大乘正教宗谱》这一材料，其中载有"清庵公事迹""罗清庵公碑记"等内容，叙述了罗祖教的早期创教历史和家族传承脉络。

　　对教内文献与教外文献进行综合考辨与分析，是我们描述民间宗教历史的基础。

而田野考察中新宝卷文献的发现与利用，不仅成为作者论证其观点的"双重证据"，对于建构民间宗教史料学更具有重要意义。作者将两个方面结合起来，充分借鉴中外学界已有的研究成果，勾勒出闽浙赣地区从唐末五代直至当今社会，涵盖道教、佛教以及民间信仰的纵横网络。

二　前沿的研究路径

为推动民间宝卷研究往纵深发展，近年来学界多专注于探讨研究方法运用的问题。如侯冲提出："将宝卷与变文、科仪等诸多宗教仪式文本一同放在斋供仪式的背景下探讨，不仅是一个新思路，也是一个可以尝试的选择。"① 谭伟伦亦认为："与民间宗教关系最大的经卷文献是地方宗教的科仪本。"② 可见，将宝卷与仪式相结合的研究路径，受到众多专家学者的关注与期待。

李志鸿深入闽浙赣地区进行考察，阅览了大量的民间宝卷，参访了大小坛场，同样注意到将作为静态文本的宝卷置于动态的仪式展演之中进行考察的重要性。沿此路径展开研究，作者发现了宝卷在科仪中的三种转化情况。一是民间科仪中借用了宝卷中的语言与思想。如赣南闽西的宣卷仪式（诵念《五部六册》宝卷仪式），程式具体分为开香、请神、诵经、收经、报恩、送神等六个部分。在"开香仪式"的文疏中，部分内容出自《五部六册》《销释金刚科仪》宝卷。可见宣卷科仪的语言融合了不同宝卷的内容，这是宝卷文本进入科仪的重要表征。二是宝卷作为仪式过程中的辅助用书。如作为签诗的《大乘经解经本》（简称《解经本》），改编自《五部六册》宝卷的《正信卷》，在宣卷仪式中被用以帮助斋主占卜吉凶。作者由此指出，闽西大乘《解经本》的出现，是罗祖教地方化、术数化的体现。这一发现对于民间宝卷的研究无疑具有重要意义。我们看到的宝卷往往是一个个独立的文本，但在民间灵活的仪式中，我们看到了宝卷的动态转化。三是宝卷通过仪式向民俗文艺活动转化。譬如闽西地区盛行念佛的习俗，相关的祈福仪式往往由罗祖教大乘门弟子主持。在两者的融合中，宝卷也借助习俗的力量而得到广泛传播。

在仪式中考察宝卷的性质时，作者还有其他新发现。如赣南闽西地区以《受生

---

① 侯冲主编《经典、仪式与民间信仰》，上海古籍出版社，2018，第37页。
② 侯冲主编《经典、仪式与民间信仰》，第65页。

经》为基础的还受生仪式。浙西南的宣卷仪式以念诵宝卷为主，受到当时佛道教仪式的影响。浙西南去和县"益经堂"举行的"集福保安醮筵"，则以念诵《超场开香赞》宝卷和《二十四诸天》宝卷为主，其宣卷仪式包括：开香启建、诵经、拜忏、栏门、报恩、送神。作者将仪式与宝卷结合起来进行考察的路径，显然突破了传统宝卷研究的文本模式，是对民间宝卷研究的前沿尝试。而新路径的开辟，不仅有助于我们进一步理解宝卷文本，甚至对于理解道教与佛教中的科仪文本也具有指导作用。

三 开阔的学术视野

在当下的学术研究中，具备开阔的学术视野与广博的学术背景是学者们创新研究的重要前提。民间宝卷与民间信仰的内容驳杂，涵盖儒、释、道等多个领域。其文本流行于民间，往往与官方文本存在一定的文化水平差距，增加了解读的困难。因此研究者要掌握宗教学、历史学、社会学、人类学以及民俗学等知识研究方法也显得尤为重要。作者长期从事道教与民间信仰方向的研究，更是在民间调研十数年之久，具有开阔的学术视野。他敏锐地意识到，要研究民间流传的宝卷与仪式，需要在教派、宗族与民俗文化的互动中把握它们的意义、功能与性质。

从教派角度出发，探究罗祖教一脉的传播情况绕不开罗祖教与青帮之间的关系问题。学界对此历来有争论：一种观点认为罗祖教为青帮之前身，而相反观点则认为二者本无关系。作者则另辟蹊径，将《大乘正教宗谱》中所见的"字派"与青帮内部流传的"字派"进行比对，发现罗祖教与青帮的传承谱系有很强的一致性，进而得出结论，罗祖教为青帮形成的前身。由此可见，教派的研究不仅需要重视宝卷的价值，社会帮派史也是非常重要的考察内容。此外，闽浙赣地区的宣卷仪式属于罗祖教大乘门一系。虽然所祈请的神明综合了儒、释、道三教，以及地方神明系统，但佛教神明位于神明谱系的最高阶位，说明他们自我认知为佛教宗派的一支。作者的这一发现非常关键，这意味着当我们在思考为民间信仰定性的时候，还需要关注其信仰者的自我认知与自我定位问题。

从宗族角度出发，该书着重考察了宗族团体与罗祖教之间的互动问题。作者在田野调查中发现，客家宗族为闽西地区的主要聚居团体，主要包括巫氏宗族、黎氏宗族、林氏宗族等。各大宗族在兴建各式罗祖教经堂的工作中发挥着主导作用，其中黎氏宗族还促成了《大乘正教宗谱》的编修，可见宗族成为罗祖教信仰扎根于此地的重要凝聚力量。在宗族团体的信仰活动中，宝卷也得以广泛流传。此外，宗族中的罗教信仰最终通向的是佛教信仰。如在佛教中有一定影响力的坚德法师、妙莲法师曾分别是李氏、冯氏宗族中的罗祖教信徒，此类情况并非个例。由此可推知，虽然历史上佛教对于罗祖教有批评与排斥，但实际上当代佛教的发展一定程度上以罗祖教作为过渡阶段。值得注意的是，在黎氏宗族的推动下，闽西罗祖教更是成立了佛教协会分会，从而走上正统之路。作者还特别强调，宗族制并不限制于血缘纽带，如罗祖教的"三合元"法派就是以虚拟血缘制为组织关系。作者的这一发现，为我们重新理解民间信仰与正统宗教之间的关系提供了重要的事实例证。

从社会史的角度出发，该书考察了民俗生活以及民间信仰生活，亦有很多新发现，如罗祖教的仪式与"拜诸天"的民俗之间渊源颇深，民间信仰中的财神信仰与江西商人的崛起和迁出有关，还阐述了三仙信仰的历史发展以及民间庙宇性质的转化等。作者在复杂的信仰丛林中厘清了枝叶与枝干，将闽浙赣地区的信仰脉络展现在我们眼前，体现出作者不仅具备坚实的学科知识体系基础，而且在田野考察中付出了艰苦的努力。

四　结语

作者重视多元文献的史料价值，不遗余力搜集民间宝卷，采用前沿的研究路径将宝卷置于灵活的仪式之中进行考察，又以其广博的学科知识背景全面考察了闽浙赣地区的民间宗教与宝卷。可见其旨趣是力求从发生学的角度，还原闽浙赣地区流行的罗祖教之历史与现状，进而反映中国传统宗教多样性与复杂性的原貌。

总体而言，《闽浙赣宝卷与仪式研究》一书结构完整，思路清晰，材料丰富，新见迭出，凝聚了作者多年的思考与实践所得。李志鸿将"教派"和"教法"两者相结合的方法贯穿全书，兼顾梳理教派发展的脉络与具体宗教实践两方面的内容。虽然在教法的部分着墨较少，但不可否认的是，该书所展现的研究成果可以称为民间宝卷研究的典范之作。此外，我们也期待作者未来取得更加突出的研究成果。

区域聚焦：云南道教与民间信仰

明清云南道教医学文献探析[*]

萧霁虹　任红华

摘要： 东汉张道陵创教伊始，即援医入道，修养性命、济世利民，以医传道也成为道教重要的传承方式之一。道教医学的传承，主要有两途：一为口传心授，口口相传，不记文字，这种方法多局限于师徒之间；二为有道者将心得记为文字，著成经籍，以传抄或刊刻的形式，得以流通、广传。云南与四川毗邻，张道陵创教之初，道教即已传入云南。云南历代道教医学人士，载于史乘者为数众多，也留下不少医学文献，但因朝代更迭、兵燹不断，甚或毁灭文献之事，也间而有之，故不少珍贵文献已遭毁灭。本文对明清两代云南道教医学文献试作钩沉，并对流传至今的几种重要文献分别予以探讨。

关键词： 道教医学　邵以正　《青囊杂纂》　兰茂　《滇南本草》　李裕达

作者简介： 萧霁虹，云南省社会科学院宗教研究所所长、研究员，云南省宗教学会会长；任红华，云南怡园康复医院中医主治医师。

　　道教医学是中国传统医学的重要组成部分，历代道教医学家在中医理论基础的奠定、本草药性的总结，以及临床上的遣方用药，乃至养生、预防疾病等方面，都做出了重大贡献，近年越来越受到宗教界、中医学界的关注和研究。修养性命、济世利民，以医传道也成为道教重要的传承方式之一。东晋葛洪曾言："是故古之初为道者，莫不兼修医术，以救近祸焉。"① 陶弘景也言："凡学道辈，欲求永年，先须祛疾。或有疴痼，或患时恙，一依五脏补泻法例，服药数剂，必使脏器平和，乃可进修

---

* 本文系萧霁虹主持国家社科基金项目"中越老缅道教文献的搜集整理与研究"（项目编号：21BZJ011）的阶段性研究成果。

① （晋）葛洪：《抱朴子内篇全译》，顾久译注，贵州人民出版社，1995，第381页。

内视之道。"[1] 从道教自身来说，医药是其重要组成部分；从传统中医学角度来看，道教医学也是其重要组成部分，二者间形成了一种"医道同源"的重要关系。云南历代道教医学人士，载于史乘者为数众多，也留下不少医学文献，但因朝代更迭、兵燹不断，甚或毁灭文献之事，也间而有之，故不少珍贵文献已遭毁灭。本文旨在对明清两代云南道教医学文献试作钩沉，并对流传至今的几种重要道教医学文献分别予以探讨。

一　云南道教医学文献背景

关于道教传入云南的时间，学术界普遍认为道教在东汉末年，张道陵创教之初，即已传入云南。[2] 张道陵创教时，设立二十四治，治是五斗米道在各个地区的教务活动中心。其中有稠粳、蒙秦二治管辖范围内的犍为、越嶲二郡涉及云南地区，今云南昭通、曲靖、丽江等地在其辖区内。在道教传入云南的过程中，以医传道是非常重要的一种方式。相传在东汉时，就有人称"神明大士"的道士杨波远在云南传教，常骑三角青牛游滇国、苍洱间，传教布道，替人禳灾祈福。[3] 汉末三国时的孟优，是现知最早的云南本土道教医者。清雍正《云南通志》载：

> 孟优，世居巍宝山，与土帅孟获兄弟也。素怀道念，常往来于澜沧、泸水间，得异人授长生久视方药诸书，随处济人。后主建兴三年，丞相亮南征，军中误饮哑泉者，辄手足四禁而不语。或谓优有良药，使人往求之，优进仙草立验。武侯惊异之，与语，人天运会，深有契焉。后入峨眉山，不知所终。子孙于元时赐姓猛。[4]

明代兰茂《滇南本草》"韭叶芸香草"条下，尚有补注云："昔武侯入滇，得此草以治烟瘴。此草生永昌、普洱、顺宁茶山地方，形如兰花，但叶有细白毛，且如韭叶，但韭叶则软，芸香草硬。"《三国演义》中，也有孔明向孟获之兄孟节求薤叶芸香

---

[1] 衣之镖、赵怀舟、衣玉品编著《辅行诀五脏用药法要研究》，学苑出版社，2009，第52页。

[2] 参看颜思久主编《云南省志》卷六十六《宗教志》，云南人民出版社，1995；郭武：《道教与云南文化——道教在云南的传播、演变及影响》，云南大学出版社，2000；萧霁虹、董允：《云南道教史》，云南大学出版社，2007。

[3] （明）诸葛元声《滇史》、万历《云南通志》，（清）雍正《云南通志》、高奣映《鸡足山志》均有记载。

[4] （清）鄂尔泰修《雍正云南通志》卷二十五"仙释"，江苏广陵古籍刻印社据乾隆元年刻本影印，1988。

草治疗军士瘴气的记载，并云孟家兄弟三人，长孟节，次孟获，又次孟优。清代张澍《诸葛武侯集》"遗事篇"孟获条按："《杂记》：孟获之兄名节，隐于万安溪，号万安隐者，曾以芸草解军士哑泉之毒。孔明叹曰：展禽盗跖，信有之也。"① 这一传说，为数则文献所载，略有小异，虽均有可疑之处，但韭叶芸香草辛温解表、和胃除湿，有治疗山岚瘴气、水土不服、急性肠胃病症之功，至今仍广泛应用于临床，疗效确切。

1963 年，昆明市道教协会整理了一份《昆明道教历史资料草稿》，其中在"昆明道教的起源"中有记载云：

> 自汉时庄蹻入滇，即有道士入滇流传。民间以做斋祈禳为生，其龙沙一派最盛，随即有黄老之士来昆访道。初期有金陵仙鹤观罗乾熙来昆行医济世救民，住城东真武祠。②

汉时金陵仙鹤观罗乾熙来昆行医济世救民，这一则数据或来源于云南道教的内部传说，可惜原草稿未注明出处，也未说明来源，和孟优的传说一样，虽难以令人尽信，但结合学术界对道教传入云南的考证，③ 不难说明道教医学在东汉末年即随着道教的传入而进入云南。

元明后发展迅速，随着大量移民入滇，道教在云南的发展呈现出繁荣景象，宫观林立，宗派纷呈，传道甚至深入少数民族地区。明清时期活跃在云南地区的道教流派主要有天仙派、龙门派、灵宝派、随山派、西竺心宗，有为数众多的正一派散居道士，三丰派和净明派在云南也曾留下信仰痕迹。尤为重要的是，明初高道刘渊然入滇，在云南开创了长春派，培养了闻名全国并屡有贡献的多名高道。此一派道脉传承至今，并且在历史上以善于医药著称。刘渊然在滇所收弟子邵以正，汇纂赵宜真、刘渊然等多位道士之医学著作，集成大型道教医学丛书《青囊杂纂》，享誉道教界及医学界。并有推崇道家文化，善于丹道的著名人士，除修炼丹道外，更以医学著称。如明代兰茂著《滇南本草》《医门揽要》行世，滇人受益至今，又著内丹著作《玄壶诗》《性天风月通玄记》，嘉惠后学。再如明末清初姚安土司高奣映（字雪君，号结璘山叟、问米居士）三十七岁时将世职传给长子后，"隐遁结璘山，参禅悟道，炼丹

---

① （清）张澍纂辑《诸葛武侯集》，三秦出版社，1990，第 52 页。
② 《昆明道教历史数据草稿》，昆明市档案馆藏，昆明市宗教事务处档案，编号：1963，20 - 1 - 102。
③ 参看颜思久主编《云南省志》卷六十六《宗教志》；郭武：《道教与云南文化——道教在云南的传播、演变及影响》；萧霁虹、董允：《云南道教史》。

著述。其人慈祥在抱，喜施济，凡施药施棺、养老放生、掩骼埋胔，及一切济贫拔困之事，皆捐资为之，无所吝"①，著述多达八十余种，涉及儒、释、道、医、音韵、史乘等，现存者唯《太极明辨》《增订来氏易注》《药师经参礼》《金刚慧解》《鸡足山志》《迪孙》《妙香国草》《滇鉴》及杂文数篇存世。余如《庄子寻脉》《易占汇考》《心印经解》《定观经注》《元素千言》《丹经攒图》《仁育辑要》《保婴辑要》《胎息经解》等书则均已亡佚。其中不乏关于道家、道教、医家的著作，仅《心印经解》《定观经注》各存序一篇，甚为遗憾。清代乾隆年间，有河阳（今澄江）方士李裕达，家世业医，又随留云道人精研脉法，著《通微脉诀》，辑《道余录》两部脉法著作。另外，各地善坛还广刻医方，或托名，或扶乩而得。内丹著作在滇中也较为常见，其中也有仅见于滇者，如《张祖三丰仙师留滇遗书演玄关指秘》；一些祝由禁咒之书，则多以抄本流传。另有不少云南地方刊本，未能广泛流通。

> 陈洞天，逸其名，居罗陋川，遇异人授以黄白之术，丹成以济穷困，人多德之。有丹药，遇瞽者，投少许，光明如平时。远近踵门求济，限为之穿。晚岁，以其所得注《洞天秘典》一书，多属前贤未发之旨，人争购之，因号"洞天先生"云。②

此书今即已亡佚。又如清代蒙化（今大理巍山）道士冯应魁，得《孙真人安乐仙方》，刊存巍宝山朝阳洞，人争重之。此刊本今也失传。

> 冯应魁，字亦九，道号尚元。有隐德，安贫乐道，精医药，治人甚多，祈祷辄应。得孙真人安乐仙方，刊存巍宝山朝阳洞，人争重之。③

诸如此类著作，是史籍中有所记载的，尚有不见记载或失传者，则又不知凡几也。故挖掘保护、整理研究现存文献尤为紧迫。

二 云南道教医学文献知见录

明清云南道教医学文献，主要包括由滇中道教人士或与道教有较深渊源的学者编

---

① 由云龙纂《姚安县志》，见《楚雄彝族自治州旧方志全书·姚安卷》"高雪君先生家传"，云南人民出版社，2005，第1971页。
② （清）鄂尔泰修《雍正云南通志》卷二十五"方技"，江苏广陵古籍刻印社据乾隆元年刻本影印。
③ 李春龙等点校《新纂云南通志》第10册，云南人民出版社，2007，第532页。

著的医药学著作，以及部分较有代表性的善坛乩方。由于道教内丹修炼摄养之学，返观内景直指性命，关乎医道，故一并归附在内。祝由禁咒之术，因向来多以抄本流传，且内容散见，多寡不一，故暂不录。凡非滇人著述，而在滇刊刻流布者，也简做说明。兹略录如下。

1.《青囊杂纂》

明代晋宁邵以正编，道教医学丛书，成书于明天顺三年（1459）。本丛书所收集方书，涉及外科、伤科、儿科、内科及胎产，并全为道教人士所编纂。包括：

（1）《外科集验》（即《仙传外科集验方》），（元）杨清叟撰，（明）赵宜真编集。

（2）《仙传济阴方》，（明）刘渊然撰集。

（3）《仙传理伤续断秘方》，（唐）蔺道人撰。

（4）《上清紫庭追痨仙方》，著者佚名。

（5）《秘传外科方》，（明）赵宜真撰集。

（6）《济急仙方》，（明）刘渊然撰集。

（7）（新刊）《小儿痘疹证治》，（明）许荣撰。

（8）《徐氏胎产方》，（明）邵以正收编整理，此书现仅存《青囊杂纂》本，疑为邵以正据元明间净明派道士徐守真整编《急救仙方》中的胎产方整理而来。

（9）《秘传经验方》，（明）邵以正撰集。

现存版本如下。

（1）明弘治（1488~1505）崇德堂刻本：存中国中医科学院图书馆、上海图书馆（残存五种）、南京图书馆（残本）；

（2）另一明刻本：存中国科学院上海生命科学信息中心生命科学图书馆。

（3）清抄本：存上海中医药大学图书馆。①

2.《滇南本草》

明代兰茂著。成书于正统元年（1436）。本书是我国现存内容最为丰富的古代地方性本草，地方特点显著，所载多为云南民族民间用药经验，首载药物较多，是研究

---

① 参看中国中医研究院图书馆编《全国中医图书联合目录》，中医古籍出版社，1991；上海图书馆编《中国丛书综录》上海古籍出版社，1986；裘沛然主编《中国医籍大辞典》，上海科学技术出版社，2002。

图 1

云南药物的珍贵资料。本书版本较多且复杂，载药多寡也有出入，学术界普遍认为是经后人增补所致。（图 1）现知主要版本如下。

  （1）明代范洪（守一子）撰，清代高宏业、朱景阳递抄本《滇南本草图说》卷三至十二，汤溪范行准旧藏。

  （2）清初刻本，三卷，汤溪范行准旧藏。

  （3）宝翰轩收藏清代抄本《滇南本草》卷上一册。

  （4）清康熙年间抄本《滇南本草》一册，二卷，于怀清家藏。

  （5）清中期新兴州抄本，一册，三卷，任红华藏。

  （6）琴砚斋旧藏清抄本一册，不分卷。

  （7）李继昌家藏清抄本，存卷下一册。

  （8）胡云龛家藏清抄本一册，不分卷。

  （9）清光绪十三年（1887）昆明务本堂刻《滇南草本》三卷（卷一分上、下）。

  （10）光绪二十二年（1896）乌蒙萧瑞嘉刻本，三卷本，存卷上一册，陈静华藏。

  （11）清抄本，上册题《滇南本草》，下册题《滇南草本》，宋辞先生藏。

  （12）清抄本，三卷三册，陈静华先生收藏。

（13）清抄本，存卷下一册，任红华收藏。

（14）民国孙玉阶抄本，存卷上一册，任红华藏。

（15）1914 年云南丛书刻《滇南本草》，三卷。

（16）1937 年上海世界书局据务本堂版《滇南草本》铅印，改书名为《滇南本草》。

（17）陆良县永和书局抄存本。

3.《医门揽要》

明代兰茂著，上卷论脉，以脉统症，主张四诊合参，精简明晰；下卷论方证，融合经方、时方，结合地方时宜，论证甚为确当，尤益初学。现存明万历四十二年（1614）刻本、清光绪十三年（1887）昆明务本堂刻《滇南草本》附本、1914 年云南图书馆刻《云南丛书》本。

4.《玄壶诗》

明代兰茂著。兰茂诗集，原有百首，现存九十七首。章四句、句六言，续以四言二句，以证其义。内容涉及三教义理，倡三教同源，又多言金丹大道性功之旨，辞近旨远，言简意赅。现存主要版本为道光八年（1828）了元子昆明刻本，题名《新刊元壶诗》（云南省图书馆藏），以及宣统元年（1909）昆明陈荣昌辑《滇诗拾遗》本（云南省图书馆藏），民国兰公祠据道光八年了元子刻本重印、大华石印局承印本，题名《玄壶诗》。

5.《性天风月通玄记》

明代兰茂著，是书又题《性天风月吟》。传统认为，此书为云南剧坛上的第一个传奇剧本，[①] 共二十折，是一个以修仙悟道为内容的剧本。清代道光年间，道士了元子则认为《性天风月通玄记》"备述金丹大道，演为曲本，皆寓言隐语，非得师指，又从何处索解"。道士玉阳子亦认为兰止庵"尤恐金丹之失其传也，于是作《玄壶诗》百章言养性之功，作《性天风月》二十篇言修命之诀，分则为二，合则为一"[②]。了元子及玉阳子均认为《玄壶诗》《性天风月通玄记》乃金丹大道性命之学。现存清乾隆五十七（1792）年抄本（李一氓旧藏，《古本戏曲丛刊》五集据成都李氏藏清乾隆抄本影印）、清道光十九年（1839）守中子云间道人抄本（题名《蓝真人通

---

① 杨明、顾峰（执笔）主编《滇剧史》，中国戏剧出版社，1986，第 10 页。
② 道光八年了元子刻《新刊元壶诗》序，云南省图书馆藏。

玄记》，北京市图书馆柏林寺分馆藏）、昆明华世尧琴砚斋旧藏咸丰抄本（云南省图书馆藏）、民国13年（1924）云南开明书局排印本。

6.《洞天秘典注》

明代鹤庆陈洞天著，已佚。雍正《云南通志》载："陈洞天，逸其名，居罗陋川，遇异人授以黄白之术，丹成以济穷困，人多德之。有丹药，遇瞽者，投少许，光明如平时。远近踵门求济，限为之穿。晚岁，以其所得注《洞天秘典》一书，多属前贤未发之旨，人争购之，因号'洞天先生'云。"

7.《心印经解》

清代姚安高奣映撰，一卷，民国《姚安县志》存目及序一篇。为高氏批注道教内丹经典《心印经》之作。自序略云："心何所印？以人契天，归本还元者印也。印何所施？法其自然，格其非心者，施也。施何所明？至诚不息，中立不倚者明也。明从何求？谦然会道，直养无害，定静安虑而后为得也。此殆心印之常经，以云亘古为昭者，非耶？"

8.《定观经注》

清代姚安高奣映撰，民国《姚安县志》存目及序一篇，为批注道教内丹经典《灵宝定观经》之作。自序略云："月悬水契，色入镜分，一性精明，则鉴无不别。故《大学》一书以明德为体，亲明为用，要止至善而物不以迁，其盖几几乎定矣。则定之入门在知止，而莫不止于至善之一法。若定而能观，必至安静而后能虑，乃为得也。"

9.《丹经攒图》

清代姚安高奣映撰，已佚。盐丰高曜辑书目。

10.《仁育辑要》

清代姚安高奣映撰，已佚。甘孟贤《高雪君先生家传·文集》存目。

11.《保婴辑要》

清代姚安高奣映撰，已佚。甘孟贤《高雪君先生家传·文集》存目。

12.《胎息经解》

清代姚安高奣映撰，一卷，已佚，民国《姚安县志》存目。《姚安县志》按云："《心印》《定观》均道家言，先生均以儒理及释家言解之，极为圆融。《胎息经》则未获阅，亦系道家言。合上《心经发微》共四种，均附入《金刚慧解》编次内。"

13.《通微脉诀》

清代河阳（今澄江）李裕达撰，一卷，成书于乾隆二十七年（1762），中医脉学著作。李裕达先辈为明末著名中医学家华亭（今上海松江）李中梓，因明末避乱，迁徙云南，以医世其家，延绵至今。李氏家族世代为医，名医辈出，尤精诊法。李中梓侄子李彦贞，明没后隐居为道，改名延昰，著有《脉诀汇辨》。李裕达幼承家学，博通典籍，后师于留云道人，得传心法，数年之后，技艺大进。于是集诸书之说并其师留云道人之口授秘诀，加以毕生心得，编为一诀，著成是书。该书内容精简至当而又辨析精微。分别论述脉理、脉体、脉形、相兼脉、相似脉、本脉、时令脉，以及脉诀心法、辨证要诀、十二经部位、诸脉主病等内容，是一部不可多得的脉学著作。现存清代及民国抄本数种。（图2）

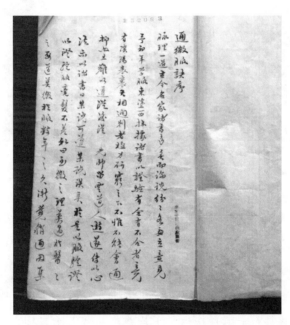

图 2

14.《道余录》

清代河阳（今澄江）李裕达辑，一卷，内题《诊家正眼》。为李裕达辑其先祖李中梓及诸家脉论之脉学笔记。李中梓著有《诊家正眼》，《道余录》计摘《诊家正眼》文有老少异脉、因形气以定脉说、脉无根有两说、女人脉法、小儿脉法、诸病宜忌之脉、怪脉、脉分五脏八篇；另为"诊家杂录"，辑录岐伯、张仲景、张景岳、成无己、陈无择等医家论脉之语。现存民国16年（1927）宏道居士抄本（云南省图

书馆藏)。(图3)

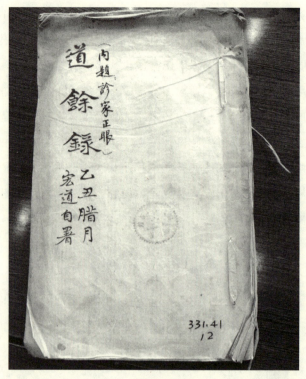

图 3

15.《孙真人安乐仙方》

清代蒙化（今大理）道士冯应魁刻，已佚。冯应魁有隐德，安贫乐道，精医药，治人甚多，祈祷辄应。得孙真人安乐仙方，刊存巍宝山朝阳洞，人争重之。

16.《延生图补遗集》

清代弥渡普化坛同治十三年（1874）刊印乩方，后有同治甲戌年培运子杨迎阳及石羊古郡（今大姚县石羊镇）扶运子王均跋。共载七十二症，一症一方，俱有方名。如刀伤内服月石追风散、子入骨肉外治雷火膏、打伤内服乾坤散、耳聋用龙泉散。又如左眼白雾遮睛属气用仙传拨云散、右眼白雾遮睛属血用调血拨云散。后附重增各姓所求仙方三十三症。

17.《起死仙方》

清代弥阳飞化坛乩方合集，光绪四年（1878）新镌，板存弥阳北乡济生坛。以"八音"名集，以功效分类，每一集中载方三十。分别为匏集调元第一、土集表散第二、革集清解第三、木集攻破第四、石集内消第五、金集提托第六、丝集妇科第七、竹集小儿杂症、补遗第九。每集均有高真降序，如太乙天尊、南极仙翁、观音世尊、关圣帝君、药王仁圣仙师、成汤左相仁圣伊尹、孚佑帝君、三丰真人等序，后又有时贤跋文。每集前有医论，每方有方论及详细用法，并编为歌诀。每方又附咒一、谕一。现存光绪四年（1878）弥阳刻本、民国上海宏大善书局石印本（题名《起死仙方灵签纯阳祖师药方合刊》）。（图4）

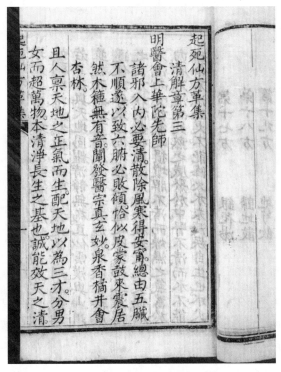

图4

18.《张祖三丰仙师留滇遗书演玄关指秘》

传为三丰真人遗著，内题《玄关指秘》，内丹著作。共十八章，分别为守元章第一、叩寂章第二、恭默章第三、正谊章第四、择时章第五、步天章第六、服气章第七、仰化章第八、健鼎章第九、慧剑章第十、猿马章第十一、龟鹤章第十二、吐凤章第十三、跨鳌章第十四、泛槎章第十五、入洞章第十六、蓬莱章第十七、符诏章第十八。前六章专言玄门总旨，始于一元；中六章言自性功入命功之典要；后六章纯是天机发动、指破真玄，别有口诀心传，必俟其人，能了性功，复了命功（纯阳祖师序）。此书康熙年间，经滇南苍山月峰姚琼窈冥子若谷、微阳子餐霞批注后九章于先，昆池养晦老人张洪宣、觉梦山人玉佩批注前九章于后（批注时间不详），批注分章旨及节旨。此书不见于三丰全集，或系委托，然议论金丹大道之旨颇为高妙，批注亦属不凡。现存民国4年（1915）古滇宏文石印局代印本（云南省图书馆藏）（图5）。

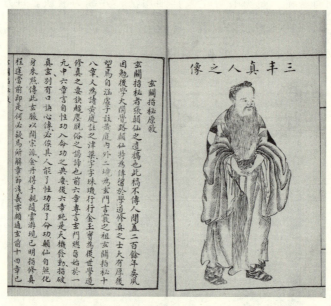

图 5

19.《回生集》

清代佚名，内丹著作，共二卷。上卷含生理论、真儒论、正道论、择师论、自了百修论、急欲成道论、魔障论、止至善尽中庸论、鬼神报应论、酒色才气论；下卷含金丹初入门诀、性天总论、炼性总诀、滚辖图说。结合儒道二家精义，论述金丹大道。现存云南清刻本（云南省图书馆藏）。

20.《无根树词批注》

清代刘一明、李西月等批注，内丹著作，内题《无根树二注》《张三丰祖师无根树词批注》，板藏空青洞天，晚清民国间云南腾冲刻本。此刻本较《道藏精华》第八集本多出"三丰张真人源流""本仙鉴所载永乐皇帝访三丰书""三丰托孙碧云转奏书词"。现云南地区尚流传有多部。

21.《登天指南》

内丹著作，清同治年间腾冲刻本，内题《灵佑帝君三丰张真人登天指南》。共四卷，卷一"张仙遗迹"、卷二"指南诗文"、卷三"登天指南"、卷四"张仙诗歌"（内含滇中降乩十三首）。此书系滇重刻本，初刻为清道光十八年（1838）贵州安顺李文明

堂新刊本。（图6）

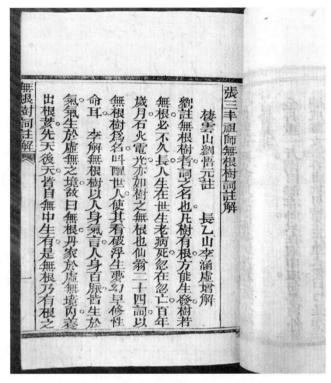

图 6

22.《灵宝藏经、孚佑帝君金华宗旨》

内丹著作，光绪二十三年（1897）滇西明善堂重刻本。内题《文昌灵宝藏经全部》《孚佑帝君金华宗旨全部》。

23.《许真君七宝如意丹方》

旌阳许真君逊遗方，载药十八味（滇本为十九味），修合甚精，治验甚广，尤善治瘟疫，服者如意得效，因名如意丹。是丹于病无所不治，盖符咒所加，神力存焉。含药品组成、修合制度、符咒、坛式、圣位、病症［治疗汤头（药引）］。此丹方在滇中流传颇广，自明代直至民国，各地善坛及施药公会均配制济人，功效甚伟。如设立于昆明三牌坊三丰祠内之施药公会，始自何时已不可知，自明清以来，配制丹药施济于人，常配许真君七宝如意丹、三丰真人冷水金丹、三仙丹、铁砂丸、太极丸、痧气丸、复苏散、普济散、午时茶、万应茶、疟疾丸、痢疾丸、观音膏、万应膏等方。许真君七宝如意丹一直是其中配制量较大的一个丹方，在善资充足的情况下，每年配送七宝丹多达三十料。① 此方现存清嘉庆云南刊本《净明忠孝全书》附录（台湾李显光藏残本）、许蔚先生藏云南旧刊《许真君七宝如意丹》（单行一纸，内容为如意单方并对症服用例，唯符咒未载）。②

24.《三丰祖师神效万灵丹》

题名张三丰传。此方是紫霞和尚上真下空传授，紫霞和尚又传自三丰真人，专治诸般危症，亦称"神应万灵丹""万灵丹"。此万灵丹，非复方，乃单味药，因其功用甚广，故称"万灵丹"，名"矮陀陀"，又名"矮槐""万年青"。此药生于朝阳之地、溪水之边，形似小槐枝，冬不老、夏不枯、秋不落叶。五月五日午时采，连根带叶，采来阴干，捣末，每两入甘草三分，在内听用。随症用引，可治疗一百零八种病症（诸本可治病症多寡不一）。现存清代云南刻本（从真堂任氏藏一旧复印本，原刻本未见）、道光《云南通志》转引《滇南本草》本（名"矮陀陀"，记载较疏，无病症随引）、同治抄本（名"神应万灵丹"，从真堂任氏藏）、民国宝翰轩藏清抄本、李继昌家藏清抄本、从真堂任氏藏民国孙玉阶《滇南本草》抄本。（图7）

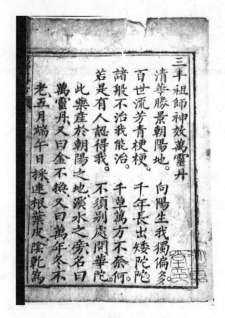

图7

---

① 参见罗养儒《云南掌故》，云南民族出版社，1996，第192页；陈荣昌修，李钟本纂《民国昆明县志》，高国强、王飞虎校注，云南民族出版社，2016，第129页。

② 见许蔚校注《净明忠孝全书》序言及参考书目，中华书局，2018，第19、24页；又见许蔚著《断裂与建构——净明道的历史与文献》，上海书店出版社，2014，第254页。

25.《药王庙医约》

清代蒙化（今大理）梁朝炳撰文，康熙年间立碑于药王庙。药王庙为供奉药王孙思邈及历代医家之神祠，也为旧时代医药工作者集会之地。梁朝炳字鼎臣，附学监生，精于医学，深究脉理，名播远扬，为当时著名儒医，并善诗词，有文行，康熙《蒙化府志·文行》有其传，并与明末清初文人多有唱和。其人持重不阿，以礼自范，乐施好善，不惜财力，孝友慈爱，更足维风，于康熙二十二年公举行优。年七十三，尚矍铄强健，乡间重之。梁朝炳医术精湛，德高望重，故公推撰《医约》，立于药王庙，医界同仁共同遵之。此《医约》上承孙真人"大医精诚"之旨，立"约"二十条，为当时云南地区，尤其是滇西地区医药行业的行为规范。碑原存巍山县城古皇宫内，"文革"中被毁。碑文幸存于清康熙《蒙化府志》。①

26.《救世奇方》

民国14年（1915）云南腾冲县至善坛刊印乩方，共四集（四卷），一集男科，二集妇科，三集幼科，四集外科。每集六十四症，应六十四卦，每症数方或数法不等，每方含方诀、药物组成、剂量及用法，方诀简述病理病症及治法，卷四后附杂治诸方。每集有柳真君、孚佑帝君、天医院朱天尊等高真降序及诗词。卷一首刊至善坛同仁公启、通信处（附设云南省腾冲县上西街崇仁药房，远近诸君发心印送寄函前来，板不取资）及刻方缘起；卷四末附捐刻姓名及银数。

三　云南几种重要道教医学文献探析

1. 邵以正与《青囊杂纂》

明代云南道教的一个重要法脉传承是刘渊然的弘道开宗，邵以正是其在云南招收的开山弟子。刘渊然（1351~1432）为明初高道，号体玄子，江西赣县人。十六岁时入道，先受符诀于胡、张二师，后又师事雩都紫阳观著名高道赵宜真。赵宜真号原阳子，深得全真、清微、净明诸派之学。刘渊然玄悟超然，尽得其传。明太祖洪武七年（1374），赐号"高道"，命建西山道院于朝天宫居之，后擢为右正一；明成祖永乐初年，迁左正一；明仁宗洪熙元年（1425），赐号"冲虚至道、玄妙无为、

---

① （清）蒋旭纂修《（康熙）蒙化府志》卷六《艺文志·文约》，清光绪七年（1881）重刻康熙三十七年（1698）刻本，第112~113页。

光范演教长春真人"，后又赐诰加"庄静普济"四字，畀以银章，领天下道教事；明宣宗宣德初年，宠眷弥厚，宣德七年（1432）以老辞归南京朝天宫西山道院，宣宗亲作山水图，题诗以送。道迹凡历四朝，因道德显著，屡受封赐，一时玄教中人，罕有能比者！①

在刘渊然的师承体系中，非常重视医道的传承，近年学术界已多有论及。无论是净明派祖师许真君，还是其师赵宜真，非但道法高妙，医术亦臻至善。赵宜真被净明派奉为第五代嗣师，其幼时行儒家忠孝之道，故遵先贤之教"为人子者，不可不知医"。

> 余少读书，尝闻先哲云：为人子者，不可不知医。于是遇好方书，辄喜传录，累至数十帙。见有疾者，如切己身，常制药施与。一日先君子训曰：施人以药不若施人以方，则所济者广。从而有已验之方，必与乐善之士共。②

赵宜真每见好方，便动手抄录，曾累至数十帙，"尤好济人，至于医药，靡不研究，所注方论为多"③。编集有《外科集验方》，撰《秘传外科方》。其还精于丹道，撰《原阳子法语》，后由刘渊然编集为二卷本，述兼南北二宗之学。

刘渊然继承了这一传统，并将其发扬光大。相传洪武七年（1374），刘渊然即在昆明弘扬道教，创建昆明长春观。永乐初年（1403），因其性情耿直，触怒权贵而被谪江西龙虎山，后又谪至昆明黑龙潭龙泉道院传道，直到洪熙元年（1425）召命还京，刘渊然在云南弘道，为云南道教的发展做出了特殊贡献，且在云南衍创长春一派，以至于"凡滇民有大灾患者，咸往求济，无不得所愿欲"④。刘渊然在云南广传道法，弟子众多，奇异有道，成就斐然，故当时学者称"滇南自永乐中刘公渊然以道法显"⑤。

刘渊然于明洪武三十年（1397），撰集成《仙传济阴方》一书，此书认为妇人生来以血为本，及病之因，未有不先因气所触作，然后血气相搏结成大病，故香附、乌药乃妇人仙药。常用导血调气之法治疗妇科疾病，使阳不至强，阴不至弱。其次介绍

---

① （明）陈循：《龙泉观长春真人祠记》，萧霁虹主编《云南道教碑刻辑录》，中国社会科学出版社，2013，第 37 页。

② （元）杨清叟撰，（明）赵宜真集《仙传外科集验方》序一，《道藏》第 26 册，第 659 页。

③ （清）胡之玫编撰《净明宗教录》，陈立立等整理，江西人民出版社，2008，第 168 页。

④ （明）陈循：《龙泉观长春真人祠记》，萧霁虹主编《云南道教碑刻辑录》，第 37 页。

⑤ （明）萧镃：《重建长春观记》，萧霁虹主编《云南道教碑刻辑录》，第 27 页。

包括调经、胎漏、腹痛、产后血不止、玉户女疮等四十种证候的用药、方剂歌括。所用之方药皆简便实用，便于记诵。① 他非常重视传授弟子医道，并愿意将医术传给有缘、有德之人，尤其忠孝之人。其曾在一夜间将医道传给云南嵩明孝子邱仑，留医书一册，遂造就嵩明一医学世家。据光绪《续修嵩明州志》载：

> 邱仑，字太华，秉性纯朴，少年游泮，髫龄丧父，事母至孝，母没，庐墓于城西灵云山三年。有道人刘长春授医书一册，嘱之曰可以积功、可以济人，长春真人借宿次日辞去。仑因以药治人，全活甚重。子孙遂以儒医世其业焉。②

在刘渊然的众多弟子中，邵以正是"尽得其传"的一位优秀弟子。刘长春入京师领天下道教事，请老后推荐邵以正。邵以正被召入京，历任道录司右至灵、右演法，英宗正统中，升迁为左正一，领京师道教事，得赐"守玄冲静高士"封号。③ 天顺初元（1457）赐号"悟玄养素、凝神冲默、阐微振法通妙真人"，成化年间又封"体玄守道、安恬养素、冲虚湛默、演法翊化普济真人"。

邵以正（？~1462），别号止止道人，又号承康子，云南晋宁人。洪武年间，其父母自苏州移籍昆明。邵以正自幼丰神秀颖，警悟过人，志向卓越，超然物表。稍长慕道，原欲拜入高道王云松门下，云松以其不凡，不欲使处弟子列。恰逢高道刘渊然在滇弘道，邵以正于是前往师事，不辞辛劳，精勤习道，尽得其秘传。成化十二年（1476）商辂所撰《龙泉观通妙真人祠堂记》记载了他的学道经过。

> 比长，志向卓越，超然物表，遂白二亲，去从高道王云松。云松一见惊异曰："是子不凡，岂可使处弟子列。"因逊避之。时长春刘渊然倡道于滇，真人更往从之。其居距长春所凡三涉水，日以为常。长春嘉其勤恳，悉以道秘授之。真人研几极微，一一领解。长春喜曰："吾道有所属矣。"④

正统九年（1444），英宗下诏，令邵以正主持督校《道藏》，率弟子喻道纯等人校对、整编、增订《道藏》。"所谓督校者，盖刊版之际，主持校对耳。许彬谓重加

---

① 裘沛然主编《中国医籍大辞典》，第834页。
② 胡绪昌等撰修《（光绪）续修嵩明州志》，见《中国地方志集成·云南府县志辑》第15册，凤凰出版社，2009，第54页。
③ 萧霁虹、董允：《云南道教史》，第89页。
④ （明）商辂：《龙泉观通妙真人祠堂记》，萧霁虹主编《云南道教碑刻辑录》，第40页。

订正，增所未备。"① 这一次《道藏》的编修自永乐皇帝开始，历经数十年，曾经四十三代天师张宇初、四十四代张宇清天师等道士的主持，直到正统十年（1445）方告成，邵以正督校《正统道藏》为道教经籍的整理做出了重大贡献。

邵以正秉承宗风，同样善于医药，并重视医方的收集刊刻，于天顺三年（1459）② 编撰成大型道教医学丛书《青囊杂纂》。此丛书含八种著作，并附由邵真人亲验别为一编之《秘传经验方》，共九种。此丛书收载书籍全为道教人士所编著，内容涉及广泛。由天顺三年（1459）苏州府常州人陈鉴（字缉熙，正统十三年进士，国子监祭酒）《青囊杂纂》序言可知，此丛书内容，从赵宜真即着手收集，又经刘渊然整理已成大概，并已有部分书籍经刘渊然刊刻流传，至邵以正，则"周编广洽"，乃因旧籍文字漫漶，不利传播济世，于是附上《秘传经验方》，以《青囊杂纂》之名统而合刊，"并大其书而疏其列"（均半页 14 行，行 24 字，亦有 12 行 20 字者），③即便耄耋老人，也方便阅读。此书一经刊布，流传颇广，后来如明李时珍《本草纲目》、清王子接《绛雪园古方选注》等书，均频繁引用。

由于《青囊杂纂》现存诸本目前均未公开，暂不能进行深入、系统的研究。《本草纲目》等书所载《青囊杂纂》验方，不过沧海之一粟耳。兹转录严世芸主编《中国医籍通考·青囊杂纂》陈鉴序于后，论邵以正编纂此丛书及其师、祖辈事迹甚详。

> 医仁术也，自古圣王莫弗重之。《周礼·医师》属之天官，盖可见矣。医之为书，自《素问》《灵枢》而下，无虑数十百家，或至百卷，且隐辞奥义，未易寻绎，专门名家亦或得此失彼，况穷乡下邑窭人细夫，一或有疾，何克济哉？是不能周编广洽，于仁或歉焉，神仙者流为是虑也。时也，一奇方奥诀，使对证而药之，无弗愈者，若王省斡遇仙丹、黄姑山化气丸之属是也。间有得之者，又谨秘之弗泄，是亦非仁者之所用心，君子有弗取焉。
>
> 若今悟玄养素、凝神冲默、阐微振法、通妙真人，吾苏邵尊师以正《青囊杂纂》一书，殆所谓周遍广洽，庶几乎仁人之所用心者欤？自其师祖今封崇文广道纯德赵真人宜真，已广参博访，搜罗于耳闻目睹之余，手自传录，积久弥多，遂付其高第弟子冲虚至道玄妙无为光范衍教庄静普济长春真人渊然，且曰：

---

① 陈国符：《道藏源流考》，中华书局，1949，187 页。
② 裘沛然主编《中国医籍大辞典》，第 1490 页。
③ 瞿冕良编著《中国古籍版刻辞典》，苏州大学出版社，2009，第 502 页。

方以济人，亦吾徒参功一事也。然传之不博，岂周遍之心哉？尔其识之，当有以成吾志也。未几，长春遂大倡其道于高皇时，暨事文皇、仁庙、宣庙，益衍益盛，乃拜真人之封。洪武间，寓冶城朝天宫西山道院，爰取前所受方书，若济急、济阴、外科、胎产、小儿，追痨、理伤、续断诸家仙传秘授神效奇验者，类为八卷，刻梓以行，人受其赐者七八十年。长春既归老冶城，寻亦仙去。而邵尊师日被显用，其道之所以阴翊皇度、康济斯民者，亦不减于长春，恩宠之盛，骈养俪美，迨今进尤未已也。而其济人之心，盖惓惓焉不能忘，故凡天下之至人真士，莫不愿见以吐奇出妙为先容，师皆款接之无虚日，乃得增其所未能，广其所未闻。玄机密旨，海上局中，俱收并蓄，遂择取尝亲验者别为一编，曰《秘传经验方》，以附于诸方之后。寻又以旧本书画微妙，且岁久日就漫灭，乃谋新之，而益以所附，更为九编，厘为三卷，而以今名贯之。大其书而疏其列，虽耄老眵昏，亦可辨其为某某，诚有便于人。人间持以示予，请言首简。

予尝因师而慨慕二真人之遗风。赵真人为宋燕王德昭十三世孙，幼颖悟博学，厌饫经史，习举子业将仕矣，每赴省闱辄病，遂弃去，学道于尘外曾真人，既得法，精修于雩都之紫阳观。道成召风雷，驱鬼魅，时雨旸，援疾苦，施无不验，值元社已屋，弗克大显于时，而远近宗师之者无虑百数十人，位长春大亢厥宗，益鸣其道。祭酒胡若思先生传其事甚悉，独予闻其羽化冶城时，八月尚暑，公卿大夫及士庶人吊祭瞻仰于门者凡七日，端坐凝然，容貌若生，此其有得于师者为不少矣。

今师实嗣二真人之派，且亲炙于长春之门者既久，视他弟子独厚，其所得者必深，故能汲汲济人，以仰承师志如此，又非周遍广洽，以几乎仁人之所用心者邪？是书之行，使天下之人家贮一本，则固不必召医请药，而可愈疾于目前，则亦不必冒寒数百里而以迎医为义矣。是虽未尝调药和剂以生活人，其所以阴厚斯人者不既多乎？葛稚川著《金匮》《肘后》之方于世，已而仙化，而名益显，是书要不与之同一揆邪？师之名其亦与稚川同垂于后世无疑矣。虽然，师岂假是以徼名哉，不过推二师之惠，以广济人之心耳。然是心既行，而欲其名之不垂，不可得已。因序论是书之所自而并及之。而予之荒钝无似，亦因以托姓名于不朽云。

天顺三年（1459）岁次己卯秋八月朔，赐进士及第翰林国史修撰前经筵讲官同郡陈鉴缉熙书。①

邵以正除督校《道藏》、编纂《青囊杂纂》外，还编撰有《冲虚至道长春真人语录》，又于天顺四年编纂《玄宗内典诸经》11 种，以及邵真人编集、喻道纯校、张道中重校《经史通用古今直音》，明嘉靖十六年刻，现藏美国哈佛大学燕京图书馆，还编刊了《净明忠孝全书》等道教著述，可谓殊功异德、道行圆满矣。

2. 兰茂与《玄壶集》《性天风月通玄记》

兰茂（1397～1476）是明代著名的医学家、文学家和音韵学家，云南嵩明杨林人，祖籍河南洛阳，字廷秀，号止庵，又号玄壶子、和光道人。康熙《嵩明州志》载其"性聪颖，过目成诵。年十三，通经史，长益嗜学于濂洛关闽之学"②。兰茂一生，赋性简淡，隐居求志，以医济世，也教馆蒙童，生平著述颇丰，计有《滇南本草》《医门揽要》《玄壶集》《韵略易通》《声律发蒙》《性天风月通玄记》《鉴例折衷》《经史余论》《安边策条》《止庵吟稿》《山堂杂稿》《碧山樵唱》《桑榆乐趣》《樵唱余音》《甲申晚稿》《梅花百韵》《秋草百咏》《草堂风月》《中州韵》《四言碎金》《难经发明》等书行世，惜大多已佚。现存《滇南本草》《医门揽要》两部医学著作，近百年来学术界研究成果颇多，其学术价值，已成定论，限于篇幅，本文不再赘述，谨对兰茂和道家道教的关系，以及《玄壶诗》《性天风月通玄记》两部著作和道教内丹术的关系试做探讨。

关于兰茂的身份属性，旧志多将其归入"隐逸"条，也即当作"隐士""处士"看待。由于其治学广泛，凡音韵、诗词、医药、丹道、阴阳、地理、兵法、书画均有涉猎，故又有人称其为儒士，也有人称作理学家。而云南道教界老一辈道教人士，均称止庵为道士，并云已羽化成仙，甚至还有"仙籍"、"封号"及"止庵诰"。昆明长春派岳大德老道长曾口述：云南道教界一直将兰茂视为道士，而非儒士或医生，兰茂在昆时常去真庆观做法事的传说一直在道门中流传，并言兰茂有道术，能从掌心抠出铜钱。部分地方文献也将兰茂书作"止庵仙师"，民间则称"兰仙""兰仙人""小圣"，关于其"神仙"事迹，民间还有较多传说流传。

20世纪80年代，地方文史工作者曾从白邑黑龙潭张宗亮道长处访得一份其宗门

① 严世芸主编《中国医籍通考》第四卷，上海中医学院出版社，1993，第5285～5287页。
② （清）汪照：《（康熙）嵩明州志》，苏国有校注，云南人民出版社，2015，第218页。

道派流传下来的《止庵诰》，在此诰中，兰茂已被仙化，并被封为"通玄妙道天尊"。现将兰茂研究学者李文炳据此整理版本附于此。其诰曰：

> 瑶山毓秀，滇海钟英，芹泮流香，杨林设教。文赋诗词行之如流水，荣华富贵视之若浮云。借箸运筹，比子房决胜千里；席珍待聘，似孔明高卧一庐。咏《性天风月》之诗，克宣妙蕴；著《滇南本草》之集，足救沉疴。京邸远游而卖其神卜，家书遥寄而露其仙踪。昔采药于铃山，遇仙得道；今司籍于桂殿，赞化调元。嘉意梓桑，时临乩相，爰引儒门后进，常垂妙正真诠。协理龙沙，恩周中外。大悲大愿，大圣大慈，明儒真仙止庵先师桂宫典籍仙卿通玄妙道天尊。

晚清民国间，云南善书《聚善修缘》①，卷三内载有止庵降鸾诗云：

桂宫兰止（原作芷）庵真人二绝句诗（有小字注：公系滇南杨林人，今其地有兰公祠）

其一

云间遥望古滇城，难免疮痍泪交横。试问繁华旧境界，风景凄凄恼人情。

其二

运会循环治乱生，数百余年每纷更。欲把乾坤长镇定，海波沸涌总难平。

感旧诗二律

其一

杨林来往各匆匆，遥隔古滇一旦中。经岁行商劳上下，每日游宦驰西东。尘霏雾影人难见，车走雷声语不通。寄语奔忙徐驻足，浮生世事总成空。

其二

放怀直眺五华巅，遥指昆阳在目前。四面云间观嶂迭，满江风激听潮喧。一帆渺渺舟如叶，万顷茫茫水拍天。无数大观今尚在，云山寂寂浩无边。

在此善书中，兰茂仍属"桂宫"仙籍，与前《止庵诰》"司籍于桂殿""桂宫典籍仙卿"同。云南古籍收藏者尹恒曾收藏过一丹道书籍《仙演玄妙诀语》，民国 11 年云南刻本，巨津（今丽江巨甸）杨大光松鹤氏批注校对。该书称系涵虚真人命湘环女史乩笔所著，前有纯阳祖师、三丰真人及止庵仙真降鸾之序，后有兰止庵仙真召

---

① 晚清民国间云南刻本，共三卷，存二、三两卷，任红华藏。

朱鼎环临坛撰玄妙诀语跋，中又有兰止庵仙真颠倒歌以及兰止庵仙真批语。其《颠倒歌》云：

> 颠颠倒、颠颠倒，玄妙诀语谁尽晓。头章方言性功篇，下章又言命功好。性命两功杂错言，阅过丹经方知晓。
>
> 颠颠倒、颠颠倒，玄妙诀语吾知晓。性命双修证金仙，不是知音不能晓。蜻蜓点水去复来，说尽双修多合少。
>
> 颠颠倒、颠颠倒，玄妙诀语真个好。犹如孤舟渡弱水，一篙撑到蓬莱岛。不知相隔路多少。得斯诀语得还丹，回头是岸无需我。
>
> 颠颠倒、颠颠倒，玄妙诀语如至宝。指点青龙降白虎，大药已得真个巧。泄尽天地造化机，谕尔学人各须早。
>
> 壬戌四月朔日，滇南得道止庵兰仙真乩笔。钤印"兰茂之印""止庵"。

此与《止庵诰》中"时临乩相，爰引儒门后进，常垂妙正真诠"相符。笔者曾见一光绪云南抄本《药王度厄增寿妙经》，前列有十四代明医神像，第十四代即"止庵仙师"。当然，塑造神仙之事，扶乩降鸾之说，或云伪造，或云无稽，不以为意。但由此实可见，兰茂在云南的"仙化"现象有相当广泛的民众信仰基础，由文化崇拜，上升到神仙崇拜。道教信仰中，大多数神仙皆由人修，故称"修仙"，也即道教认可"神仙由人修"的现象。反观历史上的神仙高真，莫不如此。

释家佛、道家仙，神仙信仰是道教的特殊信仰。只要厘清止庵和道家道教的关系，便不难发现，后人对止庵的"仙化"是有依据的。止庵自号"和光道人"，也即取法老子"和其光、同其尘"旨意，又自号"玄壶子"，这是道教人士典型的道号命名方式，其在《关庙碑记》的署名为"缑山七十二翁和光道人玄壶子止庵茂廷秀撰"。从兰止庵现存著述来看，其学问深邃，会通百家，儒、释、道、医均有涉及。而从其思想来看，倡导三教同源又更青睐老庄思想。关于兰茂思想，其在《玄壶诗》序言中已述及：

> 天地万物，有自然之理；三教经典，百家载籍，皆圣贤垂宪之言。世间万事善恶，皆由人心之所生，静中观之，了然在目，不待外求也。因作小诗百章，章四句、句六言，续以四言二句，以证其义，名之曰《玄壶诗》，尚望巨眼相与可否云。①

---

① （明）兰茂：《玄壶诗》，清道光八年（1828）昆明刻本，云南省图书馆藏。

由"三教经典，百家载籍，皆圣贤垂宪之言"可知其对待三教的态度是三教同昌。这在《玄壶诗》中也多有述及。

> 其八
> 般若和而善应，波罗清净无为。
> 密多常久如此，菩提道德同归。
> 心经六字，即五千言。
>
> 其九
> 和即冤清平等，清而色相俱无。
> 守得这些长久，修行不用功夫。
> 六万《法华》，无非《道德》。
>
> 其十
> 发而中节和也，合而不流是清。
> 悠久至诚无息，孔门妙法玄经。
> 禅宗道体，一本中庸。
>
> 其十二
> 清净寂然不动，应即感而遂通。
> 混合波罗般若，一般教化无穷。
> 教立三门，理归于一。①

"心经六字，即五千言""六万《法华》，无非《道德》""禅宗道体，一本中庸""教立三门，理归于一"。此四首开门见山，融会三教，已将其主张"三教同源""三教同昌"的思想表明无疑。当然，在现存九十七首《玄壶诗》中，还是以论述道家思想者居多，深得老庄"自然""无为"之三昧。且看《玄壶诗》第一首及最后一首。

> 其一
> 玄壶甚是玄壶，装成墨水匏葫。
> 用着将些点化，随缘者也之乎。
> 知己之白，守我之黑。

---

① （明）兰茂：《玄壶诗》，清道光八年（1828）昆明刻本，云南省图书馆藏。

其九十七

月到花前弄影，风来水面生纹。

相有诸般变幻，一无何所云云。

常应常净，常清净矣。

一首一尾，止庵直指老子《道德经》旨意。《道德经》云："知其白，守其黑，为天下式"，又云："清净为天下正"。诗中甚至直接引用《太上老君说常清静经》言"常应常净，常清净矣"。止庵对老子的无为思想，体会也颇为深刻。

其九十二

年少孜孜格物，老来默坐如愚。

不是当时有作，焉能证此无为。

无为之妙，基于有为。

此诗即可看作止庵对老子"无为而无不为"思想的深刻理解。似此之作，诗集中比比皆是，直指道心。在第八十九首中，止庵甚至自称"道人"。

其八十九

道人只恁和光，常教虎蛰龙藏。

一切念头不起，都无地狱天堂。

本来无物，何垢何净。

"和光"即止庵自号。这些都不难看出止庵对老庄思想的认可和向往。止庵晚年对老庄体悟愈发深刻。其《成化丙戌年予七十岁近体诗十首》进一步阐发"无为思想"，坐卧行休均以此道为准。

其四

无想无为老矣乎？年高七十漫支吾。

闲看好景山千迭，不负春风酒一壶。

黄土堆谁询事业，青云路枉着功夫。

流光似此能多少，笑彼欷歔惜壮图。①

---

① 李文林、李文汉辑《杨林两隐君集》卷一，民国8年（1919），云南图书馆藏。

止庵诗词，均如此直指道心，其中也多直言性命炼养之作。

其七十三
自己悟得真玄，形神保守坚全。
此外无功济世，如何做得神仙。
性命既修，功行须立。

其七十四
终日坐如泥塑，自然清净无为。
见客一团和气，增长善应玄机。
动静之妙，与道合真。

其七十五
三十六章大洞，黄庭向上幽微。
不向其中着力，诵念枉用心机。
卫淇批注，画蛇添足。

其七十八
悟真本乎参同，道言多别雌雄。
刚被愚夫执着，流传九鼎三峰。
丹经隐语，愚者何知。

其八十四
壬水常防恚焰，义锄日铲贪芽。
自可抽胎换骨，不须阴汞阳砂。
自己灵丹，不劳采取。

其八十五
夜夜牵牛缴水，朝朝运火烧田。
种得禾苗结实，快活受用余年。
一升一降，总是功夫。

其八十八
有守方能实腹，无思乃是虚心。
总为户庭不出，百魔无计相侵。
抱一守中，外境不入。

道光八年（1828），道士了元子及玉阳子游历滇中，勤访高人奇士并名山石室之著述，凡有关于性命之理者，弥不旁搜广索。后熟闻杨林有隐君子兰茂，深通性命，洞晓阴阳，了悟生死，参求大道，弃功名科第，隐于市廛，后遇至人授以金丹大道，潜修密炼，其造诣已入形神之妙，盖已成道多年。后恐金丹失传，于是作《玄壶诗》百章言养性之功，作《性天风月》二十篇言修命之诀，分则为二，合则为一。后了元子及玉阳子经多方探寻，先后得止庵《声律发蒙》及《滇南本草》，认为止庵具见启蒙济世之念；而在得阅《性天风月通玄记》及《玄壶诗》后，经反复玩索，喟然叹称止庵此两部著作，果乃言金丹大道上乘之作。并云《玄壶诗》言性功处居多，世人学道，只讲修命不讲炼性，所以命功亦不能成就。而兰茂则先言性而后言命，其意良深矣。

《性天风月通玄记》[①]，师范（号荔扉）、袁文揆等人认为系托名兰茂之作："又有钞本《性天风月通元记》，南曲剧（原作"据"）本，此本寓言金丹之术，疑系委托。"[②] 而戏剧研究学家吴晓玲则认为属兰茂原作，且为明代传奇开山之作，方国瑜、于乃义从其说。袁嘉谷在云南开明书局排印本《性天风月通玄记》后题有跋语付方树梅，其意似乎更偏于认可。

> 荔扉、苏亭皆疑此为伪书，人亦何乐而伪作止庵书乎？吾见明人著书有此体裁，朧仙试一细评。

师范、袁文揆等人认为其是伪作的主要依据，是此剧寓言金丹，不符合儒家立世之道，这是因师、袁二位均以儒者自居，并以儒家见识审视此作，以为止庵断不会作此丹经隐语，这种结论显然是主观臆断、没有依据的。实际上不仅仅《通玄记》有人质疑，同样有人对《滇南本草》《玄壶诗》质疑。近贤方树梅《明清滇人著述书目》论及《玄（原作元）壶集》时云："后人以语夹二氏，疑非茂作。茂学不株守一家之言，于其诗见之。"[③] 方树梅认为兰茂学问不守一家之言，也即偏于认为《玄壶诗》乃止庵原作。据现在所存数据来看，质疑《通玄记》者尚缺乏说服力，当然，认可者也没发现太直接的数据证实，仅属推论。由于云南地处祖国边陲，刊刻条件有

---

① 书现藏云南省图书馆。
② （清）袁文典、袁文揆辑《滇南诗略》，见云南省文史研究馆整理《云南丛书》第 36 册，中华书局，2010，18436 页。
③ 方树梅：《明清滇人著述书目》集部第四，民国 33 年（1944）国立云南大学西南文化研究室发行，第1 页。

限，很多原著无法较快刊印，仅能以抄本流传，传抄极易走样，更兼有后人篡改增删，这为著作的权属带来很多问题，尚待进一步考证。兹仍从旧说以为兰茂所作。

《性天风月通玄记》全剧二十出，写一因遭人嫉妒而归隐的风月子得道成仙的故事。全剧以修炼金丹为主线，几乎将丹道修炼自入门至得金丹大道的方法、要诀、机缘一一讲述。如在楔子"师徒传道"中言修丹道入门之理云：

> 欲修金丹大道，先要清净为主。清其心，净其性，定其意，守其神，自然达于大道。修行之人，多不能成其道者，皆因心未澄，欲未遣。若要修成九转，先须炼己持心。心为一身之主，主若一正，孰敢不正。主若一邪，众皆归邪。主人安静，神即居之。主若躁动，神即去之。初学之士，先正其心。了心真性，了性真心。①

从此段入门之教，可以看出兰茂以《太上老君说常清净经》之思想作为金丹大道的入门基础，可谓深谙修习之法。这也与《玄壶诗》中兰茂的思想相吻合。之后在剧中兰茂还阐述了"性命双修""筑基炼己""药物火候"等丹理，炼养方法、首尾根由，无所不谈。他在每一出结尾都附诗一首，看似为本出的故事总结，实则为修炼金丹大道之无上妙法，如第八出"黄婆议亲"诗云："姹女笑容勤接待，黄婆有意会金朗。请入黄庭为夫妇，送归土釜锻柔刚"，实是论调引阴阳之道。第十出"问答玄机"诗云："性定神安静，心安性自真。心性归真一，空玄自道成。"第十五出"号令士卒"云："道士驱兵如震雷，一声响亮振边陲。擒将白虎归家养，永世千年不放回。"白虎即肾中元精，此诗实是在讲保精之要。第二十出"仙迎飞升"诗，道出了创作此剧之目的："说道修真事一场，全凭金水配柔刚。锋芒谨慎青龙肆，剑锐何妨白虎狂。再向蓬壶求橐钥，更从颠倒别阴阳。我今说出通玄记，寄与高人作笑谈。"

结合《玄壶诗》及《性天风月通玄记》两部著作来看，确如玉阳子所言，兰止庵"作《玄壶诗》百章言养性之功，作《性天风月》二十篇言修命之诀，分则为二，合则为一。若无前层炼性功夫，则命功必不能立；若无后一层修命功夫，则性功不能了"。

在止庵《成化丙戌年予七十岁近体诗十首》中，第三首极易令人误解，以为据

---

① （明）兰茂：《兰茂文集》，云南人民出版社，2015，第72页。

此可断言止庵不事金丹之事。

> 不炼金丹不坐禅，不亲灯火究残篇。
>
> 因知有作皆虚幻，始信无为即圣贤。
>
> 爱景每于花下醉，避寒常是日高眠。
>
> 一闲如此随班辈，已过春风七十年。

唐代施肩吾《钟吕传道集·论还丹》云："吕曰：炼形成气，炼气成神，炼神合道，始于还丹。"① 修炼金丹大道，一般认为有三个阶段。第一阶段为初关，即"炼形成气"，将先天之精和后天水谷之精凝炼成气，即所谓"药"；第二个阶段为"炼气成神"，将初关之气（药）炼化成神，为中关；第三个阶段则为"炼神合道"，即上关。此一层功夫和前两层功夫不一样，"炼形成气""炼气成神"，均是"有为"功夫，而"炼神合道"，则是返先天、还虚无的境界，是道法无为的功夫，如此方能合道还丹。元李道纯《中和集》也分三层功夫：炼精化气、炼气化神、炼神还虚。与《钟吕集》实同，到"炼神还虚"境界，即可"打破虚空""炼虚合道"。故李道纯云："工夫到此（炼神还虚），一个字也用不着。"②

止庵"不炼金丹不坐禅"，此句何意，还需看下句"因知有作皆虚幻，始信无为即圣贤"。可知其炼性功已深达"炼神还虚"之境界，也即李道纯所云："工夫到此，一个字也用不着。"所以止庵才说"不炼金丹不坐禅""因知有作皆虚幻，始信无为即圣贤"。但他自己也是从有为之中修炼而来，《玄壶诗》第九十二首云："年少孜孜格物，老来默坐如愚。不是当时有作，焉能证此无为。无为之妙，基于有为。"此真如止庵所说：丹经隐语，愚者何知。（《玄壶诗》其七十八）

此近体诗为止庵七十岁时作，清李澄中《兰隐君祠堂记》言其八十卒于家，则自写此诗到其谢世，尚有十年工夫，我们完全有理由相信，止庵金丹大道的修为，已到了"炼神合道"、结成大丹的境界。

兹将云南省图书馆藏道光八年（1828）昆明《新刊元壶诗》了元子及玉阳子序言附于后，对理解《玄壶诗》和《性天风月通玄记》以及止庵丹道均有较大帮助。

> 世之谈元学者众矣！而入主出奴，往往互相枘凿。信无为者孤修，矜有作者

---

① （唐）施肩吾撰《钟吕传道集》，上海古籍出版社，1989，第 32 页。

② （元）李道纯：《中和集》，上海古籍出版社，1989，第 41 页。

肆欲。日言性，而性之旨转晦；日言命，而命之谛益微。无惑乎，学道者如牛毛，而成道者如麟角。有志之士，能不望洋兴叹乎。

仆来游古滇，足迹已遍迤之东、西、南。每勤访高人奇士，并名山石室之著述，凡有关于性命之理者，靡不旁搜广索，而遇合缘悭，鲜所觏止。熟闻嵩明之杨林，前明有隐君子兰止庵先生，深通性命，洞晓阴阳，其造诣已入形神之妙，著书甚富。因志在知希，辄散失无传。初见《声律发蒙》一篇及《滇南本草》，具见启蒙济世之念，而非先生之秘密旨趣也。既而读《通元记》《元壶诗》二册，反复玩索，寝食与俱，恍然有会，夫乃叹先生之真面目见矣！虽然《通玄记》号"性天风月"，备述金丹大道，演为曲本，皆寓言隐语，非得师指，又从何处索解。人惟《元壶诗》六言百首，辞近旨（原作指）远，言简意赅，尽人世间功名富贵、恩爱牵缠之如梦如幻。提醒此心，朗然于三教同源之境，真机妙理络绎行间，每读一过，如闻晓夜疏钟，发人深省。学者熟读玩味而返躬体验，浅之有解粘释缚之助；精之即明心见性之征。然后再寻真师，讲求性天风月，则丹道之鼎炉、药物、火候、真诠毕露。下手用功，自不误入于旁蹊曲径，斯为性命双修，乃不负先生接引后学之婆心也。爰录其诗，先付之梓，愿与究心元学者共证焉，是为序。

道光戊子秋杪，了元子题于五华山麓之客舍。

又玉阳子序：

兰茂，字廷秀，昆明县杨林石羊山乡贤。博学多能，长于词赋，又能了悟生死，参求大道，弃功名科第，隐于市廛。后遇至人，授以金丹大道，潜修秘炼，盖已成道多年，人莫能识。然犹恐金丹之失其传也，于是作《玄壶诗》百章言养性之功，作《性天风月》二十篇言修命之诀，分则为二，合则为一。若无前层炼性功夫，则命功必不能立，若无后一层修命功夫，则性功不能了。于（原作手）是以性命双修炼成纯阳之体，方为金液还丹，历万劫而不坏，与天地同其长久，岂静坐孤修，独修一物者所能臻此境哉。其书，文学之士取其词藻，风流之士取其恢谐，学玄之士恬其真机，有知者见之谓之智，仁者见之谓之仁。故曰：百姓日用而不知也。《玄壶诗》言性功处居多，世人学道只讲修命，不讲炼性，所以命功亦不能成就。先生故先言性而后言命者，其意良深矣！

　　另外《通玄记》尚有北京图书馆柏林寺分馆藏清道光抄本，书名为《蓝真人通玄记》。前有昆明坦弱道人序，序言后注"道光己亥（1839）仲春云间道人抄，道号守中子"。序中说："详夫《性天风月通玄记》者，乃学道修仙之玄范也。"又说："滇南之东，马隆之邑，有先辈高贤，姓蓝名茂，广博仙经，参访仙踪，修炼金丹性命之旨，巧受异人指教，修成不坏金身，脱胎神化，位列仙班。特著斯文，留为舟楫，以度后贤。"此抄本兰茂之"兰"作"蓝"，天头有守中子眉批，从道经角度，指出何处是双关谐音，寓意道理，何处又是道家口诀等。①

　　结合道光八年昆明了元子、玉阳子刻本及上述道光十九年云间道人抄本来看，《性天风月通玄记》主要在道门流传，并被道教人士视为修炼金丹大道的优秀典籍。诚如昆明坦弱道人序云："详夫《性天风月通玄记》者，乃学道修仙之玄范也。盖玄道幽深，理微机显莫过于此。经书万卷，皆是设言譬喻，倘如根基深厚，巧遇明师指点，打破迷观看之，则头头是道，句句通玄，即可贯通万卷丹经、千圣心法，莫作戏局，实乃宗风。"②

3. 李裕达与《通微脉诀》《道余录》

　　李裕达，字子通，清乾隆年间河阳（今澄江）人。其先辈为明末著名中医学家华亭（今上海松江）李中梓，因明末避乱，迁徙云南，落籍河阳，晚清时后人赴昆明开业设诊。李氏以医世其家，延绵至今，二十余代。云南近代称谓名医之"四大一家"，"一家"即指李家，以百岁名医李继昌（1879～1982）先生为代表。其曾祖李清安、祖李延龄、父李明昌、兄李杏坛、子李幼昌均系云南名医。李继昌先生曾详述其家世：

　　　　昆明李家，从明代松江李中梓传到澄江李裕达，现在已二十代。忆 1914 年，先兄李杏坛曾和姚静轩老中医等创办神州医药学社，已进行探讨中医中药文献。

---

① 吕薇芬、么书仪：《关于〈通玄记〉和〈传奇八种〉——〈古本戏曲丛刊〉第五辑编辑外记》，《文学遗产》1985 年第 2 期，第 98 页。
② 网站 http：//www. 360doc. com/content/13/0320/11/3256622_272659100. shtml 有马晓年《巧遇〈性天风月通玄记〉的罕见行楷手抄本》一文，附有其在文物市场上所见抄本，封面题为《晴窗检点白云篇（辛丑夏四月南横街钞）》，内抄有《混元老子》《性天风月通玄记》，也为昆明坦弱道人序本，从其所附序言页来看，与北京图书馆柏林寺分馆藏清道光己亥（十九）抄本内容基本相同，辛丑应在道光二十一年，二者时间相近，唯未见柏林寺分馆藏本，故不知二者间有甚关系。此段即据马晓年附图录文，前坦弱道人序云后录文也据此录文，仅有数字不一。

今又六十余年，继昌虽年过百龄……①

李氏家族世代为医，名医辈出，尤精诊法。李中梓著有《诊家正眼》《医宗必读》《本草通玄》《病机沙篆》等多部医学著作。其侄李彦贞，明没后隐居为道，改名延罡，秉承家法，援引群书，参以己意，著有《脉诀汇辨》。传至河阳李裕达，仍续家学。关于李裕达的传记资料不多，主要有：

> 李裕达，河阳县人，武生。善太素脉，诊病则其人之穷通、寿夭、邪正，无不周知。所用药皆常剂，或杂以食物，服之立效，他人袭之则不然。兼习导养术，竟日默坐，颜如渥丹，临卒，将其书尽焚之。吾滇多奇人，以予所见，公亦其一也。②
>
> 《澄江府志·方技》：李裕达，字字通，河阳人，武生。喜太素脉，诊病则其人之穷通、寿夭、邪正烛照数计焉。用药只以常剂调之，或以食物服之立效，他人袭之则不然。傅忠勇公征缅凯旋，患瘴甚剧，子通服以萝卜汁遂愈，榜其庐曰"犹存古风"。兼习导养术，竟日默坐，至老尚鹤发童颜。③

两则旧志，所载内容相似，道光《澄江府志》更为细致。李裕达原为武生，后以医行世，医术较高。以常法甚至食疗方法即能治好疾病，说明其于医道已光明洞达，以萝卜汁治愈傅恒瘴气即是一例。乾隆三十三年（1768），傅恒担任经略，都师云南，次年率兵分三路入缅作战，屡败缅军，乾隆三十五年（1770）班师回朝。其间沾染上瘴疾，据《道光澄江府志》记载，傅恒曾请李裕达治疗，予萝卜汁遂愈。可能当时起到明显效果，故傅恒赠其"犹存古风"匾。遗憾的是，傅恒回朝后，终因旧疾复发而亡。

两则旧志均提到李裕达善太素脉，诊病则其人之穷通、寿夭、邪正，无不周知。太素脉法，历来多为道教医家所习用，至明代青城山道士张太素著《太素脉》，其法始盛行，明清两代，滇中即有多人以斯法诊病。但因其凭脉言命，历来也受部分医家、学者的非议，尤其儒医及儒士。李裕达兼习导养术，竟日默坐，颜如渥丹，应是静坐修丹。可知其有较深厚的道教渊源。

---

① 李幼昌、于乃义、于兰馥主编《祖国医药文献丛书·缘起》，油印本，1979，第1页。
② （清）师范：《滇系·人物》，见《中国地方志丛书》第139号，成文出版社，1968，第308页。
③ （清）李熙龄纂修：《（道光）澄江府志·方技》，见《中国地方志集成·云南府县志辑》第26册，2009，第389页。

虽然，师范云李裕达临卒前将其书尽焚，但不知所焚为何书，何以要焚？或者以为无人可传，又或者以为传之无用，不得而知。不过，其脉学著作《通微脉诀》及《道余录》却以传抄的形式流传下来。现云南省图书馆藏有宏道居士于民国14年（1925）所抄《道余录》，及民国15年（1926）于江川善社所抄《通微脉诀》。两部著作俱言脉法，精简至当，辨析精微，然并非太素脉。《通微脉诀》有序，详言其脉学之去来甚详。

> 脉理一道，古今名家诸书多矣，而论说纷纷，各立意见。予初年学脉，东涂西抹，据诸书以证验，有合有不合者，竟有阴阳表里大相迥别者。极力研究之下，不惟不能会通，抑且难以遵从。后从先师留云道人游，遂传以心法，示以诸书曰某说可遵，某说误矣。于是以脉验证，以证验脉，毫发不差。私曰：至微之理莫过于医，医之要道莫微于脉。数年之久，渐觉稍通，因集诸书之说之可遵者，并先师之口授秘诀，加以毕生之得心应手编为一诀，俾后之学者观之。言简而理明，则虽至微之难明者亦见而可遵矣，即名之曰《通微脉诀》，珍之慎之，勿泄匪人，是为序云。

> 乾隆壬午桂月中秋日俞阳李子通撰，天运民国丙寅九月二十六日宏道居士抄于江川善社。

此书作于乾隆二十七年（1762），李裕达在学脉之初，主要以阅读诸家著作为主，但却不能会通，难以适从。自师留云道人后，得传心法要诀，数年之后，技艺大进，以脉验证，以证验脉，毫发不差。于是集诸书之说并其师留云道人之口授秘诀，加以毕生心得，编为一诀，著成是书。该书内容，实如其序所说"言简而理明"，分别论述脉理、脉体、脉形、相兼脉、相似脉、本脉、时令脉，以及脉诀心法、辨证要诀、十二经部位、诸脉主病等内容。

李裕达论脉，先总举二十八脉之阴阳，次分言二十八脉之脉体，进而论述二十八脉之形状，此节文字，音节铿锵，便于诵习，如"迟脉一息方二至，数来六至一呼吸。滑似盘珠往来利，涩如钝刀刮竹皮。虚脉迟大渐无力，实脉强实三候然。微似蛛丝容易断，洪如洪水涌波涛"。读来朗朗上口，又极易记忆。由于脉形精致入微，难以体察，心中了了，指下难明，故李裕达分三次论述脉形，层层剖析，言简意赅。试举滑脉示例。

> 滑脉：阳中阴。

脉体：滑者往来流利也；

脉形：滑似盘珠往来利；

再辨脉形：滑者往来流利，如荷叶上之露水，混前混后也。

脉之体形昭明，于是进而辨析相兼脉。如论浮脉之相兼脉：

浮而胜大有力为洪，浮而软大无力为虚；浮而软小中空为濡，浮而直劲有力为弦；浮而强大中空为革，浮而满指全无力为大；浮而中部无力为芤，浮而渐按渐无为散。

至此则诸脉之形体已明，进而阐述脉诀心法，尤为简练。

诊脉之道，医家宜调息自气。临诊时男左女右，令病人仰其掌后高骨，正对处是为关脉。先以中指诊关脉，次诊寸脉，次诊尺脉。初轻手以审浮脉，次重按以审沉脉。以皮毛分浮部，以筋骨分沉部；以浮沉分表里，以表里分阴阳。浮部为阳，沉部为阴，寸为阳，尺为阴，左手为阳，右手为阴。男宜左大，女宜右大。口中一呼一吸，是为一息。以呼吸定迟数，以迟数辨平脉。一呼脉一至，一吸脉一至为迟脉；一呼脉三至，一吸脉三至为数脉；一呼二至微先些，一吸二至微先些为平脉。

往后再阐述十二经部位及辨相似脉。"脉之相似又当辨"一节，尤其别开生面，运转枢机。临床脉象，最易混淆，多一分则进，少一分则退，相似之间，不可不辨，也最难体察。如辨数脉与紧脉："数脉之急与紧脉相似，但数以六至得名，而紧则不必六至，惟左右弹弦如切紧绳。"抓住紧脉的主要征象，乃是言脉之张力过大如绷紧之弦，而非以速言。临床上多有医者论紧脉以快言。又如辨迟脉与缓脉："迟与缓皆慢也，但迟则三至极其迟慢，缓则四至徐而不迴。"诸如此类，真给人以拨开云雾见青天之感。

而论脉之主病，亦为歌诀，令人记诵有序。如"浮脉有力主外感，无力而浮是血虚。沉脉有力主里实，无力而沉是气怯。迟脉有力真积寒，迟而无力是虚寒。滑在数中生痰热，滑在缓中生寒痰。……代脉气衰皆危候，散脉形损莫能医。大凡诊脉须仔细，下手之时见精微。"进而更论"辨证要诀"，尤属妙品。

且夫脉者，气血之神、邪正之鉴者也。有诸内必形诸外，故气血胜者脉必胜，气血衰者脉必衰。无病者脉必正，有病者脉必乖。邪气之至力强而峻，元气之来力和而缓。且外入之病多有余，内出之证多不足。

真是字字如金，掷地有声。再往后则论述本脉与时令脉、十二经六部主病、各部主病，可谓步步深入，渐入佳境。

《道余录》内题"诊家正眼全卷，河阳李裕达子通著"。按此书实为李裕达辑录诸家脉论之笔记，故封面题称《道余录》，可能民国宏道居士转抄时，未究根底，特书"河阳李裕达子通著"。裕达先祖李中梓著有《诊家正眼》，《道余录》计摘《诊家正眼》文有老少异脉、因形气以定脉说、脉无根有两说、女人脉法、小儿脉法、诸病宜忌之脉、怪脉、脉分五脏八篇；另为"诊家杂录"，摘岐伯、张仲景、张景岳、成无己、陈无择等医家论脉之语。故李裕达题名《道余录》是比较合适的，而宏道居士内署之"李裕达著"则不可，言辑可也。

李裕达素因家学，更兼敏悟，又得留云道人秘传心法，故其《通微脉诀》，论脉精当，言简意赅，诚为脉学史上一部不可多得的著作。其尤重脉之象形，辨别精微可法。嵩明兰止庵先生之《医门揽要》则偏重脉症，如将二书共同研索，必为医家之一大助。《道余录》虽为摘抄，而选择确当，均为前贤精华，可充羽翼。

四　结语

云南善于医药的道教人士，自汉至民国，载于史乘者，据笔者不完全统计，也有百余人，失于记载者，又不知有几何也。在众多的道教医学人物中，由于旧志记载，大多较为简略，这对研究学习造成了很大困难。道教医学的传承，主要有两途，一为口传心授，口口相传，不记文字，这种方法多局限于师徒之间；二为有道者将心得记为文字，著成经籍，以传抄或刊刻的形式，得以流通、广传。历史上的道教医学家，大多具有师承，也即上述"口口相传"。而随着时代变迁，这种传承关系多有断代，由于"不记文字"，斯术旋告湮灭，甚为可惜。但也有较少一部分，将自己所学、所传或所收集到的经验心得，发为文字，结成著作，得以传世。文献的传播，多以传抄或刊刻的方式进行。云南地处祖国边陲，刊刻条件不足，导致很多重要文献不能刊刻流通。加之朝代更迭、兵燹致佚，甚或毁灭文献之事，也间而有之，故不少珍贵文献已遭毁灭。抑或私家所宝，秘而不宣，偶遭变故，遂成不测。已经遗失的文献，固属遗憾。当下需积极对现存文献挖掘保护、整理研究，造福于民。

（责任编辑　王皓月）

云南腾冲新玉皇信仰溯源

叶文学

摘要： 新玉皇信仰是流传于腾冲境内的民间信仰。该信仰发端于清代民间"鸾坛救劫"运动而形成于民国初期，是在关帝信仰的基础上，通过经典文本的刊印杜撰出新老玉皇"禅位"的故事，通过新玉皇形象的塑造以强化信仰，借助大规模祠祀活动以扩大信众范围，通过与佛、道之间的频繁互动而逐渐取得合法地位并得以普及，历经百年而不衰。本文通过广泛的田野考察，结合文本资料对腾冲境内的新玉皇信仰进行了全方位考察，试图厘清新玉皇信仰产生的历史、社会及文化渊源。

关键词： 新玉皇　关帝信仰　腾冲　民间信仰

作者简介： 叶文学，哲学博士，西昌学院彝族文化研究中心副教授。

一　引言

　　腾冲位于云南省西部边陲，西汉时称滇越国，东汉属永昌郡，隋唐置羁縻州，南诏时为软化府后改腾冲府，元代改腾越州，明代设腾冲卫，清代改设腾越州，民国后置腾冲县。历史上，腾冲一直是滇西文化重镇。自元明以降，随着中原移民的涌入，汉地文化随之输入，腾冲成为享誉全国的文献名邦、人文荟萃之地，宗教文化亦空前繁荣。

　　腾冲境内寺、观众多。据《腾冲宗教活动场所简介》（以下简称《简介》）统计，全境现有依法登记的佛教寺庙 78 处、道教宫观 52 处，[①] 尚有部分地处偏远、规模较小的寺、观未登记在册。笔者于 2020 年 4 月在腾冲进行田野考察，共计走访道

---

　　① 腾冲县民族宗教事务管理局：《腾冲宗教活动场所简介》前言，内部刊物，2010，第 1 页。

教宫观48处、佛教寺庙15处，其最为独特者，即绝大多数寺、观中皆有玉皇殿，内供奉新、老玉皇大帝。据僧、道所言，关圣帝君现已升任新一届玉皇大帝，称"新玉皇"，原玉皇大帝则称"老玉皇"。在笔者对洞坪村玉皇阁、屈家营灵感寺、洞山洞真寺、中和高王禅寺、清水忠孝寺、和平灵台寺、芒棒三元宫、顺江娘娘庙、固东集仙宫、宝峰山玉皇殿、芒棒观音寺、界头华严宫等寺观中12位僧道、5位居士及8位信众进行采访时，除界头华严宫一位居士告知"新老玉皇"之说源于《桃园明圣经》之外，其余受访者皆称该说"由来已久"。

关于玉皇信仰及关帝信仰，学术界研究颇多，但"关帝当玉皇"之说则仅停留在民间传说或民间信仰层面，为正统佛、道二教所无，故尚未引起国内学术界的关注。台湾学者王见川先生曾有所涉及，但其研究仅限于对民国年间民间信仰文本的梳理，不仅缺乏田野方面的实证，同时略去了该信仰与传统宗教之间的互动部分，因而容易衍变为传说本身的自说自话。然而，在腾冲境内流传较广的"关帝当玉皇"传说，寺观中随处可见的新、老玉皇神像以及法会上使用的《新皇经》等文本，却正好弥补了学术研究上的空白。于是，一系列的问题便应运而生：新玉皇信仰究竟产生于何时？其产生的时代背景如何？作为一种民间信仰，其生存机制如何？其与传统的佛、道二教维持了怎样的关系？何以历经百年而仍然盛行于腾冲境内？本文即通过田野调查、结合文献资料对这些问题进行探究，以管窥腾冲境内新玉皇信仰之全豹。

二　腾冲境内的新玉皇信仰

关于新玉皇信仰在腾冲境内的传播情况，地方志及史书鲜有提及。笔者在与多位75岁以上的僧道、居士交流过程中得知，新玉皇信仰在新中国成立前便已盛行，不仅有新、老玉皇禅位的故事流传，还定期举行"新玉皇会"、诵《新皇经》，他们称新、老玉皇同殿祀奉的情形与当时无异，玉皇殿亦直称"皇殿"。笔者在马站云和宫、固东娘娘庙、固东皇阁山道观中所听闻的说法与此大体一致。如果将这些口述材料当作一段真实的历史，则至少在民国时期，腾冲境内便已有新玉皇信仰流传，并已形成以新玉皇为核心，以相关造像、经典、会期等作为支撑，以规模庞大的信众群体作为传播媒介的民间信仰。

（一）玉皇殿与新、老玉皇神像

腾冲境内的寺观布局大体相同，皆按三进院落布局，四出水覆檐构建，雕梁画栋，飞檐走壁，颇为壮观，维持了中国庙宇的传统建筑风格，唯玉皇殿内的建筑格局与其余殿宇稍有不同。玉皇殿内部布局分上、下两层：上层中央楼面留空，四周围以扶栏，靠墙正中央供奉玉皇大帝及其仙卿僚佐，下层正中央则供奉关圣帝君，即"新玉皇"，盖有新、老玉皇同殿祀奉之意，如屈家营灵感寺（图1）；部分寺观玉皇殿并未分层，但新、老玉皇同坛供奉，以座次高低加以区分，如洞坪村玉皇阁（图2）。有的寺观虽无玉皇殿，但供奉关圣帝君，或因条件限制，将二者同坛供奉，关帝在左、玉皇居右，如芒棒乡红豆树三元宫、左所高王禅寺等。芒棒乡红豆树观音寺玉皇殿中，老玉皇立中位（图3），新玉皇处左侧（图4），右侧则奉太上老君，神像前分别立"老玉皇天尊""新玉皇天尊""太上老君"等名牌，以突出该信仰与道教的关系。实际上，这种同殿供奉新、老玉皇的情形并不仅限于道教的宫观，佛教寺庙亦如此。根据田野调查所收集的材料，腾冲境内建有玉皇殿且供奉新、老玉皇的寺观粗略统计如下（表1）。

图1　屈家营灵感寺　　　　　　　　　图2　洞坪村玉皇阁

图 3　老玉皇天尊　　　　　　　　　　图 4　新玉皇天尊

表 1　供奉新老玉皇之寺观一览

	同时供奉新、老玉皇神像	单独供奉新玉皇神像
佛教	洞山洞真寺、中和高王禅寺、清水忠孝寺、和平灵台寺、马站凤仪寺、白果玉皇阁、界头回龙寺、界头般若寺、界头宝华寺	固东太平灵寺、中和圆通寺、双海关圣寺、清水忠孝寺（单独设关圣殿）
道教	芒棒三元宫、顺江娘娘庙、固东集仙宫、宝峰山玉皇殿、洞坪玉皇阁、芒棒观音寺、中和灵感寺、猴桥元天宫、猴桥永寿宫、峨冈皇阁寺、马站云和宫	中和东华宫、固东武圣宫、马站松峰观、新华关圣宫、曲石关帝宫、和顺关圣宫

资料来源：《简介》及田野调查。① 不完全统计。

从表 1 可知，单独构建玉皇殿并同时供奉新、老玉皇神像的佛教场所共计 9 处，单独供奉新玉皇神像的寺庙 3 处，构建关圣殿的寺庙 1 处。道教宫观中单独构建玉皇殿并同时供奉新、老玉皇神像者 11 处，单独供奉新玉皇神像者 6 处。新、老玉皇信

---

① 本次田野考察共计走访道、佛宗教活动场所 63 个，其中包括道教宫观 48 座、佛教寺庵 15 座。因而，此处供奉神像及新、老玉皇同奉的情况，仅根据田野调查结果录出，并不包括所有寺、观调查结果。

仰并非出自道教正统，但在腾冲境内一枝独秀，不仅得到道教人士的支持和信奉，佛教人士亦笃信不疑。玉皇殿中新玉皇与老玉皇同殿祀奉，以楼层或神台高低区别其地位尊次，在保留传统信仰的同时，融入了新的信仰元素。

一般而言，神像之塑造必有经典依据，新、老玉皇神像的布局亦如此。据民国时期民间流传极广的《洞冥宝记》第三十七回载："见金阙上面设一宝座，圣帝衮冕黄袍，端拱其上。宝座之后又设一高座，较圣帝座位高约三四尺许，有一大圣，亦冕旒垂裳，稳稳坐定。抱一知是上皇与圣帝同受朝贺。"① 引文中之"上皇"即玉皇大帝，而"圣帝"即关圣帝君，其中即有新、老玉皇"禅位"而同殿朝贺之意。虽然"老玉皇"已退位让贤，但亦不忘其功德而有加以缅怀的成分。"新玉皇""老玉皇"名牌的安放也从侧面昭示了腾冲境内寺观对新玉皇信仰的认同。

腾冲境内诸寺观中的新玉皇造像大致分为两种：其一为武儒形象（如固东集仙宫，图5），一手捋须，一手握椅把手或持《春秋》书卷，当源于《中外普度皇经注解》（图7）；其二为头戴串珠冕旒的玉皇大帝形象（如固东武圣宫，图6），身着法服，双手握朝笏，正襟危坐于龙椅之上，神态庄严，该形象则源自《玄灵玉皇忏》（图8）。腾冲境内的新玉皇形象二者各占其半。除此以外，境内寺观中的新玉皇造像两侧多奉关、周二将：关平手捧大印，周仓手持长刀，分立左右。这种布局亦出自《新颁中外普度皇经》中所绘之"中天至圣仁义古佛玉皇大天尊玄旻高上帝宝殿图"（图9），图中新玉皇称"玄旻上帝"，关平称千岁，周仓称元帅。在更早出的大理务本堂版《关帝明圣真经》中亦有关圣帝君绘像（图10），其中关帝称"武圣"，关、周则皆称将军。二者的区别在于：新玉皇宝殿图中，关、周二将立于前，而关圣帝君宝殿图中，二将立于后。不过，这两种布局应该是一脉相承的。

《洞冥记》《中外普度皇经注解》《玄灵玉皇忏》等为民国时期民间信仰经典，可知腾冲境内的新玉皇造像与民间信仰的活动息息相关。玉皇大帝与关圣帝君均为境内寺观所供奉之神灵，而新、老玉皇则由民间信仰杜撰、嫁接而成，甚至一度成为腾冲境内佛道二教的信仰。除了寺观中普遍供奉新、老玉皇神像之外，寺观祈福法会上所讽诵的经典亦包含新《皇经》《玄灵玉皇忏》等经忏，成为新玉皇信仰的重要标志。

---

① 王见川、侯冲、杨净麟：《中国民间信仰、民间文化资料汇编》卷31，台湾：博扬文化事业有限公司，2011，第309页。

图 5　关圣帝君（固东集仙宫）

图 6　新玉皇大帝（固东武圣宫）

图 7　《中外普度皇经注解》中的新玉皇绘像

图 8　《玄灵玉皇忏》中的新玉皇绘像

图 9 《新颁中外普度皇经》中的
新玉皇像宝殿图

图 10 大理务本堂版《关帝明圣真经》
中的关帝像

（二） 新玉皇相关经忏

除各寺、观玉皇殿同殿祀奉新、老玉皇之外，腾冲境内尚有新玉皇相关经典流传。这些经典大抵分成两种类型：其一，《玉皇普度尊经》《新颁中外普度皇经》一系经典；其二，《玄灵玉皇经》《玄灵玉皇忏》等系经典。现今流传于腾冲境内的经典多以第一类经典为主，将《新颁玉皇普度尊经》称为新《皇经》，拜忏时，有些寺观偶尔也使用《玄灵玉皇忏》等经典。这些经典多供奉于神坛之上，不允许无关人等随意翻阅，但逢会期，须净口、净手、焚香之后方可读诵。

这些经典大抵与道经相类，尤其是各类法会上讽诵的经典，以各类神咒始，继以诸真宝诰及"开经偈"，其后为经文正文，最后以"停经偈"收尾。如《新颁中外普度皇经》前卷开篇即为"祝香咒""祝水咒""祝灯咒""净身咒""净口咒""净心咒""荡魔咒"，然后叩启"无极太极生天生地生人生物大天尊""无极玄都先天妙境玄穹高上帝元皇阐道大天尊""黄金金阙白玉玉京玄穹高上帝玉皇宥罪大天尊""万世人极三界圣尊玄冥高上帝玉皇赦罪大天尊""三界十方传经演教济人利物大天尊""临坛鉴察纪功录过上天下地众神祇"等。经文正文则以"玄穹高上帝"说法为主，每段"法语"末尾分别附有"元始天王""灵宝天王""道德天王""孔圣先师""西方佛祖""赐福天官""赦罪地官""解厄水官""考校火官""文昌帝君""孚佑帝君""川主大帝""应元真宰""九天玄女""斗姥元君""观音大士"等儒、释、道诸神佛赞语。该经后卷则以"玄旻上帝"说法为主，附以"中天星主""南极寿星""东方木星""南方火星""西方金星""北方水星""中央土星""玄天上帝""五斗星君""默德教主""基督教主""救苦天尊""武侯星君""桓侯大帝""八洞祖师""五方天王""廿八星君""五岳十殿""瑶池王母""无极金母""鸿钧元皇"等众神圣赞语，最后以"收经偈"收尾。从"普度"对象看，后卷所覆盖范围已扩展至外国"众生"。①

腾冲境内的寺观中，新、老《玉皇经》通常被列入消灾祈福法会时读诵的众经之中。以北海乡新乐村龙虎仙山圣母宫为例，该道观的"道讯"（图 11）中大致列出的祈福法会所诵之经目中即包括《感应皇经》、《三六部尊经》、《旻皇经》、《三卷九品》、新老《皇文》、《礼拜四季法忏》、《宥罪宝忏》及《三官法忏》等；位于滇滩镇的无极山道观的法会公告所罗列的经文亦包括新、老玉皇相关经典，如《皇经》《尊经》等。

这些经典中，除《老皇经》（《高上玉皇本行集经》）、《（太上）三十六部尊经》、《（太上）三官法忏》为正统道教经典之外，其余皆为民间宗教经典，如《新皇经》即《新颁中外普度尊经》，《旻皇经》即《玄灵玉皇经》，《宥罪宝忏》即《玄灵玉皇赦罪锡福宝忏》。此外，《感应皇经》为《太上感应注解皇经》，民国戊午年（1918）由"乐善各园同刊"，序末有"光绪十九年（1893）岁在癸巳降于西昌县分县礼州之迎仙阁"，从经文内容看，也是晚清时期民间鸾坛救劫运动中所扶乩出的经典。作为新玉皇信仰的强力支撑，这些经典的广泛使用使新玉皇信仰有了经典的依据，并在各寺观的祈福活动中扮演了极其重要的角色。这些经典在腾冲境内的传播与新玉皇信仰的传播是同步的，其流传越广泛，恰恰越说明新玉皇信仰具有更加广泛的信众基础。

这些经典的传入和传播有赖于民间信仰组织。据《腾冲县志》所载，民国时期，腾冲境内秘密宗教很多，但以长斋教（先天道）、一贯道为主，其信仰、组织形式相似。这些秘密教门均信仰无极老母（瑶池金母）、关圣帝君、弥勒佛、太上老君、孔

---

① 王见川：《近代关帝、玉皇经卷与玄门真宗文献》卷 3，台湾：博物文化，2012，第 395～537 页。

圣等，宣扬"三期末劫"说，宣称自盘古开天，世界有三个"劫运"，每一期期末皆有"劫运"。世上原有九十六亿"原良"，皆老母所派遣。这些"原良"下界后为物欲所迷，失去本来灵性，只有加入其教派方可得到度化。而宣扬新玉皇信仰的经典《洞冥记》《玄灵玉皇经》《玉皇普度尊经》《中外普度皇经》等均提及"三期末劫""三会龙华"等，皆与肇始于清道光年间的民间信仰"鸾坛运动"有关。在这场规模浩大的民间信仰运动中，关圣帝君被一步步神化，并最终被推尊为新一届玉皇大帝。这些传说几乎被流传各地的民间秘密教门所接受，加之这些教门传播范围广、传播速度快，新玉皇信仰遂流传开来。

（三）民间"鸾坛运动"与新玉皇信仰的产生

道光庚子年（1840），四川龙女寺僧人通过扶鸾的神秘方式委托关帝及诸天神佛降谕造作"真经"、善书，力图挽救世道人心、拯救时弊，"教阐龙女寺玉案，群仙昼夜飞鸾，花甲曾周复廿三，经文何止千万"①。降谕诸神灵之中，关帝即为其主神。其后，民间刮起了飞鸾扶乩之风，各地鸾坛纷纷扶乩走笔颁出经典善书，数量之大，叹为观止。这一风潮即所谓的始于道光庚子年的"鸾坛运动"，亦称"鸾坛救劫"运动。自道光庚子始至民国初年，通过扶乩飞鸾方式所出的善书、经典无数，流传极广，因而在民间产生了巨大影响。而推尊关帝则成为这场运动的核心。

"鸾坛运动"对关帝的推尊从《明圣经》开始。该经亦称《桃园明圣经》《关圣帝君明圣经》《古佛应验明圣经》等，复刻、注解本众多，关帝之号也由"帝君"逐渐升为"天尊"，如光绪己卯年版《明圣真经注释》中称其为"仁义盖天古佛真元显应昭明翊汉天尊"，民国2年（1912）重修的《关帝明圣真经注解》称关帝为"中皇天尊"，已出现推尊关帝为新一届玉皇大帝的意味。此外，经中托名各路神灵下降为《明圣经》作序，也为后期关帝身份的转变做好了铺垫。经中有三国时关羽心腹大将高守仁于道光庚子年（1840）所作之序，有大灵官王天君降笔诗、关圣帝君与孚佑帝君降序及九天辅元张仙大帝显灵事迹，经文正文前录有张仙、王灵官以及关平、周仓宝诰等，已渐形成了以关帝为核心的"仙界管理团队"。《明圣经》各注本对关帝身份的推尊和渲染于民国初期达到了高潮，甚至使关帝信仰发生了质变。承担此重任的大理洱源圣谕坛、成都通儒坛及贵州先天道（长斋教）万全堂等诸民间善

---

① 王见川：《近代关帝、玉帝经卷与玄门真宗文献》卷4，第439页。

坛最为活跃。

其一，云南大理洱源圣谕坛撰成《洞冥记》。洱源绍善、豫善、婉善诸坛乩生于1920年开始飞鸾降经，历时四年撰成《洞冥记》。《武哲天皇上帝序文》云："此书自庚申年（1920）冬起，至辛酉年（1921）春三月始告成功，累日连宵，几无暇咎。"① 此序中所述时间乃是绍善、豫善诸坛乩生扶鸾降书时间，自1921年降书完毕，又于"壬戌岁（1922）付梓，至乙丑年（1925）秋初始告成功……几历四年，旷日持久，靡费已多"②，并由"绍、德两坛善信善心坚固，愿力宏深，慷慨倾囊，誓捐蚨三千余元"③ 方得以付梓刊行，并希望此书能"印刷百余万卷，公诸全球，以劝五族同人，并劝欧美各国，讲求道德，注重彝伦，宗教统一，世界大同，共享太平之福"④。《洞冥记》以新老玉皇禅位说为主线，声称关帝已升任新一届玉皇大帝，通过三十七章的篇幅，讲述了洱源绍善、豫善诸坛乩生在张桓侯带领下游览冥界与天界，并令其书录"所见所闻"，历述新老玉皇禅位之事，阐明新玉皇拳拳"救劫"之心。该书堪称新玉皇信仰之始作。该书刊行后不断被复刻、增版而渐流传全国各地，亦成为民间信仰的传道材料。

其二，贵州先天道（即长斋教）万全堂扶乩出《玉皇普度尊经》。该经稍晚于《洞冥记》。该经"跋"称："玉皇者，即《诗》《书》所称之上帝。昔则妙乐国王为之，今则关帝受禅而为之。"⑤ 经中有"太皇上帝诏"及"玉皇大帝诏"，分别以老玉皇和新玉皇的口吻"颁出"，以明新、老玉皇禅位之原委：老玉皇自称"每宵盱自叩，未能上慰天慈，皆由福浅命薄，愧悔何及？"故让贤于关圣帝君，并要求诸天宰辅将相"恭膺新命，佐理新皇，务令普度宏开，中外同沾乐利，大道昌明，华夷共沐裁成"⑥；新玉皇则以登极诏书口吻称"……自愧良多。既蒙群真选举，得荷无极提携，高登九五，主制人天，办理三龙大会，收捡灵种皇胎，祝大道昌明，原良同登觉路，颁普度开展，苍生齐济迷津，九幽六道四生，回原返本"⑦，无疑正式确认了关圣帝君之新一届玉皇大帝的身份，并称其已"登极九五"。可以说，《玉皇普度尊

① 王见川、侯冲、杨净麟：《中国民间信仰、民间文化资料汇编》卷31，第188页。
② 王见川、侯冲、杨净麟：《中国民间信仰、民间文化资料汇编》卷31，第206页。
③ 王见川、侯冲、杨净麟：《中国民间信仰、民间文化资料汇编》卷31，第207页。
④ 王见川、侯冲、杨净麟：《中国民间信仰、民间文化资料汇编》卷31，第216页。
⑤ 王见川：《近代关帝、玉帝经卷与玄门真宗文献》卷3，第216页。
⑥ 王见川：《近代关帝、玉皇经卷与玄门真宗文献》卷3，第8~9页。
⑦ 王见川：《近代关帝、玉皇经卷与玄门真宗文献》卷3，第10~13页。

经》的颁行标志着新玉皇信仰的正式形成。

其三，成都通儒坛颁出《新颁中外普度皇经》。民国 13 年（1924），成都通儒坛诸乩生齐聚叙州（四川宜宾）之大观楼，以新玉皇"登极"之名义颁出《新颁中外普度皇经》，称：

> 钦奉玄穹御诏宣示禅位大典。二月十三夜蒙玄穹上帝驾幸戎州，又有"将来出经一部，俾度苍生"之谕。……于是同人等敬谨尊奉，即于三月十二日甲子日戊辰时开启万缘大会于大观楼上，……川主、斗口、吕祖、桓帝随同玄穹高上帝銮临大观，钦颁《皇经》前卷，宣布新皇皇号。……王阳明先生随即临乩走笔，谓此经定名《中外普度皇经》，新皇改日再颁后卷，与此共成一部。①

该经于当年降经成书，但"板虽未成，宜当提前讽诵，祈雨自有神应云云，直将佩诵推行"②，直到 1940 年颁出《皇经》后卷之后方付梓刊行，称《新颁中外普度皇经》，共计三十六章。该经中，新玉皇之号已正式确定为"玄冥高上帝玉皇赦罪大天尊"，且该经所欲拯救之"九二原良"范围已扩大至海外，除儒、释、道之外，尚包括耶、回二教。总的说来，《新颁中外普度皇经》所展示的是新玉皇就任以后的"施政方针"，至此经颁行之时，"关帝当玉皇"之事已落到实处。

其四，盐城楼岗市杏仁坛与积济堂颁出《玄灵玉皇经》。1932 年，经"玄灵上帝"亲临降笔于盐城县楼岗市杏仁坛及积济堂道德案所扶乩出的《玄灵玉皇经》成书，由吴山庄增祥堂与杏仁坛、积济堂等共同出资，由上海明善书局刊印，后来亦得到道院、同善社等大力支持推广。王见川先生称，"通过他们的流布，该经异军突起，逐渐取得了'关帝当玉皇'的话语权"③，进而"玄灵高上帝"成为新玉皇称号，全称"太平开天普度皇灵中天至圣仁义古佛玉皇大天尊玄灵高上帝"。此后，不断有《玄灵玉皇赦罪锡福宝忏》《玄灵玉皇忏》等多种经书刊出，使新玉皇信仰开始在民间广为流传，并被不同的民间教派所采用。

综上所述，新玉皇信仰是近代民间信仰造神运动的结果，并曾于民国时期广泛流传于全国各地。该信仰产生于新旧时代更替、战乱频繁、民不聊生的特殊时代。该信

---

① 王见川：《近代关帝、玉皇经卷与玄门真宗文献》卷 3，第 401~405 页。
② 王见川：《近代关帝、玉皇经卷与玄门真宗文献》卷 3，第 406 页。
③ 王见川：《近代关帝、玉皇经卷与玄门真宗文献》卷 1，第 20 页。

仰的产生与流传极具时代特征，所体现的不仅是民间信仰"杂而多端"的神灵信仰，也凸显了民间信仰及民俗信仰中最有价值的部分，即信仰的产生和普及与时代紧密相连，与底层民众的生存状态息息相关。因而，当一种全新信仰足以解决底层民众的绝大多数精神困惑时，这种信仰的传播速度是极其惊人的。新玉皇信仰亦即如此。庞大的信众群体使素以"救苦救难"为己任的关圣帝君较之高高在上、遥不可及的玉皇大帝更具感染力，加之民间秘密宗教信仰组织的积极推动，新玉皇信仰在民间迅速传播开来，甚至一直以正统自居的佛道二教也开始迎合这种潮流而做出信仰上的让步，为新玉皇信仰留出足够的空间。

三　腾冲境内的民间信仰与佛、道二教的互动

历史上，民间信仰与佛、道等正统宗教从未中断过联系和交融，这种交融不仅体现在其所崇奉的神灵上，其教义、经典等亦源于佛道，甚至依附于佛道寺观进行传播。

从信仰形式看，民间信仰与正统佛道二教差别不大，其崇拜对象多源自二教，并在此基础上自创出一些与佛道似是而非的神灵，并通过刊印善书、唱诵宝卷、讽诵经典等方式为信众提供服务，对于普通信众而言，民间信仰与佛道二教之间毫无差别。这是民间信仰的基本传播形式，也是新信仰得以产生和延续的原因。佛道二教（尤其是道教）信仰的开放性和包容性，尤其是在三教圆融的大背景下二教对其他宗教的思想、信仰、义理等的吸收，给民间信仰提供了一定的自由空间，甚至在一定程度上"纵容"了新信仰的传播。新玉皇信仰的产生过程，其实也是二教对民间信仰进行吸收的过程。

（一）腾冲境内民间宗教与新玉皇信仰的传播

民国时期，腾冲境内秘密宗教活动频繁。这一时期，正统佛、道教势力相对衰弱，甚至出现了寺观被这些秘密教会侵占的现象。佛教方面：据《腾冲县志》统计，1930年，全县有寺庙100多座，住持和尚20多人，尼姑70人，应缘僧人28人，腾冲沦陷后佛教会中断，全面抗战胜利后方才逐渐恢复活动，至1949年，住寺僧人猛增至800多人。[①]道教方面：1930年，全县有清净乾道31人，清净坤道35人，火居乾

① 腾冲县志编纂委员会编《腾冲县志》，中华书局，1995，第912页。

道 213 人，直至 1957 年，道众人数未增反减，仅 34 人。^① 由此可见，民国年间，尤其是 1930 年"腾冲沦陷"之后，境内佛道二教皆进入低谷期，至全面抗战时期，部分寺观作为战争指挥部，部分寺观则沦为秘密宗教——长斋教的活动场所。

长斋教，即先天道，是清代东大乘教的分支，其下又有多个分支，如归根道、万全堂、同善社、普渡道等。根据《腾冲县志》记载，民国时期，长斋教等一些民间信仰组织在腾冲境内大肆开坛传教，鼓吹"三期末劫"说，吸收道徒无数，其活动范围几乎遍及城乡村镇。至 1984 年被取缔前，境内尚有长斋教教徒 531 人，共有活动场所 60 处，其中寺庙 46 座，全县 21 个区（镇）中 18 个区（镇）有长斋教教徒活动。^②

根据《腾冲县志》记载，长斋教于 1901 年传入腾境，布道地点大多在寺庙、道观等正统宗教活动场所，共拥有玉宝寺、燃灯寺等寺庙 56 座。长斋教的传入改变了原有的寺庙、道观神灵布局，在传统玉皇信仰的基础上引入了新玉皇信仰，通过新、老玉皇尊次的布局，形成了新、老玉皇"禅位"的神学表述，这对于新玉皇信仰的传播具有积极意义。

长斋教以吃斋念佛、劝人为善为主，其活动地点多在寺观，因而其活动形式、活动内容与传统佛道无异，甚至出现寺观住持由长斋教教徒担任的情况。根据《简介》所录腾冲境内寺观历任住持名录，民国期间腾冲境内约 39 座佛寺和道观负责人并非由僧人、道士担任^③。有些寺庙住持除僧人之外，同时还有非僧人主持，而且大多出现在民国初年至 1949 年之间，有的至 1950 年前后。这些寺观住持中有"某某斋太""某某斋公"之类长斋教教徒，其余住持是否也是该教教徒则未可知。除了传教吸收信徒，长斋教还与境内官方许可的腾越济善局、阴骘会、修路善堂等民间善堂交往频繁，以扩大其社会影响力，他们亦曾合作刊印善书多种，如民国初年阴骘会所印行的善书中即有《明圣经》《三圣训》等，均出自长斋教。

出于传教需要，长斋教教徒还在寺观中增塑了大量该教所信奉的神灵，甚至改变了寺观的传统布局，致使今腾境约八成寺庙、道观均塑有民间信仰所尊奉的神灵，名

① 腾冲县志编纂委员会编《腾冲县志》，第 912 页。
② 腾冲县志编纂委员会编《腾冲县志》，第 966～967 页。
③ 根据《简介》所录，佛教寺庙住持多登记为法名，如和平灵台寺，雍正、乾隆时期住持为"普圆""普智"等，多以两字为主；道教宫观住持亦登记为道名，以全真龙门派道士为主，如元龙阁住持，明初为"刘道长"，清代为"刘永清"，其后为"黄圆书""寸诚美"等，极具识别性。民国年间佛道式微，或出现僧道离开而寺观荒芜的情况，或出现由乡民自发维持的情况，不在考察之列，但民国期间寺观为长斋教教徒侵占的情形是普遍存在的。

目繁多，不可胜计，堪称腾冲境内寺观之一大奇观。正如杨庆堃先生所言："作为宗教功能的一种，每一地区主要寺庙的多神信仰属性的发展就是为了适应小区的要求。除了要供奉的主神以外，有影响的寺庙还经常把其他信仰的神灵吸纳进来。"① 笔者在田野调查中亦发现，腾境大多数寺观除了正统佛道教神灵之外，还供奉新、老玉皇以及无极圣母、虚空地母、灵山老母、女娲圣母、黎山老母、观音老母、眼光圣母等神灵（如滇滩无极山道观②），甚至出现供奉万国老姥、白云老姥、东京老姥、金刀圣姥、财经老姥等神灵（如腾越镇关圣宫），不知源出何处，但可作为长斋教等民间宗教在境内活动的证据，③ 这是毫无疑问的。腾冲境内现存寺观大多于 1980 年至 1988 年之间重建，神像也被重塑或新增，尤其是新、老玉皇神像，基本上承袭了民国时期的多元信仰格局。

综上所述，在民国时期民间秘密宗教的广泛传播、传统佛道二教逐渐式微的情况下，腾冲境内的寺庙、道观大多被这些秘密教会占据。这些秘密教会不仅增塑神像以具象化其信仰，还通过刊印善书、定期举行斋会、宣讲善书布道等方式吸纳信徒。在战火纷飞、民不聊生的年代，"关帝救劫"思想被广泛宣扬，为新、老玉皇信仰的形成和传播提供了依据。新中国成立后，境内的寺庙、道观虽然已归还佛道教，但那些几乎代表了一个时代的信仰被保留了下来，并一直维持至今，成为一道极其独特的风景。这些寺观中的神像布置非佛非道、亦佛亦道，所诵经文除了正统佛、道经文之外，亦包括新玉皇信仰的相关经文。不可否认，腾冲境内的佛、道二教曾经受到过民间信仰的影响，致使民间信仰所极力推广的新玉皇信仰流传至今，它并不妨碍佛、道信仰之正统，反而与其和谐共存，最终形成了多元融合、和谐共生的信仰格局。

（二）腾冲境内的三教融合与多元共生

腾冲境内佛教兴盛，大约于南诏时期由印度僧人摩伽陀传入。《腾越厅志》称腾

---

① 杨庆堃：《中国社会中的宗教：宗教的现代化社会功能及其历史因素之研究》，上海人民出版社，2006，第 86~87 页。

② 滇滩无极山道观为民国年间所建。据碑刻所载，该观初建之时即供奉无极老母及虚空地母等神灵，当受长斋教等民间宗教势力影响而建，观内除（玉）皇殿中供奉新、老玉皇之外，其余神灵均为女像。

③ 以吃斋念佛为主、女性神灵作为崇祀对象，乃是先天道分支普渡道的最大特色。普渡道于民初进入腾冲，道徒大多为劳动妇女。"普渡道以无生老母（瑶池金母）为最高崇拜对象，主张儒释道教归一，三教中的神灵皆在祭拜之列。"牟钟鉴、张践：《中国宗教通史》（下），社会科学文献出版社，2000，第 1125 页。该派经典众多，有《关圣经》《地母经》《观音经》等，滇滩无极山道观《道讯》所列经文中即有这三部经文，以及新《皇经》（《新颁中外普度皇经》）、《尊经》（《玉皇普度尊经》）等，可知该观最初为普渡道道场。

冲有"六诏遗风",且称"边裔习俗,喜修建丛林,所造佛寺遗迹,至今犹有存者"①。《永昌府志》亦载:"宝峰寺,在城西十里,高僧摩伽陀修定之所。"②《永昌府志》、《腾越厅志》及《民国腾冲县志稿》皆载"蒙诏时有李贤者,至腾住黑塔寺、金轮寺",大抵可信。蒙诏时,腾冲境内建有宝峰寺、来凤寺、黑塔寺、金轮寺等,元代建护珠寺、西盟寺,历明清而寺庙已遍及各乡镇。清光绪十三年刊刻的《腾越厅志》载:"惟滇旧邻佛国,艳号仙乡,寺观多于他省,区区腾越亦狃于习俗而不能移,况此郡名山,僧占楼台,纵入云霄。"③现存半数以上的佛教庙宇皆建于清代以前。据《腾冲县志》统计,至民国19年(1930)全县寺庙数量已达100多座,至1953年境内寺庙已达123座,庙宇之多,称雄滇省。

道教约于明代中期传入腾冲。据《永昌府志》载,腾冲人黄甫于佑圣观"行持符箓,驱邪治祟,颇验"④,并于弘治七年(1494)被推荐给兵宪赵炯祈雨有验。佑圣观,《景泰云南图经志》⑤及正德《云南志》⑥诸本皆言其"在司城内北隅",《寰宇通志》作"佑圣寺"⑦,故佑圣观至少在景泰前业已建成。况且,高道刘渊然于宣德元年(1426)"奏请立云南、大理、金齿三道纪司以植其教"⑧,金齿即今天的保山,故至少在宣德至景泰年间,腾冲境内或已有道士活动。其后,腾冲境内道士活动逐渐增多,宫观纷纷出现,甚至设立道正司主理境内道教事务。《天启滇志》:"腾越州,道正司道正一人。"⑨《万历云南通志》卷五《建设志》:"腾越州,道正司,道正一人。"⑩道教至明末清初已呈现出与佛教并驾齐驱之势,致使明代大旅行家徐霞客有"他处皆释盛于道,此处独反之"⑪之叹,甚至出现佛教寺庵被改作道教场所之情形。腾冲境内道教"宫观始建者多为佛教徒,故名称多用'寺',只有少数用

① 陈宗海纂《腾越厅志》卷10,收入《中国方志丛书》第24号,台湾:成文出版社,1967,第157页。
② 刘毓珂等:《永昌府志》卷26,据光绪十一年(1881)刊本影印,台湾:成文出版社,1967,第124页。
③ 陈宗海纂《腾越厅志》卷10,第160页。
④ 刘毓珂等:《永昌府志》卷48,第666页。
⑤ 陈文:《景泰云南图经志书》卷6,载方国瑜主编《云南史料丛刊》卷6,云南大学出版社,1998,第98页。
⑥ 周季凤:正德《云南志》卷34,载方国瑜主编《云南史料丛刊》卷6,第438页。
⑦ 彭时等:《寰宇通志·云南等处承宣布政使司》卷7,载方国瑜主编《云南史料丛刊》卷6,第170页。
⑧ 陈循:《龙泉观长春真人祠记》,陈垣:《道家金石略》,文物出版社,1988,第1261页。
⑨ 刘文征纂《天启滇志》卷5,古永继点校,云南教育出版社,1991,第193页。
⑩ 邹应龙、李元阳:《万历云南通志·建设、赋役、学校、兵食、羁縻五志摘录》卷5,载方国瑜主编《云南史料丛刊》卷6,第536页。
⑪ 徐霞客:《徐霞客游记》卷8,线装书局,2017,第917页。

'宫''观'"①，此说在田野调查中得到证实。清代腾冲境内所传道派繁杂多端，但随着全真龙门派的传入，正一道派道徒大多散居民间。寄居宫观清修者即为全真龙门派，亦称清净道，致使《民国腾冲县志稿》《腾冲县志》等均以为"腾冲道教属全真龙门派"，散居正一道士则遍及城乡各地，"奉道教者曰道士，各练皆有，常代人家讽经咒，忏悔过恶"②。新中国成立以后亦是如此，《腾冲县志》载："解放后，1957年，全县有道家寺观 45 座，道众 34 人。"③ 至 1985 年，"全县共有道教寺观 37 座，道众 98 人，其中乾道 10 人，坤道 88 人，住寺 93 人，住家 5 人"④。时至今日，腾冲境内道观均由全真龙门派道士住持，多者十数人，少者一人。

明清以来，腾冲境内三教逐渐走向融合，尤其是清代，由于寺观归属的频繁变更，使境内寺观自身宗教属性渐趋淡化，出现了佛道杂糅的情形。这种融合体现在为数众多的会期和杂而多端的神灵信仰上。腾冲境内的寺观所举行的斋会名目繁多，除本宗教专有的少数神诞有所差别，如佛教"浴佛节"、诸佛菩萨圣诞以及道教的天尊圣诞等，其余斋会则大抵相同，如三元会、关圣会、龙华会、真武会、玉皇会、观音会、拜斗等皆通行于二教。笔者前往猴桥元天宫参访时见道众们正在为普贤菩萨诵经贺寿，而在和顺中天寺则见到了拜太岁等法事通告。这种佛道交叉融合的现象在腾冲极为常见。

佛道融合是二教在自身发展过程中不断世俗化、平民化的结果，宗教文化越发达、民间信仰越丰富的地区，世俗化及平民化现象就越突出。一般而言，释道融合大多体现在二教思想和理论上的互补，极少影响各自的信仰对象及信仰模式，比如佛教寺庙中极少见供奉道教神灵者，道观中除观音大士之外，亦极少供奉佛教神灵。因而，即使佛道融合已成为明清以来二教教义及理论发展的整体趋势，但在寺观建筑布局及信仰对象等方面却从未实现过真正的融合。腾冲境内的释道二教则不然，无论从建筑布局还是信仰对象上皆实现了最大限度的融合。

佛道融合格局的形成，一方面出于二教根据自身发展需要所做出的让步，另一方面则得益于那些游离于正统宗教之外、与民众接触最为频繁的民间信仰或民间道派。这些民间信仰将儒、释、道三教教义、信仰对象、信仰内容等相糅合，以满足民众的

---

① 腾冲县民族宗教事务管理局：《腾冲宗教活动场所简介》，第 2 页。
② 李根源、刘楚湘、许秋芳等：《民国腾冲县志稿》（点校本）卷 25，云南美术出版社，2004，第 442 页。
③ 腾冲县志编纂委员会编《腾冲县志》，第 913 页。
④ 腾冲县志编纂委员会编《腾冲县志》，第 914 页。

多元信仰需求。在不同历史时期，这些民间信仰亦与正统释道二教进行着深层次互动，它们借鉴佛道教义及思想、修持方法而自成体系，甚至对正统宗教产生过深远的影响。就腾冲而言，自清代以来，释道二教的信仰对象和建筑布局已然形成了三教合一的格局，即佛教寺庙中多构建供奉儒、道教神灵之殿宇，道教宫观中亦不乏供奉儒、释二教的神灵者。以佛教为例，据《简介》所载，迄 2010 年登记在册之佛教寺庙共计 78 座，其中另建殿宇供奉道教神灵的寺庙约占三成（表2）。

表 2　腾冲境内供奉道教神灵的佛寺一览

佛教寺庙	殿宇	供奉主神	数量	占比
腾越华严寺、和顺中天寺、清水忠孝寺、和平灵台寺、中和灵感寺、白果玉皇阁、界头回龙寺、永安朝阳寺、团田清凉寺、芒棒凤凰寺、荷花银盛寺、热海水映寺、界头宝华寺、顺江龙华寺、马站凤仪寺、洞山洞真寺、固东太平灵寺、宝峰山宝峰寺、界头般若寺	玉皇殿	玉皇大帝	20	25.6%
顺江龙华寺、马站凤仪寺、固东圆通寺、固东太平灵寺、宝峰山宝峰寺	三清殿	三清、四御	5	6%
热海水映寺、界头宝华寺、孟连兴灵寺、和顺三官殿、甸苴观音寺	三官殿	三官大帝	5	6%
洞坪天应寺、朝阳雷泉寺、盈水普光寺、江东白羊寺、界头太平阁、洞山洞真寺、洞山灵泉寺	文昌殿	文昌帝君	7	9%

资料来源：《腾冲宗教活动场所简介》。

从表 2 中粗略可知，腾冲境内佛教庙宇中大多引入了道教神祇，其中以玉皇、关帝、真武大帝、太乙救苦天尊、文昌帝君最著。根据田野调查显示，玉皇大帝、关圣帝君专门设殿供奉，但约九成佛教寺庙中均塑真武大帝神像。儒教的神灵则相对单一，多祀孔圣像，以突出三教合一特色。此外，亦有以"三教寺"命名之庙宇，如《腾越厅志》卷九《寺观》载："三教寺，一在大洞，一在甸苴，一在明光。"[1] 《民国腾冲县志稿》亦载："三教寺，有六。一在大洞寨村前，一在甸苴，一在明光，一在缅箐，一在上明朗，一在永安镇。"[2] 其中永安三教寺一直保留至今。与佛教寺庙不同的是，腾冲境内的部分道观最初为佛寺，但佛教痕迹却不甚明显，除观音殿

---

[1]　陈宗海纂《腾越厅志》卷 13，第 161 页。
[2]　李根源、刘楚湘、许秋芳等：《民国腾冲县志稿》（点校本）卷 7，第 117 页。

（慈航殿）之外，并未见其他佛教色彩较浓的殿宇，殿中所塑神像也不杂佛教神灵。

这种三教融合格局之形成有其历史原因。从纵向看，明清以降，寺观教派属性的变化使二教渐趋融合。腾冲境内部分佛教庙宇因长期无人打理而改为道教场所，同时亦不乏道教宫观改作佛教庙宇的情形。如始建于清代的和顺三官殿原属道教，后于观后新建大雄宝殿，遂成为佛教场所。从横向看，寺观归属的变化使清代以来境内寺、观所奉神像、佛像渐趋交叉融合，形成了佛道杂糅、难分彼此的局面，即使由道士主持的道教宫观，也统称为寺，道观中的神像也被统称为佛像；有些听起来像佛寺的场所，也常常有道教人士主持，如屈家营灵感寺，虽以"寺"命名，实则是一座规模宏大的道观。这种情况的长期存在，无疑模糊了佛道二教之间固有的界限，对民间信众而言已不具识别性，为腾冲境内三教融合格局的形成奠定了基础。

三教融合不仅使佛、道二教实现了长期的和谐共存，同时对民间信仰表现出极大的宽容，进而为新玉皇信仰的传播提供了有利环境。至民国初期，民间宗教的传入与传播使新玉皇信仰成为一股潮流，不仅被正统寺庙、道观所接受，甚至改变了其信仰格局，至今被供奉于绝大多数寺观中的新、老玉皇神像便是该信仰的最佳诠释，是近代以来腾冲境内三教圆融的延续，也是传统宗教与民间信仰多元共生的体现。

（三）新玉皇信仰得以流传至今的原因

腾冲并非新玉皇信仰的发源地，但自民国初期开始，境内便已有新玉皇信仰的传播。该信仰的传播并不仅仅仰赖于神话传说，而是以佛道寺观为依托、以神像布局为中心、以经典文本为媒介而逐渐形成的。与其他地区不同的是，很多地区的新玉皇信仰虽于民国时期盛极一时，但新中国成立之后便渐渐销声匿迹，其信仰也逐渐回归正统，唯腾冲境内的新玉皇信仰从未消失，甚至延续至今。究其原因，大致有以下几点。

其一，兼容并包的文化环境。腾冲地处滇西边陲，素有"侨乡"之称，人口流动性极大，是汉文化、少数民族文化以及东南亚文化的交汇之地，各种文化相互激荡、交融而形成了腾冲独具一格的多元文化格局。多元文化本身固有的包容性使其对新兴文化、宗教信仰等持开放态度，为新玉皇信仰在境内找到了传播的土壤。民国时期，境内民间信仰、坛会纷起，与传统的释、道二教相表里，形成了多元融合、和谐共生的信仰环境，这对于新玉皇信仰的传播具有积极意义。

其二，历史悠久的信仰传统。腾冲是典型的移民城市，由于移民们对家乡的思念而催生的族群认同使境内祠堂林立，融入异域文化过程中所产生的精神压力使境内寺观成群，这种情结使境内移民自发地保留了原先的宗教信仰、祭祀传统和岁时民俗，这一点在《腾越州志》《腾越厅志》《腾冲县志稿》等方志中都有体现，即腾冲境内诸多宫观、祠庙等多由官方修葺，以消弭背井离乡所带来的心理落差。明清以来官方对宗教的重视使民众产生了信仰上的依赖感和归属感，进而使任何一种以寺观为依托的宗教信仰更易于普及。

其三，和谐共生的宗教环境。腾冲佛教大约始于南诏时期，至大理政权时期已渐趋鼎盛；道教于明初进入腾冲，历明清二朝而与佛教渐趋融合。除了明初官方极力推广的如玉皇、关帝、真武等信仰之外，佛道二教对民间信仰亦采取了开放和包容的态度，因而对民间信仰极力推广的新玉皇信仰并未被拒之门外，加之民国时期佛道式微，很多寺观易主，使新玉皇信仰顺利扎根于佛道场所，久而久之，信众已渐渐难以辨别该信仰自身的民间性。这种和谐共生的宗教环境不仅为佛道二教带来了更多发展契机，也为民众信仰提供了更广阔的神圣空间。各地林立的佛寺、道观以及未入正统的庙宇也成为慰藉民众心灵的场所。

其四，苦难深重的信众群体。明清及民国时期，腾冲境内曾发生过不计其数的战乱，尤其是清咸同年间的"回乱"、1930年的"腾冲沦陷"及1944年的滇西战役等，使腾冲几乎成为人间炼狱。这种特殊的历史背景使社会底层民众心中萌生了亟须被救赎的宗教情结和对太平盛世的渴望，当现实的苦难未得到解决，精神解脱便成为最后的出路。于是，当以"救劫"为基调的新玉皇信仰出现时，埋藏于民众心灵深处的宗教情结随即外化为对新信仰的接纳和认同，这是新玉皇得以在腾冲境内迅速传播及持续存在的根本原因。

总而言之，这些因素使新玉皇信仰在腾冲境内表现出极强的生命力，其不仅与境内传统的佛道二教和谐共存，甚至对二教的信仰模式、信仰格局及信仰内容产生了巨大影响。

四 结语

新玉皇信仰是传统的玉皇、关帝信仰相融合的产物，是一种以关帝信仰为中心、以"关帝当玉皇"为依归、以新玉皇为信仰对象、以经典文本及宗教活动为支撑、发端于清代中晚期而形成于民国初期的全新信仰。该信仰曾传遍全国各地，唯腾冲境内的新玉皇信仰流传至今，具有特殊意义。

首先，新玉皇信仰建立在传统的玉皇、关帝信仰基础之上，自产生之初便拥有广泛的信众基础，进而大大缩短了该信仰的传播周期。清代民间所流传的"关帝救劫"说经过民间信仰组织的包装、神化，使关帝信仰在境内迅速普及。民初《洞冥记》的刊行对玉皇信仰与关帝信仰进行了大胆改造，即通过游冥的方式杜撰而成的新老玉皇"禅位"说为该信仰的形成做了必要的铺垫；《玉皇普度尊经》《中外普度皇经》等民间信仰经书的刊印和传播则加速了新玉皇信仰的正式形成。

其次，民俗信仰中的功利主义和实用主义成分将关圣帝君一步步推上玉皇大帝宝座，这既是早期佛道二教对关帝进行推尊、神化的结果，也是民间信仰鸾坛造神运动的产物。腾冲境内的佛道二教并未对新玉皇信仰进行排斥，反而表现出前所未有的包容。民国时期，儒、释、道在新文化运动的冲击下逐渐式微，部分寺观成为民间信仰的活动场所，因而除了新、老玉皇之外，其他类属于民间信仰的神像亦出现在寺观之中，形成了多元共融、和谐共生的信仰格局。这并不违背宗教发展的一般规律。这种信仰格局并未因时代的变迁而被打破，甚至延续至今。

最后，新玉皇信仰产生于新旧时代更替、战乱纷起、民不聊生的特殊背景下，因而该信仰的产生不仅表达了社会底层民众渴望被救赎的精神诉求，也彰显了民间信仰的"救世"情怀。腾冲境内的新玉皇信仰几乎代表了一个时代的信仰特征。新玉皇信仰是地域性的，其形成过程具有特殊性，但其传播却富有生命力和张力。

（责任编辑　王皓月）

《中国本土宗教研究》 征稿函

近三十年来，中国的宗教学研究逐渐走上快速发展之路，在研究领域、研究方法方面有很大的进展，关于中国本土宗教的研究也在不断深入，资深学者有新的成果，年轻学者也提出了很多有价值的新观点。鉴于中国宗教学专门期刊的数量有限，我们决定编辑出版这本《中国本土宗教研究》集刊，向全世界的中国宗教研究学者约稿。

《中国本土宗教研究》由中国社会科学院世界宗教研究所道教与民间宗教研究室主办，定位是反映当下领域研究最新成果的论集。基于鼓励学术创新的原则，在保证论文研究水平的前提下，不对研究方法和对象做限制，不做字数要求，不持特定学术立场。为了保证学术质量，论文将接受匿名审稿。另外，目前刊物仅接受中文稿件。来稿注释体例以《中国本土宗教研究》（第一辑）为准。

为了提高编辑效率，请来稿统一发送 Word 电子版，并在电子邮件的"主题"一栏注明"《中国本土宗教研究》投稿"。超过四个月没有收到反馈意见可以转投他处。

编辑部联系方式：

投稿邮箱：wanghaoyue@ cass. org. cn

地址：北京市东城区建国门内大街 5 号中国社会科学院世界宗教研究所道教与民间宗教研究室

《中国本土宗教研究》 编委会

图书在版编目（CIP）数据

中国本土宗教研究. 二〇二二年. 第一辑：总第五辑 /
汪桂平主编. -- 北京：社会科学文献出版社，2022.4
　ISBN 978 - 7 - 5201 - 9979 - 7

　Ⅰ.①中…　Ⅱ.①汪…　Ⅲ.①宗教 - 中国 - 文集
Ⅳ.①B929.2 - 53

　中国版本图书馆 CIP 数据核字（2022）第 055789 号

中国本土宗教研究　二〇二二年第一辑（总第五辑）

主　　编 / 汪桂平

出 版 人 / 王利民
组稿编辑 / 袁清湘
责任编辑 / 赵怀英　张馨月
责任印制 / 王京美

出　　版 / 社会科学文献出版社·联合出版中心（010）59367202
　　　　　地址：北京市北三环中路甲 29 号院华龙大厦　邮编：100029
　　　　　网址：www.ssap.com.cn
发　　行 / 社会科学文献出版社（010）59367028
印　　装 / 三河市尚艺印装有限公司

规　　格 / 开　本：787mm×1092mm　1/16
　　　　　印　张：19.75　字　数：352 千字
版　　次 / 2022 年 4 月第 1 版　2022 年 4 月第 1 次印刷
书　　号 / ISBN 978 - 7 - 5201 - 9979 - 7
定　　价 / 98.00 元

读者服务电话：4008918866